D1746027

Horst Teltschik

329 Tage

Horst Teltschik

329 Tage

Innenansichten
der Einigung

Siedler

Ausgeschieden von
Landtagsbibliothek
Magdeburg
am... 2.4.25

97 1372

Bibliothek des Landtages
von Sachsen-Anhalt
Magdeburg

Inhalt

Vorwort	7
Die Mauer ist offen	11
Kohls Zehn-Punkte-Plan	42
Die DDR vor dem Zusammenbruch	87
Grünes Licht in Moskau	137
Die heiklen Punkte: NATO, Neiße, Nachbarn	147
Der Westen macht seinen Frieden mit der Einheit	211
Kredite und Kooperation als Katalysator	230
Positive Signale von drei Gipfeln	287
Das Wunder von Moskau	313
Diplomatisches Nachspiel	346

Vorwort

In seiner Zehn-Punkte-Rede am 28. November 1989 im Deutschen Bundestag nennt Bundeskanzler Helmut Kohl die wichtigsten internationalen Rahmenbedingungen, die Voraussetzung dafür waren, daß am 9. November 1989 die Mauer fallen konnte. Diese Vorgeschichte darzustellen, hätte den Rahmen des vorliegenden Buches gesprengt. Wer will außerdem festlegen, wann sie tatsächlich einsetzt – mit der Wahl Michail Gorbatschows zum Generalsekretär der KPdSU im März 1985 oder mit der Umsetzung des NATO-Doppelbeschlusses im Herbst 1983 oder gar mit den Ostverträgen 1970?

Deshalb hat der Autor sich entschieden, am 9. November 1989 zu beginnen, dem Tag, an dem die Mauer geöffnet wurde. Er beendet den Bericht mit dem Tag der deutschen Einheit am 3. Oktober 1990, wohl wissend, daß die deutsch-sowjetischen Verträge erst beim Besuch Gorbatschows am 9. November 1990 in Bonn unterzeichnet und erst im Frühjahr 1991 im Obersten Sowjet ratifiziert worden sind. Ebenfalls erst im November 1990, vom 19. bis 21., fand in Paris der KSZE-Gipfel der 35 Staats- und Regierungschefs statt, bei dem das Werk der deutschen Einigung unter dem europäischen Dach vollendet wurde. Schließlich könnte auch noch der EG-Gipfel drei Wochen später in Rom genannt werden, der die Regierungskonferenzen zur Politischen Union und zur Wirtschafts- und Währungsunion eröffnete. Inhaltlich standen diese Ergebnisse jedoch bereits am Tag der Einheit fest.

So hat sich der Autor auf jene 329 Tage konzentriert und berichtet über die tägliche Arbeit im Bundeskanzleramt, wie er sie als Leiter der Abteilung II »Auswärtige und innerdeutsche Beziehungen; Entwicklungspolitik; äußere Sicherheit« persönlich erleben und mitgestalten konnte. Im Mittelpunkt stehen dabei die Überlegungen und Entscheidungen des Bundeskanzlers und seiner Mitarbeiter im Bundeskanzleramt, soweit sie sich auf den Einigungsprozeß beziehen. Deshalb erhebt das Buch nicht den Anspruch, die gesamte Außen- und Deutschlandpolitik im Rahmen der Bundesregierung zu erfassen.

Wichtige Akteure wie Außenminister Hans-Dietrich Genscher, Kanzleramtsminister Rudolf Seiters, Bundesfinanzminister Theo Waigel, Bundesinnenminister Wolfgang Schäuble, Bundesverteidigungsminister Gerhard Stoltenberg, Bundeswirtschaftsminister Helmut Haussmann, Bundesministerin Dorothee Wilms und viele andere auf den verschiedenen Ebenen treten nur dann auf, wenn sie vom Autor unmittelbar selbst erlebt worden sind.

Ebenso mußte die Vielzahl von Gesprächen und Begegnungen des Bundeskanzlers mit Staats- und Regierungschefs sowie anderen führenden internationalen Persönlichkeiten außer acht bleiben, die nicht direkt mit dem deutschen Einigungsprozeß zu tun hatten. Das gilt auch für das gesamte innenpolitische Geschehen dieser Zeit und für viele deutsch-deutsche Gespräche.

Neben dem Bundeskanzler treten vor allem seine internationalen Partner in dieser Zeit auf, die den Kurs und Ablauf des Einigungsprozesses maßgeblich mitbestimmt haben: Präsident George Bush, Präsident François Mitterrand, Premierministerin Margaret Thatcher und – immer wieder in den entscheidenden Momenten: Michail Gorbatschow.

Wie stark der Erfolg gerade von ihm persönlich abhing, wird manchem erst jetzt, nach dem Putsch, klar, der all diejenigen endgültig verstummen lassen sollte, die immer wieder kritisierten, daß die deutsche Einigung sich zu schnell vollzogen habe. Die Tür zur deutschen Einheit stand nur einen kurzen, glücklichen Moment lang einen Spalt weit offen.

Die Begegnungen, Gespräche, Briefwechsel und Erklärungen, von denen dieses Buch erzählt, sind im Bundeskanzleramt vorbereitet, ausgewertet und bearbeitet worden. Für die hervorragende Zusammenarbeit und für den großartigen Teamgeist möchte sich der Autor besonders bei allen seinen Mitarbeitern und Kollegen bedanken, allen voran bei Peter Hartmann, Uwe Kaestner, Christian Ueberschaer, Joachim Bitterlich, Traugott von Leuckart, Rudolf Lange, Gerhard Westdikkenberg, Rolf Nikel, Reinhard Stuth, Michael Ludwigs, Dieter Schuster, Detlef Weigel, Hermann Kinzy, Hans-Lothar Domröse und bei seinen Vorzimmer-Damen Elisabeth Tünsmeyer, Marion Schmitz und Susanne Knetsch. Sein Dank gilt vor allem auch Juliane Weber, Eduard Ackermann, Walter Neuer, Baldur Wagner, Norbert Prill, Michael Mertes und Johannes Ludewig. Es war ein gemeinsamer Weg und ein gemeinsamer Erfolg.

Dies Buch widme ich Bundeskanzler Helmut Kohl, der in einem historischen Moment zum richtigen Zeitpunkt die richtigen Entscheidungen traf; sowie meiner Frau Gerhild und meinen Kindern Richard Alexander und Anja Katharina, die mich mit Liebe und Geduld ertragen haben.

Im August 1991 *Horst Teltschik*

Die Mauer ist offen

Donnerstag, 9. November 1989

Mit gemischten Gefühlen sind wir heute mittag aus Bonn nach Warschau abgeflogen. Den Bundeskanzler hat es schon während der letzten Tage sichtlich mit Unbehagen erfüllt, daß er ausgerechnet jetzt, da sich die Lage in der DDR immer dramatischer zuspitzt, zu seinem ersten offiziellen Besuch nach Polen reisen soll. Der Strom der Übersiedler ist noch einmal kräftig angeschwollen: Gestern sind mehr als 11 000 Menschen aus der DDR gekommen, fast 50 000 seit dem Wochenende, mehr als 200 000 im Verlauf dieses Jahres. Dieser sprunghafte Anstieg der Übersiedlerzahlen erinnert uns alle an die dramatischen Tage des Sommers 1961. Am Ende der damaligen Fluchtwelle stand der Mauerbau.

Fünf Tage sind für die Visite angesetzt – eine lange Zeit im Hinblick auf die Dauer der Abwesenheit von Bonn, aber der Bedeutung der bevorstehenden Gespräche in Warschau angemessen. Kein Besuch des Bundeskanzlers hat bisher so intensiver Vorbereitungen bedurft, die sich zudem außerordentlich schwierig gestalteten.

Nach den ersten politischen Gesprächen, zunächst mit Premierminister Tadeusz Mazowiecki und anschließend mit Lech Walesa und Bronislaw Geremek, versammeln wir uns in Kohls Gästevilla, um gemeinsam zum offiziellen Abendessen zu fahren. Vorher will der Kanzler noch eben die neuesten Nachrichten aus Bonn hören. Das ist hier in Warschau nur über die Standleitung möglich, die – wie bei jedem Auslandsbesuch – in seiner Suite installiert ist.

Helmut Kohls Gefühle sind wie immer schwer zu erraten, lediglich die raschen Anordungen und hastiger werdenden Bewegungen verraten Unruhe und Anspannung. Er hat soeben erfahren, was in diesem Moment kaum jemand glauben kann und was die Gespräche hier in Polen schlagartig in den Hintergrund treten läßt: Die Mauer in Berlin ist gefallen.

Der Kanzler läßt sich mit Rudolf Seiters in Bonn verbinden,

der ihm berichtet, was bisher bekannt ist: SED-Politbüromitglied Günter Schabowski hat auf einer Pressekonferenz eine Erklärung verlesen, die man so verstehen kann, daß ab sofort alle Menschen aus der DDR in die Bundesrepublik reisen dürfen. Kohl beauftragt Seiters, ständigen Kontakt mit ihm zu halten. Außerdem soll er versuchen, mit dem neuen SED-Generalsekretär Egon Krenz Verbindung aufzunehmen, den der Kanzler, ebenso wie den neuen Ministerpräsidenten, sobald dieser gewählt ist, möglichst rasch treffen möchte.

Die Stimmung in der Kanzlersuite wechselt zwischen Hoffen und Bangen; Hoffen, daß dies der Anfang vom Ende des SED-Regimes ist, Bangen, daß eine Massenflucht in die Bundesrepublik ausgelöst werden könnte. Auch in meine eigene Freude mischt sich Sorge, aber das Glücksgefühl überwiegt doch. Ich denke an Freunde in Ost-Berlin und in der DDR, für die sich nun buchstäblich das Tor zur Freiheit öffnet.

Es bleibt keine Zeit, jetzt intensiv über diese sensationelle Nachricht nachzudenken. Wenige Minuten später treffen wir schon zum offiziellen Abendessen, das Ministerpräsident Mazowiecki zu Ehren des Bundeskanzlers gibt, im ehemaligen Palais der Fürsten von Radzivill ein. Im gleichen Saal, in dem wir nun speisen werden, war im Dezember 1970 der Warschauer Vertrag unterzeichnet worden, und zwischen Februar und April dieses Jahres haben hier die Gespräche am runden Tisch zwischen Regierung und Opposition stattgefunden, die Polen den Weg zur Demokratie ebneten.

Während es beim Begrüßungscocktail nur ein Thema gibt, muß ich an das Gespräch zurückdenken, das wir nachmittags mit Lech Walesa geführt haben: Gleich nach der Ankunft in Warschau war Helmut Kohl zunächst mit Tadeusz Mazowiecki zusammengetroffen, der kränklich und unruhig wirkte und sich während des Gespräches eine Zigarette nach der anderen ansteckte. Unmittelbar danach waren Lech Walesa und der Fraktionsvorsitzende der *Solidarność* im Sejm, dem polnischen Parlament, Bronislaw Geremek, zum Kanzler in dessen Gästevilla Parkova gekommen. Der ehemalige Elektromonteur der Danziger Leninwerft ist ein extrovertierter Mensch, sehr impulsiv, laut, herzlich und offen. Ein großes Bild der schwarzen Madonna von Tschenstochau am Revers seines Anzuges unterstreicht seine tiefe, wenn auch manchmal fast kindlich anmutende Frömmigkeit. Ganz anders Geremek: introvertiert, ruhig, beinahe bedächtig wirkt er, was durch seinen kräftigen Bart noch unterstrichen wird.

Walesa hatte sich bei dem Gespräch fast prophetisch nahezu ausschließlich auf die Lage in der DDR konzentriert. Seine Furcht, unvorhersehbare Ereignisse in der DDR könnten die Lage in Polen in den Augen der Bundesregierung in den Hintergrund treten lassen, war deutlich spürbar. Er fragte den Kanzler direkt, was dieser tun würde, sollte die DDR die Mauer öffnen; müßte er dann nicht selbst eine Mauer errichten? Die SED sei nicht in der Lage, Reformen durchzuführen, weil ihr niemand mehr vertraue. Es gebe zur Zeit aber auch keine andere Gruppe, die einen Demokratisierungsprozeß überzeugend einleiten und gestalten könne. Der einzige Weg, den er sehe, sei, die Grenzen zu öffnen, demokratische Parteien zuzulassen und freie Wahlen auszuschreiben. Er sei, so fügte Walesa hinzu, überrascht, daß die Mauer überhaupt noch stehe. In spätestens ein bis zwei Wochen werde sie beseitigt sein. Aber was dann? Die Lage in der DDR sei sehr gefährlich und er sei voller Angst, daß ein revolutionäres Chaos entstehen könnte.

Helmut Kohl war es nicht gelungen, ihn davon zu überzeugen, daß Polen seine Bedeutung in der deutschen Außenpolitik behalten werde, was immer auch für die DDR geschehen möge. Walesas Sorge sitzt tief, daß Polen wieder einmal zum Opfer der Geschichte werden könnte.

Und es ist ja auch etwas daran: wir alle sind mit unseren Gedanken halb zu Hause in Deutschland, obwohl die deutsch-polnischen Beziehungen durch diesen Besuch entscheidend verbessert werden sollen. Helmut Kohl sah sich im Verhältnis zu Polen immer in der Nachfolge Konrad Adenauers, der bereits in seiner ersten Regierungserklärung 1949 die Aussöhnung mit Polen neben der mit Israel und Frankreich als ein Hauptziel deutscher Außenpolitik bezeichnet hatte. Als Kohl nach seiner Wahl zum Bundeskanzler am 13. Oktober 1982 seine erste Regierungserklärung abgab, knüpfte er daran an und bekannte sich nachdrücklich zum Warschauer Vertrag, den es mit Leben zu erfüllen gelte. Wegen des von General Jaruzelski im Dezember 1981 verhängten Kriegsrechts über Polen lagen die Beziehungen auf Eis. Im Vorfeld des Besuches, der heute begann, waren viele Hindernisse zu überwinden gewesen; es hatte Mißverständnisse und Streit um eine erneute öffentliche Festlegung auf die Oder-Neiße-Grenze sowie um einen Gottesdienst auf dem Annaberg gegeben. In der Grenzfrage hatte sich Helmut Kohl vor der Reise darauf beschränkt, die Rechtspositionen zu wiederholen, die alle Regierungen vor ihm vertreten haben. Aber wer lesen konnte und vor allem wollte, wußte, daß dieser Bundeskanzler an der Endgültigkeit der Oder-Neiße-Grenze nicht zweifelte. Daß er dies nicht entschiedener formulierte, hatte ausschließlich partei- und innenpolitische Gründe. Er wollte verhindern, daß die Frage der Oder-Neiße-Grenze zum innenpolitischen Kampfthema der Rechten würde. Mehr noch, er wollte sich von Anfang an für seine Politik gegenüber Polen eine breite Mehrheit sichern. Dazu brauchte er auch die Unterstützung der Vertriebenen. Für uns war besonders wichtig, daß die Polen bei der Vorbereitung der Reise zugestimmt hatten, in die »gemeinsame Erklärung« Sätze zur kulturellen Identität der in Polen lebenden Deutschen aufzunehmen, deren Existenz die polnische Seite damit zum ersten Mal offiziell anerkannte.

All das ist jetzt in den Hintergrund getreten. Während wir im Palais Radzivill an unseren Cocktails nippen, kursieren die letzten Nachrichten aus Berlin. Jeder versucht Einzelheiten über die Entscheidung der DDR-Führung zu erfahren. Zum ersten Mal taucht die Frage auf, ob der Bundeskanzler seinen Besuch abbrechen solle. Intern hatten wir noch nicht darüber gesprochen. Ich selbst würde es zutiefst bedauern. Zuviel ist in diesen Besuch hier in Warschau investiert worden; zu viel hängt davon ab für das zukünftige deutsch-polnische Verhältnis.

Doch wir werden von den Ereignissen überrollt. Während im Saal des Palais Radzivill die übliche Zeremonie eines Staatsbanquettes ihren Lauf nimmt, ruft man mich zwischen den zahlreichen Gängen immer wieder zu den im Vorraum wartenden Journalisten hinaus, die voller Ungeduld Stellungnahmen des Kanzlers zur Öffnung der Mauer erwarten. Niemand interessiert sich mehr dafür, was im Saal vor sich geht oder was in den Gesprächen Kohls mit Mazowiecki und Walesa erörtert worden ist. Als ich noch einmal auf den eigentlichen Sinn des Besuches hinweise, ernte ich nur spöttisches Lachen.

Nach dem offiziellen Abendessen fährt der Bundeskanzler sofort ins Mariott-Hotel, in dem die Journalisten untergebracht sind. Sie überschütten Helmut Kohl mit Fragen: Wie er die Entscheidung der DDR-Führung einschätze, ob er seinen Polen-Besuch abbrechen werde? Der Kanzler ist sichtlich bemüht, beruhigend zu wirken, und plädiert dafür, in dieser emotional aufgeheizten Situation nüchtern zu bleiben und in Ruhe die nächsten Schritte zu überlegen. Er betont, daß er alles vermeiden wolle, was bei den Polen zu dem Eindruck führen könne, ihr Land würde aufgrund der Ereignisse in der DDR für uns nun »drittrangig«. Schließlich wären die Veränderungen in der DDR nicht in Gang gekommen, wenn nicht Polen und Ungarn mit ihrer revolutionären Reformpolitik die Vorreiterrolle übernommen hätten.

Kohl ergänzt, er habe bereits beim Abendessen Mazowiecki gesagt, daß er erwäge, den Besuch »zweizuteilen«, also die Gespräche in Warschau abzuschließen und das Programm außerhalb Warschaus später zu absolvieren. Mazowiecki habe dieser Überlegung nicht widersprochen. Der Kanzler bekennt öffentlich, daß er gegenüber den polnischen Gastgebern »in einer äußerst schwierigen Lage« sei und er sehr darauf achten wolle, »die Gefühle der Polen nicht zu verletzen«. Er habe jedoch, wie wohl auch viele Journalisten, gegenwärtig das Gefühl, »zur falschen Zeit am falschen Ort zu sitzen«.

Andererseits will der Kanzler aber auch vermeiden, durch eine überhastete Entscheidung »falsche Signale« zu setzen und die Emotionen weiter anzuheizen. Wörtlich sagt er: »Ich werde, wenn es sein muß, mit ungewöhnlichen Mitteln alles tun, um mit der Situation fertig zu werden.« Ost und West, so erklärt der Kanzler, beobachteten jetzt genau, ob die Deutschen aus der Geschichte gelernt hätten. Deshalb gehe es jetzt darum, besonnen zu reagieren und sorgfältig auf die Sprache zu achten. »Jetzt wird Weltgeschichte geschrieben«, ruft der Kanzler aus. Zwar könne niemand einen Zeitpunkt für die deutsche Vereinigung benennen, »aber das Rad der Geschichte dreht sich schneller«.

Um Mitternacht läßt sich Kohl von Eduard Ackermann aus Bonn noch einmal telefonisch alle Ereignisse der Nacht schildern. Zu Hause in Deutschland hat sich um diese Zeit die Nation vermutlich um den Fernseher versammelt. Wir sind von dieser Informationsquelle hier in Warschau völlig abgeschnitten. Noch nicht einmal in der Botschaft sind die deutschen Fernsehbilder zu empfangen.

Erneut überlegen wir, ob der Besuch in Warschau unterbrochen oder gar abgebrochen werden soll. Der Kanzler zögert nur noch wegen der negativen Wirkung, die ein solcher Schritt bei unseren Gastgebern haben könnte. Andererseits erinnern wir uns an Konrad Adenauer, der am 13. August 1961, am Tag des Mauerbaus, auf Rat der drei Westmächte nicht nach Berlin, sondern zu einer Wahlkampfveranstaltung nach Augsburg reiste. Viele Deutsche haben ihm das niemals verziehen. Befinden wir uns heute in einer vergleichbaren Situation? Einige Journalisten haben die Parallele bereits angesprochen.

Kohl neigt angesichts der Berichte über die dramatischen Ereignisse an der Mauer in Berlin dazu, den Besuch in Warschau zu unterbrechen und morgen nach Deutschland zurückzukehren. Eine Nacht will er allerdings noch darüber schlafen. Es ist inzwischen ein Uhr geworden.

Freitag, 10. November 1989

Auf dem Weg ins Gästehaus des Bundeskanzlers begegne ich Lech Walesa, der mit Außenminister Genscher um Viertel nach sieben zum Frühstück verabredet ist. Er kommt sofort auf mich zu, faßt mich am Arm und sagt, nun sei alles noch viel rascher geschehen, als er das gestern prophezeit habe. Zwar freue auch er sich über den Fall der Mauer, aber er fürchte, daß Polen »den Preis dafür zahlen« werde. Die westdeutsche Politik und Wirtschaft werde sich seiner Ansicht nach nun vollkommen auf die DDR konzentrieren. Meine Antwort soll beschwichtigen, fällt aber schwach aus, denn im Grunde weiß ich, daß er recht hat.

Als ich im Gästehaus eintreffe, hat Helmut Kohl sich schon entschieden: Er will sein Programm in Warschau bis vier Uhr nachmittags absolvieren und um fünf Uhr nach Bonn zurückfliegen. Für morgen vormittag hat er eine außerordentliche Kabinettssitzung einberufen. Noch heute abend, spätestens aber morgen vormittag will er mit George Bush, François Mitterrand, Margaret Thatcher und Michail Gorbatschow telefonieren. Dem Kanzler ist klar, daß er sich in dieser Situation sehr genau mit den Vier Mächten abstimmen muß. Das kann aber nur von Bonn aus organisiert werden. Hier in Warschau fehlen alle wichtigen Kommunikationsmittel. Außerdem würde niemand verstehen, wenn der deutsche Kanzler in dieser Situation nicht nach Deutschland zurückkehrte.

Im grauen und nebligen Warschau beginnt unser offizielles Programm heute am Grabmal des unbekannten Soldaten, dann fahren wir zum Nike-Denkmal, das an die Kriegstoten Warschaus erinnert, und schließlich legt der Kanzler einen dritten Kranz am Ghetto-Denkmal nieder. Während wir hier verharren, muß ich an Willy Brandt denken, der 1970 vor diesem Mahnmal niederkniete. Wie konnte man diese Geste an einem solchen Ort in Zweifel ziehen?

Ein weiteres Treffen des Kanzlers mit Mazowiecki schließt sich an, gefolgt von einem Gespräch, an dem die gesamte Delegation teilnimmt. Während die Minister elf Regierungsabkommen unterzeichnen, erreicht uns die Nachricht, daß Berlins Regierender Bürgermeister, Walter Momper, zu einer Kundgebung vor dem Schöneberger Rathaus aufgerufen hat, die am Nachmittag stattfinden soll und an der auch der Bundeskanzler teilnehmen werde.

Helmut Kohl ist außer sich. Er weiß von nichts. Momper hat diese Veranstaltung für halb fünf Uhr angekündigt, ohne sich mit dem Bundeskanzler oder auch nur mit der »Stallwache« in Bonn abzustimmen. Ein mehr als ungewöhnliches Verhalten. Außerdem haben wir den Verdacht, daß Momper die Kundgebung absichtlich so früh angesetzt hat, damit Kohl es trotz aller Anstrengungen nicht mehr schaffen könnte, rechtzeitig in Berlin zu sein. Der Eindruck, den das in der Öffentlichkeit hinterlassen würde, wäre verheerend für den Kanzler, und wir trauen Momper diesen Winkelzug zu.

Kohl ist klar, daß er jetzt alles versuchen muß, um rechtzeitig nach Berlin zu kommen, was ursprünglich gar nicht seine Absicht gewesen war. Deswegen kann das für Viertel vor zwei geplante Gespräch mit dem polnischen Präsidenten Wojciech Jaruzelzki auf keinen Fall stattfinden. Es ist etwa zwölf Uhr, als Kohl Mazowiecki darum bittet, General Jaruzelski gemeinsam anzurufen. Der Ministerpräsident hat in seinem Arbeitszimmer eine Direktleitung zum Präsidenten. Er wählt ihn selbst an und erzählt dabei, daß sie täglich mehrfach miteinander telefonierten und ein gutes Verhältnis hätten. Mit leiser, fast devot wirkender Stimme spricht er mit Jaruzelski, der Verständnis für die Lage des Bundeskanzlers zeigt und mit einer Verschiebung des Gesprächstermins einverstanden ist. Er legt allerdings Wert darauf, daß es wie vorgesehen zu einem ausführlichen Meinungsaustausch kommen und aus dem Treffen kein bloßer Höflichkeitsbesuch werden sollte.

Unsere Vorbereitungen für den Rückflug werden vor allem dadurch erschwert, daß die Bundeswehr-Maschine des Kanzlers Berlin nicht direkt anfliegen darf. Nur mit Hilfe des amerikanischen Botschafters Vernon A. Walters können wir das Problem lösen: In Hamburg werden wir in eine amerikanische Militärmaschine umsteigen. Vor dem Abflug fährt Helmut Kohl noch zum städtischen Nordfriedhof in Warschau. Zum ersten Mal kann ein deutscher Bundeskanzler in Polen das Grab eines im Zweiten Weltkrieg gefallenen Soldaten besuchen.

14.30 Uhr: Abflug nach Hamburg. Der Beginn der Kundgebung in Berlin ist jetzt auf fünf Uhr angesetzt. Während des Fluges schreibe ich einen Redeentwurf für den Kanzler. In Hamburg steigen wir in eine kleine Maschine der US Air Force um. Jetzt ist nur noch die engste Mannschaft dabei. Die innere Anspannung ist groß, jeder hängt seinen eigenen Gedanken nach und es fällt kaum ein Wort. Der Bundeskanzler sitzt mir gegenüber und arbeitet an seinem Redetext.

Auf dem Flughafen Tempelhof erwartet uns der Berlinbeauftragte der Bundesregierung, Günter Straßmeir. Über die Kundgebung und deren geplanten Ablauf weiß er keine weiteren Details zu berichten. Ein vernichtender Blick des Bundeskanzlers trifft ihn.

Als unsere Wagen um halb fünf vor dem Schöneberger Rathaus ankommen, sind höchstens 3 000 bis 5 000 Menschen versammelt. Sie empfangen Helmut Kohl mit einem gellenden Pfeifkonzert. Er bleibt äußerlich ruhig, zeigt keine Regung. Ich bin entsetzt und sage spontan zum Bundeskanzler: »Solcher Leute wegen haben wir unseren Besuch in Warschau abgebrochen!?« Jürgen Wohlrabe, der Präsident des Berliner Abgeordnetenhauses, begrüßt Kohl, der erst jetzt erfährt, daß die Berliner CDU zu einer eigenen Kundgebung an der Gedächtniskirche aufgerufen hat. Das sei, erklärt Wohlrabe in den Wutanfall des Bundeskanzlers hinein, nicht mehr zu ändern gewesen, und deshalb müsse Helmut Kohl anschließend auch dort noch reden. Der Kanzler explodiert und erklärt alle Verantwortlichen der Berliner CDU in diesem Moment für »unfähig«.

Als die Kundgebung beginnt, ist es schon dunkel. Die Zahl der Teilnehmer ist nicht zu erkennen. Die Schätzungen schwanken zwischen 20 000 und 50 000. Walter Momper, Willy Brandt, Hans-Dietrich Genscher, Helmut Kohl und Jürgen Wohlrabe stehen auf einem kleinen Holzpodium dicht gedrängt um die Mikrophone, eingekeilt zwischen zahlreichen Sicherheitsbeamten und anderen politischen »Größen«.

Momper spricht von den Deutschen als »dem glücklichsten Volk auf der Welt«. Er bezeichnet diese Begegnung der Menschen aus Ost und West aber nicht als »Tag der Wiedervereinigung«, sondern als »Tag des Wiedersehens«. Tatsächlich hatten aber gerade die Berliner aus beiden Teilen der Stadt in der vergangenen Nacht die Einheit für einige Stunden praktisch schon vollzogen.

Willy Brandt, der am 13. August 1961 Regierender Bürgermeister von Berlin war, hat ein besseres Gespür für die Ereignisse dieser Nacht. Er sieht in ihnen die Bestätigung dafür, »daß die widernatürliche Trennung Deutschlands keinen Bestand« haben wird. »Wir sind jetzt in der Situation, wo zusammenwächst, was zusammengehört«, sagt Brandt von tosendem Beifall begleitet und ergänzt unter dem Jubel der Zuhörer: »Berlin wird leben, und die Mauer wird fallen.«

Während Brandts Rede werde ich plötzlich ans Telefon gerufen. Der sowjetische Botschafter in Bonn, Julij Kwizinskij, ist am anderen Ende der Leitung. Er hat eine dringende Botschaft von Michail Gorbatschow an den Bundeskanzler und bittet mich, diese Helmut Kohl unbedingt noch während der Kundgebung zu überbringen: Gegenwärtig fänden bekanntlich in beiden Teilen Berlins große Kundgebungen statt. Es müsse in dieser heiklen Situation auf jeden Fall verhindert werden, so Kwizinskij, daß »ein Chaos« entstehe. Präsident Gorbatschow bitte deshalb den Bundeskanzler, beruhigend auf die Menschen einzuwirken. Für Rückfragen bleibt keine Zeit, ich muß zurück zum Kanzler und zwänge mich durch das dichte Menschenknäuel, um ihm Gorbatschows Botschaft zu übermitteln, die er kommentarlos zur Kenntnis nimmt. Was bedeutet sie? Vermutlich bewegt Gorbatschow die Sorge, daß auf beiden Kundgebungen die Gefühle der Menschen so aufgeputscht werden könnten, daß sie wie in der vergangenen Nacht erneut über die Mauer hinweg zusammenströmen und die Einigung mit den Füßen vollziehen. Damit könnten die Politiker die Kontrolle über die Ereignisse verlieren und sich schnell vor vollendete Tatsachen gestellt sehen. Gorbatschow scheint instinktiv zu spüren, daß die Menschen in beiden Teilen Deutschlands mehr bewegt als lediglich eine augenblickliche Wiedersehenseuphorie. Ist Gorbatschows Botschaft mehr als eine Bitte aus Sorge, ist es eine versteckte Warnung? Wir können jetzt nicht darüber reden.

Hans-Dietrich Genscher vermeidet in seiner Rede sorgfältig jeden Anklang an das Thema Einheit. Seine Worte sind ein einziger Versuch, allen Nachbarn und der Welt zu sagen, daß sie auch in Zukunft vor den Deutschen keine Angst haben müßten.

Als der Bundeskanzler ans Mikrophon tritt, hebt ein wiederum ohrenbetäubendes Pfeifen an, das während der gesamten Rede nicht aufhört. Durch zahllose Wahlkampfkundgebungen abgehärtet, hält Helmut Kohl durch und führt seine Rede zu Ende. Einmal versucht Momper, ihn zu unterbrechen, um auf die Störer einzuwirken, doch der Kanzler drückt ihn unwirsch zur Seite. Spontan ruft er dazu auf, »besonnen zu bleiben und klug zu handeln«, wie es die Bürger in der DDR getan hätten. »Klug handeln heißt jetzt, radikalen Parolen und Stimmen nicht zu folgen.« Jetzt gelte es, »mit Bedachtsamkeit Schritt für Schritt den Weg in die gemeinsame Zukunft zu finden«. Als einziger Redner dankt er »unseren amerikanischen, britischen und französischen Freunden für ihre Unterstützung und Solidarität, die für die Freiheit des freien Teils Berlins in den letzten Jahrzehnten existentiell war«. Auch Präsident Gorbatschow bekundet er »seinen Respekt«.

Das »andere Berlin« ist an der Gedächtniskirche versammelt. Als wir dort gegen halb sieben eintreffen, sind ein- bis zweihunderttausend Berliner hier zusammengeströmt. Nur vereinzelt machen sich Störer bemerkbar. Diesmal wird Helmut Kohl mit großem Beifall empfangen. Als er das Rednerpodium wieder verläßt, erdrücken ihn die Menschen fast.

Viele aus dem Osten sind darunter, die den Kanzler zum ersten Mal direkt erleben und ihn unbedingt anfassen wollen.

Endlich im Wagen weist Helmut Kohl seinen Fahrer an, sich von der Eskorte der Berliner Polizei zu lösen und zum Checkpoint Charlie zu fahren. Dreihundert Meter vorher halten wir an und gehen zu Fuß weiter. Menschenmassen und eine Trabbi-Kolonne strömen uns aus Ost-Berlin entgegen. Im Nu bin ich vom Bundeskanzler getrennt. Kaum werden die Menschen seiner gewahr, ertönen Helmut-Helmut-Rufe. Hände strecken sich ihm entgegen. Tränen fließen. Dem Kanzler gibt das Bad in der Menge sichtlich Kraft. Als wir wieder im Wagen sitzen, sagt er zu mir: »Hier sieht man, was die Leute wirklich denken.«

Um acht Uhr geht es mit der amerikanischen Militärmaschine zurück nach Bonn. Auch während des Fluges ist keine Zeit, Atem zu holen; immer neue Nachrichten prasseln auf uns ein. Rudolf Seiters, der inzwischen zu uns gestoßen ist, berichtet von Telefonaten, die Wolfgang Schäuble und er selbst heute mit DDR-Staatssekretär Alexander Schalck-Golodkowski geführt haben. Dabei wurde über das Reisegesetz und die finanziellen Erwartungen der DDR-Führung an die Bundesregierung gesprochen. Außerdem hat Schalck für morgen ein Treffen zwischen dem neuen SED-Generalsekretär Egon Krenz und Helmut Kohl angeboten.

Der Kanzler will morgen zunächst einmal mit Krenz telefonieren. Treffen möchte er ihn erst, wenn eine neue DDR-Regierung gebildet ist und klare Verabredungen über die Tagesordnung getroffen sind. Seiters wird deshalb in der kommenden Woche zu Vorgesprächen nach Ost-Berlin reisen.

Vom Flughafen im Eiltempo ins Kanzleramt. Für zehn Uhr ist bereits das Telefonat mit Margaret Thatcher angekündigt. Sie hat heute in einem Pressegespräch vor der Tür von Downing Street Nr. 10 erklärt: »Dies ist ein großer Tag für die Freiheit. Jetzt muß auch die Berliner Mauer fallen.« Am Telefon bittet der Kanzler die britische Premierministerin zuerst um Unterstützung für Polen, ehe er auf die Ereignisse in Berlin zu sprechen kommt. Margaret Thatcher läßt sich von Helmut Kohl erläutern, welche Schritte er als nächstes unternehmen will und regt ein halbtägiges Sondertreffen der zwölf EG Staats- und Regierungschefs noch vor der nächsten Sitzung des Europäischen Rates an, da enger Kontakt und direkter Gedankenaustausch jetzt unerläßlich seien. Wichtig ist ihr auch zu erfahren, ob der Bundeskanzler plant, mit Michail Gorbatschow zu sprechen.

Unsere Dolmetscherin bleibt im Zimmer, denn nur wenige Minuten später telefoniert Helmut Kohl mit George Bush in Washington. Auch der amerikanische Präsident interessiert sich kaum für Kohls Wunsch nach Hilfe für Polen. Er möchte vor allem die Einschätzung des Kanzlers zur Entwicklung in Berlin erfahren. Kohl betont gegenüber Bush, wie besonnen sich die Menschen in der DDR verhielten und meint, entscheidend werde jetzt sein, ob die neue DDR-Führung zu grundlegenden Reformen bereit sei. George Bush drückt seine allergrößte Hochachtung darüber aus, wie die Regierung der Bundesrepublik Deutschland die Situation handhabe. Abschließend kommt er auf sein bevorstehendes Treffen mit Michail Gorbatschow zu sprechen, das jetzt »sehr wichtig« sein werde.

Um kurz vor elf ruft der Bundeskanzler noch Rudolf Seiters, Wolfgang Schäuble, Theo Waigel, Dorothee Wilms, Johnny Klein und mich zu einer letzten Lagebesprechung zusammen. Der Tag war lang und anstrengend. Alle sind erschöpft und hängen quasi in den Stühlen. Schäuble berichtet, daß die Übersiedlerzahlen heute deutlich zurückgegangen seien. Er ist optimistisch, alle unterbringen zu können, die kommen, und meint, »wir werden damit leichter fertig als die DDR«. Noch werden in der Bundesrepublik DDR-Übersiedler mit viel Sympathie, ja teilweise mit Begeisterung aufgenommen. Wenn die Zahlen jedoch wieder steigen sollten, kann es angesichts der Wohnungsknappheit auch zu einem Stimmungsumschwung kommen. Die Opferbereitschaft der Deutschen war schon lange nicht mehr so gefordert wie jetzt.

In Ost-Berlin, das haben alle Gespräche mit der DDR-Führung ergeben, hält man die Lage für sehr prekär und braucht dringend Hilfe, um die Situation stabilisieren zu können. Wir sind uns einig, daß alle Hilfe der Bundesrepublik in erster Linie den Menschen in der DDR zugute kommen muß. Da jede Zusammenarbeit auf wirtschaftlichem Gebiet, wenn sie einen Sinn haben soll, Reformen in der DDR voraussetzt, kann man im Augenblick wohl nur helfen, Versorgungsengpässe zu überbrücken und die ärztliche Betreuung sicherzustellen.

Während der Besprechung werde ich zum Telefon gerufen. Brent Scowcroft, der Nationale Sicherheitsberater des amerikanischen Präsidenten, teilt mir mit, daß Gorbatschow Bush über seine mündliche Botschaft von heute nachmittag unterrichtet habe, die uns bei der Kundgebung vor dem Schöneberger Rathaus erreicht hat. Gorbatschow habe die Lage in Berlin als »very sensitive« (äußerst heikel) bezeichnet und seinen Botschafter in Ost-Berlin angewiesen, Kontakt mit den Botschaftern der drei Westmächte aufzunehmen.

Diese Nachricht wird nicht weiter kommentiert. Das Bundeskabinett hatte erst gestern – vor dem Abflug nach Warschau – die Erklärung des Kanzlers zustimmend zur Kenntnis genommen, daß er jede Art von Viermächtekontakten über die Köpfe der Deutschen hinweg ablehne.

Die interessanteste Nachricht ist die vertrauliche Mitteilung, daß Gorbatschow die SED-Spitze dazu aufgefordert habe, einen »friedlichen Übergang« in der DDR sicherzustellen. Das bestätigt unsere Einschätzung, daß jedenfalls von sowjetischer Seite nicht an eine »chinesische Lösung« gedacht wird. Der Bundeskanzler schloß eine solche Möglichkeit von Anfang an aus. Diese Sicherheit hatte er aus seinen zahlreichen Gesprächen mit Gorbatschow gewonnen. Es wird keine Wiederholung des 17. Juni geben. Gorbatschows Nachricht, die er jetzt auch George Bush übermitteln ließ, war also die Bitte, gemeinsam dafür zu sorgen, daß der Politik die Kontrolle über die Ereignisse nicht entgleitet.

Wir alle haben allerdings den Eindruck, daß auch die neue DDR-Führung schon wieder mit ihrem Latein am Ende ist und verzweifelt auf schnelle Hilfe der Bundesregierung wartet. Der Kanzler will den ebenso zurückhaltenden wie prinzipienfesten Kurs, den er in der Deutschlandpolitik das gesamte Jahr hindurch vertreten hat, beibehalten. Spätestens seit Öffnung der ungarischen Grenze im Sommer war die Entwicklung in der DDR das beherrschende Thema der deutschen Politik gewesen. Erst vor drei Tagen hat Helmut Kohl im Bundestag noch einmal bekräftigt, daß die Bundesregierung zu »umfassender Hilfe« bereit sei, sobald sich die DDR-Führung unmißverständlich auf wirklich freie Wahlen festgelegt habe, das in der Verfassung verankerte Machtmonopol der SED aufhebe und die Gründung unabhängiger Parteien zulasse. Er hat es während der vergangenen Monate stets vermieden, Öl ins Feuer zu gießen, allerdings auch Wert darauf gelegt, daß es keine äußere Einmischung in innerdeutsche Angelegenheiten gebe.

Während die Fluchtwelle über Ungarn einsetzte, auch noch als im September Tausende den Weg in die Freiheit durch die Gärten unserer Botschaften in Osteuropa suchten, hatte die Bundesregierung jedes auftrumpfende Gehabe vermieden. Hinter den Kulissen führten wir hektische Verhandlungen, um den Menschen zu helfen. Das gewaltsame Einschreiten am Rande der Feierlichkeiten zum 40. Jahrestag der DDR in Ost-Berlin und wenige Tage vorher in Dresden bei der Durchfahrt eines Zuges mit Botschaftsflüchtlingen aus Prag in die Bundesrepublik hatte noch einmal schlimmste Befürchtungen geweckt. Jetzt ist die Mauer nicht zuletzt unter dem Eindruck der Bilder aus den Botschaftsgärten gefallen. Von Wiedervereinigung spricht an diesem Abend dennoch niemand. Während der vergangenen Tage und Wochen war der Gedanke daran wohl allen von uns durch den Kopf gegangen. Gefangen im hektischen Tagesgeschäft hatte jedoch niemand darauf zu hoffen gewagt, daß die Mauer so schnell fallen würde. Ist das nun der Anfang vom Ende der Teilung?

Seit sich am 4. November nahezu eine Million Menschen auf dem Ost-Berliner Alexanderplatz versammelt hatten, um friedlich für Reformen zu demonstrieren, war für jedermann offensichtlich, daß die DDR-Führung die Lage nicht mehr unter Kontrolle hatte. Keiner in der nächtlichen Runde glaubt jetzt so recht daran, daß Egon Krenz, der Erich Honecker beerbt hatte, die Probleme wird lösen können. Der Kanzler ist voller Mißtrauen ihm gegenüber und lehnt ein sofortiges Treffen nicht zuletzt deshalb ab. Krenz war im Mai als Wahlleiter für die Fälschungen bei den Kommunalwahlen verantwortlich und als Leiter der Abteilung Sicherheit des Zentralkomitees der SED auch dem Staatssicherheitsdienst gegenüber weisungsbefugt. Zumindest bisher hatte er stets unmißverständlich erklärt, daß der Sozialismus in der DDR für ihn nicht zur Disposition stehe und die DDR ein souveräner Staat bleiben müsse. Krenz gilt niemandem als besondere Geistesgröße, nur einige wenige kennen ihn persönlich.

Lange nach Mitternacht endet die Besprechung im Kanzlerbungalow. Es ist zwei Uhr, als ich endlich in mein Bett falle.

Samstag, 11. November 1989

8.40 Uhr »Lage« beim Bundeskanzler. Mit dieser morgendlichen Besprechung der engsten Mitarbeiter beginnen viele Arbeitstage im Kanzleramt. Ich kann mich allerdings nicht daran erinnern, wann dieses Küchenkabinett zuletzt an einem Samstag getagt hat.

Helmut Kohl sitzt schon hinter seinem Schreibtisch; so empfängt er uns meistens. Sein Arbeitstag beginnt oft schon um sieben Uhr. Er nutzt die morgendliche Ruhe, um Akten zu lesen und erste Telefonate zu führen, selbst wenn die Gesprächspartner nur zu Hause zu erreichen sind. Auch heute trägt er seine schwarze Strickjacke und weiße Gesundheitssandalen; vor ihm stapeln sich, säuberlich geschichtet, die Papiere.

Rein äußerlich ist alles wie immer. Wie sonst sitzt Eduard Ackermann vor dem Schreibtisch des Kanzlers, bereit zum Pressevortrag. »Graf Carbonara«, wie Kohl ihn wegen seiner Vorliebe für die italienische Küche gelegentlich nennt, gehört seit 1976 zu den engsten Mitarbeitern des Bundeskanzlers. Noch länger ist Juliane Weber dabei, persönliche Mitarbeiterin seit fünfundzwanzig Jahren; sie sagt stets spontan, was sie denkt, und ist für Helmut Kohl gelegentlich so etwas wie »die Stimme des Volkes«. Rudolf Seiters gehört als Chef des Bundeskanzleramtes ebenso zu dieser Runde wie Regierungssprecher Johnny Klein, der Staatsminister im Bundeskanzleramt, Lutz Stavenhagen und Wolfgang Bergsdorf, seit achtzehn Jahren Kohls Mitarbeiter und heute Leiter der innenpolitischen Abteilung im Bundespresseamt. Norbert Prill, der Chef der Redenschreibergruppe, und Baldur Wagner als Chef der Abteilung Innen- und Sozialpolitik vervollständigen den Kreis.

Ackermanns Presseschau entnehmen wir, daß gestern in Ost-Berlin rund 50 000 Menschen zu der Kundgebung zusammengekommen waren, auf die sich Gorbatschow in seiner Botschaft an den Bundeskanzler bezogen hatte. Veranstalter war die SED gewesen. Vor diesem Hintergrund wird die gestrige »Mahnung« des sowjetischen Präsidenten noch interessanter.

Die erste offizielle Stellungnahme des Sprechers des sowjetischen Außenministers, Gennadij Gerassimow, ist erfreulich zurückhaltend. Die Entscheidung, ihre Grenzen zu öffnen, sei ein »souveräner Akt der DDR«, die neuen Reiseregelungen seien »weise«. Sie implizierten jedoch nicht das Verschwinden der Grenzen, sondern seien Teil der Maßnahmen, mit denen die Lage stabilisiert werden solle. Die sowjetische Nachrichtenagentur TASS stellt die DDR als ein »weltoffenes Land« dar, das nun »praktisch ohne Berliner Mauer« sei und nicht länger abgeschnitten von der Welt.

Frankreich reagiert gespalten: die Presse enthusiastisch, das politische Frankreich zurückhaltend. Der Sprecher und außenpolitische Berater des französischen Präsidenten, Hubert Vedrine, erklärte gestern, daß es jetzt »ein stärkeres EG-Europa« geben müsse. Außerdem halte Mitterrand an seiner Absicht fest, noch in diesem Jahr »ohne jede Bedingung« zu seinem geplanten Staatsbesuch in die DDR zu reisen. Außenminister Roland Dumas bezeichnet die Wiedervereinigung Deutschlands als »legitimes Bestreben«, doch werde sie sich durch die »internationalen Realitäten verzögern«. Der französische Ministerpräsident Michel Rocard erklärt dagegen, daß »die Zeit immer für die Freiheit arbeite«.

Gleich nach dem Pressevortrag telefoniert der Kanzler mit dem französischen Präsidenten Mitterrand, der gestern nacht nicht zu erreichen gewesen war. Mitterrand sagt, es sei in der Tat ein großer Augenblick der Geschichte, die Stunde des Volkes. Jetzt gebe es die Chance, daß diese Bewegung in die Entwicklung Europas einmünde. Ausdrücklich bedankt sich der französische Präsident bei Helmut Kohl, daß er ihm beim letzten deutsch-französischen Gipfel am 2./3. November in Bonn den Rat gegeben habe, die französische Position zur deutschen Einheit vor der Presse zu erläutern. Das sei ein guter Rat gewesen, denn jeder kenne jetzt die französische Haltung. Der Bundeskanzler habe das richtige Gespür gehabt. Er wolle ihn noch einmal ausdrücklich seiner Freundschaft versichern. Auch der Bundeskanzler bedankt sich für die Freundschaft, die François Mitterrand ihm immer entgegengebracht habe. Angesichts dieser Freundschaftsbekundung überrascht uns, daß Mitterrand trotz der dramatischen Veränderungen an dem geplanten Staatsbesuch in der DDR noch in diesem Jahr festhalten will, während der Kanzler selbst zögert, mit Krenz zusammenzutreffen.

Unmittelbar danach telefoniere ich mit dem sowjetischen Botschafter Kwizinski, um Kohls Wunsch weiterzuleiten, mit Gorbatschow zu telefonieren.

Während das Bundeskabinett, das sich um halb zehn zu einer zweistündigen Sondersitzung versammelt hat, noch tagt, ruft Egon Krenz an. Er wirkt aufgeräumt, beinahe kumpelhaft, und sagt, er freue sich sehr, daß der Bundeskanzler die Öffnung der Grenzen begrüße. Helmut Kohl bekräftigt auch gegenüber Krenz, was er in den vergangenen Wochen immer wieder gesagt hat, es sei nicht sein Ziel, daß möglichst viele Menschen die DDR verließen. Die jetzige Lage, betont der Kanzler, erfordere viel Vernunft. Er regt an, man solle sich bald nach seiner Polenreise treffen, und erklärt, daß er vorher Rudolf Seiters nach Ost-Berlin entsenden werde.

Krenz erklärt, die »Politik der Erneuerung« sei jetzt eingeleitet. Die Grenzen blieben zwar bestehen, würden aber durchlässiger. Der SED-Generalsekretär bedankt sich ausdrücklich beim Bundeskanzler, daß er zur »Beruhigung« beitrage, stellt allerdings auch fest: »Gegenwärtig steht die Wiedervereinigung nicht auf der Tagesordnung.« Helmut Kohl kann das nicht unwidersprochen lassen und verweist auf die Verpflichtung, die ihm das Grundgesetz auferlegt. Gleichzeitig erklärt er jedoch, daß gegenwärtig andere Fragen vorrangig seien.

Krenz betont, das neue Zentralkomitee sei »zu radikalen Reformen bereit« und zu Beziehungen auf allen Ebenen; eine »Reihe« der vom Bundeskanzler geforderten »Vorleistungen« seien inzwischen erbracht. Er warte deshalb auf das Gespräch mit Seiters am Montag in einer Woche. Bis dahin werde auch die neue Regierung von der Volkskammer gewählt sein. Dieses Telefonat hatte den Ton eines Gesprächs zwischen alten Bekannten, nahezu jovial und völlig unaufgeregt.

Mittags um zwölf kommt das Gespräch mit Gorbatschow zustande. Kohl greift sofort dessen Botschaft von gestern nachmittag auf und berichtet, was er eben mit Krenz besprochen hat. Der Kanzler betont, daß jetzt endgültig der Zeitpunkt gekommen sei, Reformen in der DDR durchzuführen. Ihm sei sehr daran gelegen, daß die Entwicklung ruhig verlaufe und jede Radikalisierung vermieden werde. Auch in diesem Gespräch weist Kohl wieder darauf hin, daß er keinerlei Interesse an einer Entvölkerung der DDR habe: Die Menschen sollten in ihrer Heimat bleiben können. Das sei schon nötig, um eine Destabilisierung der Lage zu vermeiden. Die Bundesrepublik werde zwar mit den Übersiedlern noch ganz gut fertig, aber die wirtschaftlichen Folgen für die DDR seien zu gravierend. Kohl versichert Gorbatschow, es bleibe bei seiner Zusage, auch die UdSSR bei ihrem Bemühen um wirtschaftliche Reformen zu unterstützen, wenn er dem Präsidenten damit helfen könne.

Gorbatschow weist darauf hin, daß die Veränderungen in Osteuropa nun viel schneller vor sich gingen, als man das noch beim letzten Zusammentreffen angenommen habe. Jedes Land, so Gorbatschow, müsse sein eigenes Tempo einschlagen. Unterschiede werde es auch in der Tiefe und in der Form der Umgestaltungen geben. Deshalb sei es wichtig, in engem Kontakt zu bleiben. Er glaube, daß alles dazu führen werde, mehr Verständnis füreinander zu entwickeln und sich damit gegenseitig näherzukommen. Für ihn seien deshalb die Äußerungen des Bundeskanzlers von gestern und heute politisch sehr wichtig. Die DDR benötige jetzt Zeit für ihr weitreichendes Programm der Umgestaltung in Richtung Freiheit, Demokratie und wirtschaftlichen Lebens. Damit sei natürlich eine gewisse Instabilität verbunden, weshalb jetzt alle Seiten Verantwortungsgefühl und Umsicht beweisen müßten. Es handele sich um historische Veränderungen in Richtung neuer Beziehungen und einer neuen Welt.

Kohl stimmt zu. Augenmaß sei erforderlich. Er halte es jedoch für eine besonders glückliche Fügung, daß sich die Beziehungen zwischen den beiden Ländern sowie auch ihre persönlichen so positiv entwickelt hätten. Das psychologische Problem im Hinblick auf die DDR bestehe seiner Ansicht nach vor allem darin, den Menschen dort klarzumachen, daß die Veränderungen Zeit bräuchten. Die Gründlichkeit der Deutschen werde dazu beitragen, auch dieses Problem zu lösen, antwortet Gorbatschow. Die beiden vereinbaren, sofort wieder Kontakt aufzunehmen, wenn die Umstände das erforderlich machen sollten.

Keine Drohung, keine Warnung, nur die Bitte, Umsicht walten zu lassen. Nun bin ich endgültig sicher, daß es kein gewaltsames Zurück mehr geben wird. Auch der Kanzler ist sichtlich erleichtert. Welch ein Wandel in den Beziehungen der letzten beiden Jahre! Die Spannung ist von Kohl abgefallen. Er lacht mich befreit an und sagt auf gut Pfälzisch: »De Bärn is g'schält« (die Birne ist geschält); eine seiner Lieblingswendungen für Situationen, in denen sich komplizierte Probleme in Wohlgefallen auflösen. Wir wissen in diesem Augenblick, daß sich Gorbatschow auch in die innere Entwicklung der DDR nicht einmischen wird.

In diese aufgeräumte Stimmung hinein ruft der spanische Ministerpräsident Felipe Gonzalez an. Er beglückwünscht den Bundeskanzler. Spanien freue sich mit den Deutschen. »Helmut« könne mit ihm rechnen, wenn es darum gehe, eine europäische Lösung zu finden. Man müsse jetzt gemeinsam handeln. »Wir bringen dir viel Vertrauen entgegen.« Kürzer und herzlicher kann ein Partner nicht reagieren. Der Bundeskanzler freut sich. Er ist in der richtigen Stimmung, um jetzt vor die Bundespressekonferenz zu gehen.

Entschlossen, kämpferisch, aggressiv, selbstbewußt diskutiert er mit den Journalisten: Die Freiheit bleibe »der Kern der deutschen Frage«. Ausdrücklich betont er, daß die Menschen in der DDR selbst entscheiden müßten, was sie wollten. Sie hätten »keinerlei Belehrung nötig«, und jede Entscheidung »werden wir selbstverständlich respektieren«. Auf eine Nachfrage hin ergänzt er jedoch: »Ich habe keinen Zweifel daran, was sie wollen. Es gibt keinen Zweifel daran, daß die Deutschen die Einheit ihrer Nation wollen.«

Die politische Linie des Kanzlers ist klar, und mehr denn je fühlt er sich in ihr bestärkt. Seine Begegnungen und Gespräche am Checkpoint Charlie haben tiefe Spuren hinterlassen. Die Welle von Sympathie und Vertrauen, die ihm entgegenschlug, die unvermittelten und unverfälschten Gefühlsausbrüche, die Zurufe, Volk und Land wieder zu einen, haben ihm die Gewißheit gegeben, daß seine Überzeugung mit der dieser Menschen übereinstimmt. Nichts verleiht ihm mehr Mut, Kraft und Sicherheit, auf dem richtigen Weg zu sein und den auch unbeirrt weiterzugehen, auch wenn manche ihn öffentlich mit Kritik und oft genug mit Häme oder Spott überziehen. Heute ist sich der Kanzler seiner Sache völlig sicher.

Um Viertel vor drei fliegen wir zurück nach Warschau. Nicht einmal vierundzwanzig Stunden sind wir in Deutschland gewesen. Kaum zurück in Polen, gibt es eine ärgerliche

Überraschung. Unsere Gastgeber wollen den für morgen in Kreisau geplanten Gottesdienst absagen, weil Nebel den Flug nach Breslau verhindert. Der Kanzler weiß, daß sich bereits Tausende von Schlesiern auf den Weg dorthin gemacht haben. Er tobt und setzt durch, daß noch in der Nacht mit einem Autobus aufgebrochen wird. Der Tag endet friedlich beim Abendessen im kleinsten Kreis.

Dienstag, 14. November 1989

Abends geht es zurück nach Bonn. Ein langer und schwieriger, aber wichtiger und erfolgreicher Besuch liegt hinter uns. Während der vergangenen zweieinhalb Tage in Polen mußten wir uns oft zwingen, uns wirklich auf unsere Gesprächspartner und das Gastgeberland zu konzentrieren. Oft schweiften die Gedanken ab. Wie mochte es zu Hause aussehen? Stets waren wir neugierig auf neue Nachrichten aus Bonn oder Berlin. Gestern ist Hans Modrow zum Ministerpräsidenten der DDR gewählt worden.

Dabei hatte es in Polen wichtige politische Gespräche gegeben. Der Gottesdienst in Kreisau und der Besuch in Auschwitz waren bedeutsame Stationen der Reise gewesen. Die Grenzfrage bleibt ein entscheidendes Thema. Sie begleitete uns in Polen auf Schritt und Tritt. Aussöhnung zwischen Deutschen und Polen wird so lange nicht möglich sein, wie dieses erdrückende Problem den Weg zueinander versperrt. Der ständige Verweis auf die Rechtslage reicht nicht aus, auch nicht der unermüdliche Versuch des Bundeskanzlers, um persönliches Vertrauen zu werben. Die Polen fühlen, daß er es ehrlich meint. Aber warum sagt er nicht das für sie erlösende Wort?

Zurück in Bonn versammelt der Kanzler sofort Rudolf Seiters, Wolfgang Schäuble und Volker Rühe zu einer Besprechung. Sie waren während der vergangenen drei Tage in Bonn gewesen und bringen Kohl nun auf den neuesten Stand. Seiters berichtet dem Bundeskanzler über seine Vorbereitungen für das Gespräch mit SED-Generalsekretär Krenz am Montag in Ost-Berlin. Um vier Themen soll es dabei gehen: das Reisegesetz der DDR, umfassende wirtschaftliche Hilfe, Infrastrukturmaßnahmen einschließlich Umweltschutz und die medizinische Versorgung der DDR. Die Bedingung an die DDR-Führung ist, »einen Kalender für politische und wirtschaftliche Reformen« vorzulegen. Das ist der Preis, den die DDR für »Investitionen in die Zukunft«, die die Bundesrepublik in der DDR erbringt, leisten muß. Müde, aber zufrieden, gehen wir auseinander. Polen liegt bereits hinter uns.

Mittwoch, 15. November 1989

Botschafter Klaus Blech berichtet aus Moskau über die gestrigen Gespräche des französischen Außenministers Dumas mit Gorbatschow und Schewardnadse, in denen auch über die deutsche Frage gesprochen worden sei. Die Sowjets hätten dabei auf die Einhaltung bestehender Verträge gepocht und auf die Unveränderbarkeit der Grenzen sowie auf die Rechte und Verantwortlichkeiten der Vier Mächte hingewiesen. In der *Prawda* von gestern werden noch erheblich schärfere Töne angeschlagen. Sie druckte eine unmißverständliche Warnung, den *Status quo* in Europa verändern zu wollen und die Schwächeperiode der sozialistischen Länder auszunutzen. Dieser Kommentar der offiziellen Parteizeitung irritiert uns nicht, wir halten uns an die Erklärungen Gorbatschows.

Volker Rühe wird in einer Sondersitzung des CDU-Bundesvorstands beauftragt, mit einzelnen Mitgliedern der neuen Führung der Ost-CDU erste informelle Gespräche zu führen. Am 20. Oktober war Lothar de Maizière zum neuen Vorsitzenden der Ost-CDU gewählt worden. Weder seine Person noch seine Politik sind bisher richtig einzuschätzen.

Abends bin ich bei Rita Süssmuth, die morgen gemeinsam mit ihrem französischen Amtskollegen Laurent Fabius nach Moskau reisen und dort auch mit Michail Gorbatschow zusammentreffen wird. Ich bitte sie, Fabius als engen Vertrauten von Mitterrand zu fragen, ob dieser nicht doch für seine eigene alte Idee zu gewinnen wäre, einmal gemeinsam mit Helmut Kohl ein Gespräch mit Gorbatschow zu führen. Das könnte 1990 durchaus von Bedeutung sein. Im Januar 1988 hatte der Bundeskanzler in Paris Mitterrand eine gemeinsame Ostpolitik angeboten.

Die Bundestagspräsidentin und ich sind uns darin einig, daß

in Moskau bei ihrem Besuch vor allem vier Punkte angesprochen werden sollten: Der Grundsatz der Nichteinmischung muß für alle gelten. Die Prinzipien der Menschenrechte, des Selbstbestimmungsrechts und des Völkerrechts müssen auch den Menschen in der DDR zugebilligt werden. Das Recht auf Selbstbestimmung darf die Entscheidung darüber, ob die Bürger der DDR in einem eigenen oder in einem wiedergeeinten deutschen Staat leben wollen, nicht ausschließen, und West-Berlin muß in den Entspannungsprozeß voll einbezogen werden.

Donnerstag, 16. November 1989

Regierungserklärung des Bundeskanzlers zur Polen-Reise und zu den Entwicklungen in der DDR. Die Ereignisse seit der Öffnung der Mauer faßt er kurz und bündig in dem Satz zusammen: »Vor den Blicken der Weltöffentlichkeit feierten die Menschen in Deutschland am vergangenen Wochenende nach fast drei Jahrzehnten der Trennung ein Fest des Wiedersehens, der Zusammengehörigkeit und der Einheit.« Selbst die Grünen klatschen Beifall, als Kohl noch einmal bekräftigt, daß wir jede Entscheidung, »die die Menschen in der DDR in freier Selbstbestimmung treffen, selbstverständlich respektieren«.

Am frühen Nachmittag unterrichte ich im Bundeskanzleramt den amerikanischen Botschafter Vernon A. Walters über die Ergebnisse der Polenreise des Bundeskanzlers und über seine Beurteilung der Lage in der DDR. Walters hat sich, seitdem er in Bonn ist, als großer Freund der Deutschen erwiesen. Offen, direkt und unkompliziert spricht er Probleme an und sucht nach pragmatischen Lösungen, die beiden Seiten helfen sollen. In einem langen und abwechslungsreichen Leben als Offizier, Stellvertreter von George Bush beim CIA und Diplomat hat der alte Haudegen, der acht Sprachen spricht, Gelassenheit gelernt und seinen Humor niemals verloren. Er ist ein wandelndes Anekdotenbuch.

In diesen schicksalhaften Tagen zeigt sich, daß wir uns auf ihn verlassen können. Walters erzählt, daß er Freitagnacht auf der Glienicker Brücke zwischen Berlin und Potsdam gestanden habe. Vier Kriege hat er als Soldat miterlebt, doch so viele

Männer wie in dieser Nacht habe er nie vorher weinen sehen. Da habe er gewußt, daß dies mehr sei als ein Wiedersehen oder eine Wiederbegegnung von Freunden; eine Familie habe wieder zusammengefunden. »Deshalb«, so betont er mit Emphase, »glaube ich an die Wiedervereinigung. Wer sich gegen sie ausspricht, wird politisch hinweggefegt werden.« Diese Einschätzung hat der US-Botschafter auch seinem Präsidenten mitgeteilt.

Ich bin nun ganz sicher, daß der amerikanische Präsident den richtigen Berater hat für die Dinge, die vor uns liegen. Walters hatte einige Stunden vorher seinen sowjetischen Kollegen in Ost-Berlin, Wjatscheslaw Kotschemassow, getroffen. Dieser früher so selbstherrliche Mann sei völlig verändert gewesen und tief beunruhigt über die Vorgänge am Brandenburger Tor, berichtet Walters. Er befürchte, daß die Lage außer Kontrolle geraten könne. Mit Walters spreche ich deshalb auch über die Rolle der drei Westmächte für den Fall, daß sich die Entwicklung in Berlin krisenhaft zuspitzen würde. Kurzschlußhandlungen von DDR-Sicherheitskräften oder sowjetischer Militärführer bei grenzüberschreitenden Massendemonstrationen können nach wie vor nicht ausgeschlossen werden. Für wahrscheinlich halten wir beide ein solches Schreckensszenario nicht, schon wegen des besonnenen Verhaltens der Menschen in der DDR – aber wer kann in diesen Tagen schon irgend etwas mit Sicherheit ausschließen? Walters verspricht, darüber mit seinen beiden westlichen Kollegen zu sprechen.

Aufgrund seines Gespräches mit Kotschemassow vermutet Walters, daß Gorbatschow über die Vorgänge in der DDR nicht gut genug unterrichtet sei. Wir überlegen gemeinsam, ob und wann eine Viermächtekonferenz in Frage käme. Walters ist ganz entschieden der Auffassung, daß eine solche Konferenz erst dann zusammentreten dürfte, wenn sie nur noch »die Freiheit und Einheit Deutschlands zu besiegeln« habe oder falls es zu einer »krisenhaften Entwicklung« in der DDR kommen sollte. Wir wollen beide das Unsrige dazu tun, daß Kohl und Bush sich bald treffen, vielleicht sogar noch vor dem Gipfel Bushs mit Gorbatschow vor Malta.

Nicht alle unsere Verbündeten stehen so hinter uns wie Vernon Walters. Der britische Außenminister Douglas Hurd zum

Beispiel hat heute am Brandenburger Tor gesagt, es gebe sicherlich für die Zukunft Anlaß zum Optimismus, dennoch sei das Thema Wiedervereinigung nicht aktuell. Es stehe zur Zeit nicht auf der Tagesordnung, weil die Reformer in der DDR selbst nicht darauf gesetzt hätten. Hilfreich dagegen ist das Schreiben von Margaret Thatcher an Michail Gorbatschow, von dem wir eine Kopie bekommen. Sie beantwortet darin dessen Botschaft vom 10. November, die Kohl während der Kundgebung vor dem Schöneberger Rathaus erreicht hatte. Die englische Premierministerin stimmt dem sowjetischen Präsidenten zu, daß eine riskante Instabilität nicht auszuschließen sei und deshalb geordnete Schritte zur Wahrung der Stabilität und Besonnenheit notwendig seien. Wie der Bundeskanzler betont auch sie unmißverständlich, daß langfristig durchgreifende Reformen in der DDR »die solideste Grundlage« für Stabilität seien. Und sie nennt diese Reformen beim Namen: freie Wahlen, Mehrparteiensystem, vollständige Bewegungsfreiheit, wirkliche Demokratie und ein sie stützendes Wirtschaftssystem.

Die Übereinstimmung mit dem Bundeskanzler in diesem Punkt ist beeindruckend. Ausdrücklich bezieht sie sich gegenüber Gorbatschow auf das Telefonat mit Kohl. Sie und der Bundeskanzler seien gemeinsam der Auffassung, daß eine Destabilisierung vermieden werden müsse. Niemand im Westen habe die Absicht, sich in die inneren Angelegenheiten der DDR einzumischen oder Sicherheitsinteressen der DDR oder der Sowjetunion zu gefährden. Ich bin sicher, daß dieser Brief auf Gorbatschow sehr beruhigend wirken wird.

Kurz vor Mitternacht ruft mich zu Hause noch der ungarische Botschafter Istvan Horvath an. Ministerpräsident Miklos Nemeth möchte dringend mit dem Bundeskanzler reden, möglichst noch am Wochenende.

Freitag, 17. November 1989

Ärgerlich ist ein Interview des israelischen Premierministers Yitzhak Shamir, das gestern große Aufmerksamkeit in der amerikanischen Presse gefunden hat. Auf die Möglichkeit der deutschen Wiedervereinigung angesprochen, erklärt er, daß

Israel »sehr ernste Zweifel an einer solchen Veränderung im Status Deutschlands« hätte. Noch sei es zu früh, darüber zu sprechen. »Ich glaube nicht, daß sie kommen wird.« Shamir erinnert daran, »was die Deutschen uns angetan haben, als sie geeint und stark waren, militärisch stark – die große Mehrheit des deutschen Volkes beschloß, Millionen von Juden zu töten, und jeder von uns könnte denken, daß, wenn sie wieder die Gelegenheit hätten, und sie werden das stärkste Land in Europa sein und möglicherweise in der Welt, sie es wieder versuchen werden.«

Helmut Kohl will diese Aussage auf keinen Fall unwidersprochen lassen. Er wird Shamir einen Brief schreiben, und wir behalten uns vor, ihn zu veröffentlichen.

Am späten Vormittag empfängt der Bundeskanzler wie jedes Jahr das Diplomatische Corps im Palais Schaumburg. Der Zeitpunkt war vor den Ereignissen in der DDR festgelegt worden und kommt Kohl jetzt sehr gelegen. Es geht ihm darum, Befürchtungen auszuräumen: Weder wird es einen neuen deutschen Nationalismus geben, noch einen nationalen Alleingang, und ein Interesse daran, »daß sich die politische Lage in Zentraleuropa destabilisiert«, habe die Bundesregierung schon gar nicht. Besonders kommt es dem Bundeskanzler heute darauf an, noch einmal unmißverständlich und offiziell zu erklären, daß die Bundesregierung die europäische Einigung »weiterhin mit aller Kraft« fördern werde, am Atlantischen Bündnis festhalte und die Zusammenarbeit mit den Staaten Ost, Mittel- und Südosteuropas ausbauen wolle.

Anschließend treffen wir mit dem Bundeskanzler zu einer ersten Bewertung der Regierungserklärung von DDR-Ministerpräsident Modrow zusammen. Seine Aussagen über politische Reformen gehen über vage Ankündigungen nicht hinaus. Das gilt für die Verfassungsform, für das Wahlgesetz, für die Einführung des Rechtsstaates, eines Mediengesetzes und für die Staatssicherheit. Auf den Führungsanspruch der SED wird nicht ausdrücklich verzichtet. Helmut Kohl hält das für unbefriedigend.

Breiten Raum nehmen die Aussagen zur Wirtschaft ein. Modrows Lagebeurteilung ist realistisch und schonungslos. Er will jedoch am System der Planwirtschaft festhalten, es aber über die Ware-Geld-Beziehung mit dem Markt verknüpfen. Wie das in der Praxis funktionieren soll, weiß niemand. Er schlägt eine neue Form der »Vertragsgemeinschaft« mit der Bundesrepublik vor, die »weit über den Grundlagenvertrag und die bislang geschlossenen Verträge und Abkommen zwischen beiden Staaten hinausgeht«. Was damit aber konkret gemeint ist, bleibt ebenfalls offen. »Eine klare Absage« aber erteilt Modrow »unrealistischen wie gefährlichen Spekulationen über eine Wiedervereinigung«.

Unmittelbar danach telefoniert der Bundeskanzler mit Präsident Bush, der heute merklich zurückhaltender ist als vor einer Woche. Im Augenblick bereite er sich intensiv auf das Treffen mit Gorbatschow am 2. Dezember vor Malta vor. Er dürfe dort nicht in die Lage kommen, aufgrund einer euphorischen Stimmung Gorbatschow nachgeben zu müssen. Deshalb müsse davon abgesehen werden, mit großer Rhetorik über die »Wiedervereinigung oder einen Zeitplan zum Abriß der Mauer« zu reden. Er lege allergrößten Wert darauf, mit dem Bundeskanzler zu sprechen, persönlich seinen Rat und seine Vorschläge zu erhalten. Es sei ihm jedoch nicht möglich, vor dem Gipfel mit dem Bundeskanzler in Europa zusammenzutreffen. Bedauerlich sei, daß der Bundeskanzler seinerseits nicht vorher nach Camp David kommen könne. Sie vereinbaren, sich am 3. Dezember zu einem Abendessen in Brüssel zu treffen.

Mehrfach wiederholt Bush, daß er allergrößten Wert darauf lege, jede Nuance der Position Helmut Kohls verstanden zu haben. In der Allianz gebe es Differenzen über die Beurteilung der Lage. Abschließend berichtet der Präsident, daß er den Dank des Bundeskanzlers an das amerikanische Volk in einer Rede erwähnt und damit ein sehr positives Echo hervorgerufen habe.

Nachmittags telefoniere ich zweimal mit Kollegen im Elysée in Paris. Jacques Attali ist sichtlich erfreut, als ich ihm berichte, wie groß in der gestrigen Bundestagsdebatte die Übereinstimmung zwischen dem Bundeskanzler und Willy Brandt darüber gewesen sei, daß man die europäische Integration jetzt entschiedener denn je fördern müsse. Hier liegt des Pudels Kern bei den Franzosen: die Sorge, wir könnten in unserem Engagement für Europa nachlassen; ein Eindruck, den die französische Presse auffallend häufig vermittelt hat.

Heute erreicht uns der Wortlaut einer Rede, die Gorbatschow am 15. November vor Studenten in Moskau gehalten hat. Zum erstenmal benutzt er darin den Begriff der Wiedervereinigung, die jedoch »heute keine Frage der aktuellen Politik« sei. Überlegungen Dritter dazu stellten eine »Einmischung in die inneren Angelegenheiten der BRD und der DDR« dar.

Die Rede enthält keinerlei Warnungen oder Anschuldigungen gegenüber der Bundesrepublik Deutschland. Sie ist bemerkenswert, weil Gorbatschow den Zeitpunkt einer möglichen Wiedervereinigung nicht erst in fünfzig oder einhundert Jahren sieht, sondern lediglich für »heute« ausschließt und sie ausdrücklich als »innere Angelegenheit« der BRD und nicht nur der DDR bezeichnet. Und er fügte hinzu: »Wie die Geschichte weiter verfügen wird – kommt Zeit, kommt Rat.« Er begrüße, was in der DDR geschehe, und unterstütze es.

Samstag, 18. November 1989

In Paris treffen abends auf Einladung von Präsident Mitterrand alle zwölf Staats- und Regierungschefs zu einem Gipfel-Abendessen zusammen. Frankreich, das gegenwärtig die EG-Präsidentschaft inne hat, hat ohne vorherige Abstimmung mit uns oder anderen EG-Partnern zu dieser Begegnung eingeladen. Als Sachwalter europäischer Interessen ergreift Mitterrand die Initiative, um die deutsche Frage und die Entwicklungen in den Warschauer Pakt-Staaten in einen europäischen Zusammenhang zu stellen. Im Verständnis von Mitterrand muß gerade Frankreich in dem von ihm propagierten Prozeß der »Überwindung von Jalta« eine herausragende Rolle spielen.

Der Gipfel an sich ist wichtig, weil er das Bemühen aller zwölf Partner unterstreicht, eine gemeinsame Position in einer zentralen außenpolitischen Frage zu erarbeiten. Wir haben das immer gefordert. Unsere zur Vorbereitung dieses Sondergipfels erstellte Analyse der bisherigen Aussagen der Verantwortlichen der drei Westmächte zeigt, daß es eine deutlich abgestufte Haltung zur Frage der deutschen Einheit gibt. Am positivsten reagierten die USA, zurückhaltender Frankreich und vor allem Großbritannien. Alle wollen aber, daß ein möglicher Prozeß der Wiedervereinigung schrittweise erfolgt und eingebettet bleibt in den europäischen Einigungsprozeß und die gesamteuropäische Stabilität nicht gefährdet.

In einer einstündigen mitternächtlichen Pressekonferenz berichtet Mitterrand zur Überraschung der Presse, daß das Thema Wiedervereinigung von niemandem aufgeworfen worden sei, auch nicht von den anwesenden deutschen Vertretern. Ein Journalist will wissen, ob der Bundeskanzler sich eher als Deutscher oder als Europäer gezeigt habe. Er sehe darin »keinen Gegensatz«, erwidert Mitterrand. Der Bundeskanzler sei beides. »Es wäre schade, wenn er kein deutscher Patriot wäre, wie man auch bei einem Franzosen bedauern würde, wenn er kein Patriot wäre.«

Der Bundeskanzler hat auf dem EG-Gipfel das Thema Wiedervereinigung nicht angesprochen, um von sich aus keinen Anlaß zu bieten, daß EG-Partner, die keine Verantwortung »in und für Deutschland« tragen, durch eine Diskussion seinen Handlungsspielraum einengen. Er hatte deshalb lediglich einen ausführlichen Bericht über die Ereignisse der letzten Wochen in der DDR gegeben und darüber, wie er die weitere Entwicklung einschätze. Später sagt er mir noch, daß sich Mitterrand, Gonzalez, Santer und Martens sehr freundschaftlich verhalten hätten. Dagegen seien der griechische und portugiesische Ministerpräsident vor allem um die Mittelmeerprogramme besorgt gewesen. Ausgesprochen kühl seien Thatcher und Lubbers aufgetreten.

Sonntag, 19. November 1989

Auch an diesem zweiten Wochenende nach der Grenzöffnung kommen wieder zwei bis drei Millionen DDR-Besucher in den Westen. Die Teilung Deutschlands wird von den Menschen selbst faktisch aufgehoben. In der Politik sieht es noch anders aus. Der neue Vorsitzende der Ost-CDU und stellvertretende Ministerpräsident, Lothar de Maizière, erklärt heute in einem Interview mit *Bild am Sonntag,* er »halte Sozialismus für eine der schönsten Visionen menschlichen Denkens«. Auf den Einwand, daß diese Vision aber nicht in die Realität umzusetzen sei, fügt er hinzu: »Wenn Sie glauben, daß die Forderung nach Demokratie zugleich die Forderung nach Abschaffung des Sozialismus beinhaltet, dann müssen Sie zur Kenntnis nehmen, daß wir unterschiedlicher Auffassung sind.« Die Einigung Deutschlands halte er nicht für »das Thema der Stunde«. Das seien Überlegungen, »die vielleicht unsere Kinder oder unsere Enkel anstellen können«. Dieses Interview nährt weiter unsere Skepsis gegenüber de Maizière.

Nachmittags hole ich gemeinsam mit Botschafter Istvan Horvath auf dem militärischen Teil des Frankfurter Flughafens den ungarischen Ministerpräsidenten Miklos Nemeth ab und begleite ihn zum Bundeskanzler nach Ludwigshafen. Inzwischen ist der Umgang schon beinahe freundschaftlich geworden. Zum ersten Mal traf ich mit ihm zusammen, als er noch Abteilungsleiter für Wirtschaft im ZK der ungarischen Kommunistischen Partei (USAP) war. Als ZK-Sekretär für Wirtschaft war er bei mir privat zu Hause. Jetzt ist er Ministerpräsident und auf dem Weg, Ungarn in die Demokratie zu führen. Er war es auch – zusammen mit Außenminister Gyula Horn –, der den Mut hatte, die ungarische Grenze für Tausende von DDR-Flüchtlingen zu öffnen. Das war der Anfang vom Ende Honeckers. Nemeth gehört zu den Politikern, die sehr nüchtern, sehr klar und sehr ehrlich reden oder schweigen, und nicht zu denen, die viel reden, aber wenig sagen.

Daß er heute so dringend den Bundeskanzler sprechen möchte, liegt an der plötzlichen Entscheidung der Sowjetunion, mit der Begründung, die sowjetische Energieversorgung sei zusammengebrochen, seit Donnerstag kein Öl mehr nach Ungarn zu liefern. Nemeth ist über die Lage in der UdSSR sehr besorgt. Er habe mit Ministerpräsident Nikolai Ryschkow telefoniert und wenigstens erreichen können, daß drei Viertel der bisherigen Lieferungen weiter erfolgen. Die gesamte Rohstoff- und Energieversorgung Ungarns hänge von der Sowjetunion ab. Sollten jetzt größere Störungen auftreten, gefährde das auch die Reformen in Ungarn. Die konservativen Kräfte könnten versuchen, die Unzufriedenheit der Bevölkerung auszunutzen, um Druck auf seine Regierung auszuüben. Der bevorstehende Winter bereite ihm deshalb große Sorge. Er bittet den Kanzler um Hilfe für den Fall, daß er die Kohleversorgung nicht sicherstellen könne und Streiks ausbrechen sollten.

Helmut Kohl sagt ihm ohne Zögern Hilfe zu. Er solle mitteilen, wie sie im einzelnen aussehen müßte, damit er entsprechende Vorbereitungen treffen könne. Außerdem verspricht er, noch in diesem Jahr selbst nach Budapest zu kommen. Der Bundeskanzler sagt zu mir, er werde den Ungarn nicht vergessen, was sie in einem entscheidenden Augenblick für Deutschland getan haben.

Nemeth bezeichnet Generalsekretär Krenz, den er, wie die gesamte Führungsriege der SED seit Jahren kennt, als Übergangslösung. Wichtiger sei Ministerpräsident Modrow, und der Bundeskanzler sei gut beraten, wenn er seine Gespräche mit der DDR-Führung erst nach dem SED-Parteitag führe.

Montag, 20. November 1989

Im *Spiegel* von heute wird Ministerpräsident Modrow geradezu liebevoll charakterisiert als eine der wenigen SED-Größen, »die im Volk wirklich beliebt sind«, eine »Vierzimmerwohnung im neunten Stock einer Mietskaserne« bewohne, mit »seinen Nachbarn Hausfeste« feiere und »in der Kaufhalle um die Ecke Schlange« stehe. Eine Rührstory über einen braven Mann aus dem Volk für das Volk! Auch Lothar de Maizière von der Ost-CDU wird als »ein allseits angesehener Mann von untadeligem Ruf« bezeichnet, »der Kirche als Synodale eng verbunden«.

Überraschend deutlich spricht sich dagegen in einem Kommentar der Spiegel-Herausgeber Rudolf Augstein für ein vereinigtes Deutschland aus: »Es mag von Bonner Seite aus taktisch klug sein zu erklären, die Deutschen wollten gar keine Wieder- oder Neuvereinigung... Aber die Wahrheit ist es nicht.« Es möge zwar sein, »daß der Schlüssel im Kreml liegt«, aber das könne sich auch ändern. »Dann wird niemand die Deutschen in Ost und West hindern, ihre Interessen wahrzunehmen.« Der Bundeskanzler, der von sich stets gerne behauptet, den »*Spiegel*« nicht zu lesen – er läßt ihn von Eduard Ackermann lesen –, nimmt diesen Kommentar wohlgefällig auf. Wann wird er schon einmal von Augstein bestätigt?

Heute sind zum ersten Mal seit der Öffnung der Mauer

Umfragen veröffentlicht worden. Im ZDF-Politbarometer sprechen sich 70 Prozent der Bundesbürger für die »Wiedervereinigung der beiden deutschen Staaten aus« und 48 Prozent glauben, sie könne in den nächsten zehn Jahren erreicht werden. Laut EMNID im *Spiegel* glauben nur 27 Prozent der Bundesbürger, daß die Wiedervereinigung möglich sei. Mehr als drei Viertel der Bundesbürger sind bereit, der DDR finanziell zu helfen, allerdings ohne Steuererhöhung.

Die internationale wie die innenpolitische Diskussion über die Chancen einer Wiedervereinigung Deutschlands ist voll entbrannt und nicht mehr aufzuhalten. Mehr und mehr sind wir uns dessen bewußt, doch die Weisung des Bundeskanzlers bleibt, in der öffentlichen Diskussion Zurückhaltung zu üben. Weder innerhalb der Koalition, und damit innenpolitisch, noch außenpolitisch will er Angriffsflächen bieten. Er möchte außerdem verhindern, daß jetzt überzogene Forderungen laut werden, die die von Modrow angekündigten grundlegenden Veränderungen in der DDR aufhalten.

Der Bundeskanzler hat mich gebeten, abends in seinem Bungalow an einem Gespräch mit persönlichen Freunden teilzunehmen, die ihm helfen wollen, die Kommunikationsstrategie der Bundesregierung zu verbessern. Im kommenden Jahr erwartet uns ein Wahlkampfmarathon, und dem Kanzler ist klar, daß er in die Offensive gehen muß. Ich habe schon oft beklagt, daß unsere Regierung wohl einmal als diejenige in die Geschichte eingehen wird, die es sich leistete, sich so schlecht wie möglich zu verkaufen. Heute abend sind wir uns einig, daß die hohe internationale Reputation des Bundeskanzlers innenpolitisch stärker genutzt werden müsse und daß die deutsche Frage als Brücke für ein besseres Image des Bundeskanzlers dienen könne. Es wird verabredet, eine Arbeitsgruppe einzusetzen, die die Erfolgsbilanz der Bundesregierung herausstreichen, eine Strategie zur Auseinandersetzung mit der Opposition, die zukünftigen Schwerpunkte der Regierungspolitik bis zur Bundestags-Wahl und ein Konzept für Kommunikation erarbeiten soll.

Kohls Zehn-Punkte-Plan

Dienstag, 21. November 1989

8.30 Uhr Kanzlerlage. Wir alle stehen unter dem Eindruck der Berichte über die Massendemonstrationen am gestrigen Abend in der DDR: 250 000 bei der schon traditionellen Montagsdemo in Leipzig, 50 000 in Halle, 40 000 in Chemnitz, 10 000 in Schwerin, Zehntausende in Ost-Berlin, Dresden, Cottbus. Zum ersten Mal ist die Forderung nach Wiedervereinigung unüberhörbar. Die Parole »Wir sind das Volk« ist weiterentwickelt worden. »Wir sind ein Volk« rufen die Menschen jetzt. Der Funke zündet.

Um halb elf bin ich mit Nikolai Portugalow verabredet, den ich seit mehr als zehn Jahren kenne. Portugalow ist Mitglied des ZK der KPdSU und Mitarbeiter des früheren Botschafters in Bonn, Valentin Falin, der jetzt die Abteilung für internationale Beziehungen im ZK leitet. Portugalow spricht sehr gut Deutsch und ist ein glänzender Kenner der deutschen Politik. Er hatte immer gute persönliche Kontakte zur SPD und zur CDU. Er ist äußerst schlitzohrig, fast übertrieben freundlich, bei jedem Gespräch bestens vorbereitet, stellt ständig Fragen, zeigt »viel Verständnis« für die Positionen des Gesprächspartners, die er jedoch immer in Zweifel zieht und zu denen er unter Hinweis auf »konservative Kräfte« in der Sowjetunion Gegenpositionen aufstellt, – sehr geschickt, aber nicht unsympathisch, wenn man um die Leimruten weiß, die er auslegt. Er notiert alle Antworten, um – wie er sagt – präzise und korrekt weiterberichten zu können, um Mißverständnisse zu verhindern oder auszuräumen, um Positionen zu klären und für gegenseitiges Verstehen zu sorgen. Dabei verdreht er die Augen und raucht wie ein Schlot. Stets betont er, gerne bald wiederkommen zu wollen, weil ja alles zwischen der Sowjetunion und der BRD so wichtig sei. Er ist anregend – auch wenn es nur darum geht, seine Fragen kennenzulernen, oder bestimmte Informationen und Erläuterungen über die Politik des

Bundeskanzlers transportieren zu lassen. Außerdem kann ich an ihm wie an einem Seismographen das politische Klima in Moskau erkennen. Das Interesse an diesen Gesprächen ist also gegenseitiger Natur.

Heute erlebe ich Portugalow um vieles ernsthafter. Er wirkt fast feierlich und übergibt mir ein handgeschriebenes Papier, entschuldigt sich für seine Schrift und für die angeblich schlechte Übersetzung ins Deutsche. Der erste Teil habe amtlichen Charakter und sei mit Falin und Tschernajew, dem außenpolitischen Berater von Präsident Gorbatschow, abgestimmt worden, von dem die Initiative zu diesem Papier ausgegangen sei. Die weiterführenden Überlegungen im zweiten Teil habe er lediglich mit Falin besprochen.

Der amtliche Teil enthält eine Einschätzung der Entwicklung in der DDR. Gorbatschow, so lese ich, gehe davon aus, daß es in Bonn keine Zweifel darüber gebe, daß die jüngste Entwicklung in der DDR ohne die Sowjetunion und erst recht gegen sie undenkbar gewesen wäre. In Moskau habe man schon sehr früh gewußt, »im Grunde seit Morgendämmerung der Perestroika«, daß die Entwicklung so kommen werde.

Eine kleine Sensation, weil das bedeutet, daß die Sowjetunion sich mit der Entwicklung in der DDR identifiziert, ja mit dem Hinweis auf die Perestroika sogar die Verantwortung dafür übernimmt. Offen wird jedoch die Sorge angesprochen, daß die Entwicklung in den deutsch-deutschen Beziehungen eine unerwünschte und gefährliche Richtung nehmen könnte, die sich in einer Reihe von Fragen an den Bundeskanzler ausdrückt: Wie beurteilt er persönlich Tragweite und Perspektiven der Wende in der DDR? Was sind die Prioritäten? Gilt die deutsch-sowjetische Deklaration vom 12. Juni dieses Jahres fort? Behält der Aufbau der gesamteuropäischen Friedensordnung Priorität vor der Lösung der deutschen Frage? Gelten die Ostverträge fort, bis eine gesamteuropäische Friedensordnung geschaffen ist? Trifft das auch auf den Grundlagenvertrag zu? Kann Modrows Angebot einer Vertragsgemeinschaft auf der Basis des Grundlagenvertrages ein *modus vivendi* sein?

Im zweiten Teil geht es um Fragen der Zusammenarbeit zwischen den beiden deutschen Staaten. Besonders lassen die Fragen zur Wiedervereinigung, zum Beitritt der DDR zur EG, über die Allianzzugehörigkeit und über die Möglichkeit eines Friedensvertrages aufhorchen.«»Wie Sie sehen, denken wir in der deutschen Frage alternativ über alles mögliche, sogar quasi Undenkbares nach«, sagt Portugalow. Er könne sich vorstellen, daß die Sowjetunion mittelfristig einer wie immer gearteten deutschen Konföderation grünes Licht geben könnte. Das war bereits am Freitag in einem Interview mit *Novosti* zu lesen gewesen.

Ich bin wie elektrisiert. Wie weit sind die Überlegungen in der sowjetischen Führung zur deutschen Einheit schon vorangeschritten? Offensichtlich weiter, als wir es uns bisher vorstellen konnten. Vorsichtig versuche ich, erste Antworten und Einschätzungen auf die vielen Fragen zu geben. Ich sage aber eine ausführliche, vertrauliche Antwort des Bundeskanzlers zu. Gleichzeitig rege ich jedoch an, daß es möglichst bald zu einer persönlichen Begegnung zwischen dem Bundeskanzler und Präsident Gorbatschow kommen sollte. Darüber war bisher noch nicht gesprochen worden. Ich gebe zu bedenken, ob sie sich in einem nichtoffiziellen Rahmen treffen sollten und erinnere an den Vorschlag Gorbatschows vom Oktober 1988, einmal gemeinsam dessen Heimatort zu besuchen. Portugalow reagiert begeistert und sagt, ein solcher Vorschlag entspreche genau der Psychologie der Russen, die eine Vorliebe für solche Gipfelbegegnungen hätten.

Abschließend gibt auch Portugalow zu verstehen, daß Generalsekretär Krenz mit großer Wahrscheinlichkeit den SED-Parteitag im Dezember nicht überstehen und Modrow sein Nachfolger werden werde. Angesichts der ständigen, öffentlich erhobenen Forderung der SPD, der Bundeskanzler müsse sich so bald wie möglich mit Krenz treffen, ist diese erneute Bestätigung unserer Skepsis wichtig. Öffentlich können wir uns leider auf Zeugen wie Nemeth und Portugalow nicht berufen.

Sofort nach diesem Gespräch unterrichte ich den Bundeskanzler: Wenn schon Gorbatschow und seine Berater die Möglichkeit der Wiedervereinigung und die damit zusammenhängenden Fragen diskutieren, dann sei es höchste Zeit, daß wir das nicht länger im stillen Kämmerlein täten, sondern in die Offensive gingen. Der Bundeskanzler, bereits auf dem Weg zum nächsten Termin, will möglichst bald ausführlich darüber sprechen. Auch er hält es für notwendig, sich bald selbst mit Gorbatschow zu treffen. Wir sind uns einig, daß schier Unglaubliches in Gang gekommen ist.

Das deutet sich auch in einem Telegramm unserer Moskauer Botschaft über Äußerungen von Außenminister Schewardnadse am 17. November an. Er schließt zwar einseitige Änderungen des *Status quo* aus. Gemeinsame friedliche Veränderungen könnten jedoch im gesamteuropäischen Konsens erfolgen.

Nachmittags kehrt Kanzleramtschef Seiters aus Ost-Berlin zurück. Sofort unterrichtet er den Bundeskanzler über seine Gespräche mit Krenz und Modrow. Krenz habe ihm gegenüber noch einmal nachdrücklich bekräftigt, daß die in der DDR eingeleitete »Politik der radikalen Reformen unumkehrbar« sei. Für eine andere Politik stünden er und andere nicht zur Verfügung. Im Frühjahr solle das neue Wahlgesetz von der Volkskammer beschlossen werden. Die Wahlen seien frühestens für Herbst 1990 oder Frühjahr 1991 vorgesehen. Es sollen allgemeine, freie, gleiche und geheime Wahlen sein. Krenz habe auch zugesagt, daß Artikel 1 der DDR-Verfassung, der den politischen Monopolanspruch der SED verankere, geändert werde. Doch genauso entschieden habe Krenz darauf hingewiesen, daß es innerhalb der neuen DDR-Führung einen Konsens in drei Punkten gebe: Die DDR müsse ein sozialistisches Land bleiben, ein souveräner Staat, die Wiedervereinigung stehe nicht auf der Tagesordnung.

Die Wirtschaftsordnung werde in Richtung einer an Marktbedingungen orientierten Planwirtschaft umgestaltet. Krenz und Modrow erhoffen sich von erweiterten Reise- und Besuchsmöglichkeiten eine erhebliche Entlastung. Am kommenden Freitag sollen weitere 33 Übergänge geöffnet werden. Bundesbürger werden künftig Visa erhalten, die sechs Monate für die ganze DDR gelten. Außerdem sei Krenz bereit, das Brandenburger Tor für Fußgänger zu öffnen. Die Bedingung der DDR sei jedoch, daß sich die Bundesregierung für zwei Jahre finanziell an dem geplanten Reisefonds beteilige, was uns rund zwei Milliarden Mark kosten wird. Zusätzlich muß die Bundesregierung 1990 mit etwa 1,3 Milliarden Mark Begrüßungsgeld für DDR-Besucher rechnen.

Weiter berichtet Seiters, daß Krenz den Bundeskanzler noch vor Weihnachten treffen wolle. Kohl schließt nicht aus, noch in diesem Jahr in die DDR zu reisen, will aber den SED-Parteitag abwarten, nach dem Krenz sicherlich nicht mehr im Amt sein werde.

Als Resümee des Berichtes von Seiters entwickelt der Bundeskanzler erstmals die Idee eines stufenweisen Vorgehens. Zuerst müßten jetzt die akuten Probleme gelöst werden. Das könne durchaus in der Form einer Vertragsgemeinschaft geschehen, wie sie Modrow vorgeschlagen habe. Es läge ja bei der Bundesregierung, wie diese ausgestaltet werde. Freie Wahlen sollten so bald wie möglich stattfinden. Danach müsse man beginnen, konföderative Strukturen zu entwickeln. Die Überlegungen aus meinem Gespräch mit Portugalow beginnen, beim Bundeskanzler Wirkung zu zeigen.

In der Bundespressekonferenz konzentrieren sich die Fragen der Journalisten an Seiters zu unserer Überraschung auf Details wie die Begrüßungsgeldregelung. Die politische Gesamtstrategie spielt praktisch keine Rolle.

Am späten Nachmittag sucht mich der außenpolitische Mitarbeiter von Willy Brandt, Klaus Lindenberg, auf. Er berichtet, daß Brandt entschlossen sei, angesichts der innerdeutschen Veränderungen noch einmal eine besondere Aufgabe zu übernehmen, auch gegenüber Moskau. Der Bundeskanzler solle das wissen. Es wäre deshalb wünschenswert, daß er und Brandt wieder einmal zusammenträfen. Die beiden haben auch früher schon bei mehreren Gläsern Rotwein ihre Meinungen über politische Fragen, aber auch über den Zustand ihrer jeweiligen Parteien ausgetauscht. Für den Bundeskanzler ist es wichtig, daß Willy Brandt als Vorsitzender der Sozialistischen Internationale gerade in Fragen der Hilfe für die Reformbemühungen im Osten Einfluß auf seine sozialistischen Kollegen nimmt. Das hilft allen Beteiligten.

Mittwoch, 22. November 1989 (Buß- und Bettag)

Bei einer Sondersitzung des Europäischen Parlaments in Straßburg treten der Bundeskanzler und Präsident Mitterrand gemeinsam auf. Dies zu erreichen, war schwierig genug gewesen. Mehrfach hatte ich mit Jacques Attali im Elysée telefoniert. Gestern morgen lag noch keine Zusage Mitterrands vor. Es hieß, Außenminister Roland Dumas werde an seiner Stelle kommen. Am Nachmittag entschließt sich Mitterrand doch noch, an der Sondersitzung teilzunehmen. Das ist ein wichtiges Signal an das Europäische Parlament: Deutschland und Frankreich wollen ihre Schrittmacherrolle in der Europapolitik weiterhin gemeinsam wahrnehmen.

Der Bundeskanzler verknüpft das Schicksal des geteilten Deutschland in seiner Rede aufs engste mit der Spaltung Europas: Die Einheit Deutschlands werde nur vollendet werden können, »wenn die Einigung unseres alten Kontinents voranschreitet«. Unmißverständlich macht er klar, daß seine Regierung an dem Ziel der deutschen Einheit festhält. Jeder in Europa und in der Bundesrepublik werde aber die Entscheidung respektieren müssen, die die Menschen in der DDR in freier Selbstbestimmung träfen.

Im französischen Senat findet heute eine Debatte über die französische Ostpolitik statt. Die Redner haben erkannt, daß sich die deutsche Einheit schneller als erwartet vollziehen könnte und fordern eine europäische Einbettung der deutschen Frage. Gestern hatte der Elysée den Besuch Mitterrands in der DDR vom 20. bis 22. Dezember angekündigt. Mit uns war vorher über diesen Termin nicht gesprochen worden, was wir angesichts der brisanten Entwicklung in der DDR und der öffentlich bekannten Absicht des Bundeskanzlers, nach dem SED-Parteitag nach Ost-Berlin zu reisen, erwartet hatten. Der Zeitpunkt von Mitterrands Reise schränkt die Terminmöglichkeiten des Bundeskanzlers für seine Gespräche mit der DDR-Führung vor Weihnachten erheblich ein. Glücklich sind wir darüber nicht.

Heute teilt der Elysée mit, daß sich Mitterrand am 6. Dezember mit Gorbatschow in Kiew treffen wolle. Das Rätselraten über die Absichten des französischen Präsidenten beginnt, zumal Frankreich während beider Besuche noch die Präsidentschaft in der EG innehaben wird.

Aus Washington werden wir über die gestrigen Gespräche Genschers mit Bush und Baker informiert. Die USA unterstützen das Anliegen der Deutschen nach Selbstbestimmung und Einheit. Ihrer Ansicht nach könne jedoch der Prozeß noch schneller verlaufen als erwartet. Bush will bei seinen bevorstehenden Gesprächen mit Gorbatschow vor Malta die Grenzen seiner Handlungsmöglichkeiten ausloten und feststellen, wie weit dieser sich in der deutschen Frage bewegen könne und wolle. Gorbatschow sei über eine mögliche deutsche Einigung sehr besorgt.

In seinem Gespräch mit Baker wies Genscher darauf hin, daß sich augenblicklich eine »Wiedervereinigung von unten« abzeichne. Ausdrücklich sprach er sich gegen eine baldige Viermächtekonferenz über Deutschland sowie gegen einen formellen Friedensvertrag aus, weil damit die Deutschen singularisiert würden.

Baker bekräftigt: Wiedervereinigung sei und bleibe amerikanische Politik. Heikel sei nur das Wann und Wie. Damit haben sich die USA als erster Partner eindeutig und ohne Vorbehalt für die Einheit Deutschlands ausgesprochen.

Donnerstag, 23. November 1989

In einer landesweit ausgestrahlten Fernsehrede zum amerikanischen Erntedankfest hat George Bush heute nacht, zehn Tage vor Malta, noch einmal öffentlich bekräftigt, daß es »keinen größeren Anwalt von Perestroika als den Präsidenten der Vereinigten Staaten« gebe. Neben Gorbatschow wird nur der Bundeskanzler von Bush namentlich und als guter Freund angesprochen, was uns zeigt, daß er mit der vollen Unterstützung des Präsidenten rechnen kann.

Auch das Europäische Parlament hat heute ein außerordentlich freundschaftliches Zeichen gesetzt und bei nur zwei Gegenstimmen eine Resolution verabschiedet, in welcher der Bevölkerung der DDR das Recht zugesprochen wird, »Teil eines vereinigten Deutschlands und eines einigen Europas zu sein«. Diese eindrucksvolle Entschließung beweist, wie wichtig es war, daß der Bundeskanzler gestern persönlich in Straßburg gesprochen hat.

Das Ziel der deutschen Einheit beginnt sich international durchzusetzen. Auch abends im Kanzler-Bungalow konzentriert sich die Diskussion sehr schnell auf die Frage nach der deutschen Einheit. Ich halte jetzt den Zeitpunkt für gekommen, zu dem der Bundeskanzler öffentlich die Meinungsführerschaft im Hinblick auf die Wiedervereinigung übernehmen muß. Die öffentliche Diskussion sowohl in der Bundesrepublik als auch im Ausland gewinnt an Intensität und wird zugleich diffuser. Alle in unserer nächtlichen Runde stimmen darin überein, daß sich Helmut Kohl an die Spitze der Bewegung stellen müsse. Ursprünglich hatten wir uns versammelt, um über die Verbesserung der Öffentlichkeitsarbeit für den Kanzler zu beraten. Deshalb sind Rudolf Seiters, Johnny Klein, Eduard Ackermann, Wolfgang Bergsdorf, Baldur Wagner, Norbert Prill, Michael Mertes, Stephan Eisel und Juliane Weber dabei, dazu Wolfgang Gibowski von der Forschungsgruppe Wahlen.

Angeregt durch mein Gespräch mit Portugalow schlage ich vor, ein Konzept zu erarbeiten, das einen gangbaren Weg zur deutschen Einheit aufzeigt, also realistisch sein muß und eingebettet in eine gesamteuropäische Friedensordnung. Nächste Woche findet die Haushaltsdebatte im Bundestag statt. Das wäre eine hervorragende Gelegenheit für den Kanzler, dieses Konzept zur deutschen Einheit öffentlich vorzustellen und zu erläutern. Würde er es nicht tun, bestünde die Gefahr, daß diese Aufgabe von der FDP oder der SPD übernommen würde. Vor allem Prill, Eisel, Mertes und Gibowski unterstützen mich. Ich erkläre mich bereit, mit einigen Kollegen ein solches Konzept zu erarbeiten und die Bundestagsrede vorzubereiten. Der Bundeskanzler stimmt zu unserer großen Erleichterung zu. Bush, Gorbatschow, alle EG-Partner und Modrow sollen noch während der Rede des Bundeskanzlers unterrichtet werden. Um den Überraschungseffekt zu sichern, soll auch innerhalb der Bundesregierung niemand vorher von dieser Initiative erfahren.

Über die leidige Öffentlichkeitsarbeit in der Bundesregierung, die unbefriedigend ist wie eh und je, wird nur noch kurz gesprochen. Helmut Kohl vergleicht deren Niveau mit dem einer Fußballmannschaft der Kreisklasse im Spiel gegen eine Bundesligamannschaft. Dem ist nichts hinzuzufügen.

Freitag, 24. November 1989

In der Morgenlage bekräftigt der Bundeskanzler den nächtlichen Beschluß, ein Konzept für den Einigungsprozeß zu erarbeiten. Anschließend werde ich zu Seiters gerufen. Der Leiter des Arbeitsstabes Deutschlandpolitik im Kanzleramt, Carl Duisberg, ist bei ihm. Seiters eröffnet mir, daß sie noch einmal darüber gesprochen hätten, ob meine Überlegung wirklich klug sei, den Bundeskanzler jetzt mit einem Wiedervereinigungsplan an die Öffentlichkeit gehen zu lassen. Ich müsse die Wirkungen in der DDR und im Ausland berücksichtigen. Der Zeitpunkt für einen solchen Schritt sei wohl noch nicht gekommen. Er könne jetzt eher kontraproduktiv wirken. Ich bin entschieden gegenteiliger Meinung, wenn ich auch zugeben muß, daß die Zuständigkeit für die Deutschlandpolitik innerhalb der Bundesregierung bei Seiters und Duisberg liegt. Wir einigen uns darauf, daß wir wenigstens einmal versuchen sollten, einen Entwurf zu erarbeiten. Anschließend kann der Bundeskanzler immer noch entscheiden, ob er diese Initiative ergreifen will oder nicht.

Um zehn Uhr kommen wir endlich zu dem geplanten brainstorming zusammen. Teilnehmer sind Carl Duisberg und Rüdiger Kaas vom Arbeitsstab Deutschlandpolitik, Peter Hartmann und Uwe Kaestner aus meiner Abteilung sowie die Redenschreiber Norbert Prill und Michael Mertes. Gemeinsam analysieren wir die Lage und die Perspektiven in der DDR sowie das außenpolitische Umfeld von der Sowjetunion über die USA bis zu unseren EG-Partnern. Wir tasten uns an die operativen Schritte heran – angefangen von der Idee einer Vertragsgemeinschaft, einer Konföderation oder konföderativen Strukturen bis zur deutschen Einheit im Rahmen einer Föderation und ihrer internationalen Einbettung. Allmählich kristallisieren sich die Stufen heraus. Am Ende sind es erfreulicherweise zehn Punkte.

Besonders kontrovers ist die Diskussion über die Frage, ob der Bundeskanzler konföderative Strukturen und eine Föderation vorschlagen soll oder nicht. Unsere beiden Deutschlandpolitiker äußern große Bedenken. Alle anderen sind entschieden dafür; wir hätten sonst einen Torso.

Am späten Nachmittag trennen wir uns. Konkrete Arbeitsaufträge habe ich verteilt. Bis morgen früh werden die verschiedenen Einzelelemente formuliert und sollen dann gemeinsam diskutiert und zu einem Redeentwurf zusammengefügt werden.

Abends erreicht mich aus dem Weißen Haus noch die Nachricht, George Bush und Margaret Thatcher hätten in ihren zweitägigen Gesprächen darin übereingestimmt, daß der Bundeskanzler auf die Ereignisse in der DDR »mit großem Geschick« reagiert habe.

Samstag, 25. November 1989

Morgens trifft sich die gestern zusammengestellte Arbeitsgruppe Deutschlandpolitik erneut im Sitzungszimmer der »kleinen Lage«. Entgegen der Absprache liegen wesentliche Punkte nicht schriftlich vor. Die Stufen neun und zehn, konföderative Strukturen und Föderation müssen jetzt noch formuliert werden, worüber ich sehr ärgerlich bin. Erneut ringen wir mit den Deutschlandpolitikern um diese Aussagen, bis ich schließlich entscheide, daß beide Punkte aufgenommen werden. Über die Bedenken werde ich den Bundeskanzler unterrichten.

Am späten Nachmittag ist der Redeentwurf fertig. Das Zehn-Punkte-Programm ist geschaffen. Ich bin mit dem Ergebnis sehr zufrieden. Ein Fahrer bringt unseren Text sofort zum Bundeskanzler nach Ludwigshafen.

Montag, 27. November 1989

Der Bundeskanzler hat den Entwurf der Zehn-Punkte-Rede am Wochenende intensiv durchgearbeitet. Gestern mittag hatte er mich bereits zu Hause angerufen, um einige Einzelheiten zu klären, aber schon zu erkennen gegeben, daß er mit unserer Arbeit sehr zufrieden sei. Aus seinen heutigen Anmerkungen schließe ich, daß er noch mit jemand anderem darüber gesprochen haben muß. Doch die Substanz der Rede ist unverändert. Wir können also an die Feinarbeit gehen, die Ergänzungen und Korrekturen Helmut Kohls einfügen und die Rede stilistisch ein letztes Mal überarbeiten. Bedenken werden nun von niemandem mehr erhoben.

Es muß geklärt werden, wann und wie die Presse, die Vertreter der Vier Mächte und die EG-Partner unterrichtet werden sollen. Es bleibt dabei: es muß alles vermieden werden, wodurch der Inhalt der Rede vorzeitig bekannt werden und der Überraschungseffekt morgen im Bundestag verloren gehen könnte. Der Bundeskanzler entscheidet, daß die Spitzen der Fraktionen den Text erst mit Beginn seiner Rede erhalten sollen. Wegen der Zeitverschiebung soll Präsident Bush den Wortlaut bereits morgen früh erhalten. Alle anderen werden ihn über unsere Botschaften zugestellt bekommen.

Was die Presse betrifft, schlage ich vor, eine ausgewählte Gruppe von Journalisten heute abend in das Bundeskanzleramt einzuladen und ihnen erste Informationen zu geben. Der Bundeskanzler ist einverstanden. Seiters und ich sollen die Rede gemeinsam erläutern, Ackermann und Johnny Klein die Journalisten auswählen.

Wie richtig unser Vorgehen ist, beweist erneut die internationale Diskussion, die sich heute in der Presse widerspiegelt. Die Einheit Deutschlands, so schreibt zum Beispiel der *Spiegel*, sei »für viele Politiker in West und Ost keine Frage mehr des Ob, sondern eine Frage des Wie und vor allem des Wann«, und er ergänzt: »Die Bonner Politiker stellen sich darauf ein, daß der Druck der Bevölkerung der DDR nach Vereinigung der beiden deutschen Staaten immer stärker wird.«

Das Wann ist auch für den Bundeskanzler eine wichtige Frage. Als wir am Donnerstag abend im Bungalow zusammensaßen und über die Perspektiven Deutschlands diskutierten, hatten wir auch darüber gesprochen. Übereinstimmung bestand über ein stufenweises Vorgehen, wie es in den zehn Punkten der morgigen Kanzlerrede erläutert wird, beginnend mit Sofortmaßnahmen, dann Vertragsgemeinschaft, Entwicklung konföderativer Strukturen und am Ende die Föderation. Der Bundeskanzler schätzte, fünf bis zehn Jahre werde es dauern, die Einheit zu verwirklichen. Wir waren uns einig: Selbst wenn die Einheit erst am Ende dieses Jahrhunderts erreicht sein sollte, wäre das ein Glücksfall der Geschichte.

Auch heute sprechen wir in der Morgenlage darüber, daß ein allzu rascher Einigungsprozeß kaum zu bewältigen sein würde. Zu groß ist die »Erblast«, die die SED hinterläßt. Die Sorge des Bundeskanzlers richtet sich weniger auf die zu erwartenden ökonomischen Probleme als vor allem auf die geistig-kulturellen und auf die schwierige Aufgabe der Rechtsangleichung. Sie werden uns seiner Überzeugung nach länger in Anspruch nehmen als die wirtschaftliche Gesundung.

Um zehn Uhr tagt das CDU-Präsidium. Dort spricht der Bundeskanzler über die Idee eines Stufenplanes zur deutschen Einheit und streift die einzelnen Etappen. Im Parteivorstand kündigt er anschließend ohne Umschweife an, daß er morgen im Bundestag einen solchen Stufenplan vorlegen wolle. Man müsse aufpassen, daß die SPD der Union nicht das Thema stehle, wobei es in der SPD eine Arbeitsteilung gebe: »Für die Einheit, für die Gemeinsamkeit steht Willy Brandt, fürs Grobe Lafontaine«, der nach Stammtischart Neidkomplexe schüre.

Mittags bin ich wieder einmal zu einem einstündigen Gespräch bei Bundespräsident Richard von Weizsäcker eingeladen. In unregelmäßigen Abständen tauschen wir Gedanken über die aktuellen außenpolitischen Probleme aus. Ich schätze diese Gespräche sehr. Der Bundespräsident ist an allen außenpolitischen Fragen außerordentlich interessiert, hervorragend informiert, und seine Überlegungen sind immer sehr anregend. Wir kennen uns seit Anfang der siebziger Jahre und haben früher manches gemeinsam in der CDU zu bewegen versucht.

Für mich ist das heutige Gespräch eine willkommene Gelegenheit, den Bundespräsidenten über die morgige Rede des Bundeskanzlers zu unterrichten und sie zu erläutern. Er hört aufmerksam und interessiert zu, scheint aber nicht besonders beeindruckt zu sein. Ich bin fast etwas enttäuscht.

Am frühen Abend sind im Bundeskanzleramt 23 Journalisten versammelt. Alle großen Tageszeitungen, Fernsehsender und einige Rundfunkanstalten sind vertreten. Nach der Begrüßung durch Seiters erläutere ich die morgige Bundestagsrede des Kanzlers; die Absichten, die er damit verfolge, den Stufenplan und die internationale Einbettung. Die Überraschung ist groß, auch wenn einige bereits aus den Sitzungen der CDU-Parteigremien und der Fraktion erste Hinweise erhalten hatten. Diese vertraulichen Partei- und Fraktionsgremien sind so löchrig wie ein Schweizer Käse.

Zur Vorbereitung des Europäischen Rates im Dezember in Straßburg hat der Bundeskanzler heute einen Brief an Mitterrand geschrieben. Vereinbarungsgemäß übermitteln wir einen Arbeitskalender zu den nächsten Schritten in der EG. Wie vor jedem Europäischen Gipfel versuchen wir so, eine gemeinsame Linie abzustimmen.

Dieser Brief ist wichtig, weil es uns jetzt mehr denn je darum geht, gerade gegenüber Frankreich nachzuweisen, daß wir die europäische Integrationspolitik nicht aus dem Auge verlieren.

Dienstag, 28. November 1989

In der Morgenlage berichtet Eduard Ackermann, daß der Bundeskanzler mit seinen gestrigen Andeutungen in den Partei- und Fraktionssitzungen bereits in allen Medien in der Offensive sei. Das war unsere Absicht. Der erste Erfolg ist da.

Helmut Kohl billigt den Entwurf eines elfseitigen Briefes an Bush, der dem Weißen Haus sofort über den »Skipper«, die direkte, verschlüsselte Telexverbindung, zugeleitet wird. Er enthält wie versprochen die Vorstellungen der Bundesregierung für den Gipfel des Präsidenten mit Gorbatschow vor Malta. Kohl bedankt sich für die Klarheit, mit der Bush »jede Parallele zwischen Jalta und Malta« zurückgewiesen habe. Da die historischen Reformprozesse von den Völkern selbst getragen würden, dürften sie nicht von oben gesteuert, eingegrenzt oder kanalisiert werden. Malta dürfe auch kein »Status-quo-Gipfel« werden. Er sagt voraus, daß der Ruf nach Einheit in der DDR weiter anschwellen werde, wenn Reformen ausbleiben oder unzureichend sein sollten. Angesichts des beachtlichen Maßes an Vernunft und Besonnenheit der Menschen in der DDR sei das Chaos nicht zu befürchten, das Gorbatschow angesprochen habe. Die Bundesregierung werde die entstandene Lage auch nicht einseitig ausnutzen, »um das nationale Ziel der Deutschen in einem Alleingang zu erreichen«. Im einzelnen erläutert der Bundeskanzler die zehn Punkte seiner Rede und bittet den Präsidenten, seine Politik gegenüber Gorbatschow zu unterstützen.

Um neun Uhr beginnt im Bundestag die Haushaltsdebatte. Um halb zehn unterrichte ich die deutsche und internationale

Presse über die Zehn-Punkte-Rede. Eingangs weise ich auf das gestrige Interview von Andrej Gratschow, dem stellvertretenden Leiter der Internationalen Abteilung des ZK der KPdSU und Berater Gorbatschows, mit RTL hin, in dem er feststellte, daß »die deutsche Frage wieder auf der Tagesordnung« stehe, »auch wenn eine Reihe von Politikern in Ost und West dies nicht so sehen wollen«. Dieses Interview gibt mir den willkommenen Anlaß, darauf hinzuweisen, daß die heutige Rede des Bundeskanzlers ausdrücklich die internationalen Rahmenbedingungen nennt, die für die Entwicklungen in der DDR entscheidend waren und bleiben: die Fortschritte in der wirtschaftlichen und politischen Integration der EG, die Reformpolitik Gorbatschows nach innen und außen, die Umwälzungen in Polen und Ungarn, der KSZE-Prozeß, die Gipfeldiplomatie der Großmächte, der Durchbruch in der Abrüstung, die Vertragspolitik der Bundesregierung gegenüber der Sowjetunion und den anderen Warschauer-Pakt-Staaten und die »Politik der kleinen Schritte« gegenüber der DDR, die das Bewußtsein für die Einheit der Nation wachgehalten habe.

Ausdrücklich werde der Bundeskanzler auch darauf hinweisen, daß der Weg zur deutschen Einheit nicht vom »grünen Tisch« aus oder »mit dem Terminkalender in der Hand geplant« werden könne. Damit solle dem Vorwurf vorgebeugt werden, daß der Bundeskanzler künstlichen Zeitdruck erzeuge oder präzise Zeitpläne verfolge. Der Zeithorizont sei bewußt offengehalten worden.

Große Sorgfalt verwende ich auf die Beschreibung der zehn Punkte selbst. Sie enthalten ein zweifaches Konzept: den Weg zur deutschen Einheit in Zusammenarbeit mit der DDR und den Rahmen für die internationale Einbettung. Gegenüber der DDR solle mit »Sofortmaßnahmen« (Punkt eins) begonnen werden, die Zusammenarbeit praktisch gleichzeitig in allen Bereichen fortgesetzt werden und den Menschen auf beiden Seiten unmittelbar zugute kommen (Punkt zwei). Die Kooperation solle ausgeweitet werden, sobald »ein grundlegender Wandel des politischen und wirtschaftlichen Systems in der DDR verbindlich beschlossen und unumkehrbar in Gang gesetzt« worden ist (Punkt drei). Der nächste Schritt solle die »Vertragsgemeinschaft« sein, ein »immer dichteres Netz von Vereinbarungen in allen Bereichen und auf allen Ebenen« mit gemeinsamen Institutionen (Punkt vier). Danach sei die Bundesregierung bereit, einen entscheidenden Schritt weiterzugehen und »konföderative Strukturen zwischen beiden Staaten in Deutschland« zu entwickeln (Punkt fünf). Der Bundeskanzler habe sich ausdrücklich auf die Entwicklung »konföderativer Strukturen« beschränkt, um deutlich zu machen, daß sie nur als Übergangsstadium zur Bildung einer »Föderation« gedacht seien. Der Charakter der Vorläufigkeit komme damit stärker zum Ausdruck. Eine »Konföderation« könne sich leichter verfestigen und damit die Existenz zweier voneinander abhängiger, aber souveräner Staaten; das wolle der Bundeskanzler vermeiden.

Die Punkte sechs bis neun beschreiben die internationale Einbettung des Einigungsweges in den gesamteuropäischen Prozeß und in die West-Ost-Beziehungen: »Die künftige Architektur Deutschlands muß sich einfügen in die künftige Architektur Gesamteuropas« (Punkt sechs). Die Europäische Gemeinschaft bezeichne der Bundeskanzler ausdrücklich als »Konstante der gesamteuropäischen Entwicklung«, und deshalb sei der Prozeß der Wiedervereinigung ein europäisches Anliegen und im Zusammenhang mit der europäischen Integration zu sehen (Punkt sieben). Das »Herzstück« der gesamteuropäischen Architektur sei der KSZE-Prozeß, der energisch vorangetrieben werden müsse (Punkt acht). »Beschleunigt« werden müsse die Abrüstung, die zur Überwindung der Trennung Europas und Deutschlands beitrage (Punkt neun).

Diese Doppelstrategie solle nach den Vorstellungen des Bundeskanzlers zu einer »Föderation«, einem wiedervereinigten Deutschland führen (Punkt zehn). Der Bundeskanzler sei sich sicher, daß dieses Ziel erreicht werde.

Ich erkläre den Journalisten, daß diese zehn Punkte nicht alle Fragen abschließend beantworten können und wollen. Der Bundeskanzler stelle das ausdrücklich fest und nenne als Beispiel die Sicherheitsfragen. Es gehe ihm jedoch um eine »organische Entwicklung«, die »den Interessen aller Beteiligten Rechnung« trägt und ein friedliches Zusammenleben in Europa garantieren solle.

Die anschließende Diskussion konzentriert sich vor allem auf die Frage, ob die Vorschläge des Bundeskanzlers mit den Westmächten, mit der Sowjetunion und der DDR besprochen worden seien. Ich erinnere an die vielen Gespräche und Telefonate des Bundeskanzlers in den letzten Wochen mit Bush, Mitterrand, Thatcher und Gorbatschow, an die bilateralen und multilateralen Konsultationen mit den EG-Partnern und an die Gespräche von Seiters in Ost-Berlin. Die Summe dieser Gespräche sei in die Zehn-Punkte-Rede eingeflossen.

Auch nach dem Zeitplan für die Verwirklichung der zehn Punkte wird gefragt. Meine Antwort ist unmißverständlich: »Der Bundeskanzler wird sich hüten, einen Zeitplan zu nennen. Die Ereignisse der letzten Wochen zeigen, wie schnell Zeitpläne Makulatur sein können.« Einerseits müsse die deutsche Einheit das Ergebnis eines Entwicklungsprozesses zwischen beiden deutschen Staaten und Gesamteuropas sein, andererseits könne diese »Rechnung« von den Menschen in der DDR selbst in Frage gestellt werden. Natürlich folgt auch die Frage nach der Abstimmung innerhalb der Koalition. Viele Gespräche seien geführt worden, lautet meine Antwort, aber »diese zehn Punkte sind Überlegungen des Bundeskanzlers«.

Inzwischen spricht der Bundeskanzler im Bundestag. Nach Abschluß seiner Rede spenden die Abgeordneten der CDU/CSU stehend Beifall. Auch aus der SPD kommt Applaus. Die Überraschung ist der SPD-Abgeordnete Karsten Voigt, der zum Rednerpult eilt und dem Bundeskanzler »in allen zehn Punkten« zustimmt. Er bietet die Zusammenarbeit der SPD an »bei der Verwirklichung dieses Konzeptes, das auch unser Konzept ist«. Denn es sei wahr, daß es jetzt eine »realistische Perspektive für eine neue Einheit unseres bisher gespaltenen Kontinents und damit auch für eine Einheit der Deutschen« gebe.

Auch Genscher »unterstützt die in den zehn Punkten formulierte Politik«, denn sie liege »in der Kontinuität unserer Außen-, Sicherheits- und Deutschlandpolitik«. Diese parteiübergreifende Zustimmung – die Grünen wie immer ausgenommen – beweist die Richtigkeit unserer Initiative.

Für elf Uhr habe ich den sowjetischen Botschafter Kwizinskij einbestellt. Ich übergebe ihm den Text der Kanzler-Rede und erläutere sie. Kwizinskij verspricht, sie sofort nach Moskau zu übermitteln. Er enthält sich jeglichen Kommentars, was sonst nicht seine Art ist. Kwizinskij stimmt zu, als ich ihm sage, wichtig sei, daß der Bundeskanzler und Gorbatschow möglichst bald zusammentreffen würden.

Kurze Zeit später unterrichte ich die Botschafter der drei Westmächte: Walters, Mallaby und Boidevaix. Sie sind überrascht, geben es aber nicht unmittelbar zu erkennen. Am gelassensten erscheint mir Vernon Walters. Er ist sowieso für die Wiedervereinigung. Christopher Mallaby fragt wie immer intensiv nach und macht sich ausführliche Notizen. Ich halte ihn für einen der besten Diplomaten, die ich je kennengelernt habe. Auch Serge Boidevaix, stets freundlich und höflich, hört sehr aufmerksam zu. Inzwischen haben wir veranlaßt, daß die Rede übersetzt, allen Botschaftern zugeleitet und den ausländischen Regierungen übergeben wird.

In der Mittagspause der Parlamentsdebatte kehrt der Bundeskanzler in sein Büro zurück. Er läßt mich rufen. Ackermann hat ihm bereits berichtet, daß die erste Presseresonanz sehr positiv sei. Er lacht, als ich sein Büro betrete, und fragt, ob ich zufrieden sei, was ich nur bejahen kann. Er ist bester Laune. Während er Briefe unterschreibt, berichtet er über die Reaktionen der Abgeordneten. Sie seien fast überschäumend gewesen, ein Riesenerfolg! Ich frage ihn nach Genscher. Dieser habe, als er nach seiner Rede zur Regierungsbank zurückgekehrt sei, zu ihm gesagt: »Helmut, das war eine große Rede.«

Mittwoch, 29. November 1989

Heute morgen berichtet die gesamte deutsche und internationale Presse über die Zehn-Punkte-Rede Helmut Kohls. Das Echo ist überwältigend. Wir haben unser Ziel erreicht: Der Bundeskanzler hat die Meinungsführerschaft in der deutschen Frage übernommen.

Es fügt sich gut, daß er am Vormittag den stellvertretenden sowjetischen Ministerpräsidenten Ivan Silajew und Botschafter Kwizinskij empfängt. Das Gespräch verläuft in einer auffallend guten Atmosphäre. Überraschend ist nur, daß weder Silajew noch Kwinzinskij auf die Zehn-Punkte-Rede eingehen. Wahrscheinlich liegt ihnen noch keine Sprachregelung aus Rom vor. Dort ist Gorbatschow heute zu einem offiziellen Besuch eingetroffen.

Donnerstag, 30. November 1989

Überschattet wird der Tag durch den Mord an Alfred Herrhausen. Den Bundeskanzler erreicht die Nachricht auf der Fahrt zu seiner Rede vor dem Gesamtverband der metallindustriellen Arbeitgeberverbände in Düsseldorf. Nach kurzen Gedenkworten bricht er seine Rede ab und kehrt nach Bonn zurück. Anschließend fliegt er zu Frau Herrhausen nach Bad Homburg.

Helmut Kohl hat mit Alfred Herrhausen einen guten Freund verloren. Wir oft hat er ihn spontan angerufen. Wie oft hat er ihn am Wochenende auf seiner Fahrt nach Hause aufgesucht. Wie oft hat er ihn gebeten, ihn auf wichtigen Reisen zu begleiten. Sein Rat war ihm wichtig. Herrhausen war immer bereit, ihn zu geben, offen, ehrlich, ungeschminkt, direkt, auch wenn es schmerzlich war. Dieser Mann ist nicht zu ersetzen. Wir empfinden Ohnmacht gegenüber diesem brutalen Mord.

Es erreichen uns erste Reaktionen auf die Zehn-Punkte-Rede des Bundeskanzlers aus fast allen Hauptstädten. Am wichtigsten ist für uns die Nachricht aus Rom. Schewardnadse hat seinen italienischen Kollegen Gianni de Michelis darauf angesprochen und gesagt, die Etappen beim Aufbau des europäischen Hauses dürften nicht übersprungen und die Realitäten nicht außer acht gelassen werden. Dazu zählten die unterschiedlichen Bündnisse, die Unantastbarkeit der Grenzen und das Bestehen zweier deutscher Staaten. Angeblich ist von sowjetischer Seite gesagt worden, der Kohl-Plan könne diskutiert werden, wenn als elfter Punkt die Forderung nach Wiederherstellung der Grenzen von 1937 abgelehnt werde. Mir erscheint das nicht sehr überzeugend, denn die sowjetische Führung weiß sehr genau, daß der Bundeskanzler das nicht will.

In der französischen Presse wird Mitterrand aus Athen zitiert: »Wenn die Bundesrepublik und die DDR sich demokratisch dafür entscheiden, zur Regelung von Sachfragen eine Konföderation zu schaffen, dann sehe ich darin nichts Unpassendes.« Härter reagiert Verteidigungsminister Chévènement im *Figaro*: »Weder die UdSSR noch die USA wünschen heute eine Auflösung der Pakte und eine Wiedervereinigung

Deutschlands.« In der polnischen Presse überwiegt die Sorge, daß ein wiedervereinigtes Deutschland die Oder-Neiße-Grenze in Frage stellen könnte.

Alles in allem sind wir mit dem internationalen Echo sehr zufrieden. Keiner konnte erwarten, daß wir im Ausland Begeisterung auslösen. Zu übermächtig sind die Erinnerungen an die Fehlleistungen deutscher Geschichte in diesem Jahrhundert.

Freitag, 1. Dezember 1989

Mittags trifft eine Gruppe von US-Senatoren mit Sam Nunn an der Spitze ein. Sie fragen den Bundeskanzler vor allem nach dem Schicksal der Atlantischen Allianz, wollen wissen, ob ein geeintes Deutschland Mitglied der NATO bleibe und wie das sichergestellt werden könne. Helmut Kohl ist optimistisch; eine NATO-Mitgliedschaft liege auch im Interesse der UdSSR, wenn sie eine nüchterne Interesseneinschätzung vornehme. Ein geeintes, aber ungebundenes Deutschland erhöhe nicht die Sicherheit für die Sowjetunion. Die Senatoren bekunden dem Kanzler Zustimmung und Sympathie.

Mein Freund Jacques Attali ruft mich an. Wir besprechen den »Kalender« für die Wirtschafts- und Währungsunion, der nächste Woche auf dem Europäischen Gipfel beschlossen werden soll.

Dann kommt er auf den Zehn-Punkte-Plan: Im Elysée könnten sie damit leben. Er selbst hätte sich nur gewünscht, daß das Ziel der europäischen Integration stärker herausgestellt worden wäre. Ich sage ihm, daß wir das nicht für erforderlich gehalten hätten. Schließlich seien Kohl und Mitterrand gerade erst gemeinsam vor dem Europäischen Parlament in Straßburg aufgetreten, um noch einmal gemeinsam ihr europäisches Engagement feierlich zu beschwören.

Ich spreche die bevorstehende Reise Mitterrands vom 20. bis 22. Dezember nach Ost-Berlin an. Sie bringe den Bundeskanzler in Terminschwierigkeiten. Da er erst nach dem SED-Parteitag reisen wolle, aber noch vor Weihnachten und vor Mitterrand in der DDR gewesen sein müsse, bleibe nun nur noch der 19. Dezember. Jacques bedauert die entstandenen

Probleme. Sie seien durch interne Schwierigkeiten in Paris ausgelöst worden.

In einem hitzigen Gespräch mit dem Bonner Korrespondenten von *Le Monde* über Kohls Zehn-Punkte-Rede wirft Luc Rosenzweig mir vor, daß die Rede mit Paris nicht abgestimmt worden sei. Ich antworte ihm, Kohl und Mitterrand hätten vor noch nicht einmal einem Monat ausführlich über die deutsche Frage gesprochen und zwar einvernehmlich. Außerdem käme auch Mitterrand niemals auf die Idee, die Regierung eines Partnerstaates zu konsultieren, bevor er sich in einer nationalen Grundsatzfrage öffentlich äußert.

Der nächste Vorwurf lautet, daß jetzt die DDR und die deutsche Einheit für uns Vorrang haben werden vor der europäischen Integration. Meine Antwort: Die europäische Integration werde sich im Gegenteil sogar beschleunigen. Im übrigen befinde sich die Bundesregierung jetzt in der Lage, praktisch jeder französischen Initiative für Europa zustimmen zu müssen. Als Franzose würde ich die Deutschen in Zugzwang bringen.

Rosenzweig kündigt an, daß Frankreich jetzt zu früheren Konstellationen zurückkehren müsse. Heißt das: Zusammenarbeit mit der Sowjetunion gegen Deutschland? Darauf deutet der angekündigte Besuch Mitterrands in der DDR und in Kiew hin. Doch ich stelle diese Frage nicht.

Die nächste Attacke folgt: Kohl gefährde Gorbatschow. Das Gespräch endet mit der düsteren Prognose Rosenzweigs vom Ende der deutsch-französischen Zusammenarbeit. Das Mißtrauen gegen uns Deutsche sitzt tief.

Samstag, 2. Dezember 1989

Noch immer beschäftigt sich die Presse mit der Zehn-Punkte-Rede des Bundeskanzlers. In Berichten über die Reisen Genschers nach Paris und London werden die dortigen Bedenken in die deutsche Öffentlichkeit transportiert und gegen den Bundeskanzler ins Feld geführt. Nach einmütiger Zustimmung am Anfang beginnen nun bei SPD und FDP nachträgliche Absetzbewegungen. Schon vor zwei Tagen haben die Sozialdemokraten im Bundestag einen Entschließungsantrag eingebracht, in dem sie die Erweiterung des Zehn-Punkte-Plans um zwei zusätzliche Elemente fordern: den Verzicht auf eine Modernisierung der Kurzstreckenraketen (SNF) und die endgültige Anerkennung der Oder-Neiße-Grenze.

Heute treffen Bush und Gorbatschow zu ihrem Gipfelgespräch vor Malta zusammen.

Sonntag, 3. Dezember 1989

Nach dem Ende des zweitägigen Bush-Gorbatschow-Gipfels treffen sich abends der deutsche Bundeskanzler und der amerikanische Präsident zu einem gemeinsamen Abendessen in der amerikanischen Residenz in Brüssel, bevor morgen der NATO-Gipfel beginnt. Brent Scowcroft und John Sununu, Stabschef im Weißen Haus, Walter Neuer und ich sind dabei. Bush wirkt müde, auch Brent. Malta steckt ihnen noch in den Knochen. Aber sie sind sehr zufrieden über Form und Inhalt der achtstündigen Gespräche mit Gorbatschow.

Es hatte keine vorbereitete Tagesordnung gegeben. Viele Themen seien diskutiert worden: die ganze Bandbreite der bilateralen Beziehungen, regionale Konflikte und sogar Menschenrechtsfragen. Zeitweise sei die Unterhaltung sehr temperamentvoll verlaufen.

Äußerst interessiert sei Gorbatschow an der deutschen Frage gewesen. Seiner Meinung nach hätten die Deutschen ein zu schnelles Tempo eingeschlagen. Der Bundeskanzler habe es zu eilig. Dem habe er widersprochen, berichtet Bush, und auf den Zehn-Punkte-Plan verwiesen, der keinen Zeitplan vorsehe. Er kenne Kohl und wisse, daß dieser die Dinge nicht überstürzen werde. Heute mittag hat Bush bereits in der gemeinsamen Pressekonferenz mit Gorbatschow erklärt, er habe dem sowjetischen Präsidenten zugesichert, daß »nichts Unrealistisches« geschehen werde, das zu »Rückschritten in einem Land« führen könnte. Alles werde »wohlüberlegt« geschehen. Das »Tempo des Wandels« sei Sache der in der DDR lebenden Menschen.

Kohl erläutert Bush die Lage in der DDR. Es sei offensichtlich, daß die neue Führung dort die Lage nicht im Griff habe. Er habe das auch Gorbatschow berichtet. Niemand sei daran interessiert, daß die Entwicklung außer Kontrolle gerate, doch die Schnelligkeit der Veränderungen sei von niemandem vorauszusehen gewesen. Aus diesem Grunde habe er seine zehn Punkte als möglichen Lösungsweg vorgeschlagen, jedoch bewußt keinen Zeitplan hinzugefügt. Das sei auch für ihn ein wichtiger Punkt, erklärt Bush. Das Ziel der Föderation werde sich »erst in Jahren, vielleicht in fünf«, verwirklichen lassen und alles werde »in Übereinstimmung mit den Nachbarn« geschehen, fügt der Bundeskanzler hinzu.

Um zu beruhigen, spricht Kohl ausführlich über die Notwendigkeit der europäischen Integration und der Bündniszugehörigkeit. Das habe er gerade gestern erst in Salzburg gegenüber den Führern der christlich-demokratischen Parteien in der EG bekräftigt. Lubbers, Andreotti, Martens und Santer hätten keine Einwände gegen die zehn Punkte erhoben.

Bush erklärt, daß ein Weg gefunden werden müsse, der Gorbatschow nicht in Bedrängnis bringe und den Westen dennoch zusammenhalte. Der Bundeskanzler bekräftigt noch einmal, daß er Gorbatschow nicht in die Ecke drängen wolle. Es wäre ein wirtschaftliches Abenteuer, wenn die Wiedervereinigung schon in zwei Jahren erfolgen würde, wie das Henry Kissinger vorausgesagt habe. Das wirtschaftliche Gefälle sei zu groß. Erst müßte ein gewisses Gleichgewicht hergestellt werden. Der Präsident dürfe aber nicht verkennen, daß sich die deutsche Frage »wie eine Grundwelle im Ozean« entwickle. Über all das wolle er bald mit Gorbatschow selbst sprechen. Bush bezeichnet diese Absicht als außerordentlich nützlich und ergänzt, er habe bei Gorbatschow keinerlei Feindseligkeit oder Empörung verspürt, aber ein gewisses Unbehagen, das sich vor allem auf die polnische Westgrenze beziehe.

Gorbatschow selbst hatte mittags auf der Pressekonferenz den KSZE-Prozeß als Grundlage für die deutsche Frage bezeichnet. Es sei eine Realität, daß es heute in Europa zwei souveräne deutsche Staaten gebe. Die Geschichte habe so entschieden. Aber er fügte hinzu: »Um Realisten zu bleiben, sollten wir erklären, daß die Geschichte selbst über die Prozesse und das Schicksal des europäischen Kontinents sowie über das Schicksal beider deutscher Staaten entscheidet... Jede künstliche Beschleunigung des Prozesses würde die Lage nur verschlimmern und den Wandel in vielen europäischen Ländern erschweren.«

Kohl und Bush diskutieren auch noch die Positionen der anderen westlichen Partner zu den zehn Punkten. Als der Bundeskanzler die britische Reaktion als verhalten bezeichnet, erklärt Bush diese Bewertung zum »Understatement des Jahres«.

In Ost-Berlin ist heute Egon Krenz und mit ihm das gesamte Politbüro sowie das ZK der SED zurückgetreten. Honecker wurde aus der SED ausgeschlossen. Tisch und Mittag sind verhaftet. Schalck-Golodkowski hat sich abgesetzt. Das große Aufräumen in der DDR geht weiter.

Montag, 4. Dezember 1989

Sechzehn Staats- und Regierungschefs sind im großen Sitzungssaal des NATO-Hauptquartiers versammelt, nur Präsident Mitterrand fehlt und läßt alle Kollegen eine halbe Stunde warten. Das ist nicht das erstemal. Wichtiger finde ich allerdings, daß auch er an diesem NATO-Gipfel teilnimmt. Das ist ein deutliches politisches Signal und unterscheidet ihn von seinen Vorgängern, die häufig die Politik des leeren Stuhls gepflegt hatten.

Bush berichtet über seine Gespräche mit Gorbatschow vor Malta. Nachdrücklich bekennt er sich dazu, dessen Reformpolitik zu unterstützen. Er beabsichtige, die wirtschaftliche Zusammenarbeit auszubauen. Verabredungen seien über die weiteren Abrüstungsgespräche getroffen worden.

Ausführlich spricht Bush über die Veränderungen in Osteuropa. Er sei sich mit Gorbatschow einig gewesen, daß es jetzt die Menschen seien, die ihren eigenen Weg und ihre eigene Zukunft bestimmen wollten. Die USA würden ihre Beziehungen zu Osteuropa verstärken. Dabei sollten die sowjetischen Sicherheitsinteressen nicht in Frage gestellt werden.

Auf Deutschland eingehend berichtet Bush, Gorbatschow habe davon gesprochen, daß die Geschichte die deutsche Frage lösen werde. Er habe das Recht des deutschen Volkes auf Selbstbestimmung nicht bestritten.

Gorbatschow habe energisch und entschlossen gewirkt, lebendig im Gespräch, obwohl eine Müdigkeit nicht zu verkennen gewesen sei. Es gebe keinen Anlaß zur Euphorie, die Chancen zur Zusammenarbeit hätten sich jedoch verbessert.

In der Nachmittagssitzung des NATO-Rates nach dem gemeinsamen Mittagessen steht eine umfassende Erklärung von Präsident Bush über die »zukünftige Gestaltung des neuen Europa« im Mittelpunkt der Diskussion. Er begrüßt die friedliche Revolution in Mittel- und Osteuropa. Das wichtigste Prinzip für die Zukunft Europas müsse die Überwindung der Teilung Europas durch Freiheit sein. Die USA hätten die Teilung nie akzeptiert. Jedes Volk habe das Recht, seinen eigenen Weg für ein Leben in Freiheit zu bestimmen.

Über vier Jahrzehnte habe man im Bündnis gemeinsam die deutsche Wiedervereinigung unterstützt. Bush nennt vier Prinzipien, auf denen das Ziel der deutschen Einigung gründen soll: Erstens müsse Selbstbestimmung angestrebt werden, ohne das Ergebnis zu präjudizieren. Zum gegenwärtigen Zeitpunkt solle eine bestimmte Vision der Einheit weder befürwortet noch ausgeschlossen werden. Zweitens solle sich die Einigung im Kontext der fortwährenden Verpflichtungen Deutschlands gegenüber der NATO und der sich weiter integrierenden Europäischen Gemeinschaft vollziehen und die Rechte und Verantwortlichkeiten der alliierten Mächte in angemessener Weise berücksichtigen. Im Interesse allgemeiner Stabilität in Europa sollten sich drittens Schritte in Richtung Einigung friedlich, allmählich und als Teil eines stufenweisen Prozesses vollziehen. Die Frage von Grenzen betreffend sollten viertens die Prinzipien der Schlußakte von Helsinki bekräftigt werden.

Bush fügt abschließend hinzu, er wisse, daß sein Freund Helmut Kohl diese Überzeugungen völlig teile. Er hat damit dankenswerterweise gegenüber allen NATO-Partnern deutlich gemacht, daß die USA die Einigung Deutschlands unterstützen.

Der Bundeskanzler ergreift nach diesen deutlichen Worten von Präsident Bush sofort die Initiative und schlägt vor, die kraftvollen und positiven Aussagen des Präsidenten als Schlußwort zu akzeptieren. Er will damit verhindern, daß die deutlichen Worte Bushs in einer Diskussion verwässert werden. Alle sind dazu bereit, nur der italienische Ministerpräsident Giulio Andreotti interveniert. Im Zusammenhang mit dem Selbstbestimmungsrecht für Deutschland fragt er, ob es in gleicher Weise Litauen, Lettland und Estland gewährt werden solle, damit auch sie morgen souverän seien. Das Selbstbestimmungsrecht könne nicht aus der KSZE-Schlußakte herausgelöst werden. Diese stelle insgesamt ein ausgewogenes System dar. Wenn jetzt die Frage der Wiedervereinigung aufgeworfen werde, dann werde in einem schwierigen politischen Umfeld der Eindruck vermittelt, sie könne sofort gelöst werden. Das sei ein Risiko, weil damit der Eindruck entstehe, daß die Mauer durch eine Volksbewegung viel leichter und schneller überwunden werden könne als mit Hilfe geduldiger Diplomatie. Andreotti mahnt zu Behutsamkeit. Man solle sich Zeit zur Prüfung aller Probleme nehmen, um zu verhindern, daß die Regierungen die Kontrolle über die Ereignisse verlieren.

Helmut Kohl bekräftigt daraufhin noch einmal, daß sein Stufenplan zur Wiedervereinigung nicht mit einem Zeitplan verknüpft sei. Zeitliche Vorstellungen würden viel öfter im Ausland als in Deutschland selbst diskutiert. Überhaupt bestehe die Gefahr, daß international die Emotionen, die in der deutschen Frage steckten, nicht voll in Rechnung gestellt würden. Die Deutschen selbst hätten bisher viel Realitätssinn und Verantwortungsbewußtsein bewiesen. Alle Demonstrationen hätten das weltweit dokumentiert, zuletzt die Menschenkette mit anderthalb Millionen Menschen, die am Wochenende in der DDR gebildet worden sei. Darin käme die Meinung der Bevölkerung klar zum Ausdruck. Die grundsätzliche Position der Bundesregierung in der Frage der deutschen Einheit könne für niemanden eine Überraschung gewesen sein. Auch wenn der zehnte Punkt seines Planes, die Wiedervereinigung, operativ nicht auf der Tagesordnung stehe, sei er überzeugt, daß die Zeit für die Deutschen arbeite.

Großes Verständnis für Deutschland und Zustimmung zur Bush-Erklärung äußert der niederländische Premierminister Ruud Lubbers. Der Bundeskanzler habe für ihn die Perspektiven der Zukunft Deutschlands überzeugend dargelegt. Andreotti dagegen übersehe die psychologischen Aspekte, die mit der Überwindung der Teilung Europas verknüpft seien. Margaret Thatcher äußert hingegen Verständnis für Andreottis Aussagen zur Anwendung des Selbstbestimmungsrechts. Dankbar sei sie, daß Helmut Kohl keinen Zeitplan für die Einigung Deutschlands aufgestellt habe und an NATO und EG festhalten wolle. Die Ausführungen Präsident Bushs seien so grundlegend, daß sie sie erst einmal sorgfältig prüfen wolle. Sie scheint auf Zeit zu spielen.

In seiner Pressekonferenz am Nachmittag bekräftigt der Bundeskanzler öffentlich alle seine Positionen. Es ist notwendig, sie wie eine Gebetsmühle zu wiederholen, da immer häufiger Kritik geübt wird, je länger die Zehn-Punkte-Rede zurückliegt. Die Kritiker lassen dabei erkennen, daß sie die Rede entweder nicht gelesen oder bereits wieder vergessen haben. Das zeigen die Äußerungen von Lafontaine und Graf Lambsdorff am Wochenende. Sie wollen die spontane Zustimmung im Bundestag wieder vergessen machen. Die Kritik wirkt kleinkariert.

Wichtig bleibt, daß weder auf dem EG-Sondergipfel in Paris noch beim Bush-Gorbatschow-Gipfel vor Malta oder beim NATO-Treffen in Brüssel Hürden auf dem Weg zur deutschen Einheit aufgerichtet worden sind. Im Gegenteil! Das Signal steht auf grün – zur Vorsicht wird ermahnt, aber die Weichen sind richtig gestellt.

Selbst Modrow schließt in seinem heutigen *Spiegel*-Interview ein Deutschland in den Grenzen von 1989 nicht länger aus:»Wenn eine Konföderation solche Wege zeigt und in die Entwicklung in Europa eingebunden ist, kann man darüber nachdenken.«

Dienstag, 5. Dezember 1989

Morgens spricht Julij Kwizinskij beim Chef des Bundeskanzleramtes vor. Die sowjetische Führung sei über die Kampagne besorgt, Menschen in der DDR unter Verletzung der DDR-Gesetze zur illegalen Ausreise zu veranlassen. Die Massenmedien stachelten die Menschen dazu auf. Das alles führe zu einer Destabilisierung der Lage, an der beide Seiten kein Interesse haben könnten.

Seiters widerspricht dem Vorwurf entschieden und erklärt, die Bundesregierung sei nicht daran interessiert, daß die Menschen die DDR verlassen. Er habe sich entsprechend öffentlich dazu geäußert, müsse jedoch hinzufügen, daß der Schlüssel zur Lösung aller dieser Probleme zuerst in der DDR selbst zu suchen sei.

Seit gestern hält sich Hans-Dietrich Genscher zu Gesprächen in Moskau auf. Seine Ausführungen in der Pressekonferenz spiegeln die Vorwürfe wider, die Gorbatschow und Schewardnadse gegenüber der Bundesregierung erhoben haben. Im Zusammenhang mit der Zehn-Punkte-Rede erläutert Genscher, Bonn sei von Anfang an daran interessiert gewesen, seine Politik europäisch einzubetten. Die Bundesregierung lehne einen nationalen Alleingang ab, könne und wolle keinen Terminkalender aufstellen. Sie sei an einer kontinuierlichen Entwicklung »ohne Sprünge, Schritt für Schritt« interessiert. Das Konzept des Bundeskanzlers sei ein Angebot an die DDR, nicht mehr. Es bleibe die Entscheidung der DDR, welche Entwicklung sie nehme und wie sie ihr Verhältnis zur Bundesrepublik gestalte. Genscher lehnt es ab, die sowjetische Position zur Deutschlandfrage zu erläutern. Sie sei »hinreichend bekannt«. Es sickert durch, daß Schewardnadse und Gorbatschow gegenüber Genscher den Zehn-Punkte-Plan des Bundeskanzlers als »Diktat« zurückgewiesen haben. Angesichts der Berichte von Bush und Baker überrascht diese Härte. Die Hürden in Moskau bleiben also bestehen, wenn sie nicht sogar erhöht worden sind.

Nachmittags trifft Seiters im Ministerratsgebäude in Ost-Berlin zu seinem zweiten Gespräch mit Modrow zusammen. Es wird vereinbart, daß der Bundeskanzler am 19. Dezember nach Dresden kommen soll. Modrow will mit ihm dort vor allem über die Vertragsgemeinschaft und über deren internationale Einbettung sprechen. Er berichtet, daß ihn Gorbatschow ermutigt habe, das Konzept einer Vertragsgemeinschaft weiter zu verfolgen, daß er eine Wiedervereinigung jedoch ablehne. Modrow sagt außerdem die Beschleunigung der Reformvorhaben zu, auch im Hinblick auf das Wahlgesetz.

Mit einem Brief an Mitterrand setzt der Bundeskanzler seine Politik fort, die europäische Integration parallel zur deutschen Einigung voranzutreiben. Der Europäische Rat müsse klare politische Signale setzen, um auf dem Wege zur Politischen Union voranzuschreiten, den Binnenmarkt zu vollenden, seine soziale Dimension auszufüllen und die Wirtschafts- und Währungsunion vorzubereiten. Ausdrücklich bezieht der Bundeskanzler Reformen zur Erweiterung der Rechte des Europäischen Parlamentes ein. Das Schreiben ist ein weiterer Schritt auf Mitterrand zu.

Mittwoch, 6. Dezember 1989

Morgens: Requiem für Alfred Herrhausen im Dom zu Frankfurt. Der Bundeskanzler hält die Trauerrede – eine Rede für einen Freund, von dem er jetzt Abschied nehmen muß. Es fällt ihm sichtlich schwer. Warum mußte ein Mensch sterben, dessen Geist und Herz so offen waren für andere Menschen? Unausgesprochen lastet die Frage über allen: Wer könnte der nächste sein? Alle schweigen auf dem Flug im Hubschrauber zurück nach Bonn.

Nachmittags tagt das Kabinett auf der Hardthöhe. Seiters ist von seinen zweitägigen Gesprächen aus Ost-Berlin zurückgekehrt und berichtet, daß Modrow »mit positivem Grundton« auf den Zehn-Punkte-Plan des Bundeskanzlers reagiert habe. Im Vordergrund stehe für ihn die wirtschaftliche Zusammenarbeit. Eine gemeinsame Wirtschaftskommission ist vereinbart, ebenso Reisefreiheit für alle Deutschen. Auch im Bereich der medizinischen Versorgung, des Umweltschutzes, der Telekommunikation und im humanitären Bereich sind Verabredungen getroffen worden. Der FDP-Fraktionsvorsitzende, Wolfgang Mischnick, beglückwünscht Seiters zu seinem Verhandlungserfolg.

Inzwischen ist bekannt geworden, daß Krenz heute auch als Staatsratsvorsitzender zurückgetreten ist. Eine kurze Amtszeit.

Gerhard Stoltenberg trägt anschließend die Grundzüge der Bundeswehr-Planung für die neunziger Jahre vor. Der Friedensumfang der Bundeswehr soll von 495 000 auf 470 000 Mann verringert werden. Es ist jedoch jedem bewußt, daß weitere Reduzierungen erforderlich werden, wenn die Verhandlungen über konventionelle Abrüstung und Sicherheit in Europa (VKSE) 1990 in Wien erfolgreich abgeschlossen werden sollten. Unverzichtbar aber bleibe, so erklärt Stoltenberg, die Strategie der Vorneverteidigung.

Heute treffen sich Gorbatschow und Mitterrand in Kiew.

Donnerstag, 7. Dezember 1989

Prawda und TASS haben gestern noch einmal über die Gespräche Genschers mit Gorbatschow und Schewardnadse berichtet. Wir bemerken, daß der Ton der Aussagen über das Zusammentreffen mit Gorbatschow milder ausfällt. Die Prawda zitiert Gorbatschow, der sich für »Beherrschtheit, Verantwortung und Bedacht« ausspricht, um die »internationale Stabilität aufrechtzuerhalten und die Sicherheit zu stärken«. Dagegen habe Schewardnadse davor gewarnt, »die Schwierigkeiten des Perestroika-Prozesses in den sozialistischen Ländern zu einseitigen, egoistischen Zwecken« auszunutzen. Einzelne Punkte des Kohl-Planes kämen einem »direkten Diktat« gegenüber der DDR gleich – steht im TASS-Bericht. Es sei für die Sowjetunion »unannehmbar, der souveränen DDR vorzuschreiben, wie und in welchen Formen sie ihre Beziehungen mit dem anderen deutschen Staate aufzubauen hat«, eine »künstliche Beschleunigung« könne jedoch zu unvorhersehbaren Folgen führen.

Die sowjetische Führung ist offensichtlich besorgt, daß die Veränderungen in Osteuropa und in der DDR außer Kontrolle geraten könnten. Noch immer stehen umfangreiche sowjetische Truppenverbände in der DDR, in Polen, in der CSSR und in Ungarn, die sie zwar nicht mehr als »Ordnungskräfte« einsetzen kann und vermutlich auch nicht will, die aber den Veränderungen unmittelbar ausgesetzt sind. Um politisch Einfluß zu nehmen, bleiben ihr nur noch Appelle und Warnungen. Ihre öffentlichen Erklärungen und Anmerkungen sind trotz allem erfreulich zurückhaltend und gemäßigt. 1983 hatte die sowjetische Führung noch mit Krieg und Raketenzäunen gedroht.

Freitag, 8. Dezember 1989

Heute beginnt unter französischer Präsidentschaft die Sitzung des Europäischen Rates in Straßburg. Der Bundeskanzler wünscht, daß angesichts der Umwälzungen im Osten und in der DDR von diesem Gipfel ein Signal für die weitere Integration der EG ausgehe und sich das Tempo der EG-Integration beschleunige. Deshalb soll eine Gemeinschaftscharta sozialer Grundrechte für die Arbeitnehmer beschlossen werden.

Hauptthema ist die Wirtschafts- und Währungsunion, deren erste Stufe am 1. Juli 1990 in Kraft treten soll, gleichzeitig mit der Liberalisierung des Kapitalverkehrs. Ende 1990 soll dann die Regierungskonferenz zur Wirtschafts- und Währungsunion eröffnet werden.

Kohl drängt besonders darauf, die Kontrollrechte des Europäischen Rates gegenüber der EG-Kommission und den europäischen Institutionen zu stärken.

Samstag, 9. Dezember 1989

Arbeitsfrühstück mit Präsident Mitterrand, das traditionell am zweiten Tag eines Europäischen Gipfels stattfindet. Mitterrand unterrichtet den Bundeskanzler über sein Gespräch mit Gorbatschow in Kiew. Erstaunlich sei die innere Ruhe gewesen, die der sowjetische Präsident ausgestrahlt habe. Er habe auf das Thema deutsche Einheit nicht scharf reagiert, doch sei noch nicht zu erkennen, wie Gorbatschow reagieren werde, wenn die Entwicklung in Richtung Einheit rasch voranschreite. Es bleibt unausgesprochen, wie Mitterrand selbst sich zu dieser Frage gegenüber Gorbatschow geäußert hat. In seiner Pressekonferenz am Mittwoch in Kiew hatte er davon gesprochen, daß eine Lösung nur auf demokratische und friedliche Weise erfolgen könne. Kein Staat in Europa könne es sich leisten, ohne Berücksichtigung des Gleichgewichts und der gegenwärtigen Realitäten zu handeln.

Gorbatschow, so berichtet Mitterrand weiter, habe erklärt, wesentlich seien für ihn die Grenzen. Auch diese Aussage bleibt unklar. Hat er nur die Oder-Neiße-Grenze gemeint oder auch die polnische Ostgrenze oder sogar alle bestehenden Grenzen in Europa einschließlich derer im Baltikum und der innerdeutschen Grenze? Der Bundeskanzler bekräftigt, daß er alles tue, um die Lage zu entdramatisieren, zu beruhigen und das Tempo zu verlangsamen. Er wolle nicht durch ein übereiltes Vorgehen Gorbatschows Reformpolitik gefährden, sondern die Zusammenarbeit mit der Sowjetunion nutzen, um ihr die »Urfurcht« vor dem Westen zu nehmen. Heute nacht habe er eine Botschaft von Modrow erhalten, der ihn darum bitte, beruhigend auf die Öffentlichkeit einzuwirken, vor allem auch bei seinem Besuch in Dresden. Grund zur Sorge biete die wachsende Unruhe bei den Menschen in der DDR, die auch geschürt werde durch die steigende Zahl von Korruptionsfällen, die jetzt aufgedeckt würden.

Mitterrand spricht von einer echten Revolution, die vom Volk ausgehe. Das sei der Unterschied zur Revolution von 1917 in Rußland. Das gleiche wie in der DDR geschehe jetzt auch in Prag. Er geht auch auf seine bevorstehende DDR-Reise ein. Sie sei seinerzeit mit Honecker bei dessen Besuch in Paris abgesprochen worden. Der Bundeskanzler habe ihm damals zugeraten, die Einladung anzunehmen – wobei er allerdings nicht davon spricht, daß dies lange vor Öffnung der Mauer, bereits im Sommer 1988 geschehen ist. Jetzt habe das Vorhaben »surrealistische Züge« angenommen, weil er nicht wisse, wen er überhaupt antreffen werde. Der Zeitpunkt sei nicht ideal, aber andererseits wolle er den Besuch auch nicht mehr absagen. Die Presse versuche, daraus eine Rivalität zum Bundeskanzler zu konstruieren, die nicht den Tatsachen entspreche.

Mitterrand berichtet noch, daß die Sowjetunion gestern bei den drei westlichen Garantiemächten vorstellig geworden sei und um ein Treffen der vier Botschafter in Berlin gebeten habe. Wie selbstverständlich fügt er hinzu, daß Frankreich sich dieser Bitte nicht entziehen werde.

Mittags geht die Tagung des Europäischen Rates zu Ende. Für den Bundeskanzler war es ein »außerordentlich erfolgreicher EG-Gipfel«. Europa ist auf dem Weg zur wirtschaftlichen und politischen Integration ein wesentliches Stück vorangekommen. Die Gespräche sind überraschend harmonisch verlaufen. Ein festumrissener Arbeitskalender für die Verwirklichung der Wirtschafts- und Währungsunion ist vereinbart. Margaret Thatcher will trotz ihrer Vorbehalte konstruktiv mitarbeiten. Im Dezember 1990 soll die Regierungskonferenz zusammentreten, um die erforderlichen Vertragstexte zu erarbeiten. Helmut Kohl hat durchgesetzt, daß auch die institutionellen Fragen aufgegriffen werden. Dazu gehört insbesondere die Stärkung der Kompetenzen und der Rechte des Europäischen Rates, die er bis zu den europäischen Wahlen im Sommer 1994 verwirklichen möchte. Die Gemeinschaftscharta der sozialen Grundrechte der Arbeitnehmer ist verabschiedet – ein Signal, daß die EG nicht nur eine Wirtschafts- sondern auch eine Sozialgemeinschaft sein will.

Im Bereich der Außenbeziehungen hat der Europäische Rat ein Maßnahmenpaket für Polen und Ungarn beschlossen. Handels- und Kooperationsabkommen sollen mit diesen Ländern sowie der CSSR, der Sowjetunion und der DDR vereinbart werden. Die Europäische Bank für Wiederaufbau und Entwicklung wird errichtet werden.

Als großen Erfolg feiern Kohl und Genscher, daß es erstmals gelungen ist, in eine gemeinsame Erklärung der EG den Wortlaut des Briefes zur deutschen Einheit von 1970 zum Moskauer Vertrag aufzunehmen: »Wir streben die Stärkung des Zustands des Friedens in Europa an, in dem das deutsche Volk in freier Selbstbestimmung seine Einheit wiedererlangt.« Hinzugefügt ist, daß sich dieser Prozeß friedlich, demokratisch und im Kontext der KSZE-Schlußakte vollziehen soll und »in die Perspektive der europäischen Integration eingebettet« sein muß.

In Ost-Berlin endet heute der zweitägige außerordentliche SED-Parteitag. Er hat zu einer personellen Erneuerung und zur Änderung des Parteinamens geführt. Der Parteitag hat der Wiedervereinigung eine Absage erteilt. Modrow bezeichnete sie als einen »Anachronismus«, der »berechtigte Bedenken, ja Ängste vor großdeutschem Chauvinismus« wecke. Deshalb sollten sich »alle Kräfte« zusammenschließen, damit »dieses Land nicht auf dem Altar der sogenannten Wiedervereinigung geopfert wird«. Im Gegensatz zu diesen harten Tönen steht Modrows Erklärung, er begrüße, daß der Bundeskanzler den Vorschlag einer Vertragsgemeinschaft aufgegriffen habe. Den Vorschlag, »konföderative Strukturen« zu entwickeln, bezeichnet er als »einen maßvollen Ansatz für bevorstehende Erörterungen«.

In Moskau bekräftigt Präsident Gorbatschow vor dem ZK-Plenum der KPdSU noch einmal die sowjetische Position in der deutschen Frage und erklärt, daß die Sowjetunion die DDR »nicht im Stich lassen« werde. Sie sei ihr strategischer Verbündeter im Warschauer Pakt. »Es muß von den nach dem Krieg entstandenen Realitäten ausgegangen werden, zu denen die

Existenz zweier souveräner deutscher Staaten zählt. Ein Abrücken davon bringt die Gefahr einer Destabilisierung mit sich.« Selbstverständlich könnten sich aber die Beziehungen zwischen der DDR und der BRD ändern. »Eine friedliche Zusammenarbeit zwischen ihnen kann und soll sich entwickeln.«

Montag, 11. Dezember 1989

Der CDU-Bundesausschuß – der kleine Parteitag – tagt in West-Berlin. Helmut Kohl ruft in seiner Rede den Menschen in der DDR zu: »Ihr steht nicht allein. Wir sind ein Volk. Wir gehören zusammen.« Er fügt, auch als Antwort auf kritische Anfragen aus Moskau und von einigen europäischen Partnern, hinzu: »Nicht wir oder andere in West und Ost bestimmen heute Inhalt, Richtung und Tempo dieser Prozesse. Die Entwicklung in der DDR wird von den Menschen dort gestaltet, sie kann nicht vom ›grünen Tisch‹ oder mit dem Terminkalender in der Hand geplant werden.« Die Menschen in der DDR, so Kohl, müßten ihren Weg frei bestimmen können, und jeder – in Deutschland, in Europa und weltweit – werde das zu respektieren haben. Er habe jedoch keinen Zweifel, daß sie sich für die Einheit entscheiden werden.

Erneut bekräftigt der Bundeskanzler seinen Willen, die deutsche Frage im europäischen Rahmen und unter Berücksichtigung der legitimen Sicherheitsbedürfnisse aller Beteiligten lösen zu wollen. Deutschland- und Europapolitik seien zwei Seiten derselben Medaille. Er wisse nicht, wann der Tag der Einheit kommen werde, er wisse aber, daß er kommen werde.

Die Delegierten bereiten Kohl stürmische Ovationen. Einstimmig werden Leitlinien zur Deutschlandpolitik beschlossen, die die Politik des Bundeskanzlers bestätigen und bekräftigen. Die CDU versteht sich als Partei der Wiedervereinigung – wurde oft genug dafür geschmäht, hat so manchesmal selbst nicht mehr daran geglaubt –, ist sich aber nun ihrer Sache wieder ganz sicher.

Gäste aus der DDR treten auf: Martin Kirchner von der CDU-Ost aus Eisenach, Wolfgang Schnur, Vorsitzender des Demokratischen Aufbruchs aus Rostock, seine Stellvertreterin Brigitta Kögler aus Jena und Pfarrer Rainer Eppelmann. Er bekennt, daß ihm alles zu schnell gehe und bittet um die Chance, »daß wir uns finden können. Wir brauchen Zeit..., auch Zeit vor Ihnen«. Doch diese leisen Töne gehen in der Begeisterung der Delegierten unter.

Zur gleichen Zeit treffen sich die Botschafter der Vier Mächte auf Initiative von Moskau im Berliner Kontrollratsgebäude. Der sowjetische Botschafter in Ost-Berlin, Kotschemassow, begrüßt die Veränderungen in der DDR, fügt jedoch hinzu, daß man von den Realitäten der Nachkriegszeit ausgehen müsse, also von zwei unabhängigen souveränen deutschen Staaten. Sie in Frage zu stellen, gefährde die Stabilität in Europa, für deren Aufrechterhaltung die Vier Mächte Verantwortung tragen. Darüber habe es ein hohes Maß an Übereinstimmung zwischen Bush und Gorbatschow anläßlich ihrer Begegnungen in Malta gegeben. Kotschemassow beruft sich auch auf die Begegnung Gorbatschow-Mitterrand, die die Nähe der Vorstellungen beider Seiten gezeigt habe. Ähnliches gelte auch für Margaret Thatcher.

Die Sowjetunion sei zu Viermächtevereinbarungen bereit, um zur Normalisierung und Verbesserung der Lage »in dem betroffenen Gebiet« beizutragen. West-Berlin solle in vollem Umfang in die Entspannung einbezogen werden. Er schlägt regelmäßige Treffen und die Einsetzung von Arbeitsgruppen vor. Boidevaix, Mallaby und Walters erwidern gemeinsam, daß sie nur bereit seien, über Berlin zu sprechen. Ein weiteres Treffen wird nicht vereinbart.

Die Bundesregierung wird von Serge Boidevaix unmittelbar nach dem Gespräch unterrichtet. Es entspricht der Abstimmung zwischen der Bundesregierung und den drei Westmächten, keinen Gesprächen auf Viermächteebene über Deutschland zuzustimmen. Die drei westlichen Botschafter haben das ohne Kommentar gegenüber Kotschemassow praktiziert.

Dienstag, 12. Dezember 1989

Die internationale Diskussion über die deutsche Einheit verdichtet sich weiter. Außenminister Roland Dumas spricht heute vor der französischen Nationalversammlung. Man sei »an einem Punkt angekommen, wo der Wille der einen auf den Widerstand der anderen stoßen kann... Es darf nicht das Risiko eingegangen werden, daß in Europa, während sich der Eiserne Vorhang hebt, andere Ängste und Spannungen geweckt werden.«

Dumas nennt zwei Prinzipien für eine »dauerhafte Lösung« der deutschen Frage: das Recht der Deutschen, »in voller Freiheit die Entscheidung über ihre Zukunft zu treffen« und die Bereitschaft der anderen europäischen Staaten, diese Entscheidung zu akzeptieren. Beide Prinzipien seien miteinander vereinbar und entsprächen der Formel, auf die sich der Europäische Rat am Samstag geeinigt habe. Er zitiert sie wörtlich, aber ohne den entscheidenden Halbsatz, der lautet: »in dem das deutsche Volk in freier Selbstbestimmung seine Einheit wiedererlangt«. Er fügt zwar hinzu, zum ersten Mal seit Ende des Krieges bestehe die Chance, daß das Recht auf Selbstbestimmung des deutschen Volkes »Wirklichkeit« werde, der Begriff der »Einheit Deutschlands« taucht jedoch nicht auf.

Sehr deutlich spricht er sich dagegen – wie gestern abend Mitterrand im französischen Fernsehen – für die »Unantastbarkeit der polnischen Westgrenze« aus. Es fällt auf, daß in der französischen Öffentlichkeit die polnische Westgrenze ein besonderes Gewicht erhält, dem Mitterrand und Dumas jetzt Rechnung tragen. Ich bin davon überzeugt, daß damit diese Grenzfrage auch in der deutschen Diskussion wieder eine stärkere Rolle spielen wird. Das wollte der Bundeskanzler vermeiden. Die französischen Einlassungen erscheinen uns wenig hilfreich und deuten darauf hin, daß Frankreich die Entwicklung bremsen möchte.

Mittags treffe ich mit dem Bonner Korrespondenten der sowjetischen Zeitschrift *Literaturnaja Gaseta*, Valentin Zapewalow, zusammen. Er ist ein enger Vertrauter von Gorbatschows außenpolitischem Berater, Wadim Walentinowitsch Sagladin, mit dem ich engen Kontakt halte. Zapewalow dient dabei gelegentlich als Briefträger. Ich übermittle Sagladin den Wunsch des Bundeskanzlers an Gorbatschow, in der zweiten Januarhälfte 1990 zu einem Gespräch – nach Möglichkeit außerhalb Moskaus – zusammenzutreffen. Wir warten immer noch auf eine Antwort Gorbatschows auf unsere bisherigen Anfragen, weshalb ich jeden Kanal nutze.

Am späten Nachmittag trifft der Bundeskanzler mit US-Außenminister Jim Baker zusammen. Baker zeigt sich befriedigt, daß die Entwicklung in der DDR in geregelten Bahnen verlaufe. Der Präsident und er seien glücklich darüber, »daß in dieser schwierigen Zeit eine Persönlichkeit wie der Bundeskanzler an der Spitze der deutschen Politik« stehe, der »zugleich ein ausgewiesener Freund der USA« sei. Die Vereinigten Staaten hätten von Anfang an die Wiedervereinigung unterstützt. Bei anderen herrsche dagegen ein hoher Grad an Nervosität. Baker nennt die Sowjetunion, Großbritannien und Frankreich. Entscheidend sei deshalb ein friedlicher Verlauf des Einigungsprozesses.

Der Bundeskanzler bekräftigt seine Entschlossenheit, nichts zu tun, was die Lage komplizieren könne. Das ändere jedoch nichts am Willen der Menschen in der DDR, die immer stärker die Einheit forderten. Deshalb habe er mit seinen zehn Punkten versucht, eine Perspektive aufzuzeigen, ohne einen Zeitplan vorzugeben. Voraussagen von drei bis vier Jahren bis zur Einheit halte er für völlig falsch. Es sei besser, überhaupt keinen Zeitrahmen zu nennen. Die Menschen in der DDR wollten aber wissen, wohin der Weg führe, sonst könne sich die Unruhe erheblich steigern.

Kohl nennt drei Voraussetzungen für eine erfolgreiche Entwicklung: Gorbatschow dürfe nicht scheitern; es gelte die Lage in Polen und Ungarn zu stabilisieren; in der DDR müßten freie Wahlen stattfinden, die er für den Frühsommer erwarte. Sie seien die Voraussetzung für vernünftige Abmachungen in Richtung Vertragsgemeinschaft und wirtschaftlicher Konsolidierung.

Das wichtigste Thema des Gespräches ist die westliche Verankerung eines geeinten Deutschland. Klarheit darüber, so Baker, würde die Nervosität im Westen verringern. Er kündigt an, heute abend in seiner Rede in Berlin ein umfassendes Konzept der US-Regierung vorzulegen, das zur Lösung der deutschen Frage führen soll, eingebettet in einen gesamteuropäischen und transatlantischen Rahmen. Für die europäische Sicherheit soll eine neue Architektur geschaffen werden, die den sowjetischen Vorstellungen entgegenkommt. Sie soll zwei Aufgaben erfüllen: »Erstens muß es als Teil der Überwindung der Teilung Europas eine Chance geben, die Teilung Berlins und Deutschlands durch Frieden und Freiheit zu überwinden.« Zweitens soll sie der Tatsache Rechnung tragen, daß die Sicherheit der USA an die Sicherheit Europas gekoppelt bleibe.

Die drei wesentlichen Elemente der neuen Struktur seien neue Aufgaben für die NATO, in der die militärische Komponente verringert und die politische aufgewertet werden müsse. Die EG soll eine zentrale Rolle bei der Gestaltung des neuen Europa spielen, die drei Körbe der KSZE-Schlußakte sollen neue Substanz erhalten. Diesen drei strategischen Komponenten fügt Baker die vier von Bush in Brüssel formulierten Prinzipien hinzu, die die amerikanische Politik zur Unterstützung der deutschen Einheit leiten.

Mit diesem Konzept unterstreichen Bush und Baker ihren Willen, gestaltend und offensiv an der Einheit Deutschlands sowie der Neuordnung Europas mitzuwirken und sich nicht auf eine Zuschauerrolle zu beschränken.

Mit Seiters hat Kohl heute seinen für die kommende Woche geplanten Besuch in Dresden vorbereitet. Modrow hat einen Entwurf für eine gemeinsame Presseerklärung übermittelt. Sie enthält keinen einzigen neuen Gesichtspunkt und ist völlig unbefriedigend. Ich schlage vor, sofort ein umfassendes Programm für wirtschaftliche und finanzielle Kooperation vorzubereiten – ein Leistungsangebot der Bundesregierung, auf das die DDR-Führung ihrerseits mit politischen und wirtschaftlichen Reformschritten antworten müsse. Der Bundeskanzler handelt unverzüglich. Seiters soll noch heute die Staatssekretäre aus dem Wirtschafts- und Finanzministerium zusammenrufen und ein solches Programm vorbereiten lassen.

Wir sprechen auch über den äußeren Ablauf der Dresdenreise. Es gibt erste Berichte, denen zufolge über 100 000 Menschen erwartet werden. Soll der Bundeskanzler zu ihnen sprechen? Wie soll das geschehen? Wer sorgt für Rednertribüne und Lautsprecheranlage? Wir sind uns einig, daß Helmut Kohl auf jeden Fall sprechen muß, um ein Chaos zu verhindern. Wir erwägen zwei Möglichkeiten: Soll der Kanzler in einer Kirche reden? Dazu wäre eine Einladung erforderlich. Kohl telefoniert sofort mit Bischof Heinz-Georg Binder von der EKD und bittet ihn, diese Möglichkeit mit seinem Amtskollegen in Dresden zu prüfen. Eine Kirche würde aber nur wenige Menschen fassen, die Übertragung der Rede nach außen wäre problematisch, da die Menschen den Bundeskanzler nicht sehen und vielleicht in die Kirche drängen werden. Ergebnis: Seiters soll offiziell mit Modrow und dem Dresdner Oberbürgermeister Berghofer über eine Rede unter freiem Himmel sprechen. Die Technik könnten wir aus der Bundesrepublik zur Verfügung stellen.

Schwierig ist die Frage eines Gespräches mit Vertretern der Opposition. Wer soll eingeladen werden? Wir sind uns einig, daß der Bundeskanzler allen ein Gespräch anbietet, die kommen wollen.

Modrow hat vorgeschlagen, mit Helmut Kohl das *Grüne Gewölbe* oder eine andere Sehenswürdigkeit zu besuchen. Der Kanzler lehnt das strikt ab. Jeder Anschein von Tourismus würde der Sache nicht gerecht werden. Dieser Vorschlag der DDR wirkt in der gegenwärtigen Situation eher wunderlich.

Mittwoch, 13. Dezember 1989

Die Botschafter der drei Westmächte unterrichten Seiters heute morgen über ihr Gespräch mit Kotschemassow von vorgestern. Rudolf Seiters und der Staatssekretär im Auswärtigen Amt, Jürgen Sudhoff, warnen vor weiteren Vierertreffen, die »beträchtlichen Erklärungsbedarf« auslösen würden, wie schon das öffentliche Echo auf das erste Treffen gezeigt habe.

Am späten Nachmittag treffe ich den stellvertretenden Fraktionsvorsitzenden der CDU/CSU, Karl-Heinz Hornhues. Er berichtet über eine zunehmende Neigung in der Fraktion, eine weiterführende Erklärung zur Oder-Neiße-Grenze zu beschließen. Aus meiner Sicht wäre das wünschenswert, weil es uns in der deutschen und internationalen Öffentlichkeit entlasten würde, wenn sich eine überzeugende Mehrheit für eine solche Erklärung fände.

Abends tritt im Bundeskanzleramt ein Gesprächskreis zur Deutschlandpolitik unter Seiters' Leitung zusammen. Wolfgang Schäuble, Karl-Heinz Hornhues, Rupert Scholz, Werner Weidenfeld, Dorothee Wilms, Volker Rühe und Carl Duisberg sind dabei.

Sorge bereiten uns mögliche kurzfristige Entwicklungen in der DDR. Das zentrale Problem ist die Eindämmung der Übersiedler-Zahlen. Die Entwicklung der Parteien in der DDR bleibt unübersichtlich. Die neuen Bewegungen lassen sich kaum einordnen. Die Ost-CDU hat ihren Selbstreinigungsprozeß noch nicht abgeschlossen. Im Gegensatz zur SPD haben die Christdemokraten keinen natürlichen Partner in der DDR. Es wäre deshalb verfrüht, wenn sie sich schon jetzt auf nur eine Partei festlegten.

In Brüssel trifft Genscher mit den Außenministern der drei Westmächte zu Deutschland- und Berlinfragen zusammen.

Donnerstag, 14. Dezember 1989

Heute schreibt der Kanzler an den sowjetischen Präsidenten. Er will ihm noch einmal die deutschland- und europapolitischen Ziele der Bundesregierung erläutern, da wir den Eindruck haben, daß Gorbatschow die Zehn-Punkte-Rede nicht richtig einzuordnen weiß, und ihn über die Absichten unterrichten, die er mit der bevorstehenden Begegnung mit Modrow verfolgt. Offen geht Kohl auf die Kritik Gorbatschows ein, die ihm über Bush, Mitterrand, Andreotti und Genscher mitgeteilt worden ist.

Es bestehe volles Einvernehmen darüber, die eingetretenen historischen Entwicklungen konstruktiv zu gestalten, eine Destabilisierung der Lage in Europa zu verhindern und sich keine einseitigen Vorteile zu Lasten anderer zu verschaffen. Reformverweigerung sei die Hauptquelle der Destabilisierung in der DDR. 500 000 Menschen seien seit dem Sommer übergesiedelt. Beides habe dazu geführt, daß die Menschen selber die deutsche Frage auf die Tagesordnung gesetzt hätten. Er sei jedoch überzeugt, daß sich die Menschen in der DDR weiterhin so verantwortungsvoll wie bisher verhalten würden.

Dennoch sei ein stabiler Rahmen für die weitere Entwicklung erforderlich. Das sei das Motiv seiner zehn Punkte gewesen, eine Zusammenfassung bekannter und bewährter Politik, ohne zeitlichen Fahrplan, ohne Zeitdruck; und alle Schritte blieben ineinander verflochten.

Der Bundeskanzler erläutert noch einmal seinen Vorschlag,

die künftige Architektur Deutschlands in die künftige Architektur Gesamteuropas einzubetten. Dieser Vorschlag sei eine klare Absage an jegliche Form zwangsweiser Vereinigung. Er erkenne die legitimen Sicherheitsbedürfnisse der Sowjetunion an. Die Grenzfragen seien entsprechend der KSZE-Schlußakte zu lösen. Am Ende seines elfseitigen Briefes schlägt der Bundeskanzler ein Zusammentreffen zu Anfang des neuen Jahres in informellem Rahmen in der Sowjetunion vor.

Am späten Nachmittag treffe ich mit unserem Botschafter in Moskau, Klaus Blech, zusammen. Er berichtet, daß sich in der sowjetischen Führung eine gewisse Enttäuschung über die Bundesrepublik breitmache, weil sich die Zusammenarbeit nicht wie erwartet entwickle. Das treffe vermutlich auch auf Gorbatschow selbst zu. Er regt an, jetzt Initiativen zu ergreifen. Genau das ist meine Absicht, und zur Vorbereitung des Kanzler-Besuches in der Sowjetunion habe ich bereits eine interministerielle Gesprächsrunde eingeladen.

Freitag, 15. Dezember 1989

Im Schlußkommuniqué der Ministertagung des Nordatlantikrates, die heute nach zwei Tagen in Brüssel zu Ende geht, wird entsprechend den »Schlußfolgerungen« des Europäischen Rates die Formel aus dem Brief zur deutschen Einheit von 1970 wiederholt. Gleichzeitig bekräftigen die Minister die Notwendigkeit der NATO als »unverzichtbare Grundlage für Stabilität, Sicherheit und Zusammenarbeit für das Europa der Zukunft«.

Entsprechend der Baker-Initiative soll »das Bündnis seiner politischen Funktion noch stärker gerecht« werden und eine »aktivere Politik zur Überwindung der Trennung Europas verfolgen«. Die Verpflichtung, bei der Entstehung und Gestaltung der »politischen Architektur eines ganzen und freien Europa« eine »wesentliche Rolle« zu spielen und dazu den KSZE-Prozeß voll auszuschöpfen, spiegelt diese veränderte Rolle der NATO bereits wider. Erfreulich ist, daß auch Frankreich dieser erweiterten Rolle der NATO zugestimmt hat, nachdem es sich bisher gegen außenpolitische Aufgaben des Bündnisses stets gewehrt hatte.

Am Ende dieser Woche kann die Bundesregierung mit Genugtuung feststellen, daß alle elf Partner in der EG und alle fünfzehn in der NATO das Ziel der deutschen Einheit unterstützen und bereit sind, eine aktive Rolle zu übernehmen, um einen friedlichen Verlauf zu garantieren und die europäischen Rahmenbedingungen so zu gestalten, daß die Stabilität gesichert bleibt. Diese Politik enthält nicht nur das Angebot zur umfassenden Zusammenarbeit an die Sowjetunion, sondern schafft auch die Voraussetzungen dafür, daß sie die historischen Prozesse in Europa und in Deutschland akzeptieren und in ihre absehbaren Ergebnisse einwilligen kann.

Montag, 18. Dezember 1989

Abends kehren wir von einem dreitägigen Besuch aus Ungarn zurück. Diese Reise drückte den Dank an die Ungarn aus, daß sie im September ihre Grenzen für die DDR-Flüchtlinge geöffnet haben. Zwei Männern galt sie insbesondere, die bereit gewesen sind, allein die Verantwortung für diese mutige Entscheidung zu übernehmen: Miklos Nemeth und Gyula Horn.

Am Samstag nachmittag verlieh die Budapester Eötvös-Lorant-Universität Helmut Kohl die Ehrendoktorwürde. In seiner Erwiderung dankte der Bundeskanzler der Regierung und den Menschen in Ungarn für alles, was sie »für meine deutschen Landsleute aus der DDR getan haben«. Ungarn hätte mit seiner mutigen Entscheidung »den ersten Stein aus der Mauer geschlagen«. Diese Solidarität und Hilfe würde den Deutschen unvergeßlich bleiben. Der Bundeskanzler schloß seine Rede – losgelöst vom Manuskript – mit einem sehr emotionalen Appell an die Studenten. In der Aula war es sehr still geworden. Die Zuhörer spürten die innere Bewegung des Kanzlers. Er sprach von dem »Traum von Europa«, den er als Student geträumt hätte. Die Studentengeneration von heute hätte die Chance, der ersten Generation anzugehören, die in ihrem Leben keinen Krieg mehr erleben würde: »Wann je konnte man das Zwanzigjährigen in Europa sagen?« Der Bundeskanzler rief die Studenten auf, ihre Chance wahrzunehmen und mit an der Zukunft Europas zu bauen.

Am späten Nachmittag traf der Kanzler zu einem Gespräch unter vier Augen mit Ministerpräsident Nemeth zusammen. Kohl versicherte ihm, daß sich an seinem Engagement für Ungarn nichts ändern würde, was immer in der DDR getan werden müsse. Die irreversible Einbindung der Deutschen in Europa sei die beste Antwort auf die Angst der Nachbarn vor einem geeinten Deutschland. Dieses Europa müsse für die mitteleuropäischen Reformstaaten wie Ungarn geöffnet werden. Sein Ziel sei deren Assoziierung und, eines Tages, der Beitritt zur EG. Das brauche jedoch Zeit.

Nemeth betonte, daß in ganz Osteuropa keine Gefahr der Einmischung mehr bestehe. Deshalb solle man die historischen Chancen von heute nicht verspielen und Reformen so rasch wie möglich durchführen. Der Rückenwind aus dem Osten sei günstig. Sie hätten in Ungarn die Toleranzfähigkeit der Sowjetunion immer wieder getestet, was ein großes Risiko gewesen sei. Nemeth erinnerte in diesem Zusammenhang an die Öffnung der ungarischen Grenze für die DDR-Flüchtlinge und an innere Reformen wie die Streichung des Parteimonopols aus der Verfassung und die Auflösung der Parteizellen in den Betrieben. Noch vor kurzem hätten sie dafür heftige Kritik aus Ost-Berlin und Prag erfahren.

Nemeth berichtete, daß beim Treffen der Warschauer-Pakt-Führer nach dem Maltagipfel in Moskau die sowjetische Haltung zur deutschen Einheit eindeutig ablehnend gewesen sei. Wirkung habe jedoch Modrow mit seiner Erklärung erzielt, daß er den ersten vier Punkten aus dem Plan des Bundeskanzlers zustimme.

Der Bundeskanzler begründete seine Entscheidung für den Zehn-Punkte-Plan. Als Kanzler könne er zur deutschen Einheit nicht schweigen, wenn diese Frage von allen anderen längst diskutiert werde. Überraschend äußerte er den Gedanken eines Moratoriums, das er möglicherweise der Sowjetunion im Hinblick auf die Wiedervereinigung anbieten müsse. Auf diesen überraschenden Gedanken sprach ich den Bundeskanzler spät abends noch einmal an. Er denke darüber schon seit längerem nach, sagte mir Kohl: wenn er mit Gorbatschow zusammentreffe, müsse er wahrscheinlich ein solches Angebot machen. Ich erinnerte ihn an ähnliche Überlegungen Adenauers, der während der Berlinkrise im Jahr 1960 darüber nachgedacht habe, ob er Chruschtschow für zehn Jahre ein Stillhalteabkommen in der deutschen Frage anbieten solle. In diese Richtung eines befristeten Stillhalteabkommens denke auch er, antwortete der Kanzler. Außerdem erzählte er mir, daß er Nemeth darum gebeten habe, ein Gespräch mit Gorbatschow zu vermitteln. Dieser habe es versprochen und dem Bundeskanzler geraten, Gorbatschow mit großzügiger Warenhilfe zu unterstützen.

Unvermittelt begann Helmut Kohl vom Mord an Alfred Herrhausen zu sprechen, der ihn außerordentlich bedrückt. Der Kanzler zeigte sich beunruhigt, daß ihm in der jetzigen Situation etwas ähnliches zustoßen könnte. Wenn die Terroristen das System treffen wollten, müßten sie den Spitzenmann treffen. Ich war besorgt über solche Gedanken am Ende eines Tages, der so unbeschwert verlaufen war.

Gestern gab es keine offiziellen politischen Gespräche. Morgens nahm der Kanzler im Dom von Esztergom an einem Gottesdienst teil, nachmittags bummelte er mit seiner Frau und dem Ehepaar Nemeth durch die Stadt, abends traf man sich zu einem privaten Essen in einem kleinen Restaurant von Ungarndeutschen. Dabei erzählte Nemeth von seinem Vater, der in einem kleinen Dorf lebt. Bevor er im Februar zum Ministerpräsidenten gewählt worden sei, habe ihm sein Vater einen Brief geschrieben, den er seitdem immer bei sich trage. Er kenne ihn auswendig, so oft habe er ihn schon gelesen. Sein Vater habe ihm damals geschrieben, er solle immer daran denken, wo er herkomme. Er solle niemals die einfachen Leute vergessen, mit denen zusammen er im Dorf aufgewachsen sei und von denen er viel gelernt habe. Die einfachen Leute – sie seien das Volk –, und deren Interessen und die seines Vaterlandes solle er immer vor Augen haben. Außerdem solle er immer daran denken, daß sein Vater auch in Zukunft in seinem kleinen Dorf keine Angst davor haben dürfe, anderen Leuten in die Augen zu sehen.

Heute morgen traf der Kanzler mit Außenminister Horn zusammen. Dieser meinte, die UdSSR müsse aus wirtschaftlichen Gründen an einem geeinten Deutschland interessiert sein. Andererseits befürchte sie bei einer Vereinigung Deutschlands die Erosion des Warschauer Paktes, denn auch die CSSR und Bulgarien dächten über den Status der Neutralität nach. Ungarn verhandele über den Abzug der sowjetischen Truppen, der 1990 abgeschlossen sein solle. Die Probleme mit den sowjetischen Soldaten verschärften sich, ihre Disziplin lasse nach, Waffen würden auf dem Schwarzmarkt angeboten.

Anschließend sprach der Bundeskanzler im ungarischen Parlament am Donauufer. Er ermutigte die Abgeordneten, die Reformen zum Erfolg zu führen. Dabei würden die Deutschen ihnen helfen und Freundschaft und mitmenschliche Solidarität der Ungarn nicht vergessen.

Nachmittags traf Kohl sich mit dem Vorsitzenden des Demokratischen Forums, Josef Antall. Seiner Partei werden bei der bevorstehenden ersten freien Wahl im nächsten Frühjahr die größten Chancen eingeräumt. Er sieht in der CDU und in der ÖVP seine europäischen Partnerparteien.

Zurück in Bonn, finden wir ein Schreiben von Gorbatschow vor. Der Bundeskanzler soll am Vorabend seines Besuches in Dresden über die sowjetischen Positionen unterrichtet werden. Gorbatschow bezieht sich auf seine Rede vom 9. Dezember im ZK-Plenum. Dort hatte er gesagt, die Sowjetunion werde alles tun, um Einmischungen in die inneren Angelegenheiten der DDR zu »neutralisieren«. Die DDR sei ein »strategischer Verbündeter« und Mitglied des Warschauer Paktes. Von diesen gewachsenen Realitäten sowie von der Existenz zweier deutscher Staaten sei auszugehen. Die friedliche Zusammenarbeit zwischen der DDR und der Bundesrepublik könne und solle sich entwickeln. Die Zukunft werde vom Lauf der Geschichte und des gesamteuropäischen Prozesses bestimmt. Zurückhaltung und Besonnenheit seien wichtig. Der Brief ist in der Sprache härter als die ZK-Rede.

Aus unserer Sicht ist Gorbatschow über das Tempo und die Endgültigkeit des deutschen Einigungsprozesses sowie dessen Rückwirkungen auf die strategische Situation der UdSSR besorgt. Dieses Schreiben muß sich mit dem Brief des Bundeskanzlers gekreuzt haben. Anders sind die kritischen Äußerungen zum Zehn-Punkte-Plan nicht zu verstehen. Der Brief überrascht nicht im Inhalt, aber sein Ton erinnert an altes Denken. Er löst Enttäuschung aus, aber weder Sorge noch Angst. Der Zug zur Einheit ist abgefahren. Wer will, wer kann ihn jetzt noch aufhalten?

Am späten Abend kommt Seiters zum Bundeskanzler, um letzte Details für die morgige Reise nach Dresden zu besprechen. Der Entwurf einer »Gemeinsamen Mitteilung« liegt vor und ist abgestimmt. Wir besprechen die Rede, die Helmut Kohl bei der öffentlichen Kundgebung in Dresden halten soll. Wir wägen jeden Gedanken ab, formulieren laut, und der Bundeskanzler macht sich selbst mit seinem schwarzen Filzstift Notizen. Uns allen ist bewußt, daß diese Rede morgen eine Gratwanderung sein wird. Einerseits soll sie den Wünschen und Gefühlen der Menschen auf dem Platz gerecht werden. Andererseits ist klar, daß die Welt jedes Wort auf die Goldwaage legen wird. Kurz vor Mitternacht ist die Rede fertig.

Zwischendurch ruft mich Kwizinskij an. Er will wissen, ob Kohl den Brief Gorbatschows erhalten habe und ob der Brief des Bundeskanzlers, den Botschafter Blech in Moskau übergeben habe, die Antwort darauf sei. Ich erläutere Kwizinskij, daß der Brief bereits abgesandt war, als das Schreiben Gorbatschows eintraf. Grundsätzlich könne er jedoch als Antwort des Bundeskanzlers verstanden werden, weil alle Themen angesprochen seien, die auch Gorbatschow aufgeworfen habe. Kwizinskij fragt, wie der Bundeskanzler verhindern wolle, daß in Dresden ein Aufruhr entstehe. Er müsse daran alles Interesse haben. Ich beruhige ihn, zu solchen Befürchtungen gebe es keinen Anlaß. Na gut, antwortet Kwizinskij.

Auf St. Martin haben sich vorgestern Bush und Mitterrand getroffen. Mitterrand unterstrich noch einmal, daß der deutsche Einigungsprozeß und die europäische Entwicklung harmonisch verlaufen müßten. Er verglich die Situation mit einem Pferdegespann. Wenn die Pferde nicht »mit derselben Geschwindigkeit laufen, passiert ein Unfall«.

Die DDR vor dem Zusammenbruch

Dienstag, 19. Dezember 1989

Morgens um kurz nach acht fliegen wir mit der kleinen Challenger nach Dresden, wo Modrow den Bundeskanzler begrüßt. Als wir auf das Rollfeld hinaustreten, rufen und winken bereits Hunderte von Menschen aus den Fenstern des Flughafen-Gebäudes, von den Dächern der Flugzeughallen und am Rande des Flugfeldes. Sie schwenken bundesdeutsche Fahnen und die grün-weiße Sachsens. Aber auch ein paar DDR-Fahnen sind aufgezogen.

Im Konvoi fahren wir die knapp zehn Kilometer zum Hotel Bellevue, zum Teil im Schrittempo. Tausende säumen die Straßen: Belegschaften von Betrieben in blauen Drillichanzügen, Frauen, Kinder, ganze Schulklassen, auffallend viele junge Menschen. Sie klatschen, winken mit großen weißen Tüchern, lachen, freuen sich; viele stehen aber auch einfach nur am Straßenrand und weinen. Freude, Hoffnung, Erwartung drücken sich in ihren Gesichtern aus, aber auch Bangigkeit, Unsicherheit, Zweifel. Ich empfinde Stolz und Demut zugleich, die Chance zu haben, für das Glück dieser Menschen arbeiten zu dürfen, mitverantwortlich zu sein für ihr Schicksal, was immer es an Arbeit Tag und Nacht abfordert.

Vor dem Hotel ebenfalls Tausende, überwiegend junge Menschen und Helmut-Helmut-Rufe. Einige wenige tragen Banderolen mit der Aufschrift: Keine Gewalt. Doch hat in diesem Augenblick niemand diese Sorge. Nur das Gedränge vor dem Hoteleingang ist beängstigend.

In der Suite des Bundeskanzlers schöpfen wir kurz Atem. Alle sind begeistert, sprudeln über, wollen ihre Eindrücke und Empfindungen loswerden. Wir wissen: es ist ein großer Tag, ein historischer Tag, ein Erlebnis, das sich nicht wiederholen kann, und wir sind dabei, mitten drin, wirken mit. Helmut Kohl berichtet, daß er mit Modrow im Auto über die jeweiligen Elternhäuser gesprochen habe, beide sind Kinder »kleiner Leute«. Modrow stammt aus einer Arbeiterfamilie und ist gelernter Schlosser. Kohls Vater war kleiner Finanzbeamter. Unter dem Eindruck der Bilder am Straßenrand, die ihn tief bewegt haben, habe er Modrow gesagt, daß sie jetzt den Hoffnungen und Erwartungen dieser Menschen gerecht werden müßten. Heute gehe es darum, die nächsten Schritte zu besprechen und konkrete Aufgaben zu verteilen. Ende Januar solle dann in einem zweiten Gespräch über die ersten Ergebnisse gesprochen werden. Deshalb wollten Modrow und er mit einem Gespräch unter vier Augen ohne irgendeinen Minister oder Mitarbeiter beginnen.

Da Modrow berichtet hat, daß Sonderzüge aus der ganzen DDR nach Dresden unterwegs seien, überlegt der Kanzler, ob er die Kundgebung am späten Nachmittag mit dem Lied: »Nun danket alle Gott« abschließen soll, um die zu erwartenden Emotionen aufzufangen und zu verhindern, daß irgend jemand die erste Strophe des Deutschlandliedes singt. Seiters und ich raten ab, weil wir glauben, das könne falsch verstanden werden. Der Bundeskanzler besteht darauf. Wir sollen dafür sorgen, daß ein Kantor bereitsteht, der das Lied anstimmen kann.

Nach dem Vieraugengespräch Kohl-Modrow im Salon »Ludwig Richter« wird der Meinungsaustausch im größeren Kreis fortgesetzt. Kohl erzählt mir später, Modrows Hauptsorge seien die Auswirkungen der beiden verschiedenen Währungen auf die DDR-Wirtschaft gewesen, da die Deutsche Mark bereits zur zweiten Währung geworden sei.

Modrow eröffnet das Delegationsgespräch. Fast hektisch trägt er eine Viertelstunde lang einen maschinengeschriebenen Text vor. Sein Gesicht ist blaß und wirkt verkniffen, das schüttere Haar aufgewühlt. Er meidet jeden Blickkontakt. Am Revers seines Anzugs trägt er das bekannte SED-Parteiabzeichen. Er läßt während des Gespräches kaum eine Regung erkennen. Kein Lächeln zeigt sich auf seinem Gesicht.

Modrow ist sehr besorgt über die Lage in der DDR. Die Diskussion über das pro und contra der Wiedervereinigung nehme exzentrische Züge an. Die Grenze zur Gewalt drohe überschritten zu werden. Innere Stabilität sei notwendig. Er beklagt sich über westdeutsche Einmischung in den DDR-Wahlkampf. Langatmig äußert er sich zur wirtschaftlichen Situation. Er fordert für 1990/91 von der Bundesrepublik einen

»Lastenausgleich« in Höhe von fünfzehn Milliarden Mark. Die wirtschaftliche Zusammenarbeit sei für ihn eine Grundvoraussetzung für die geforderten Wirtschaftsreformen.

Es folgen ermüdende und in dieser Situation völlig überflüssige Ausführungen zur Außenpolitik der DDR und zu Fragen der Abrüstung. Sein Vortrag wirkt wie eine Pflichtübung, die er in Anwesenheit seiner Kollegen absolvieren muß. Mich erinnert der Stil dieses abgelesenen Eingangsstatements an die alten Zeiten von Breschnew, Andropow oder Tschernenko, die ihre Gespräche immer so anödend eröffneten. Dabei war alles längst aus den Parteiorganen bekannt, und dies gilt im großen und ganzen auch für Modrows Einführung.

Der Bundeskanzler hat sich während des Vortrags von Modrow Notizen gemacht und beginnt nun mit einer persönlichen Bemerkung. Er sei sich der Bedeutung dieser historischen Stunde sehr bewußt, und wisse, daß sowohl die Deutschen als auch die Menschen im Ausland in gespannter Erwartung nach Dresden blickten. Deshalb müßten die innerdeutschen Beziehungen in die gesamteuropäische und internationale Politik eingebettet bleiben. Vernunft und Augenmaß sollten den Weg in die Zukunft bestimmen. Das Sicherheitsbedürfnis aller Nachbarn in West und Ost, einschließlich das der Sowjetunion und der USA, sei zu berücksichtigen.

Es gebe elementare Unterschiede zu Modrow in vielen Punkten, er sehe aber auch Gemeinsamkeiten. Mit neun seiner zehn Punkte könne die DDR einverstanden sein. Das Ziel einer Föderation sei heute kein Thema, obwohl er davon überzeugt sei, daß die Entwicklung in diese Richtung gehe. Darüber müsse man aber jetzt nicht sprechen. Als er hinzufügt, daß der Reformprozeß in der DDR unumkehrbar sei, nickt Modrow zustimmend. Alle DDR-Teilnehmer schreiben jedes Wort mit, nur Außenminister Oskar Fischer nicht, der Helmut Kohl intensiv beobachtet.

Kohl erklärt Modrow, daß sie jetzt gemeinsam ihre Pflicht zu tun hätten. Das erfordere einen offenen und fairen Umgang. Sie sollten besser miteinander als übereinander sprechen, sich nicht gegenseitig durch die Medien unter Druck setzen, sondern vom Verstand leiten lassen. Er stimmt ihm zu, daß vermieden werden solle, Wahlkampf im jeweils anderen Teil zu machen. Einverstanden sei er auch mit dem Vorschlag

Modrows, heute eine gemeinsame Absichtserklärung über die Aufnahme von Verhandlungen zu einer Vertragsgemeinschaft zu veröffentlichen. Diese Verhandlungen sollten bis zum Frühjahr abgeschlossen werden. Er wolle auch dazu beitragen, die wirtschaftliche Lage in der DDR zu verbessern, da es nicht sein Wunsch sei, daß immer mehr Menschen in die Bundesrepublik übersiedeln. Modrow müsse jedoch die wirtschaftlichen Rahmenbedingungen dafür schaffen. Wenn die Menschen in der DDR nicht bald Licht am Ende des Tunnels sähen, würden sie weiter weggehen – eine Bemerkung, die Modrow mit heftigem Kopfnicken begleitet. Die Bundesregierung könne ihren Rat zur Verfügung stellen. Modrow notiert die Aussagen des Bundeskanzlers ausführlich mit, wobei er Vor- und Rückseite seines Notizblockes beschreibt.

Kohl lehnt den Vorschlag Modrows zu einem »Lastenausgleich« zwischen der Bundesrepublik und der DDR ab und stellt fest, ein solcher Begriff sei außerordentlich schädlich.

Modrow teilt mit, daß er gestern mit dem sowjetischen Botschafter über die Öffnung des Brandenburger Tores gesprochen habe. Er wolle einen Fußgängerübergang schaffen und habe Oberbürgermeister Krack beauftragt, die Vorbereitungen zu treffen. Er wisse um die symbolhafte Bedeutung dieser Maßnahme, weshalb beide Seiten daran teilnehmen sollten. Kohl und Modrow einigen sich darauf, gemeinsam mit den beiden Berliner Bürgermeistern am 22. Dezember die Übergänge am Brandenburger Tor zu öffnen.

Anschließend sprechen sie über die vorbereitete Absichtserklärung zu einer »Vertragsgemeinschaft«. Kohl lehnt die Formulierung ab, daß die »Vertragsgemeinschaft« von zwei souveränen deutschen Staaten auszugehen habe. Modrow lenkt überraschend schnell ein.

Am Nachmittag erwarten rund 1 500 Journalisten aus aller Welt den Bundeskanzler und den DDR-Ministerpräsidenten im Kulturzentrum. Der Text der »Gemeinsamen Erklärung«, zwei Absichtserklärungen zur Öffnung des Brandenburger Tores und über einen »gemeinsamen Vertrag über Zusammenarbeit und gute Nachbarschaft« zur Bildung einer Vertragsgemeinschaft werden verteilt. Modrow bewertet die Gespräche als gründlich und von Offenheit geprägt. Wörtlich endet er mit dem Satz: »Ich glaube, es ist ein guter Tag, den wir heute in Dresden in gemeinsamer Arbeit gestalten konnten.« Der Bundeskanzler unterstreicht diese Aussage. Er fordert Behutsamkeit, Geduld und Augenmaß. Ausdrücklich warnt er davor, das bisher Erreichte aufs Spiel zu setzen, »wenn jetzt Ungeduld oder gar Radikalität in diese Entwicklung eingreifen sollten«. Er sei nach diesen ersten Stunden in Dresden optimistisch, daß sie 1990 »gemeinsam ein gutes Stück« vorankommen würden.

Im Verlauf des Frage- und Antwort-Spieles mit den Journalisten spricht Modrow von revolutionären Umgestaltungen in der DDR. Was die zeitliche Perspektive betrifft, meint er, daß man in ein bis zwei Jahren werde beraten müssen, was aus der Vertragsgemeinschaft erwachsen sei.

Nach der Pressekonferenz spricht mich Karl-Heinz Arnold als persönlicher Vertrauter von Modrow an, der mit dem Kanzler vereinbart habe, daß wir beide enge Verbindung halten sollen. Wenige Augenblicke später zieht mich Modrow beiseite und fragt, ob Arnold mich angesprochen habe. Der anschließende Gang zur Ruine der Frauenkirche führt durch Zehntausende von Menschen, die sich zur Kundgebung des Bundeskanzlers eingefunden haben. Ich schlage mich alleine durch. Während der Rede Helmut Kohls stehe ich am Rande der Menge inmitten junger Leute. Während die Massen vor dem Rednerpult überschäumen und zahllose bundesdeutsche Fahnen schwenken, sind hier die Menschen sehr ruhig. Sie hören konzentriert zu, ihre Gefühle sind schwer auszumachen. Es herrscht kein Überschwang. Im ersten Augenblick vermute ich fast Teilnahmslosigkeit, aber sie klatschen immer wieder Beifall, der differenziert ausfällt. Kritik wird nicht laut und von Aggressionen ist nichts zu spüren. Die Gesichter bleiben jedoch auch beim Beifall sehr ernst.

Es ist dunkel geworden, die Scheinwerfer strahlen die Mauerreste der Frauenkirche an. Der Bundeskanzler trifft mit seiner Rede den richtigen Ton. Er weiß, daß diese Rede in der ganzen Welt gehört wird, vor allem in Moskau, aber auch in Washington, London und Paris. Jubel umtost ihn. Die Menge skandiert »Deutschland, Deutschland«, »Helmut, Helmut« und »Wir sind ein Volk«. Dem Kanzler selbst schnürt es die Kehle zu, als er seine Ansprache mit den Worten beendet: »Gott segne unser deutsches Vaterland«.

Zurück im Hotel bekundet Kohl im deutschen Fernsehen seinen Respekt vor den vielen Tausenden, die seine Rede, die keine Versprechungen enthalten habe, so beispielhaft aufgenommen hätten. Es habe weder Ausschreitungen noch Chaos gegeben, wie das von manchen befürchtet worden war. Die Menschen hätten verstanden, daß »wir Zeit brauchen«, Geduld haben und viele kleine Schritte machen müssen. Bis April 1990 solle die Vertragsgemeinschaft erreicht sein, im Mai würden die ersten freien Wahlen stattfinden.

Am frühen Abend trifft der Bundeskanzler noch mit Bischöfen des Bundes der Evangelischen Kirche der DDR zusammen. Das Abendessen nimmt er gemeinsam mit Künstlern aus der DDR ein. 1989 – so sagt ein Teilnehmer – sei ein Jahr, in dem die Realität die Phantasie überholt habe.

Es geht auf Mitternacht zu, als wir ins Hotel zurückkehren. Helmut Kohl reicht mir das handgeschriebene Manuskript seiner Rede und sagt, er schenke es mir zur Erinnerung an diesen Tag.

Mittwoch, 20. Dezember 1989

Das Medienecho auf die gestrigen Ereignisse in Dresden ist überwältigend. Das Fazit lautet: Der Kanzler habe den Grundstein zur deutschen Einheit gelegt. Vor diesem Hintergrund weist die Presse Vorbehalte, die Schewardnadse gestern bei einer Rede in Brüssel geäußert hat, zurück.

Zum ersten Mal in der Geschichte der NATO war ein sowjetischer Außenminister zu Gesprächen mit dem Generalsekretär und mit den Ständigen Vertretern im NATO-Rat zusammengetroffen.

Vor dem Politischen Ausschuß des Europäischen Parlaments hatte sich Schewardnadse zur Lage in der DDR geäußert. Es war die bisher umfassendste sowjetische Stellungnahme. Schewardnadse selbst sprach von »lautem Denken«. Drei Elemente durchziehen seine Rede: Achtung der in Europa existierenden Nachkriegsrealitäten, Verhinderung jeglicher Destabilisierung der europäischen Ordnung und die Charakterisierung der DDR als »strategischer Verbündeter« der Sowjetunion. Er ist offenkundig über die zu schnelle Entwicklung der Beziehungen zwischen beiden deutschen Staaten verstimmt. Schewardnadse spricht nicht vom Selbstbestimmungsrecht des deutschen Volkes, sondern von dem der beiden deutschen Staaten. Das könne jedoch nur im Kontext der anderen Normen und Prinzipien des Völkerrechts ausgeübt werden sowie unter Berücksichtigung der besonderen Situation beider deutscher Staaten und ihrer Verpflichtung, allen europäischen Nationen und der Welt zuzusichern, daß von deutschem Boden nie wieder eine Kriegsgefahr ausgehen werde.

In Frageform spricht er von der Wiederherstellung der deutschen Einheit, fragt nach den Modalitäten und den praktischen Schritten angesichts einer Vielzahl ungeklärter lebenswichtiger Aspekte. Es folgt eine Liste von sieben Fragen, die von der Hypothese eines vereinigten Deutschland ausgehen. Er nennt umfassende politische und juristische Bedingungen und spricht Aspekte an, die bisher noch nicht öffentlich diskutiert worden sind: Entmilitarisierung, Neutralität, europäische »Friedensregelung« entsprechend dem Potsdamer Abkommen, Präsenz alliierter Truppen auf deutschem Boden.

Seine Ausführungen sind in sich widersprüchlich. Positive Ansätze wechseln mit warnenden Wendungen. Der Bundesregierung wird aber kein Fehdehandschuh vor die Füße geworfen, im Gegenteil: Schewardnadse unterstreicht den fortgesetzten Willen zur Zusammenarbeit. Seine Fragen sollen Bereitschaft zum Dialog signalisieren.

Morgens trifft sich der Bundeskanzler in Dresden zunächst mit den katholischen Bischöfen aus Berlin und Dresden. Sterzinsky bittet Helmut Kohl, den Menschen in der DDR die helfende Hand zu reichen, ihnen aber nichts vorzuschreiben. Er solle Hoffnung wecken, damit die Menschen Zuversicht gewinnen und ihre Angst verlieren. Erstaunt zeigt sich der Bischof über das wachsende Selbstbewußtsein mancher DDR-Bürger. Der Sozialismus sei zwar eine leere Hülse geworden, aber für viele bleibe der Begriff unantastbar. Sie handelten nach dem Motto, daß nicht alles verkehrt gewesen sein könne.

Anschließend kommt der Kanzler mit Vertretern von Oppositionsparteien zusammen. Wolfgang Schnur, der Vorsitzende des Demokratischen Aufbruchs, spricht dabei von der Gefahr einer »Militärdiktatur«.

Kaum zurück in Bonn, ruft George Bush an. Er habe die Reise mit viel Interesse und großem Respekt verfolgt. Sein eigentliches Anliegen ist es, den Kanzler über die Hintergründe des militärischen Einsatzes der USA in Panama zu unterrichten.

In der anschließenden Kabinettssitzung beglückwünscht Genscher den Bundeskanzler im Namen aller Kollegen zu »Ergebnissen und Ablauf« von Dresden. Die Reaktion der Menschen in der DDR sei eine »eindrucksvolle Bekundung des Willens zur Einheit der Nation«. Vor der Weltöffentlichkeit sei klar geworden, daß die Deutschen aus der Geschichte gelernt hätten. Trotz Ärger und Zorn sei bei den Menschen in der DDR erkennbar, daß sie keine Rachegefühle aufkommen lassen wollen. Der Besuch – so Genscher – habe das Anliegen der Deutschen ein großes Stück weitergebracht, »bei uns, in der DDR und im Ausland«.

Donnerstag, 21. Dezember 1989

Heute beginnt der Tag schon um halb acht. Seiters hat die Botschafter der drei Westmächte zum Frühstück eingeladen. Wir unterrichten sie gemeinsam über die Ergebnisse von Dresden. Sie sind über die rasche und ausführliche Unterrichtung sehr zufrieden.

In einer Rede im Bundesrat erläutert der Kanzler die Ergebnisse seiner Gespräche mit Modrow. Er wiederholt seine Bereitschaft, die Vertragsgemeinschaft mit der DDR noch vor den freien Wahlen anzustreben. Die Menschen in der DDR sollen erkennen, daß den Worten der zehn Punkte auch Taten folgen. Nach den Wahlen solle mit dem Aufbau der konföderativen Strukturen begonnen werden. Damit deutet er an, daß der Zehn-Punkte-Plan schneller verwirklicht werden könnte, als er selbst noch vor gut drei Wochen erwartet hatte. An die Adresse Moskaus gerichtet fügt er hinzu, die Bundesregierung könne und wolle keine Vorschriften machen und stelle keine Bedingungen.

Seit gestern weilt der französische Präsident François Mitterrand als »erster westalliierter Staatschef in der DDR«, wie das SED-Zentralorgan *Neues Deutschland* feststellt. Offizieller

Gastgeber ist der amtierende Staatsratsvorsitzende Manfred Gerlach, Mitglied der LDPD, ein Wendehals par excellence, der sich für eine »DDR als souveräner, dem Antifaschismus, dem Humanismus und einem zutiefst demokratischen Sozialismus verpflichteter Staat, als Mitglied einer Föderation europäischer Staaten« ausspricht.

Mitterrand nennt das Streben nach Einheit eine Angelegenheit zuerst der Deutschen, die frei über ihr Schicksal bestimmen sollten. Ihr Weg müsse demokratisch und friedlich sein, um den Frieden und das Gleichgewicht in Europa zu wahren. Erneut spricht er die Unverletzlichkeit der Grenzen an. Die Vertragsgemeinschaft bezeichnet er als »pragmatischen Ansatz«. Der Besuch Mitterrands zu diesem Zeitpunkt wirkt anachronistisch. Wem soll er nützen?

Am Nachmittag letzte Arbeitsbesprechung mit dem Bundeskanzler vor Weihnachten. Er ist überraschend unleidlich, sogar aufbrausend. Die Belastungen der letzten Wochen stecken ihm in den Knochen. Er ist einfach arbeitsunlustig und muß jetzt mit uns noch seine Neujahrsansprache vorbereiten. Uns packt er mit Arbeit voll und grantelt; er weiß, was er uns zumutet, will es aber andererseits nicht wahrhaben.

Freitag, 22. Dezember 1989

Morgens spricht der Bundeskanzler mit Seiters über die Maßnahmen, die nach den Gesprächen in Dresden zu veranlassen sind. Es geht um die Finanzierung einer besseren Versorgung in der DDR, um die Einrichtung einer Arbeitsgruppe, die sich des Themas »Ausverkauf der DDR« annehmen soll, sowie um eine Arbeitsgruppe zur Vorbereitung der Vertragsgemeinschaft. Ein großes Problem sind nach wie vor die Übersiedler. Täglich sind es jetzt schon wieder 2 000.

Mit Bundesbankpräsident Karl Otto Pöhl telefoniert Kohl über die Währungsprobleme in der DDR. Arnold ruft mich im Auftrag Modrows an und gibt mir seine Telefon- und Telefaxnummer durch. Modrow bitte darum, den Bundeskanzler an das Stichwort »Solidarität« zu erinnern, da er ja das Wort vom Lastenausgleich abgelehnt habe. Die Solidarität soll uns 15 Milliarden Mark kosten, die Modrow dringend erwartet. Er möchte, daß möglichst bald Verhandlungen darüber mit einem Beauftragten des Bundeskanzlers beginnen.

Es ist Mittag. In Rumänien ist Ceausescu gestürzt worden.

Aus dem Elysée berichtet Generalsekretär Jean-Louis Bianco, daß Präsident Mitterrand bei seinen Gesprächen in der DDR überall auf Ratlosigkeit gestoßen sei. Niemand wisse, wie es politisch und wirtschaftlich weitergehen solle. Über den Kanzlerbesuch herrsche in der DDR-Führung Genugtuung. Sorge hätten sie nur, daß Kohl ein zu schnelles Tempo einschlagen könnte. Dabei sei es nicht einmal sicher, ob die Mehrheit der Bevölkerung in der DDR die Wiedervereinigung wolle. Wer will das schon wissen? Wieder einmal hat jemand seinen nassen Finger in den Wind gehoben.

Auch Mitterrand selbst weist nach Abschluß seines DDR-Besuches heute darauf hin, daß keiner seiner Gesprächspartner in der DDR den Wunsch nach sofortiger Wiedervereinigung geäußert habe. Erst sollten freie Wahlen stattfinden. Er betont das Mitspracherecht der Nachbarn und der vier Siegermächte und kündigt seine Bereitschaft an, unter Einbeziehung beider deutscher Staaten über eine Neugestaltung des Viermächteabkommens über Berlin zu verhandeln. Immerhin wiederholt er seine frühere Aussage, daß es »allein Sache der Deutschen sei, in freien Wahlen über ihr Schicksal zu entscheiden«.

Es ist offensichtlich, daß in Mitterrands Brust zwei Seelen kämpfen. Er will einerseits dem Prozeß der deutschen Einheit nicht im Wege stehen. Wie er selbst mehrfach gesagt hat, fürchtet er die deutsche Einheit nicht. Andererseits weist er ständig auf große Hürden hin, die zu überwinden seien. Unsere französischen Freunde tun sich schwer mit Deutschland.

Nachmittags eröffnen Kohl und Modrow bei strömendem Regen die Übergänge am Brandenburger Tor. Unbeschreibliche Szenen spielen sich ab. Die Berliner aus West und Ost feiern mit einem Volksfest einmal mehr die Einheit ihrer Stadt. Der Bundeskanzler sagt am Brandenburger Tor das Abschlußwort des Jahres: »Für mich ist das eine der glücklichsten Stunden meines Lebens.«

Montag, 1. Januar 1990

Die Einführung des visafreien Grenzverkehrs hat während der Feiertage Millionen von West-Ost-Reisenden in Bewegung gesetzt. In der Sylvesternacht haben mehrere hunderttausend Berliner aus dem West- und Ostteil der Stadt gemeinsam auf den Straßen Berlins gefeiert.

Der Bundeskanzler erklärt in seiner Neujahrsansprache: »Das vergangene Jahr hat uns der Einheit unseres Vaterlandes ein gutes Stück nähergebracht.« Das vor uns liegende Jahrzehnt könne für die Deutschen »das glücklichste dieses Jahrhunderts« werden.

Donnerstag, 4. Januar 1990

Auf seinem Landsitz in Latché in der Gascogne empfängt François Mitterrand Helmut Kohl zu einem privaten Besuch. Wie wichtig dieses Treffen ist, beweist die Ansprache Mitterrands zum Jahreswechsel. Er hat von neuen Fragen gesprochen, die nicht von einem Tag auf den anderen zu lösen seien. Unter anderem stellte er die Fragen: »In welcher Form und unter welchen Bedingungen wird das deutsche Volk wiedervereinigt werden?« Wird es »eine Unantastbarkeit der bestehenden Grenzen geben oder nicht?« Unklar bleibt bei Mitterrand stets, ob er damit letztlich auch die innerdeutsche Grenze meint, die er einmal als »Grenze besonderer Qualität« bezeichnet hat, oder ob er sich nur auf die Oder-Neiße-Grenze bezieht.

Etwas deutlicher wurde er bei seinem Vorschlag einer »europäischen Konföderation im wirklichen Sinne des Wortes«. Erstmals nannte er wichtige Voraussetzungen: Zunächst müsse es in den osteuropäischen Ländern das Mehrparteiensystem, freie Wahlen, ein repräsentatives System und Informationsfreiheit geben. Aber bezieht das die Sowjetunion ein? Er spricht von der Schlußakte von Helsinki. Heißt das, daß nicht nur die Sowjetunion sondern auch die USA und Kanada in die europäische Konföderation einbezogen werden sollen, die er als »ständige Organisation des Handels, des Friedens und der Sicherheit« definiert? Soll durch eine solche Konföderation ein neues europäisches Gleichgewicht geschaffen werden, in dem Frankreich gerade auch gegenüber einem geeinten Deutschland eine herausgehobene Rolle spielen will? Die Besuche Mitterrands vom Dezember in Kiew und in der DDR könnten dafür sprechen. Wie immer bleibt bei Mitterrand vieles vage. Das erhöht jedoch seine Handlungsfreiheit, und das ist sicher auch die Absicht.

Der Kanzler will keine Irritationen aufkommen lassen, sondern Einvernehmen und Freundschaft demonstrieren. Die Zusammenarbeit in den vergangenen Jahren war erfolgreich, und er möchte jetzt keine Entfremdung riskieren. Ohne Frankreich, das weiß Kohl, geht in Europa nichts voran.

Ärgerlich ist deshalb die Veröffentlichung eines Telegramms in der heutigen FAZ, das der deutsche Botschafter in Paris, Franz Pfeffer, vor Weihnachten über die französische Haltung zur deutschen Frage an das Auswärtige Amt geschrieben hat. Danach sei es »offen«, ob Frankreich den deutschen Einigungsprozeß konstruktiv begleiten oder sich ihm entgegenstellen werde. Mitterrand sei zwar überzeugt, daß die Wiedervereinigung kommen werde, möchte sie aber in geordnete Bahnen lenken, um den europäischen Einigungsprozeß nicht in Mitleidenschaft zu ziehen. In der Beamtenschaft hingegen säßen Bremser. Der Bericht drückt die Sorge aus, daß die deutsch-französischen Beziehungen unter Umständen »auf längere Sicht« belastet sein könnten.

Doch gerade das will Helmut Kohl verhindern. Sicherlich hat auch er sich gelegentlich über die eine oder andere Äußerung aus der französischen Regierung geärgert, vor allem über Erklärungen von Dumas. Aber es gab keine wirklich ernsthafte Irritation. Auf die französische Zurückhaltung gegenüber der deutschen Einigung angesprochen, haben wir immer wieder gesagt, daß wir darüber nicht überrascht seien. Wenn sich schon viele Deutsche auf beiden Seiten mit dieser Frage so schwer täten, könne man nicht verlangen, daß unsere europäischen Nachbarn deutscher als die Deutschen selber seien.

In Latché bekräftigt der Bundeskanzler gegenüber Mitterrand, daß Deutschland und Frankreich ihren gemeinsamen Weg fortsetzen müßten. Ausführlich erläutert er die Lage in der DDR und seine Strategie. Gleiches Gewicht mißt er den Fragen der EG zu. Kohl will dem Präsidenten die Sicherheit geben, daß ein geeintes Deutschland fest in der EG verankert bleibt und weiterhin zusammen mit Frankreich Motor des Einigungsprozesses sein wolle.

Deutschland beabsichtige nicht, den Weg zur Einigung allein zu gehen. Frankreich sei der geborene Partner, gerade auch für die europäische Einbettung der deutschen Frage. Auch die europäische Einigung müsse mit ihrer beider Namen verbunden bleiben. Kohl spricht offensiv die Frage der Oder-Neiße-Grenze an. Das sei eine künstlich geschürte Debatte, die innen- und parteipolitischen Interessen diene. Seine Worte klingen beschwörend.

In seiner Antwort spricht Mitterrand von zwei Problemen: dem russischen und dem deutschen. Sie seien miteinander verknüpft. Die nationalistischen Elemente in der Sowjetunion würden in der deutschen Frage nicht nachgeben. Das Schicksal Gorbatschows sei damit verbunden, auch wenn dieser allmählich Verständnis entwickeln könne, wenn man geschickt vorgehe. Die Einigung Deutschlands dürfe nicht zu einer Verhärtung innerhalb der Sowjetunion führen. In Kiew sei Gorbatschow wegen der überstürzten Eile besorgt gewesen. Gegen den Strom der Geschichte könne aber niemand schwimmen.

Die Wiedervereinigung sei in der einen oder anderen Form in Gang gekommen. Sie hänge vom Willen der Deutschen in beiden Staaten ab, und niemandem stehe es zu, hier hineinzureden. Das große Hindernis liege in der unterschiedlichen Paktzugehörigkeit beider deutscher Staaten. Für ihn sei dies das einzige wirkliche Problem. Es bestehe die Gefahr einer Neutralisierung Deutschlands. Man brauche Zeit zum Nachdenken. Eine Strategie sei erforderlich, damit Europa wisse, wohin es steuere. Er sage das als Franzose. Als Deutscher wäre er für eine möglichst rasche Wiedervereinigung. Er würde es bedauern, wenn nicht alle Deutschen dafür wären.

Mitterrand spricht sich wie zuvor der Bundeskanzler für ein gemeinsames Vorgehen aus. Die deutsche und europäische Einheit müsse gleichzeitig angestrebt werden. Besorgt ist er über die Reaktionen der deutschen Presse auf seine Äußerungen. Wenn er nicht wie der Bundeskanzler rede, ernte er in den deutschen Medien Kritik; dabei akzeptiere er doch, daß die beiden deutschen Staaten Verträge schließen und sich vereinigen.

Als der Bundeskanzler erneut die deutsch-französische

Freundschaft, die enge persönliche Kooperation und sein Engagement für die EG bekräftigt, zeigt die Reaktion Mitterrands, wie wichtig das für ihn in diesem Augenblick ist: »Das halte ich fest«, sagt er zum Bundeskanzler. Diese Begegnung war ein Schlüsselgespräch, um die deutsch-französische Zusammenarbeit zu festigen und die persönliche Freundschaft zu stabilisieren. Es scheint gelungen zu sein.

In Bonn trifft der Vorschlag Modrows ein, das Gespräch mit dem Bundeskanzler in der Woche vom 5. Februar in Bonn fortzusetzen. Ende Januar wolle die DDR einen Entwurf für die Vertragsgemeinschaft übermitteln, der beim Besuch durch Außenminister Fischer und Bundesminister Seiters paraphiert und anläßlich einer dritten Begegnung der Regierungschefs unterzeichnet werden solle. Erneut läßt Modrow an Verhandlungen über den »Lastenausgleich« von fünfzehn Milliarden D-Mark erinnern. Eine Antwort wird in Aussicht gestellt. Noch ist der Bundeskanzler nicht aus seinem Weihnachtsurlaub nach Bonn zurückgekehrt.

Montag, 8. Januar 1990

Erste Morgenlage beim Bundeskanzler im neuen Jahr. Es geht um die Situation in der DDR: Die Spannungen zwischen SED-PDS und Opposition am Runden Tisch nehmen zu. Anlaß dafür sind Manipulationen der Modrow-Regierung bei der Stasi-Auflösung. Die FDP zieht die Anerkennung der Oder-Neiße-Grenze als Thema hoch, der Wahlkampf beginnt.

Ich berichte, daß mich Kwizinskij gestern im Auftrag von Schewardnadse angerufen und dringend um ein Gespräch mit Helmut Kohl gebeten habe. Er erinnerte daran, daß der Kanzler Gorbatschow bei dessen Besuch im Juni in Bonn Hilfe angeboten habe. Er wollte wissen, ob diese Zusage noch gelte? Sie bräuchten jetzt Hilfe, es gehe um Lebensmittellieferungen, vor allem um Fleisch. Kohl ruft sofort Ignaz Kiechle an, der prüfen soll, wieviel Fleisch in kürzest möglicher Zeit geliefert werden könnte. Der Kanzler erkennt in der Anfrage Schewardnadses die Chance, das Klima im Verhältnis zur Sowjetunion zu verbessern.

Nur eine Stunde später erklärt Kiechle in einem Gespräch

mit Kohl und Seiters die Lieferung von 120 000 Tonnen Fleisch innerhalb von vier bis sechs Wochen für möglich. Der Landwirtschaftsminister erhält den Auftrag, sofort einen nationalen Vorschlag zu erarbeiten sowie einen im Rahmen der EG. Ein nationales Angebot hat für den Kanzler jedoch Vorrang. Kohl will darüber selbst mit dem Präsidenten der EG-Kommission, Jacques Delors, sprechen und dessen Zustimmung einholen. Er ist überzeugt, je schneller er hilft, desto größer wird die Wirkung sein. Jeder sage: Wenn Gorbatschow stürze, könne man alles – einschließlich der Wiedervereinigung – vergessen. Also gehe es darum, ihn zu unterstützen.

Schon nachmittags empfängt der Bundeskanzler Kwizinskij. Zunächst sprechen sie über die Lage in der DDR. Kohl äußert sich besorgt: täglich siedeln mehr als tausend Menschen über. Diesen Aderlaß vor allem qualifizierter Leute könne die DDR nicht lange aushalten. Er wolle, daß die Menschen in der DDR blieben. Aber die gegenwärtige Diskussion über einen neuen Staatssicherheitsdienst sei Gift dafür. Er habe deshalb vorgeschlagen, die Vertragsgemeinschaft mit der DDR noch vor den Wahlen am 6. Mai zu vereinbaren, um den Menschen eine Perspektive zu geben. Die Prozesse des Zusammenwachsens würden langwierig sein: alle müßten zur Beruhigung der Lage beitragen. Wenn aber der Runde Tisch, wie jetzt geschehen, auseinanderbreche, werde die Unruhe weiterwachsen.

Der Kanzler berichtet über sein Gespräch mit Mitterrand. Sie seien sich einig gewesen, daß ohne Gorbatschow der Reformprozeß in Osteuropa und in der DDR nicht erfolgreich gewesen wäre. Beide seien deshalb entschlossen, Gorbatschow zu unterstützen. Auch deswegen sei ein baldiges Treffen wünschenswert, bei dem überdies mögliche Irritationen ausgeräumt werden könnten. Er wolle mit Gorbatschow darüber sprechen, was möglich sei und was nicht. Schließlich hätten sie beide Interesse daran, von den Ereignissen nicht überrollt zu werden.

Kwizinskij berichtet, daß Schewardnadse ihn auf dem ZK-Plenum angesprochen habe. Sie könnten auch allein über die Runden kommen; um Versorgungsengpässe für bestimmte Lebensmittel zu überwinden, seien sie jedoch auf Hilfe angewiesen. Vor allem benötigten sie Fleisch, Fette, Pflanzenöl und Käse. Getreide sei vorhanden. Sie möchten diese Waren nicht geschenkt, ein Freundschaftspreis sei jedoch wünschenswert. Der Kanzler sagt ihm eine rasche Antwort zu.

Auf dem Weg zum Auto frage ich Kwizinskij, wie die Meldungen zu verstehen seien, daß Gorbatschow für Januar alle außenpolitischen Termine abgesagt habe. Kwizinskij verweist auf die innenpolitischen Probleme vor allem in Litauen und Aserbeidschan, fügt aber hinzu, er wisse nichts Definitives. Ich hoffe, daß sich diese Meldungen nicht bestätigen, weil sich das Gespräch zwischen Kohl und Gorbatschow sonst noch weiter verzögern könnte.

Abends sitzt im Bungalow die übliche Runde beisammen: Rudolf Seiters, Eduard Ackermann, Wolfgang Bergsdorf, Juliane Weber und ich. Auch Wolfgang Schäuble ist heute dabei. Wir sprechen über die zu erwartenden Aufgaben im vor uns liegenden Jahr. Der Kanzler sagt, es werde in diesem Jahr vor allem auf die Unterstützung durch die USA und Frankreich sowie auf die Zusammenarbeit mit der Sowjetunion ankommen. Er sei deshalb bereit, Mitterrand so weit wie möglich entgegenzukommen und Gorbatschow umfassend zu helfen. Die erbetene Nahrungsmittelhilfe werde er so rasch wie möglich in die Tat umsetzen. Solche Aktionen trügen mehr zur Sicherheit in Europa bei als neue Waffensysteme. Außerdem sei das ein deutscher Beitrag zur Verteilung der Lasten, wie sie die USA ständig einforderten.

Dienstag, 9. Januar 1990

Zur traditionellen Montagsdemonstration in Leipzig sind gestern abend wieder Hunderttausende gekommen. Immer häufiger ist die Parole »Deutschland einig Vaterland« zu hören und zu sehen.

Ein wichtiges Interview hat Jacques Delors in *The Irish Times* gegeben. Erneut spricht er sich vorbehaltlos für die Wiedervereinigung Deutschlands aus, die er unterstütze, weil sie die EG stärken werde. Er habe großes Vertrauen in den Bundeskanzler, »der immer sehr proeuropäisch« gesinnt und stets eine »Persönlichkeit der Innovation« in der Europäischen Gemeinschaft gewesen sei. Delors hat sich von Anfang an gegenüber der deutschen Einheit und der Einbeziehung der DDR in die EG sehr positiv verhalten.

In einem ausführlichen Gespräch über die deutsche Frage mit dem japanischen Ministerpräsidenten Toshiki Kaifu, mit dem er im Rahmen der jährlichen Konsultationen zusammentrifft, nennt Kohl zwei Gründe, aus denen er für den Einigungsprozeß Zeit brauche: Erstens müßte die Abrüstung vorankommen, müßten Fragen der europäischen Sicherheit geklärt werden, insbesondere die Zukunft der Bündnissysteme. Außerdem könnten die grundlegenden Unterschiede in der Gesellschaftsordnung beider deutscher Staaten nicht über Nacht überwunden werden. Die meisten seiner Landsleute hätten bisher nicht begriffen, welch schwierige Entscheidungen noch zu treffen seien. In der DDR selbst zeichne sich ein Teufelskreis ab: solange täglich Tausende das Land verließen, könne sich die Wirtschaft dort auch nicht erholen, und wenn es mit der Wirtschaft nicht aufwärtsgehe, würden täglich mehr und mehr Menschen in den Westen abwandern. Es sei schwierig, den Menschen in der DDR begreiflich zu machen, daß nicht alles sofort möglich sei.

Beim offiziellen Mittagessen im Palais Schaumburg greift Kaifu die Formel aus dem Brief zur deutschen Einheit auf, nach der »das deutsche Volk in freier Selbstbestimmung seine Einheit wiedererlangen« könne. Damit identifiziert sich Japan mit der gemeinsamen westlichen Haltung der EG- und NATO-Partner. Wir verstehen das als eine besondere Geste der Freundschaft gegenüber den Deutschen.

Mittwoch, 10. Januar 1990

In der heutigen Kabinettssitzung gibt Schäuble einen Überblick über die Zahlen der Aus- und Übersiedler. 1989 sind mehr als 720 000 Menschen in die Bundesrepublik gekommen, darunter 343 854 Übersiedler aus der DDR; seit 1. Januar bereits über 20 000 Aus- und Übersiedler. Allein am Montag waren es 2 298 Übersiedler und 8 910 Aussiedler. Die Sorge über diese sprunghaft steigenden Zahlen wächst. Keiner weiß eine rechte Antwort darauf. Der Kanzler weist darauf hin, daß angesichts der unterschiedlichen Gesellschaftsordnungen beider deutscher Staaten, die um »ein Lichtjahr« auseinanderlägen, Opfer von einer Größenordnung erforderlich seien, die man nur mit dem Lastenausgleich nach dem Krieg vergleichen könne.

Diese Opfer, so fürchtet er, könnten einen Stimmungsumschwung bewirken, der die Euphorie schnell werde vergessen lassen.

Mittags geht Helmut Kohl zur Jahreseröffnung vor die Bundespressekonferenz. Das ist inzwischen zur Tradition geworden und gibt ihm Gelegenheit, seine Strategie in der Deutschlandpolitik im nationalen und internationalen Rahmen zu erläutern. Er erklärt, er halte an dem für Februar vorgesehenen Gespräch mit Modrow fest. Graf Lambsdorff hatte öffentlich davon abgeraten. Auch werde er weiter über eine Vertragsgemeinschaft verhandeln. Kohl fügt jedoch hinzu, daß ein solcher Vertrag selbstverständlich auch die Zustimmung der Opposition finden müsse.

Erneut wird der Bundeskanzler aufgefordert, ein deutlicheres Wort zur polnischen Westgrenze zu sagen. Die polnische Presse hat in den letzten Tagen die endgültige Anerkennung der Oder-Neiße-Grenze als Bedingung für die deutsche Einheit gefordert. FDP und SPD nutzen das weidlich aus. Helmut Kohl weist auf diesen wahltaktischen Aspekt hin. Er deutet an, daß damit auch das Ziel verfolgt werden könnte, die »Republikaner« über die Fünfprozenthürde zu bringen und die Union zu schwächen. Inhaltlich beruft sich Kohl auf seine bekannte Position und auf Aussagen des Präsidenten des Bundesverfassungsgerichts, Roman Herzog, der unter Hinweis auf den Warschauer Vertrag erklärt hatte, daß es bis zur Lösung der deutschen Frage beim gegenwärtigen Zustand bleiben müsse. Darüber hinaus hatte Herzog zur Untermauerung seiner Position auf die UN-Charta, auf die KSZE-Schlußakte, auf die zahlreichen Erklärungen der Verfassungsorgane sowie auf Artikel 26 des Grundgesetzes hingewiesen, die in der Bundesrepublik von keiner politischen Kraft in Frage gestellt würden. Weitergehende Verpflichtungen seien Sache des Parlaments und der Regierung eines vereinigten Deutschland.

Die Bundesregierung hat heute unter der Hand den Entwurf des DDR-Wahlgesetzes zugespielt bekommen. Er enthält eine Reihe von Regelungen, die die Chancen der Oppositionsgruppen gegenüber der SED-PDS deutlich beinträchtigen. Das Ziel wirklich freier Wahlen am 6. Mai ist damit gefährdet. Es ist offensichtlich, daß Modrow versucht, das Machtmonopol der

SED-PDS zu sichern und die Opposition zu schwächen. Welches Spiel treibt er? Von seinen Versprechungen in Dresden hat er bisher kaum etwas eingelöst. Will er nicht, oder kann er nicht? Der Kanzler befürchtet, daß wegen solcher Manipulationen die Übersiedlerzahlen noch weiter steigen werden.

Abends tagt das CDU-Präsidium im Kanzlerbungalow. Acht Wahlen sind für 1990 vorzubereiten. Kohl bezichtigt die SED-PDS angesichts der Stasi- und Wahlgesetzmanipulationen eines gefährlichen Spiels, mit dem sie die Stimmung im Lande weiter anheizen und eine politische Destabilisierung erreichen wolle. Den Eintritt de Maizières in die Modrow-Regierung hält er deshalb für einen Fehler.

Donnerstag, 11. Januar 1990

Morgens ruft Genscher an und berichtet dem Bundeskanzler, was Baker ihm über sein gestriges Gespräch mit dem sowjetischen Botschafter in Washington, Jurij Dubinin, mitgeteilt habe. Die Sowjetunion wünsche wegen der Vorbereitung einer Vertragsgemeinschaft durch Bundesrepublik und DDR eine baldige Viermächtebegegnung auf hoher, vorzugsweise Außenministerebene. Die Reaktion des Kanzlers ist kurz und bündig: »Wir brauchen keine vier Hebammen.« Er weist Genscher an, seinen drei westlichen Kollegen mitzuteilen, daß ihre Antwort an die Sowjetunion nur nach engster Abstimmung mit der Bundesrepublik erfolgen solle, da es schließlich um das Selbstbestimmungsrecht der Deutschen gehe.

Die gestrige Pressekonferenz des Kanzlers fand selbst in *Prawda* und *Iswestija* ein auffallend großes Echo. Sie berichten, daß er von einer starken Position aus in das Wahljahr gehe. Selten habe man ihn so selbstsicher und zuversichtlich erlebt. Die *Prawda* bescheinigt Kohl, daß er jetzt seine Pläne zur deutschen Einheit viel sorgfältiger in den gesamteuropäischen Rahmen eingepaßt habe als noch im November. Sie nimmt seine gestrige Aussage auf, daß die beiderseitigen Beziehungen von Bedeutung seien. Optimistisch stimmt auch, daß sie auf die Absicht des Kanzlers hinweisen, zu einem Besuch in die Sowjetunion zu kommen. Deutet sich in Moskau allmählich ein Stimmungswandel an?

Modrows Regierungserklärung von heute vormittag enthält keine über seine erste Regierungserklärung vom 17. November hinausgehenden Perspektiven für die Menschen in der DDR. Er warnt vor einer Demontage der Regierung und fordert die Opposition zu Vorschlägen auf, in welcher Form sie bereit wäre, an der Regierungsverantwortung teilzunehmen. Die Bevölkerung wird aufgerufen, mehr und effektiver zu arbeiten. Erneut nutzt er die angebliche Gefahr von Neonazis, um die Notwendigkeit eines Nachrichtendienstes und Verfassungsschutzes zu begründen, wie er die Stasi jetzt nennt. An die Adresse Bonns gerichtet, betont er erneut, »eine Vereinigung von DDR und BRD« stehe nicht auf der Tagesordnung. Dabei mahnt er aber weitreichende finanzielle Unterstützung an. Die wirtschaftliche Lage sei angespannt. Insgesamt strahlt Modrow zunehmende Ratlosigkeit aus.

Samstag, 13. Januar 1990

Auf einer trilateralen deutsch-französisch-britischen Konferenz in Oxford nutze ich die Gelegenheit, vor einem internationalen Publikum die Außen- und Deutschlandpolitik des Bundeskanzlers zu analysieren. Gorbatschow habe seine Bereitschaft, den Staaten des Warschauer Paktes ein Maximum an Bewegungsspielraum für innere Reformen einzuräumen, stets an zwei Bedingungen geknüpft: die sowjetischen Sicherheitsinteressen müßten unberührt und der territoriale *Status quo* in Europa gesichert bleiben. Beides sei jetzt durch die Entwicklung in der DDR in Frage gestellt. Das führe dazu, daß die politische und territoriale Nachkriegsordnung in Europa neu durchdacht werden müsse. Die damit verbundenen vielfältigen Risiken seien offensichtlich. Es genüge jedoch nicht, ständig die Stabilität zu beschwören, ohne die Frage zu klären, wie wir sie erhalten und sichern können.

Deshalb plädiere Helmut Kohl seit langem für eine gemeinsame Außen- und Sicherheitspolitik der EG-Staaten. So habe er bereits 1987 Frankreich eine gemeinsame Außenpolitik und im Januar 1988 eine gemeinsame Ostpolitik angeboten. Die Antwort aus Paris sei bisher ausgeblieben.

Wichtig sei außerdem der gemeinsame Wille, den Charakter der NATO zu verändern, ihre politische Bedeutung stärker herauszustreichen und ihre militärische Strategie und Struktur zu reformieren. Abrüstung und Rüstungskontrolle müßten beschleunigt werden. Bündnisübergreifende Sicherheitsstrukturen im Rahmen des KSZE-Prozesses seien erforderlich.

Wer Stabilität wolle, müsse auch Vorschläge erarbeiten, wie der Westen gemeinsam die Reformpolitik Gorbatschows unterstützen könne. Wenn auch die Möglichkeiten dafür begrenzt seien, gebiete es das Interesse des Westens, dazu beizutragen, daß die Reformen in der Sowjetunion eine Eigendynamik gewinnen, die sie, unabhängig von Personen, unumkehrbar werden läßt.

Auch der Erfolg der Reformen in den mittel- und südosteuropäischen Staaten hänge wesentlich von der Hilfe des Westens ab. Es müsse deshalb unser Ziel sein, diese Staaten so eng wie möglich an die EG zu assoziieren und ihnen langfristig die Chance zum Beitritt zu geben.

Im Hinblick auf die deutsche Frage erkläre ich, daß die Stabilität in der DDR nur durch rasche, organische und tiefgreifende politische und ökonomische Reformen erreicht werden könne. Eine solche Politik zeichne sich bei Modrow jedoch noch nicht einmal in Ansätzen ab. Wenn es dabei bleibe, werde sich die Lage weiter zuspitzen. Ein wirtschaftlicher Kollaps der DDR könne nicht mehr ausgeschlossen werden. Die Übersiedlerzahlen stiegen schon jetzt. Als Antwort darauf die Grenzen wieder zu schließen, sei unmöglich. Auch der Einsatz von Gewalt würde zu einer Katastrophe führen. Und was würde geschehen, wenn die Menschen in der DDR versuchen sollten, die Einheit zu erzwingen? Wer könnte sie überhaupt noch daran hindern? Und vor allem wie? Ich gebe zu bedenken, ob nicht angesichts dieser Lage die für den 6. Mai angekündigten Wahlen in der DDR vorgezogen werden sollten, um möglichst rasch die Einheit Deutschlands zu vollenden, zu der es offensichtlich immer weniger eine Alternative gebe.

Montag, 15. Januar 1990

Dramatische Nachrichten aus Ost-Berlin: Die ehemalige Stasi-Zentrale ist gestürmt worden. Das Neue Forum hatte zu einer »Demonstration gegen Stasi und Nasi« aufgerufen, die aus dem Ruder gelaufen ist. Zehntausende verwüsten das Gebäude. Auch in anderen Städten demonstrieren Hunderttausende. Erste Warnstreiks brechen aus. Dazu die neuen Zahlen der Übersiedler: Seit Beginn des Jahres sind rund 21 000 Menschen in die Bundesrepublik gewechselt, gegenwärtig kommen 2 000 pro Tag. Hochrechnungen sind beängstigend.

Abends im Bungalow zeigt sich der Bundeskanzler sehr besorgt über die chaotische Lage in der DDR. Wir überlegen, ob er sich öffentlich dafür aussprechen soll, die Wahlen in der DDR vorzuziehen. Allerdings könnte er sich damit dem Vorwurf aussetzen, sich in deren innere Angelegenheiten einzumischen und das Tempo des Einigungsprozesses weiter beschleunigen zu wollen. Andererseits muß es jetzt darum gehen, die SED-PDS so schnell wie möglich aus der Regierungsverantwortung zu drängen, damit endlich Reformen beginnen können. Wahrscheinlich ist das die einzige Möglichkeit, ein völliges Chaos zu verhindern. Gut wäre es, wenn die Oppositionskräfte sich zu einem Wahlbündnis zusammenfinden könnten.

Der Kanzler beschließt, am Donnerstag in seiner Regierungserklärung im Bundestag bekanntzugeben, daß er die in Dresden getroffene Vereinbarung, eine Vertragsgemeinschaft noch vor den Wahlen unter Dach und Fach zu bringen, nicht weiter verfolgen werde. Er werde statt dessen vorschlagen, zunächst eine Regierungsvereinbarung über die Einrichtung gemeinsamer Kommissionen zu treffen, und über die Vertragsgemeinschaft erst nach den freien Wahlen mit der neuen, freigewählten Regierung verhandeln.

Wieder hat Kwizinskij dringend um ein Gespräch gebeten. Er übergibt mir eine Liste mit konkreten Wünschen zur Lebensmittelaktion. Dann sprechen wir über die Lage in der DDR. Kwizinskij äußert seine Besorgnis über die Einmischung der SPD in deren innere Angelegenheiten. Gestern hatten sich in Ost-Berlin die Sozialdemokraten der DDR auf ihrer ersten Delegiertenkonferenz klar zur Einheit Deutschlands bekannt und sich von SDP in SPD umbenannt. Die bundesdeutsche SPD war mit einer starken Mannschaft vertreten gewesen. Zu meiner Überraschung kritisiert Kwizinskij vor allem Willy Brandt. Die SPD habe wohl vergessen, daß ihre Aktivitäten in Widerspruch zum Grundlagenvertrag stünden.

In einer internen Bewertung der inneren Lage der Sowjetunion zu Beginn des Jahres 1990, die wir heute dem Kanzler vorlegen, kommen wir zu dem Schluß, daß Gorbatschow mit immer größeren Problemen konfrontiert sei: Die Wirtschafts- und Versorgungslage bleibe angespannt; die alten Wirtschaftsmechanismen wirkten nicht mehr, die neuen noch nicht. Die Regierung setze weiter auf administrative Hebel und biete kaum ökonomische Anreize. Die soziale Krise verschärfe sich. Zwischen sechzig und einhundert Millionen Sowjetbürger lebten am Rande des Existenzminimums. Die Kriminalität nehme zu. Die Stimmung in der Armee und bei den Ordnungskräften verschlechtere sich. Die größte Herausforderung sei die Nationalitätenfrage, die den Bestand der Sowjetunion in Frage stelle. Gorbatschow versuche auf Zeit zu spielen. »Im Fall der deutschen Wiedervereinigung wird es eine Zwei-Zeilen-Meldung geben, wonach ein Marschall meine Position übernimmt« – dieser Hinweis gegenüber Mitterrand in Kiew sei keine nur auf Deutschland zielende Drohung.

Mittwoch, 17. Januar 1990

Die Besorgnis über die Lage in der DDR wächst. Der Vorsitzende der SED-PDS, Gregor Gysi, hat heute eine düstere Perspektive für die weitere Entwicklung der DDR und der SED entworfen. Er prognostiziert, die DDR werde sich weiter destabilisieren. Der Gipfel der Unverfrorenheit ist, daß Gysi die Bundesrepublik gebeten hat, mäßigend auf die Medien einzuwirken, damit diese nicht weiterhin die Furcht der Bevölkerung vor einer wieder machtvoll werdenden SED schüren. Sonst müsse auch mit einer Massenflucht von SED-Mitgliedern und Stasi-Mitarbeitern in die Bundesrepublik gerechnet werden.

In der Morgenlage sprechen wir auch kurz über den inzwischen vorliegenden Entwurf Modrows für einen »Vertrag über Zusammenarbeit und gute Nachbarschaft zwischen der Deutschen Demokratischen Republik und der Bundesrepublik Deutschland«. Unter anderem sieht er die Schaffung eines Wirtschafts- und Währungsverbundes sowie die Einrichtung einer Politischen Konsultativkommission vor. Außerdem enthält er die Absicht der DDR, der EG beizutreten. Eine Liste von Nahrungsmittel-, Konsum- und Ausrüstungsgütern ist beigefügt, die Modrow als kurzfristige »solidarische Unterstützung seitens der BRD« erwartet. Wieder geht es um den bekannten »Lastenausgleich«. Doch der Bundeskanzler bleibt dabei, es wird vor den Wahlen keine Vertragsgemeinschaft geben. Er sieht keinen Sinn mehr darin, mit Modrow und der SED-PDS irgendwelche Verträge zu schließen. Dennoch sollen mit der Regierung Modrow Gespräche beginnen, damit nicht durch eine Absage der Verhandlungen eine neue Welle von Übersiedlern ausgelöst wird. Sofern kurzfristige Leistungen erfolgen, müssen sie den Menschen unmittelbar zugute kommen.

Während eines zweistündigen Interviews des Bundeskanzlers mit Katharine Graham, der Herausgeberin von *Washington Post* und *Newsweek* berichtet sie, sie habe bei ihren Gesprächen in Ost-Berlin den Eindruck gewonnen, daß die DDR vor dem politischen und wirtschaftlichen Niedergang stehe. Sie habe Zweifel, ob die Modrow-Regierung bis zu den Wahlen im Mai an der Macht bleiben werde. Auf ihre direkte Frage, ob die Wahlen in der DDR vorgezogen werden sollten, antwortet Kohl: »Ich will nicht dafür plädieren, aber man muß es auf alle Fälle in die Überlegungen einbeziehen.« So ist er doch der erste, der den Gedanken, die Wahlen in der DDR früher als am 6. Mai durchzuführen, öffentlich äußert.

Abends tagt im Kanzleramt eine Expertenrunde. Wissenschaftler, Journalisten und Mitarbeiter treffen sich vierteljährlich in diesem Kreis, den ich schon 1983 ins Leben gerufen habe. Zu der Runde gehören: Wilhelm Grewe, Christian Hacke, Theodor Hanf, Peter Graf Kielmannsegg, Boris Meissner, Hans-Peter Schwarz, Werner Weidenfeld, Gerhard Wettig, Jürgen Domes, Gerd Bacher, Franz Joseph Schulze, Hans Schmitz, Joseph Rovan und Georg Brunner.

Wir stimmen darin überein, daß Gorbatschow nicht gefährdet sei. Der Bundeskanzler, wird vorgeschlagen, solle beim Zusammentreffen mit Gorbatschow konkrete Angebote für eine umfassende Zusammenarbeit vorlegen, auch im sicherheitspolitischen Bereich. Moskau brauche Zusicherungen für die Zeit nach der Wiedervereinigung. Anregungen für ein solches Angebot biete der Genfer Friedensplan von 1959.

Im Hinblick auf die DDR stellen wir fest, daß die wachsende Ratlosigkeit der Modrow-Regierung die Flucht der Menschen in die nationale Frage verstärke. Es werde wohl unausweichlich sein, die Wahlen vorzuziehen, außerdem könnten Oppositionspolitiker nur politisches Profil gewinnen, wenn sie Verantwortung übernehmen und Sachkompetenz erwerben könnten. Je länger Modrow im Amt sei, desto größer sei sein Legitimitätsgewinn. Auch ein Vertrag über eine Vertragsgemeinschaft würde ihm nützen.

Donnerstag, 18. Januar 1990

Bei einem Vortrag in Paris hat der Kanzler gestern abend zum ersten Mal öffentlich erklärt, daß in Deutschland niemand die Wiedervereinigung mit einer Veränderung der polnischen Westgrenze in Verbindung bringe. Er wollte aber nicht nur die Besorgnisse über seine Haltung zur Oder-Neiße-Grenze zerstreuen, sondern auch erneut seine Position zur Deutschland- und Europapolitik erläutern und die deutsch-französische Freundschaft (zum wievielten Male) und Zusammenarbeit bekräftigen. Damit sollen Befürchtungen über einen nationalen Alleingang der Deutschen, wie sie vor allem in Paris immer noch bestehen, ausgeräumt werden. Das scheint ihm, zumindest für den Augenblick, gelungen zu sein, denn die französische Presse stellt heute vor allem den Einklang in der Europapolitik zwischen Kohl, Mitterrand und Delors heraus.

In einer Regierungserklärung stellt Seiters fest, daß in den Beziehungen zur DDR ein kritischer Punkt erreicht sei. Neues Mißtrauen sei entstanden, weil der Staatsführung jede Reform von den Oppositionsgruppen und der Bevölkerung abgetrotzt werden müsse. Der Verdacht liege nahe, daß die SED ihre Machtposition neu zementieren wolle.

Am späten Nachmittag sitzen wir mit Seiters zusammen, um vor diesem Hintergrund seine Gespräche nächste Woche in Ost-Berlin und den Besuch Modrows am 13. Februar in Bonn vorzubereiten. Wir kommen zu drei Ergebnissen: ein *non-paper* über die erforderlichen politischen und wirtschaftlichen Reformschritte in der DDR, das Seiters übergeben will, soll vorbereitet werden. Wir werden eine technische Vereinbarung erarbeiten, auf deren Grundlage die dringlichsten Probleme gelöst werden sollen. Außerdem sollen Sondierungen darüber beginnen, welche inhaltlichen Elemente eine Vertragsgemeinschaft enthalten müsse.

Wenig Freude löst die heutige Regierungserklärung des polnischen Ministerpräsidenten Mazowiecki aus. Er fordert, der Beginn des Prozesses zur Erlangung der staatlichen Einheit Deutschlands müsse davon abhängig gemacht werden, daß die bestehenden Grenzen beider deutscher Staaten mit ihren Nachbarn nicht in Frage gestellt werden. Ich kenne keinen politisch Verantwortlichen in der Bundesrepublik, der die polnische Westgrenze ändern will.

Montag, 22. Januar 1990

Aus zahllosen Mosaiksteinen versuchen wir uns ein Bild über die Lage in der Sowjetunion und ihre Haltung zur deutschen Frage zu machen. Am Donnerstag hat Entwicklungshilfeminister Jürgen Warnke in Moskau Wadim Sagladin getroffen, der die Lage in der DDR als explosiv bezeichnet hat. Sagladin, so berichtet Warnke, sei bei dem Gespräch praktisch davon ausgegangen, daß die deutsche Einheit kommen werde. Deutet das auf einen Meinungswandel in der Sowjetunion hin? Immerhin ist Sagladin außenpolitischer Berater von Gorbatschow und sitzt im Kreml Zimmer an Zimmer mit seinem Chef, wie er mir einmal erzählt hat.

Unter dem Titel »Europa – Von der Spaltung zur Einheit« erschien am gleichen Tag in der *Iswestija* ein Artikel Schewardnadses, in dem er zum ersten Mal den Versuch unternahm, die Reformprozesse in Osteuropa und die deutsche Frage in den Zusammenhang eines sich einigenden Europa zu stellen. Er will die Beziehungen zwischen beiden deutschen Staaten zu einem »Katalysator der gesamteuropäischen Prozesse« und »nicht zu einem zerstörerischen Faktor« werden lassen. Mit einer Vielzahl detaillierter Vorschläge versucht er, einen für die Sowjetunion akzeptablen Weg aufzuzeigen, wie die deutsche Frage als »Herzstück der Sicherheit Europas« in die »europäische Tagesordnung« einbezogen werden kann. Diese Rede unterstreicht das Bemühen auch der sowjetischen

Führung, nach Kompromissen zu suchen und zeigt, daß sich ihre Haltung nicht verhärtet hat, sondern konstruktiv weiterentwickelt.

Weitaus weniger optimistisch stimmt der Bericht Warnkes über sein Treffen vor drei Tagen mit dem ZK-Abteilungsleiter für Internationale Beziehungen, Valentin Falin, der zu den konservativen Kräften in Moskau gehört. Er habe von einem Kampf um die Macht und um die richtige Politik gesprochen, der in Moskau im Gang sei. Die von der Sowjetunion aufgebauten europäischen Nachkriegsstrukturen brächen auseinander. Die Sowjetunion habe ihre Überlegenheit im Bereich der nuklearen Mittelstreckenraketen aufgegeben. Die Konservativen würden Gorbatschow bereits vorwerfen, einseitige Zugeständnisse zu machen. Wenn jetzt der Westen auch noch testen wolle, wieviel an politischer Belastung die sowjetische Führung aushalten könne, dann wäre das falsch. Falin zufolge hätten die Deutschen bei den derzeitigen Entwicklungen am meisten zu gewinnen, aber auch am meisten zu verlieren.

Dienstag, 23. Januar 1990

Der Niedergang der DDR setzt sich fort. Selbst der *Spiegel* befürchtet in seiner gestrigen Ausgabe den »Kollaps« der Modrow-Regierung, die der Entwicklung hinterherlaufe. In zahlreichen Städten der DDR gab es gestern abend erneut Demonstrationen. Hauptlosungen: »Nieder mit der SED« und »Deutschland einig Vaterland«. Allein in Leipzig waren 100 000 Teilnehmer auf der Straße. Immer mehr der neuen Parteien und Gruppierungen in der DDR sprechen sich für die deutsche Einheit aus.

Abends kündigt Helmut Kohl im CDU-Bundesvorstand an, daß er bis Mitte Februar über die zukünftigen Partner der CDU in der DDR entscheiden will. Die CSU hat sich bereits für die DSU mit ihrem Vorsitzenden Pfarrer Hans-Wilhelm Ebeling entschieden. Der Kanzler berichtet, daß sowohl mit dem Demokratischen Forum als auch mit dem Demokratischen Aufbruch und der Ost-CDU Gespräche im Gange seien und Überlegungen für ein Wahlbündnis angestellt würden. Seine Skepsis gegenüber der Ost-CDU hält an.

Mittwoch, 24. Januar 1990

In einem sensationellen Interview mit der BILD-Zeitung sagt Portugalow: »Wenn das Volk der DDR die Wiedervereinigung will, dann wird sie kommen. Wir werden uns in keinem Fall gegen diese Entscheidung stellen, werden uns nicht einmischen.«

Ich denke an mein Gespräch mit Portugalow im November zurück und verstehe dieses Interview ebenso wie der Kanzler als Signal für eine grundlegende Wende in der sowjetischen Haltung gegenüber der deutschen Einigung. Moskau hat in der Vergangenheit schon öfter BILD benutzt, um wichtige Botschaften an die Öffentlichkeit zu bringen und deren Wirkung in der Bundesrepublik zu testen.

Interessant auch ein *Prawda*-Artikel von gestern, der sich ausführlich mit George Kennans Forderung nach einem dreijährigen Stillhalten in der Deutschlandfrage beschäftigt, die er vor dem US-Senat erhoben hat. Ähnliche Überlegungen zu einem Moratorium hatte der Bundeskanzler vor Weihnachten geäußert, war aber seitdem nicht mehr darauf zurückgekommen.

Mittags stimmt der Kanzler dem Vorschlag Kiechles über den Sonderverkauf von Nahrungsmitteln an die Sowjetunion endgültig zu. Geliefert werden innerhalb der nächsten acht Wochen: 52 000 Tonnen Rindfleischkonserven, 50 000 Tonnen Schweinefleisch, 20 000 Tonnen Butter, 15 000 Tonnen Milchpulver und 5 000 Tonnen Käse. Um einen Freundschaftspreis gewähren zu können, subventioniert die Regierung dieses Geschäft mit 220 Millionen D-Mark aus dem Bundeshaushalt.

Gegenüber US-Botschafter Walters, der die Bündnisfrage im Zusammenhang mit der Wiedervereinigung als das größte Problem bezeichnet, bekräftigt Helmut Kohl, daß er sich nie für die Einheit der Nation um den Preis der Neutralität ausgesprochen habe. Walters empfiehlt, der Bundeskanzler solle sich möglichst bald mit Präsident Bush treffen, um die weiteren Schritte im Einigungsprozeß zu koordinieren.

Am frühen Abend stimmt sich Seiters über Gespräche seine in Ost-Berlin mit dem Kanzler ab, der besonderen Wert darauf legt, daß die Oppositionsgruppen in alle Entscheidungen einbezogen werden. Seiters solle gegenüber Modrow die besorgniserregende Lage in der DDR und das Übersiedlerproblem anschneiden. Alle Maßnahmen müßten jetzt darauf gerichtet sein, das Vertrauen der DDR-Bürger zu stärken, damit sie in ihrer Heimat blieben. Seiters müsse mit Nachdruck deutlich machen, daß die Manipulationen bei der Stasi-Reform, beim Wahlgesetz und die unzureichenden Wirtschaftsreformen das Vertrauen der Menschen weiter zerstört hätten.

Abends geht es in der Bungalow-Runde weiter. Kohl ist sich darüber im klaren, daß die Wahl am 6. Mai in der DDR praktisch schon eine Vor-Bundestagswahl sein und ihr Ergebnis erheblichen Einfluß auf die Bundestags-Wahl haben wird. Für die Wahlkämpfe bietet sich der Slogan an: »Kanzler der Deutschen«.

Donnerstag, 25. Januar 1990

Modrow gibt beim Gespräch mit Seiters eine düstere Lageanalyse über die Situation in der DDR ab: die staatliche Autorität verfalle, die Streikwelle dehne sich aus, die Aggressivität nehme zu. Der Runde Tisch habe auf die Entwicklung keinen Einfluß mehr. Er übergibt einen Entwurf für eine Vertragsgemeinschaft, ein Papier mit finanziellen Wünschen und eine Liste über Möglichkeiten der Industrie-Kooperation und erklärt, der Entwurf sei ein Regierungsdokument und mit dem Runden Tisch nicht abgestimmt.

Modrow dringt auf einen raschen Verhandlungsbeginn, damit beide Seiten nicht unglaubwürdig würden. Den Wahlausgang bezeichnet er als völlig offen, spekuliert aber, daß die Republikaner fünfzehn Prozent der Stimmen erreichen könnten, während die SED-PDS keine großen Chancen habe: sie befinde sich in einem Prozeß der »Zerfaserung«.

Freitag, 26. Januar 1990

Ein ärgerliches Interview von Margaret Thatcher veröffentlicht heute das *Wall Street Journal*, in dem sie ihre bisherige Zurückhaltung aufgibt und sich unverblümt zur deutschen Frage äußert, wobei sie die Pose einer Beschützerin Gorbatschows annimmt. Wenn die deutsche Einheit zu schnell käme, so erklärt sie, würde das möglicherweise enorme Probleme für Gorbatschow schaffen, der darüber eventuell stürzen könnte, was eine Katastrophe für alle wäre. Die deutsche Einheit könne nur verwirklicht werden, wenn alle anderen Verpflichtungen berücksichtigt würden. Sie könnte sonst alles destabilisieren, was in höchstem Maße unfair gegenüber Gorbatschow wäre, der all dies erst ermöglicht habe. Harsche Kritik übt sie an der Bundesregierung: Kohl und Genscher sollten ihrer Meinung nach ihre engen nationalistischen Ziele der längerfristigen Sicht der Bedürfnisse Europas unterordnen. Man müsse ihnen diese weitsichtigere Vision eintrichtern. Die deutsche Einheit, so erklärt die britische Premierministerin schließlich, zerstöre das wirtschaftliche Gleichgewicht der EG, in der Westdeutschland schon heute dominiere.

Der Kanzler ist von dieser öffentlichen Kritik in einer amerikanischen Zeitung sehr betroffen und will dieses Interview nicht unwidersprochen hinnehmen. Ich soll Botschafter Mallaby mitteilen, daß er diese Äußerung als ungewöhnlich unfreundlich empfinde. Außerdem ordnet er an, daß wir ihm den Wortlaut bei den nächsten deutsch-britischen Konsultationen vorlegen, da er Thatcher dann persönlich darauf ansprechen will, die weder telefonisch noch bei den Gipfeltreffen von EG und NATO ihm gegenüber solche Kritik geäußert hat.

In der heutigen Ausgabe der *Wirtschaftswoche* richte ich die Frage an die SED-PDS, ob sie wolle, daß die Lage in der DDR noch schlechter werde, damit sie als verbleibende »Ordnungsmacht« noch einmal die Chance zur Stabilisierung ihres Einflusses erhalte? Außerdem erkläre ich in dem Interview, daß die sicherheitspolitischen Interessen aller Europäer besser gewahrt seien, wenn ein geeintes Deutschland im Westen verankert bleibe. Ein geeintes, aber neutrales Deutschland würde Ost und West zwingen, möglichst viel Einfluß in Deutschland zu gewinnen. Eine solche Entwicklung mit allen ihren Unwägbarkeiten könne auch nicht im Interesse der Sowjetunion liegen.

In der DDR schlägt der Runde Tisch die Bildung einer parteiunabhängigen Regierung vor.

Sonntag, 28. Januar 1990

Die Wahlen in der DDR werde auf den 18. März vorgezogen. Das hat Modrow heute mit dem Runden Tisch vereinbart. Am 6. Mai sollen nun die Kommunalwahlen stattfinden. Alle Parteien und Gruppierungen des Runden Tisches entsenden je einen Minister ohne Geschäftsbereich in eine »Regierung der nationalen Verantwortung«.

In einem Interview mit *Bild am Sonntag* lehnt Genscher Forderungen aus der Union ab, daß die heutige DDR in einem vereinigten Deutschland Teil der NATO werden müsse. Seine Begründung lautet: »Das wäre das Ende unseres Strebens nach Einheit. Wer die Grenze der NATO bis zur Oder und Neiße ausdehnen will, schlägt die Tür zu für ein geeintes Deutschland. Unser Verbleiben in der NATO ist dagegen unbestritten.« Ich teile diese Auffassung nicht. Wie soll das in der Praxis aussehen: ein geeintes Deutschland, davon zwei Drittel in der NATO, ein Drittel draußen?

Bei der Landtagswahl im Saarland erringt Oskar Lafontaine einen großen Erfolg; damit ist sicher, daß er der Kanzlerkandidat der SPD wird.

Montag, 29. Januar 1990

Der Bundeskanzler blickt nicht auf und erwidert unserer »Guten Morgen« nicht, als wir sein Arbeitszimmer im Gänsemarsch zur Morgenlage betreten. Es gibt auch keinen Anlaß zu besonderer Fröhlichkeit; ein etwas besseres Ergebnis hatten wir uns in der saarländischen Landtagswahl vorher schon erhofft.

Am Wochenende hat Bush, der seine *State-of-Union-Rede* vorbereitet, Kohl in Ludwigshafen angerufen. Bush hat angekündigt, daß morgen Bob Gates, der Stellvertreter von Sicherheitsberater Brent Scowcroft, sowie der stellvertretende Außenminister Larry Eagleburger nach Bonn kommen werden, um mit uns über Fragen der Abrüstung zu sprechen. Außerdem habe er mit Bush vereinbart, daß sie sich am 24./25. Februar in Camp David treffen werden.

Die Entscheidung Modrows und des Runden Tisches, die Wahlen in der DDR auf den 18. März vorzuziehen, löst gemischte Gefühle aus: Einerseits Erleichterung, weil sich die Gesamtentwicklung beschleunigt und jetzt schneller eine Klärung der Verhältnisse in der DDR eintreten wird; andererseits Bedrückung angesichts der Arbeit, die bis dahin noch zu leisten ist. Die CDU hat im Gegensatz zu SPD, FDP und CSU noch keine Partnerpartei in der DDR. Deshalb sagt der Kanzler seine Reise zu den Amtseinführungen der Präsidenten in Chile und Brasilien sofort ab. Er will die Bemühungen beschleunigen, in der DDR ein Wahlbündnis zu zimmern, das einen geeigneten Partner für die CDU abgeben soll. Außerdem entschließt er sich sofort, selbst Wahlkampfveranstaltungen in der DDR durchzuführen und das Feld nicht Willy Brandt und Hans-Dietrich Genscher zu überlassen.

Modrow zeichnet vor der Volkskammer erneut ein düsteres Bild von der Lage in der DDR: Die Krise habe sich weiter zugespitzt, der Staat weiter an Autorität verloren. Die wirtschaftliche Situation werde durch Streiks und Arbeitsausfälle immer bedrohlicher. Damit begründet er die Bildung einer »Regierung der nationalen Verantwortung« und die vorgezogenen Wahlen. Beides biete, so glaubt er, die Chance einer allmählichen Stabilisierung. Das drohende Chaos hat Modrow jetzt zum Handeln gezwungen. Inzwischen gibt es in der DDR niemanden mehr, der nicht von Kollaps spricht – so sagt heute der DSU-Vorsitzende Pfarrer Ebeling in einem *Spiegel*-Interview wörtlich: »Ich fürchte den Kollaps.« Auch Ibrahim Böhme von der Ost-SPD und Wolfgang Ullmann von »Demokratie jetzt« begründen damit die Notwendigkeit vorgezogener Wahlen. Böhme sieht in ihnen auch die Voraussetzung für die Schaffung eines »Wirtschafts- und Währungsverbundes«.

Dienstag, 30. Januar 1990

Morgens ruft mich Jacques Attali an, um meine Einschätzung über die jüngsten Ereignisse in der DDR zu erfahren. Ich berichte ihm, daß der Kanzler die gestrige Rede Modrows zur Eröffnung der Volkskammertagung in der Morgenlage als »Offenbarungseid« bezeichnet hat. Als er mir eine Wette anbietet, daß die deutsche Einheit noch vor Ende des Jahres vollzogen sein werde, lache ich überrascht auf. Auch in Paris bahnt sich offensichtlich ein Meinungswechsel an.

Nachmittags treffen Eagleburger und Gates von Gesprächen in London, Paris und Rom ein. Sie berichten Kohl, Genscher und Stoltenberg, daß Präsident Bush in seiner morgigen State-of-Union-Rede vorschlagen wolle, die amerikanischen und sowjetischen Truppen in der europäischen Zentralzone auf je 195 000 Mann zu reduzieren.

Die USA wollten diese Zahl unterschreiten, für die Sowjetunion sei sie jedoch als Obergrenze gedacht, über die sie nicht hinausgehen dürfe, die sie aber hoffentlich ebenfalls unterschreiten werde. Damit blieben in Europa insgesamt 225 000 US-Soldaten.

Der Präsident wolle damit Vorschlägen der Sowjetunion zuvorkommen. Auch solle verhindert werden, daß einzelne Verbündete – wie jetzt Belgien – ohne einvernehmliches Konzept einseitige Reduzierungen vornehmen. Die Wiener VKSE-Verhandlungen würden damit nicht gestört, sondern eher erleichtert werden. Der Vorschlag gebe Gorbatschow die Möglichkeit, Truppen aus Osteuropa ordnungsgemäß, als Ergebnis von Vereinbarungen, abzuziehen. Er komme damit nicht in den Verdacht, von den dortigen Reformregierungen dazu gezwungen zu sein.

Eagleburger und Gates berichten, daß Margaret Thatcher nicht übermäßig begeistert gewesen sei, aber Unterstützung zugesagt habe, wie auch Mitterrand, der aber klargestellt wissen wollte, daß das nicht der Beginn der Abkoppelung der USA von Europa sei. Andreotti habe ebenfalls zugestimmt. Der Kanzler antwortet, daß für ihn die gleiche Voraussetzung gelte, die auch Mitterrand genannt habe. Freundschaft und Partnerschaft mit den USA seien für die Europäer angesichts der revolutionären Veränderungen wichtiger denn je. Zur Sicherung der Stabilität in Europa bleibe eine substantielle amerikanische Präsenz notwendig. Er freut sich, daß Bush mit diesem Vorschlag die Initiative behalte und fügt hinzu, er halte es für wichtig, daß die VKSE-Verhandlungen noch in diesem Jahr zum Abschluß kämen. Eagleburger stimmt zu, übt aber vorsichtige Kritik daran, daß sich die EG bereits auf einen KSZE-Gipfel festgelegt habe. In der NATO sei verabredet gewesen, darüber zunächst noch intern zu sprechen. Jetzt seien den USA die Hände gebunden. Man müsse Mittel und Wege finden, sich in Zukunft besser abzustimmen.

Im Laufe des Tages erreichen uns Meldungen aus Moskau über die Gespräche Modrow-Gorbatschow, die auf eine Kehrtwende in der sowjetischen Deutschlandpolitik hindeuten. Ein Moskauer ADN-Korrespondent, der sich auf Informationen aus der DDR-Delegation beruft, verbreitet folgende Aussagen Gorbatschows: Es gebe ein gewisses Einvernehmen sowohl zwischen den Deutschen im Westen und Osten als auch zwischen den Vier Mächten, daß die Vereinigung Deutschlands niemals und von niemandem prinzipiell in Zweifel gezogen werde. Die Deutschen hätten verstanden, daß diese wichtige Frage, die das Schicksal der Deutschen und anderer Völker in Europa betreffe, verantwortungsvoll gelöst werden müsse. Er denke, daß das nicht auf der Straße geschehen dürfe. Die Probleme Deutschlands gingen sowohl die Vier Mächte als auch andere Europäer an. Auf gar keinen Fall dürften die Interessen der Deutschen vernachlässigt werden. Er habe viele Male gesagt, daß die Geschichte entscheiden werde. Das bleibe so. Er glaube, daß sie bereits ihre Korrekturen anbringe.

Treffen diese Aussagen zu, so beweisen sie, daß Gorbatschow sich auf die deutsche Einheit einzustellen beginnt. Das wäre sensationell. Seit der Öffnung der Mauer sind noch nicht einmal drei Monate vergangen.

Die Äußerungen Modrows in seiner Pressekonferenz in Moskau bestätigen praktisch den Kurswechsel im Kreml: »Die Vereinigung der beiden deutschen Staaten ist die vor uns liegende Perspektive.« Er nimmt den Slogan »Deutschland einig Vaterland« auf und sagt, der Zustand der einen Nation in zwei Staaten werde innerhalb des europäischen Prozesses überwunden werden. Mit Gorbatschow sei er sich einig, daß jetzt in Etappen vorgegangen werden solle. Er nennt die Vertragsgemeinschaft, »konföderative Züge« und weitere Schritte hin zu einer »Konföderation«. Dafür sollte jedoch kein Zeitrahmen genannt werden. Modrow ist damit beim Zehn-Punkte-Plan des Bundeskanzlers angekommen, der sich uneingeschränkt bestätigt fühlen kann.

Mittwoch, 31. Janaur 1990

Die Erklärungen Gorbatschows zur deutschen Einheit bewegen uns genauso wie die heutige Presse. Morgens beim Kanzler liegt auch der offizielle Wortlaut der TASS-Erklärung über das Gorbatschow-Modrow-Gespräch vor. Sie bestätigt die »gesellschaftspolitische und wirtschaftliche Krise« in der DDR, die nun also keine Erfindung von uns mehr ist. Die Klagen der beiden über »neofaschistische Ausfälle in der DDR« und angebliche »Versuche rechtsradikaler Kräfte«, »neonazistische Stimmungen zu wecken und zu schüren«, nehmen wir nicht ernst. Es wäre jedoch schlimm, wenn die sowjetische Führung solchen Unsinn wirklich glauben oder als Vorwand nutzen sollte, sich ein Eingreifen vorzubehalten. Das erscheint uns jedoch als unwahrscheinlich, sonst hätte sich Gorbatschow wohl kaum so positiv zur deutschen Einheit geäußert.

Seine gestern von ADN zitierten Aussagen finden sich allerdings in der TASS-Meldung über das Gespräch nicht wieder. Zwar sind Modrows »Ideen« zu einer »Vertragsgemeinschaft als praktischer Schritt zur Konföderation« erwähnt, aber von Gorbatschow wird nur wiedergegeben, daß die Sowjetunion »Verständnis« habe »für die legitimen Interessen der Deutschen in der DDR und der BRD, ihr Bemühen um eine Vertiefung des gegenseitigen Austausches und der Zusammenarbeit«. Das ist weniger, als man gestern hoffen konnte, aber doch mehr, als in den Wochen zuvor gesagt worden ist.

Im Kabinett bezeichnet der Kanzler die Erklärung Gorbatschows als »ermutigend«. Sie trage den historischen Entwicklungen der letzten Monate in der DDR und in den innerdeutschen Beziehungen Rechnung, die ohne Gorbatschows Reformpolitik der Umgestaltung und Öffnung nicht in Gang gekommen wären. Er wiederholt seine Bereitschaft, mit allen Nachbarn in West und Ost vertrauensvoll auf eine konstruktive Lösung der deutschen Frage hinzuarbeiten und die »berechtigten Sicherheitsinteressen aller« einzubeziehen.

Aufgrund des sich abzeichnenden Kurswechsels in Moskau hält der Kanzler es für möglich, daß die staatliche Einheit noch schneller kommen kann, als wir alle bisher angenommen hatten. Er kündigt deshalb im Kabinett seine Absicht an, Arbeitsstäbe einzurichten, da Probleme wie Eigentumsansprüche und Rechtsangleichung jetzt rascher aufbereitet werden müßten. Gleichzeitig wird die Bundesregierung ihre Hilfe für die DDR unverändert fortsetzen. Das bleibt angesichts der Übersiedlerzahlen notwendig – allein im Januar waren es mehr als 58 000.

Wieder einmal hat sich Botschafter Kwizinzkij angemeldet. Unsere Begegnungen häufen sich. Er hat den Auftrag, mir die gestrige offizielle TASS-Mitteilung über das Gespräch Gorbatschows mit Modrow vorzulesen. Ich habe den Eindruck, daß die Sowjetunion uns damit zu verstehen geben will: mehr ist nicht geschehen. Anschließend übermittelt Kwizinskij den Dank der sowjetischen Führung für die angebotene Nahrungsmittelhilfe. Sie seien an dem Angebot interessiert, über die Abwicklung solle in den nächsten Tagen gesprochen werden. Außerdem kündigt er eine vertrauliche Botschaft Gorbatschows zur deutschen Frage für morgen oder übermorgen an.

Die Arbeitsgruppe Deutschlandpolitik, die künftig zweimal in der Woche tagen soll, trifft sich zu ihrer konstituierenden Sitzung. Als erstes bereiten wir eine Kabinettsvorlage über die heute vom Kanzler beschlossene Einsetzung eines Kabinettsausschusses Deutschlandpolitik vor. Die Leitung soll Seiters übernehmen. Es soll ständige und nichtständige Teilnehmer sowie ressortübergreifende Arbeitsgruppen geben. Der Ausschuß selbst soll sich nur mit Schwerpunktaufgaben befassen. Die Arbeit muß jetzt auf die Verwirklichung der staatlichen Einigung Deutschlands ausgerichtet und deren internationale Einbettung abgesichert werden.

Zur Vorbereitung des Modrow-Besuches besprechen wir vier Aufgabenfelder, die auf der Tagesordnung stehen müssen, nachdem die Zwischenetappe einer Vertragsgemeinschaft inzwischen aufgegeben worden ist: Zwischenbilanz der Zusammenarbeit seit Dresden, Einrichtung weiterer gemeinsamer Arbeitskommissionen, Arbeitsplanung für die Zeit nach der Wahl mit dem Ziel, konföderative Strukturen zu schaffen, Möglichkeiten wirtschaftlicher Hilfe.

Uns liegt der neue Entwurf des Wahlgesetzes der DDR vor, der gestern veröffentlicht worden ist. Eine erste Durchsicht ergibt, daß rund sechs Wochen vor der Wahl auch dieser Entwurf noch immer nicht befriedigend ist. Für die neuen politischen Gruppierungen wird es bei der Wahl am 18. März nur dann eine Chancengleichheit geben, wenn sie von den Parteien der Bundesrepublik massiv unterstützt werden.

In einer Grundsatzrede vor der Evangelischen Akademie Tutzing sagt Genscher heute: Die »Einheit in nationaler Solidarität kann und muß sofort beginnen«. Es sei die »Einheit der praktischen Schritte«, die kein Recht eines anderen Staates, keine geschlossenen Verträge und auch nicht die Bündnisse berühre. Damit könne der staatlichen Einigung vieles vorweggenommen werden. Genscher bekräftigt die Mitgliedschaft in der EG im Falle der Einheit. Das gleiche gelte für die Mitgliedschaft im westlichen Bündnis. »Ein neutralistisches Gesamtdeutschland wollen wir nicht.« An anderer Stelle wiederholt er seinen Vorbehalt, daß das NATO-Territorium nicht nach Osten ausgedehnt und die DDR nicht in die »militärischen Strukturen der NATO« einbezogen werden dürfe. Das würde die deutsch-deutsche Annäherung blockieren. Genscher versucht, Pflöcke einzurammen, seine Besorgnis teile ich nicht.

Donnerstag, 1. Februar 1990

Bushs Bericht zur Lage der Nation enthält die angekündigte Abrüstungsinitiative. Zum vorrangigen Ziel erklärt er den unverzüglichen Abschluß der Rüstungskontrollverhandlungen im konventionellen Bereich sowie bei chemischen und strategischen Waffen. Es sei jetzt auch an der Zeit, »den aufstrebenden Demokratien Osteuropas die Hand zu reichen und unsere neuen Beziehungen zur Sowjetunion aufzubauen«.

Der Kanzler begrüßt diese Vorschläge nachhaltig. Sie sind ein wichtiger Schritt, die schwierigen Aufgaben der europäischen Sicherheit durch Abrüstung und Rüstungskontrolle lösen zu helfen. Damit werden auch die mit der deutschen Frage verknüpften Sicherheitsprobleme erheblich erleichtert. Wird die Initiative Bushs, die Truppen der beiden Weltmächte in der Zentralzone auf je 195 000 zu reduzieren, Wirklichkeit, muß die Sowjetunion fast die Hälfte ihrer Truppen aus der DDR abziehen. Das wäre für uns ein erheblicher Fortschritt. Die deutsche Einheit wird nur im Konzert solcher gesamteuropäischer Lösungen erreicht werden können. Erfreulich ist, wie Bush und Baker uns dafür den Boden bereiten.

In Ost-Berlin legt Modrow auf einer Pressekonferenz seinen Plan »Für Deutschland, einig Vaterland – Konzeption für den

Weg zu einem einheitlichen Deutschland« vor. Er nennt folgende Stufen: Vertragsgemeinschaft mit konföderativen Elementen, Konföderation, einheitlicher deutscher Staat in Form einer deutschen Föderation oder eines Deutschen Bundes. Gleichzeitig fordert er »militärische Neutralität von DDR und BRD« bereits »auf dem Wege zur Föderation«.

Diese Vorschläge erinnern uns an die von Ulbricht und Grotewohl aus den fünfziger Jahren. Mit seinem heutigen Vorstoß versucht Modrow, die Wiedervereinigungsdebatte im Sinne der SED-PDS zu steuern und seine Wahlchancen zu erhöhen. Das alles wird ihm nicht gelingen, aber sein Vorschlag ist Wasser auf unsere Mühlen.

Der Bundeskanzler stellt öffentlich fest, daß sich jetzt auch Modrow eindeutig zur staatlichen Einheit Deutschlands bekenne. Die Neutralitätsforderung lehnt er jedoch strikt ab. Sie widerspreche der Logik eines »gesamteuropäischen Einigungsprozesses«, von dem auch Modrow spreche. Die Neutralität würde Deutschland in Europa isolieren.

Abends trifft Helmut Kohl in West-Berlin mit den Vorsitzenden der DDR-CDU, Lothar de Maizière, des Demokratischen Aufbruchs, Wolfgang Schnur, und der DSU, Hans-Wilhelm Ebeling, zusammen. Es geht um die Vorbereitung eines Wahlbündnisses für den 18. März.

Freitag, 2. Februar 1990

Endlich steht der Termin für das Treffen Helmut Kohls mit Michail Gorbatschow fest. Nachmittags überbringt Kwizinskij dem Kanzler die angekündigte persönliche Botschaft des sowjetischen Präsidenten, in der dieser vor dem morgigen Treffen Kohls mit Modrow in Davos sein Einverständnis zu einer »Vertragsgemeinschaft als Etappe auf dem Weg zur Konföderation der zwei deutschen Staaten« übermittelt. Gleichzeitig lädt er den Bundeskanzler zu einem persönlichen Gespräch unter vier Augen für den 9. Februar nach Moskau ein. Nach einem Blick in seinen Kalender bittet der Kanzler, als Termin den 10. und 11. Februar vorzusehen.

Zorn über Dumas. Er hat gestern in Berlin zur Frage der polnischen Westgrenze gesagt: es sei nicht vernünftig, die Antwort aufzuschieben und die Einsetzung eines Parlaments abzuwarten. Was könne die Parlamente der beiden Deutschlands denn heute daran hindern, ihre Entschlossenheit kundzutun?

Der Kanzler läßt den Regierungssprecher eine Erklärung abgeben, in der noch einmal betont wird, er habe bereits vorgeschlagen, daß nach der Volkskammerwahl am 18. März beide freigewählten deutschen Parlamente eine gleichlautende Erklärung auf der Grundlage der Bundestags-Entschließung vom 8. November 1989 abgeben sollten. Zum erstenmal fügt er zwei Forderungen hinzu: Polen müsse auf Reparationen verzichten und die vertragliche Regelung der Rechte der Deutschen in Polen in Aussicht stellen. Der Kanzler verfolgt damit zwei Absichten: Er will die Anerkennung der Oder-Neiße-Grenze innenpolitisch absichern und polnischen Forderungen vorbeugen, wie sie der polnische Parlamentspräsident bei seinem Besuch in der Bundesrepublik bereits erhoben hatte, als er von Reparationen in Höhe von 200 Milliarden D-Mark sprach.

Die Debatte über eine Wirtschafts- und Währungsunion mit der DDR beginnt. Ingrid Matthäus-Maier und Wolfgang Roth von der SPD fordern eine »DM-Währungsunion« zwischen der Bundesrepublik und der DDR spätestens ab 1991. Das SPD-Papier stimmt in den meisten der wesentlichen Punkte mit dem Konzept der Bundesregierung »Schritte zur deutschen Wirtschaftseinheit« überein.

Finanzminister Waigel hält zwei Modelle für möglich: Das erste sieht stufenweise marktwirtschaftliche Reformen vor, um einen einheitlichen Wirtschaftsraum mit angenähertem Produktionsniveau zu schaffen. Am Ende dieses Reformweges stünde die Währungseinheit. Dafür hat sich auch die Bundesbank ausgesprochen. Waigel gibt zu, daß dieses Modell volkswirtschaftlich gut begründbar sei, aber Zeit und Geduld verlange. Das alternative Modell geht davon aus, daß die D-Mark de facto schon Zahlungsmittel in der DDR ist. Die direkte Einführung der D-Mark als offizielles Zahlungsmittel in der DDR könnte notwendig werden, um den Menschen eine überzeugende Zukunftsperspektive zu geben. Dieser Weg müßte mit

Wirtschaftsreformen verbunden sein. Wichtig ist der Hinweis Waigels: »Wenn die Menschen in der DDR diesen mutigen Weg gehen wollen, dann werden wir uns dem nicht verschließen.«

Samstag, 3. Februar 1990

In einer Rede auf dem *World Economic Forum* in Davos entwickelt Helmut Kohl erstmals weiterführende Gedanken zu einer künftigen Sicherheitsarchitektur in Europa in Form bündnisübergreifender Sicherheitsstrukturen und über eine verstärkte Zusammenarbeit zwischen West und Ost. Gleichzeitig erläutert er die Hauptziele seiner Europapolitik. In diesen Rahmen stellt er seine deutschlandpolitische Konzeption.

Für eine Stunde trifft er mit Modrow zusammen. Dieser berichtet, daß inzwischen in der DDR alles an der Regierung und am Runden Tisch vorbeigehe. Deshalb wolle er eine Regierung der nationalen Verantwortung bilden. Das sei keine Wahltaktik, ebensowenig wie das Vorziehen der Wahlen. Seine deutschlandpolitische Konzeption habe er veröffentlicht, weil weiterhin Menschen die DDR verließen. Seine Überlegungen seien weder innerhalb der Regierung noch mit dem Runden Tisch abgestimmt gewesen. Die wachsende Unruhe in der Bevölkerung habe ihm keine andere Wahl gelassen.

Das Treffen in Dresden sei gut, die Lage bis zum neuen Jahr relativ stabil gewesen. Jetzt verfalle auch die lokale Verwaltung. Das Zusammenwachsen beider Staaten sei unumgänglich. Die Entwicklung schreite rasant voran. Er wolle der Verantwortung nicht davonlaufen, sondern handele aus Patriotismus. Man müsse den Menschen eine Perspektive geben. Hilfe aus der Bundesrepublik sei dringend notwendig. Um über den März hinwegzukommen, brauche er die fünfzehn Milliarden D-Mark. Der Kanzler spricht die Währungsproblematik an. Modrow hält die D-Mark als alleiniges Zahlungsmittel für möglich. Sie verabreden, eine Arbeitsgruppe einzurichten.

Bei der Wehrkunde-Tagung in München spricht am Nachmittag US-Sicherheitsberater Brent Scowcroft über die grundlegende Veränderung der strategischen Situation in Europa. Er bekräftigt die »bleibende Verpflichtung« der USA gegenüber

Europa und zitiert Genscher, der sie eine »Voraussetzung für Frieden und Stabilität« genannt habe.

Wichtig ist seine Aussage, daß die USA den Zusammenschluß Westeuropas »aus grundsätzlichen strategischen Erwägungen« mit »allem Nachdruck« unterstützen. Eine Stärkung Europas bedeute eine Stärkung des Westens. In diesem Punkt sei sich die amerikanische Regierung »völlig einig«. Ausdrücklich bezieht Scowcroft die Unterstützung auf den wirtschaftlichen, politischen und militärischen Bereich der europäischen Zusammenarbeit. In dieser Klarheit ist das noch nie gesagt worden. Erfreulich auch die Aussage, daß Bush »einen baldigen erfolgreichen Abschluß« der VKSE wolle. Vorsichtiger ist die Aussage zu einem KSZE-Gipfel: »Die Vereinigten Staaten überlegen noch.«

Überraschend positiv äußert sich Brent zur Westeuropäischen Union (WEU), zur deutsch-französischen militärischen Zusammenarbeit und zu den britischen und französischen Nuklear-Streitkräften; fast sensationell sein Satz: »Es ist jetzt höchste Zeit, im Sicherheitsbereich eine ›europäische Komponente‹ zu schaffen.«

Abends spreche ich mit Brent Scowcroft und Bob Blackwill im Bayerischen Hof. Brent bittet in der deutschen Frage weiterhin um engste Konsultation. Er ist vom Tempo der Entwicklung tief beeindruckt und ahnt, daß nach der Wahl am 18. März alles sehr schnell in Richtung Einheit laufen könnte. Gorbatschow habe sie über sein bevorstehendes Gespräch mit Kohl unterrichtet, was ungewöhnlich sei. Baker werde unmittelbar vorher in Moskau mit Schewardnadse zusammentreffen. Wir verabreden, daß der Kanzler über dies Treffen noch vor seinem Gespräch mit Gorbatschow unterrichtet werden soll.

Welches Pfand habe die Sowjetunion gegen die Bundesregierung in der Hand, will Brent wissen? Ich verweise auf die Viermächteverantwortung. Da werden die USA nicht mitmachen, erwidert Brent. Das lasse sie auch zögern, einem KSZE-Gipfel zuzustimmen, weil die Sowjetunion versucht sein könnte, daraus eine Ersatz-Friedenskonferenz über Deutschland zu machen.

Montag, 5. Februar 1990

Die Presse ist heute voll von Berichten über die dramatische Situation der DDR-Wirtschaft, der ein Kollaps drohe. Kohl berichtet, daß Modrow die Lage seines Landes in Davos mit diesen Worten geschildert habe. Auch de Maizière erklärt im heutigen *Spiegel*, die Situation sei so instabil, »daß ein Kollaps nicht ausgeschlossen werden kann«. Vor diesem Hintergrund hat sich auch Modrow im Schweizer Rundfunk zu der Einsicht durchgerungen, daß eine Vereinigung Deutschlands auch ohne Neutralisierung möglich sei.

Zweimal tagt heute die Arbeitsgruppe Deutschlandpolitik. Wir diskutieren verschiedene Szenarien, die für den Tag nach der Wahl in der DDR vorstellbar sind. Sie reichen von einem sofortigen Beitritt nach Artikel 23 GG ohne Bildung einer neuen Regierung bis zum Beitritt nach Artikel 146 GG, nachdem eine Regierung in der DDR im Amt ist. Außerdem schließen wir eine sofortige Einführung der Wirtschafts- und Währungsunion nicht länger aus. Hinsichtlich der internationalen Einbettung sind wir uns einig, daß nach Gesprächen mit Gorbatschow und Bush rasch ein operatives Konzept erarbeitet werden muß.

Der Kanzler telefoniert mit Mitterrand. Er schildert ihm die Lage in der DDR und unterrichtet ihn über sein bevorstehendes Gespräch mit Gorbatschow. Er sagte, es gehe ihm um enge Abstimmung, weshalb er den Präsidenten wie auch Bush und Thatcher gleich nach seiner Rückkehr aus Moskau unterrichten werde. Mitterrand unterstreicht die Wichtigkeit enger Konsultationen, wenn es auch zwischen ihm und dem Bundeskanzler keine Schwierigkeiten gebe, obwohl das in der Presse behauptet werde. Er würde sich freuen, den Bundeskanzler bald in Paris zu sehen, käme aber auch gerne nach Deutschland.

Der amerikanische Außenminister Jim Baker hat dem Bundeskanzler durch die Bonner Botschaft angekündigt, daß er ihn über sein Gespräch mit Genscher unterrichten werde. Diese Mitteilung ist mehr als ungewöhnlich. US-Botschafter Walters berichtet mir, daß drei wichtige Punkte angesprochen worden seien: Baker und Genscher hätten übereingestimmt, daß es nicht zu einer Viermächtekonferenz über Deutschland kommen dürfe. Verhandlungen der Vier Mächte plus der beiden deutschen Staaten habe Genscher nicht zugestimmt, aber für die Zeit nach den Wahlen in der DDR nicht ausgeschlossen. Die Zusammenarbeit zwischen den USA und der EG-Kommission solle verstärkt werden, wozu Genscher Vorschläge erarbeiten wolle. Außerdem solle alles vermieden werden, die Sowjetunion zu diskriminieren.

In Ost-Berlin bildet Modrow eine »Regierung der nationalen Verantwortung«. Acht Mitglieder oppositioneller Parteien und Gruppierungen werden zu Ministern ohne Geschäftsbereich gewählt.

Mit Hilfe Helmut Kohls wird in West-Berlin die »Allianz für Deutschland« gegründet. Dieses Wahlbündnis besteht aus Ost-CDU, DSU und dem Demokratischen Aufbruch. Damit hat die CDU endlich ihren Partner in der DDR gefunden.

Dienstag, 6. Februar 1990

Am Nachmittag kündigt der Bundeskanzler völlig überraschend in der CDU/CSU-Bundestags-Fraktion seine Absicht an, »mit der DDR unverzüglich in Verhandlungen über eine Währungsunion und Wirtschaftsreform einzutreten«. Wir hatten angesichts der wirtschaftlichen Situation in der DDR sowie der ständig steigenden Übersiedlerzahlen seit Tagen über einen solchen Schritt diskutiert. Unsere Überlegung war: Wenn wir nicht wollen, daß sie zur D-Mark kommen, muß die D-Mark zu den Menschen gehen. Offen war bisher nur der Zeitpunkt einer solchen Entscheidung gewesen.

Als mich heute morgen jedoch Gerhard Mayer-Vorfelder aus Stuttgart angerufen und beiläufig erzählt hatte, daß Lothar Späth morgen im Landtag eine Regierungserklärung zur Deutschlandpolitik abgeben und bei dieser Gelegenheit die Wirtschafts- und Währungsunion fordern wolle, hatte ich dem Kanzler geraten, selbst die Initiative zu ergreifen. Kohl hatte meine Anregung etwas gereizt aufgenommen. Es ärgert ihn, daß Späth wieder einmal einen solchen entscheidenden Schritt ohne Abstimmung ankündigen will.

Anschließend hatte ich mit Seiters noch das Für und Wider der Ankündigung einer Währungsunion zum jetzigen Zeitpunkt durch den Kanzler abgewogen: Ist es klug, diese Maßnahme unmittelbar vor dem Moskau-Besuch bekanntzugeben? Wie sichern wir sie gegenüber den Vier Mächten ab? Es war uns klar, daß mit einer solchen Entscheidung für die Wirtschafts- und Währungsunion der erste große praktische Schritt auf dem Weg zur deutschen Einheit getan werden würde. Schließlich hielten wir es doch für richtig, dem Kanzler eine solche Initiative zu empfehlen; da es sich zunächst lediglich um eine Absichtserklärung handle, bleibe genügend Zeit, die notwendige innere und äußere Abstimmung dieser Maßnahme korrekt vorzunehmen.

Mittwoch, 7. Februar 1990

Wichtigster Tagesordnungspunkt der heutigen Kabinettssitzung ist die Entscheidung über den Vorschlag des Kanzlers zur Wirtschafts- und Währungsunion. Daher nehmen heute auch die Partei- und Fraktionsvorsitzenden der Regierungskoalition sowie Bundesbankpräsident Pöhl an der Sitzung teil. Der Kanzler begründet noch einmal seinen Vorschlag: Die Dramatik der Entwicklung in der DDR sei offensichtlich, aber in dieser Schärfe nicht vorhersehbar gewesen. Die staatliche Autorität sei zusammengebrochen, die Verwaltung paralysiert, allgemein nehme die Angst zu. Er habe Zweifel an der Regierbarkeit der DDR, Modrow sei sich nicht sicher, ob er den 18. März erreichen könne; am Runden Tisch aber sei zu wenig Sachkompetenz vorhanden. Es gebe in der Bundesrepublik niemanden, der den Verfallsprozeß in der DDR beschleunigen wolle, sicher sei jedoch, daß die Probleme durch den Wahlkampf nicht erleichtert würden. Kohl betont, daß Geld allein kein Ausweg sei, wenn nicht grundlegende Reformen erfolgten. Er sei sich deshalb gestern im Parteivorsitzendengespräch mit Graf Lambsdorff und Theo Waigel einig gewesen, daß unmittelbar nach der Wahl Verhandlungen über die Schaffung föderativer Strukturen beginnen müßten. Mit dieser Politik verfolge er das Ziel, die Lage in der DDR zu stabilisieren; das liege auch im Interesse der Sowjetunion und deshalb halte er eine Verständigung mit ihr für möglich.

Finanzminister Waigel bestätigt dem Bundeskanzler, daß die Bundesbank sowie das Finanz- und das Wirtschaftsministerium in der Sache völlig übereinstimmten. Ihnen wäre ein stufenweises Vorgehen am liebsten gewesen, wozu jedoch Zeit nötig gewesen wäre. Bedingung für eine Währungsunion sei jedoch eine gemeinsame Wirtschaftsordnung, was Reformen der DDR voraussetze. Drei verschiedene Wege zur Währungsunion seien denkbar. Erstens der »Krönungsweg«, das hieße, die Einführung der Währungsunion, nachdem Wirtschaftsreformen durchgeführt seien. Zweitens die Festlegung eines festen Wechselkurses zwischen D-Mark und Ost-Mark, der von der Bundesbank zu garantieren wäre. Drittens die sofortige Einführung der D-Mark als alleiniges Zahlungsmittel in der DDR. Dieser Schritt wäre sicherlich ungewöhnlich, auch darauf müsse man jedoch vorbereitet sein. Die Geld- und Finanzpolitik der DDR müßte in diesem Fall sofort der Bundesbank unterstellt werden und die DDR unsere Wirtschaftsordnung übernehmen. Man müsse vor allem auf dem Arbeitsmarkt mit großen Übergangsproblemen rechnen. Trotz allem müßte gemeinsam mit der Bundesbank, der eine besonders hohe Verantwortung zukomme, eine solche Lösung durchdacht werden.

Karl Otto Pöhl stellt in der Sache keine nennenswerten Differenzen fest. Die Bundesregierung müsse entscheiden und die Verantwortung übernehmen, da sich die DDR offensichtlich in der Auflösung befinde und ihr eine akute Zahlungsbilanzkrise bevorstehe. Modrow werde nächste Woche um einen Zahlungsbilanzkredit bitten, um den Staatsbankrott abzuwenden. Sicherlich wäre es vernünftiger, die Ost-Mark schrittweise konvertibel zu machen, doch dieses Konzept sei von der Wirklichkeit schon überholt, da die Menschen in der DDR die D-Mark wollten. Schrittweises Vorgehen sei nicht mehr möglich und deshalb das Konzept des Bundeskanzlers für eine Wirtschafts- und Währungsunion richtig; nur noch dieses Modell sei realistisch. Zwar würden riesige Transferleistungen erforderlich sein, wir sollten uns von diesen großen Zahlen jedoch nicht schrecken lassen. Am Ende werde Deutschland wohlhabender sein als heute.

Auch Wolfgang Mischnick spricht vom bevorstehenden Kollaps der DDR. Die Lage sei so ernst, wie der Kanzler sie beschrieben habe, eher noch ernster. Auch Graf Lambsdorff schließt ein stufenweises Vorgehen aus. Am Ende der Sitzung herrscht volle Übereinstimmung, die Währungs- und Wirtschaftsunion in Angriff zu nehmen. Außerdem beschließt das Kabinett einstimmig, unmittelbar nach dem 18. März Gespräche mit der DDR über den Aufbau konföderativer Strukturen zu beginnen.

Heute wird auch die Bildung des Kabinettsausschusses »Deutsche Einheit« unter Vorsitz des Bundeskanzlers beschlossen, in dessen Rahmen Arbeitsgruppen vorgesehen sind: zur Währungsunion, zur Wirtschaftsreform, zur Angleichung der Arbeits- und Sozialordnung, zur Rechtsangleichung, für Staatsstrukturen und öffentliche Ordnung und für außen- und sicherheitspolitische Zusammenhänge.

Nachmittags trifft Helmut Kohl mit dem polnischen Außenminister Krzysztof Skubizewski zusammen: Es geht um deutsche Wirtschafts- und Finanzhilfe und um Fragen des Einigungsprozesses. Skubizewski nennt die DDR »ein Land ohne Regierung«, die Lage dort sei chaotisch, schnelle Maßnahmen erforderlich. Er habe die Teilung Deutschlands immer als künstlich empfunden. Die Einigung müsse unter einem europäischen Dach erfolgen. Er teile die Auffassung des Bundeskanzlers, daß Deutschland nicht neutralisiert werden dürfe.

Der NATO-Rat stimmt heute der Einberufung eines KSZE-Sondergipfels zu; die USA haben eingelenkt.

Donnerstag, 8. Februar 1990

Morgens in der Kanzlerlage zeigt sich Helmut Kohl sehr zufrieden über die Erklärung zur Währungsunion, die Bundesbankpräsident Pöhl gestern abend im Fernsehen abgegeben hat. Er sprach von der Notwendigkeit, den Menschen in der DDR eine Perspektive zu vermitteln. Die Alternative zur Währungsunion wäre, daß die Menschen übersiedeln und die DDR kollabiere. Deshalb sollten wir »an diese historische Entscheidung jetzt nicht mit einer Krämerseele herangehen«. Der Kanzler bezeichnet Pöhls Fernsehauftritt als ein besonders gelungenes Beispiel dafür, eine schwierige politische Entscheidung gut zu »verkaufen«.

Im Arbeitskreis Deutschlandpolitik besprechen wir vor diesem Hintergrund eine Argumentationshilfe zur Währungsunion und Papiere, die der Kanzler Modrow übergeben soll. Wir wollen den Eindruck vermeiden, ultimative Forderungen an die DDR zu stellen. Wenn Modrow oder die neugewählte DDR-Regierung sich verweigern sollten, müßte auf den Stufenplan zurückgegriffen werden.

Abends erklärt Helmut Kohl im CDU-Bundesvorstand: Wenn die Union es zulasse, daß unser Land in dieser Schicksalsstunde aus finanziellen Ängsten vor der Einheit zurückweiche, dann danke die Bundesrepublik vor der Geschichte ab.

In Moskau hat Schewardnadse gestern ohne vorherige Abstimmung überraschend den Gesprächstermin des Bundeskanzlers mit Gorbatschow bekanntgegeben.
Das in Moskau gestern zu Ende gegangene ZK-Plenum hat gezeigt, daß die deutsche Frage Gegenstand der innenpolitischen Auseinandersetzung geworden ist. Die konservativen Kräfte nützen sie, um gegen Schewardnadses Außenpolitik des »neuen Denkens« Front zu machen. Jegor Ligatschow warnte vor der herannahenden Gefahr des »Verschluckens« der DDR und vor »unverzeihlicher Kurzsichtigkeit«, ebenso vor einem Deutschland mit riesigem ökonomischem und militärischem Potential, vor der »Überprüfung der Nachkriegsgrenzen« und vor einem neuen »München«.
Für die bevorstehende Reise des Bundeskanzlers bleibt wichtig, daß das ZK-Plenum für Gorbatschow und seine Politik insgesamt aber sehr positiv verlaufen ist. Er ist gestärkt aus dem Plenum hervorgegangen. Auch in Moskau diskutieren die Reformer nicht mehr das Ob, sondern nur noch das Wie und das Wann der Vereinigung Deutschlands.

Freitag, 9. Februar 1990

Vertreter aller drei Westmächte haben dem Kanzler vor seiner Reise nach Moskau den Rücken gestärkt. Der französische Außenminister Dumas sieht in einem Interview mit der *Welt* die Wiedervereinigung in greifbare Nähe gerückt. Er lehnt eine Neutralisierung Deutschlands ab, weil »ein neutrales Deutschland« der Kern eines instabilen Europa wäre.

Auch Margaret Thatcher hat gestern vor dem Unterhaus die Vereinigung Deutschlands als »wahrscheinlich« bezeichnet. Charles Powell, mein Counterpart in Downing Street Nr. 10, erläutert mir ergänzend in einem dreistündigen Gespräch Thatchers Einstellung zu Deutschland. Sie gehöre einer anderen Generation an als er und sei noch von der Zeit geprägt, als es zwischen Großbritannien und Deutschland einen *»cultural gap«* gegeben habe. Sie fühle sich unbehaglich (uneasy) bei dem Gedanken an ein großes und starkes Deutschland.

Entscheidend für sie seien deshalb die Folgen der Einigung Deutschlands. Sie wolle, daß die Sowjetunion einbezogen werde. Powell bezeichnet die Beziehungen zwischen Thatcher und Gorbatschow als solche besonderer Art. Deshalb wünsche sie eine Konferenz der Vier Mächte mit Beteiligung beider deutscher Staaten. Mit diesem Vier-plus-zwei-Gespräch solle die deutsche Einheit in die Neuordnung Europas eingebettet werden. Besonders wichtig seien für sie die Auswirkungen auf die NATO, die ohne Deutschland keine Bedeutung mehr hätte. Sorge bereiteten ihr auch die finanziellen Folgen für die EG. Sie befürworte einen KSZE-Gipfel, der jedoch nicht zu einer Ersatz-Friedenskonferenz werden dürfe. Halboffiziell, so berichtet Powell, habe die sowjetische Führung ihr Interesse an der Neutralisierung eines geeinten Deutschland bekundet, was Margaret Thatcher aber entschieden ablehne. Ein Gespräch mit dem Bundeskanzler sei wünschenswert. Sie hasse Telefongespräche.

George Bush geht in einem Telegramm besonders auf die Rolle und Verantwortung der Vier Mächte ein und versichert, er werde nicht zulassen, daß Moskau den Viermächtemechanismus als Instrument nutzen könnte, den Bundeskanzler zu zwingen, ein Deutschland zu schaffen, das nach Art und Geschwindigkeit den sowjetischen Interessen entspreche. Die Rolle eines geeinten Deutschland im Bündnis sei eine Angelegenheit, die das Volk zu entscheiden habe. Er sei deshalb zutiefst über die Zusicherung des Bundeskanzlers befriedigt, daß er eine Neutralisierung ablehne und Deutschland in der NATO bleiben solle. Er unterstütze die Idee, daß das DDR-Territorium im Bündnis einen besonderen militärischen Status erhalten könnte. Die NATO selbst werde ihre Aufgabe verändern und ihre politische Rolle stärker betonen.

Bush verspricht, daß Kohl über die Gespräche von Außenminister Baker, der heute und morgen in Moskau ist, noch vor seinem Gespräch mit Gorbatschow unterrichtet werden wird.

Abschließend versichert er dem Kanzler seine Bewunderung über die Art und Weise, wie dieser die Herausforderung der letzten Monate als Führungspersönlichkeit gemeistert habe.

Mittags führe ich, wie vor allen wichtigen Auslandsreisen üblich, zur bevorstehenden Moskau-Reise des Bundeskanzlers ein Hintergrundgespräch mit Journalisten im Bundespresseamt. Wie immer gilt, daß ohne Namensnennung zitiert werden darf. Ich hebe hervor, daß das morgige Gespräch mit Gorbatschow Schlüsselbedeutung haben werde für die künftige Sicherheit und Zusammenarbeit in Europa, für die langfristigen Weichenstellungen in den deutsch-sowjetischen Beziehungen und für Form und Tempo des Einigungsprozesses. Im Mittelpunkt werde die Lage und Entwicklung in der DDR stehen. Die Dramatik der dortigen Ereignisse werde im Ausland, so auch in der Sowjetunion, aus unserer Sicht noch immer nicht in ihrer vollen Dimension erkannt. Es gehe jetzt darum, das drohende Chaos, das auch Gorbatschow immer befürchtet habe, zu verhindern.

Der andere Schwerpunkt der Gespräche werde die gesamteuropäische Entwicklung sein, in die die deutsche Frage eingebettet bleiben müsse. Daher werde der KSZE-Prozeß und der geplante KSZE-Gipfel im Vordergrund stehen. In diesem Zusammenhang beabsichtige Genscher heute in einer Rede in Potsdam Vorschläge zur Institutionalisierung des KSZE-Prozesses zu machen.

Großes Aufsehen erregt meine Antwort auf die Frage, was

eigentlich »die dramatischen Ereignisse« in der DDR seien, von denen auch Pöhl gesprochen habe. Ich nenne drei Punkte: Erstens den drastischen Verfall jeder staatlichen Autorität in der DDR; Entscheidungen der Modrow-Regierung würden immer seltener exekutiert. Zweitens den drohenden wirtschaftlichen Kollaps; es zeichne sich ab, daß die DDR in wenigen Tagen völlig zahlungsunfähig sein und erhebliche Stabilitätshilfen benötigen werde. Drittens die Übersiedlerzahlen, die im Februar erneut höher sein würden als im Januar; in der DDR-Führung gebe es Stimmen, die bereits daran zweifelten, ob die Wahlen im März noch erreicht werden könnten. Obwohl Modrow, Späth, de Maizière und Pöhl sich während der vergangenen Tage und Wochen ganz ähnlich über die Lage in der DDR geäußert haben, ist es, als ob ich in ein Wespennest gestochen hätte. Die Zusammenfassung dessen, was im Grunde alle wissen, wird zur Meldung des Tages.

Grünes Licht in Moskau

Samstag, 10. Februar 1990

Mein gestriges Hintergrundgespräch zur Moskau-Reise beherrscht heute die Schlagzeilen. Manche spekulieren, ob der Bundeskanzler mich vorgeschickt habe, um Wirkung im Kreml zu erzielen. Doch nichts davon ist wahr, Helmut Kohl kritisiert mich ebenso wie viele andere auch. Nur unter vier Augen geben mir Hans-Dietrich Genscher und einige andere recht.

Morgens um neun Uhr fliegen wir nach Moskau ab. Kohl und Genscher stimmen die Verhandlungslinie ab. Sie sind sich völlig einig, daß beide in ihren Gesprächen eindringlich die verheerende Lage in der DDR erläutern müssen.

Daß Schewardnadse überraschend mittags um zwei Uhr auf dem Flughafen Wnukowo II zur Begrüßung erscheint, bewerten wir als positives Zeichen. Er fährt im Wagen des Kanzlers mit zum Gästehaus auf dem Leninhügel. Am Flughafen steckt mir unser Botschafter, Klaus Blech, einen Brief Bakers für den Bundeskanzler zu. Es ist die versprochene Unterrichtung über seine Gespräche mit Gorbatschow und Schewardnadse.

Baker berichtet über deutliche Fortschritte in allen Bereichen der Rüstungskontrolle, der Regionalfragen, der bilateralen Beziehungen, der Menschenrechte und transnationaler Fragen.

Die deutsche Frage sei sowohl von Gorbatschow als auch von Schewardnadse angesprochen worden. Es werde den Kanzler nicht überraschen, daß sie Sorgen hätten. Sie hielten jedoch die Einigung für unausweichlich. Ihre Sorge richte sich darauf, daß die Einheit zu Instabilität und Unsicherheit in Europa führen könnte und der deutsche Wille, die gegenwärtigen Grenzen auch künftig anzuerkennen, nicht entschieden genug sei.

Baker berichtet, er habe erläutert, daß Kohl diese Sorgen verstehe, aber nur die Deutschen selbst könnten über ihr Schicksal entscheiden. Die Einheit sei unausweichlich und der

Einigungsprozeß werde nach den Wahlen sehr rasch voranschreiten. Er habe mit seinen sowjetischen Gesprächspartnern darin übereingestimmt, die inneren und äußeren Aspekte des Einigungsprozesses zu trennen. Es müsse ein Rahmen gefunden werden, in dem man über letztere verhandeln könne. Viermächteverhandlungen seien jedoch kein geeignetes Instrument, weil die Deutschen ihnen niemals zustimmen würden. Er habe ein Zwei-plus-vier-Arrangement als den einzig realistischen Weg bezeichnet, um voranzukommen. In diesem Rahmen sollten nach der DDR-Wahl Verhandlungen beginnen, sofern die Deutschen damit einverstanden seien. Gorbatschow habe diesen Vorschlag als denkbar bezeichnet, sich aber nicht festgelegt.

Auch über die Frage der NATO-Mitgliedschaft sei gesprochen worden. Gorbatschow habe sich bereit erklärt, über alle Lösungsmöglichkeiten nachzudenken, aber hinzugefügt, daß für ihn eine Ausdehnung der NATO nicht akzeptabel wäre. Kohl und Genscher sind über den Inhalt dieser hilfreichen und präzisen Unterrichtung sichtlich beruhigt.

Um kurz vor vier Uhr fahren wir zum Kreml, wo Gorbatschow den Kanzler freundlich, aber spürbar kühler als zuletzt in Bonn begrüßt. Unter dem Blitzlichtgewitter der Fotografen setzen sich beide an einen langgestreckten Tisch, dazu nur Anatolij Tschernajew, der persönliche Berater des Präsidenten, und ich sowie die beiden Dolmetscher. Als ich neben meinen Notizblock die deutsche Ausgabe von Gorbatschows Buch *Perestroika* lege, schiebt es der Bundeskanzler sofort mit der Bitte dem Präsidenten zu, er möge mir ein Autogramm hineinschreiben. Gorbatschow wirkt überrascht und legt es erst einmal beiseite.

Nachdem die Fotografen abgezogen sind, eröffnet Gorbatschow das Gespräch mit der Bemerkung, daß man sich in einer Zeit treffe, die es erforderlich mache, immer wieder zu Gesprächen zusammenzukommen, Briefe zu wechseln und miteinander zu telefonieren. Es sei deshalb richtig gewesen, eine enge persönliche Zusammenarbeit zu vereinbaren.

Kohl knüpft in seiner Erwiderung an die Begegnung im Juni 1989 in Bonn an. In ihrem Geiste und auf der Grundlage der damaligen »Gemeinsamen Erklärung« müßten die Probleme gelöst werden. Die vielen Veränderungen seien nicht zuletzt durch die Aktivitäten des Präsidenten eingetreten. In der Bundesrepublik herrsche große Befriedigung über die Erfolge Gorbatschows, nicht zuletzt auf dem ZK-Plenum der letzten Woche. Er spricht über die großen Sympathien, die Gorbatschow in der Bundesrepublik genieße. Das zeige sich auch in der öffentlichen Unterstützung für die Nahrungsmittelaktion. Gorbatschow dankt für dieses Zeichen der Solidarität, das er als politische Geste bewerte.

Ausführlich erläutert der Kanzler die Entwicklung in der DDR seit der Öffnung der Mauer, wobei ihm Gorbatschow mit ernstem Gesicht aufmerksam zuhört. Sein rechtes Auge ist leicht entzündet, was auf Überanstrengung hindeutet. Dennoch wirkt er locker und entspannt, wirft gelegentlich scherzhafte Bemerkungen ein und macht sich immer wieder Notizen.

Helmut Kohl betont, die inneren Aspekte der deutschen Einigung und deren internationale Einbettung müßten zusammen behandelt werden, und stellt fest, die Einheit stehe kurz bevor. Er hätte zwar lieber mehr Zeit zur Verfügung, die Entwicklung sei jedoch unaufhaltsam. Die internationalen Aspekte wolle er in einem vernünftigen Miteinander regeln, sagt er zu Gorbatschow und fügt hinzu, das letzte Jahrzehnt dieses Jahrhunderts sollten sie gemeinsam gestalten. Deshalb müßten dem heutigen Gespräch weitere folgen.

Im einzelnen geht der Bundeskanzler auch auf die äußeren Aspekte ein. Er stellt fest, die staatliche Einigung Deutschlands umfasse die Bundesrepublik, die DDR und Berlin. In der Frage der Oder-Neiße-Grenze gebe es keinen Grund zum Mißtrauen.

Schwieriger gestalte sich das Problem der Bündniszugehörigkeit. Eine Neutralisierung Deutschlands sei für ihn unannehmbar und wäre zudem eine historische Dummheit, wie der Sonderstatus für Deutschland nach 1918 gezeigt habe. Er sei jedoch bereit, die Sicherheitsinteressen der Sowjetunion in Rechnung zu stellen und könne sich deshalb vorstellen, daß die NATO ihr Gebiet nicht auf die heutige DDR ausdehne.

Gorbatschow beginnt mit Fragen. Was für zeitliche Vorstellungen er habe? Das sei nicht zu beantworten, erwidert der Kanzler. Ende Dezember hätte er noch von Jahren gesprochen, inzwischen stimmten die Menschen mit ihren Füßen ab. Wenn er nicht darauf reagiere, könnte sehr bald ein Chaos eintreten. Weitere Fragen folgen: zur Oder-Neiße-Grenze, dem künftigen militärischen Status Deutschlands und nach der Einbettung der deutschen Einheit in den europäischen Prozeß. Zwischendurch greift Gorbatschow zu meinem Buch, schreibt in kyrillischen Buchstaben hinein: »Für Horst Teltschik, Moskau. 10. Febr. 1990« und schiebt das Buch zu mir herüber.

Nach diesem einleitenden Frage- und Antwort-Spiel beugt sich Gorbatschow über den Tisch und spricht die entscheidenden Sätze: Es gebe zwischen der Sowjetunion, der Bundesrepublik und der DDR keine Meinungsverschiedenheiten über die Einheit und über das Recht der Menschen, sie anzustreben. Sie müßten selbst wissen, welchen Weg sie gehen wollen. Die Deutschen in Ost und West hätten bereits bewiesen, daß sie die Lehren aus der Geschichte gezogen hätten und von deutschem Boden kein Krieg mehr ausgehen werde.

Von deutschem Boden dürfe nur Frieden ausgehen, ergänzt Kohl, der ansonsten auf die historischen Sätze ohne erkennbare Emotion reagiert. Mir dagegen fliegt die Hand, um jedes Wort präzise aufzuschreiben, ja nichts zu überhören oder auszulassen, was wesentlich wäre oder später zu Mißverständnissen führen könnte. Innerlich jubelnd: Das ist der Durchbruch! Gorbatschow stimmt der Einigung Deutschlands zu. Ein Triumph für Helmut Kohl, der als Kanzler der deutschen Einheit in die Geschichte eingehen wird.

Gorbatschow fügt hinzu, die Grenzen seien für ihn eine fundamentale Frage, das müsse der Kanzler berücksichtigen, der bei seiner bekannten Position bleibt, daß die Grenzfrage am Tag X entschieden werde.

Das Gespräch wird nun immer entspannter. Gorbatschow erinnert Kohl an dessen Einladung in die Pfalz. Dort wolle er mit ihm die gute Wurst essen, die er ihm geschickt habe. Jetzt bin ich absolut sicher, daß der Durchbruch geschafft ist.

Gorbatschow berichtet über seine Sorgen mit der Perestroika, zu denen nun auch noch das deutsche Problem hinzugekommen sei. Das Gespräch konzentriert sich jetzt auf die Probleme der Wirtschaftsbeziehungen der Sowjetunion mit der DDR für den Fall der Einheit. Der Kanzler sagt rasche Gespräche und Lösungen zu und erklärt sich bereit, in die Vereinbarungen der DDR mit der Sowjetunion einzutreten, so weit das möglich sei.

Der nächste Punkt ist der militärische Status des neuen Deutschland. Er wisse, daß für Kohl die Neutralität ebenso unannehmbar sei wie für die meisten anderen auch. Sie schüfe einen Rahmen, der das deutsche Volk erniedrige. Er verstehe unsere Gefühle. Es könnte so aussehen, als würden dadurch die Leistungen für den Frieden, die in der Vergangenheit von den Deutschen erbracht worden seien, gestrichen werden. Er wisse nicht, wie der Status aussehen solle, darüber müsse weiter nachgedacht und die verschiedenen Möglichkeiten durchgespielt werden.

Wieder eine Sensation: Gorbatschow legt sich nicht auf eine endgültige Lösung fest; keine Einforderung eines Preises und schon gar keine Drohung. Welch ein Treffen!

Gorbatschow spricht Bakers Vorschlag von Zwei-plus-Vier-Gesprächen an, die Kohl in seiner Antwort als eine gute Anregung bezeichnet, während er gleichzeitig eine Viermächtekonferenz über Deutschland ablehnt. »Nichts ohne den Kanzler«, ruft Gorbatschow.

Als dieser das zweieinhalbstündige Gespräch noch einmal zusammenfaßt, stimmt Gorbatschow seinem Resümee zu und wiederholt noch einmal fast wörtlich seine Worte zur deutschen Einheit, die in die Geschichte eingehen werden. Wir haben sie zweimal gehört. Es kann kein Mißverständnis mehr geben.

Parallel haben sich die beiden Außenminister getroffen. Jetzt wird das Gespräch im Viererkreis fortgesetzt. Gorbatschow faßt zum Auftakt noch einmal sein Gespräch mit dem Kanzler zusammen. Zum drittenmal wiederholt er die entscheidenden Aussagen. Er fügt diesmal noch hinzu, daß, unabhängig davon, wie der Einigungsprozeß verlaufe, die bilaterale Zusammenarbeit ausgebaut werden solle. Schewardnadse ergänzt, er habe mit Genscher über die Perspektiven eines KSZE-Gipfels, über Abrüstungsfragen und über die Umwandlung der Militärpakte gesprochen.

Das gemeinsame Abendessen, an dem auch Falin und Sagladin teilnehmen, verläuft in beinahe ausgelassener Stimmung. Der Bann ist gebrochen. Der Kanzler stichelt gegen

Genscher; Gorbatschow nimmt den Ball auf und löst großes Gelächter aus, als er zu Schewardnadse sagt, daß dieser »ein schönes Leben« habe. Das ist auch ein Standardspruch des Kanzlers gegenüber seinen Mitarbeitern.

Falin sagt zu Sagladin, da die deutsche Frage nun gelöst sei, könnten sie beide jetzt in Pension gehen.

Anschließend geht es zurück zum Gästehaus, wo Helmut Kohl Uwe Kaestner und mich mit in seine Suite nimmt, um seine Eingangserklärung für die Pressekonferenz vorzubereiten, die in einer Stunde beginnen wird. Der Kanzler reißt die Fenster auf, das Zimmer ist wie immer völlig überheizt. Er beginnt laut zu diktieren. Ich glaube nicht richtig zu hören – es klingt wie ein geschäftsmäßiger Bericht über ein Routinegespräch. Wie kann man einen solchen Riesenerfolg so verkaufen wollen? Ich unterbreche den Kanzler, protestiere und fange selbst an, laut zu formulieren. Kohl ist einverstanden. Gemeinsam bringen wir den Text zu Ende und reißen ihn meiner Sekretärin aus der Maschine, um noch rechtzeitig zur internationalen Pressekonferenz zu kommen, die Helmut Kohl mit der Botschaft an alle Deutsche eröffnet, daß Gorbatschow der Einigung Deutschlands zugestimmt habe: dies sei ein guter Tag für Deutschland und für ihn persönlich.

Die Reaktion der Journalisten ist überraschend zurückhaltend. Ich sage zu Walter Neuer, der neben mir sitzt: Eigentlich hätten jetzt alle aufstehen und Beifall klatschen müssen. In anderen Ländern wäre das geschehen. Statt dessen stellen die Journalisten viele detaillierte Fragen, werden der Bedeutung des Ereignisses aber keineswegs gerecht.

Nach der Pressekonferenz kommt eine Reihe von Journalisten auf mich zu. Ich sage ihnen offen, daß ich über ihre Reaktion enttäuscht sei. Ob sie nicht begriffen hätten, welche Botschaft der Kanzler vorgetragen habe. Ich muß ihnen allerdings recht geben, daß Kohl selbst durch seinen Vortrag Geschäftsmäßigkeit vermittelt habe und nicht den Eindruck erweckte, daß da etwas Großes geschehen sei. Ich stehe noch im Pulk der Journalisten, als der Kanzler mich ruft, mitzukommen. Es drängt ihn fort. Ich bedaure das sehr, weil ich gerne noch Nacharbeit geleistet hätte. Aber Kohl will auf dem Roten Platz spazierengehen. Ich erzähle ihm von den Reaktionen der Journalisten. Als einige von ihnen uns auf dem Roten Platz entdekken, ist er endlich bereit, etwas mehr aus sich herauszugehen und über das Gespräch zu berichten.

Genscher ist wie immer mit seinen Mitarbeitern und drei Journalisten direkt in sein Gästehaus gefahren. Er wird die Journalisten besser unterrichten. Wir setzen uns mit dem Kanzler noch zu einem Bier zusammen, er läßt sich etwas zu Essen bringen und genießt das Zusammensein im engen Mitarbeiterkreis mit Eduard Ackermann, Walter Neuer, Uwe Kaestner, Juliane Weber und mir. Wir stoßen auf sein Wohl und auf seinen Erfolg an.

Sonntag, 11. Februar 1990

Nach einer Nacht im überheizten Schlafzimmer treffen wir uns beim gemeinsamen Frühstück wieder. Auf der Fahrt zum Flughafen lese ich die offizielle TASS-Mitteilung über das Gespräch Kohls mit Gorbatschow, die heute morgen veröffentlicht und von unserer Botschaft hastig übersetzt worden ist. Ich empfinde die Ausführungen erneut als sensationell. Sie wirken auf mich in dieser Zusammenfassung fast noch aufregender als gestern beim Gespräch. Es fällt mir auf, daß ausdrücklich das persönliche Vertrauen zwischen Kohl und Gorbatschow betont wird. Entscheidend ist ein einziger Satz:

»Gorbatschow stellte fest – und der Kanzler stimmte ihm zu –, daß es zur Zeit zwischen der UdSSR, der BRD und der DDR keine Meinungsverschiedenheiten darüber gebe, daß die Deutschen selbst die Frage der Einheit der deutschen Nation lösen und selbst ihre Wahl treffen müssen, in welchen Staatsformen, zu welchen Zeitpunkten, mit welchem Tempo und zu welchen Bedingungen sie diese Einheit realisieren werden.«

Im Flugzeug gebe ich diese TASS-Erklärung dem Bundeskanzler und den Journalisten zu lesen. Viele reagieren völlig überrascht – sie erkennen erst jetzt die volle Bedeutung dessen, was in Moskau geschehen ist. Der Kanzler ruft nach Sekt, und gemeinsam mit den Journalisten stoßen wir auf den Erfolg an.

Der Zeitpunkt des Treffens zwischen Kohl und Gorbatschow hat sich im Nachhinein als außerordentlich glücklich erwiesen. Wäre das Treffen schon im Dezember oder Anfang Januar zustande gekommen, hätte der Kanzler noch eine verhärtete Position in Moskau angetroffen. Inzwischen aber hat die Entwicklung in der DDR ein Stadium erreicht, das letztlich keine Alternative zur Einheit mehr läßt.

Das Ja Gorbatschows – nur drei Monate nach dem Fall der Mauer – zeigt die ungeheure Dynamik des Einigungsprozesses. Gorbatschow hat sich ihm nicht in den Weg gestellt, sondern sich schneller als erwartet den Realitäten angepaßt. Auch gegenüber den Deutschen hat er Wort gehalten und sich nicht in die inneren Angelegenheiten der beiden deutschen Staaten eingemischt, was er Kohl bereits bei ihren Treffen 1988 und 1989 zugesichert hatte.

Montag, 12. Februar 1990

»Der sowjetische Staats- und Parteichef hat am Samstag in Moskau seinem Gast Helmut Kohl den Schlüssel zur Lösung der deutschen Frage überreicht.« Mit diesem Satz faßt Josef Riedmiller das Ergebnis der Moskau-Reise in der *Süddeutschen Zeitung* zusammen. Kleinkariert reagiert dagegen Oppositionsführer Hans-Jochen Vogel, der selbst nach einem solchen Ereignis nur sagen kann: »Nichts Neues«.

Wir sprechen mit dem Kanzler über das weitere Vorgehen in der Deutschlandpolitik. Umfragen zeigen die wachsende Besorgnis der Bundesbürger, daß sie zu Sonderopfern für die Wiedervereinigung herangezogen werden könnten. Kohl ordnet an, ein Argumentationspapier zu erstellen, um solche Ängste öffentlich abzubauen. Gleichzeitig steigen die Übersiedlerzahlen weiter an. Es kommen jetzt bereits täglich rund 3 000. Es gibt Stoff genug für Modrows morgigen Besuch.

Nach der Rückkehr aus Moskau ist EG-Präsident Delors der erste ausländische Kollege, den Kohl anruft. Es geht ihm um dessen Unterstützung für die Absicherung des Einigungsprozesses im EG-Rahmen. Delors sagt ihm jede Unterstützung zu.

Dienstag, 13. Februar 1990

Heute kommt Modrow zusammen mit siebzehn Ministern, davon acht ohne Geschäftsbereich als Vertreter des Runden Tisches, nach Bonn. Wie am 19. Dezember in Dresden ist auf ein militärisches Begrüßungszeremoniell verzichtet worden.

Die Beflaggung ist auf je eine Fahne reduziert. Unter vier Augen kommt Kohl gegenüber Modrow ohne Umschweife auf die dramatische Lage in der DDR zu sprechen. Rechne man die bisherigen Übersiedlerzahlen hoch, so würden es allein im Februar 100 000 sein, eine Zahl, die der Einwohnerzahl von Dessau entspreche. Wenn angesichts dieser Zahlen die Wahlen im März überhaupt erreicht werden sollten, müßten jetzt dramatische Schritte unternommen werden. Deshalb schlage er vor, daß schon in der nächsten Woche Expertengespräche über eine Währungs- und Wirtschaftsunion beginnen sollten. Mit Gorbatschow habe er darüber gesprochen, daß parallel dazu die äußeren Aspekte im Rahmen von Zwei-plus-Vier-Gesprächen behandelt werden sollten.

Modrow stimmt solchen Gesprächen zu und übergibt dem Kanzler »Die Position des Runden Tisches«. Schon im zweiten Satz des siebzehnseitigen Papiers ist die Rede von »der gegenwärtig komplizierten Lage, die durch rasche Destabilisierung gekennzeichnet ist«. Erneut wird in dem Papier ein »Solidarbeitrag« in Höhe von zehn bis fünfzehn Milliarden D-Mark eingefordert. In Anlagen legen einzelne Gruppierungen des Runden Tisches Sonderpositionen vor. Aber mit diesem Papier ist nicht viel anzufangen, weil es in vielen Punkten an den Realitäten vorbeigeht.

Modrow bestätigt, was wir schon wußten, daß die DDR vor der Zahlungsunfähigkeit steht, er spricht von einem Defizit von drei Milliarden D-Mark bis zum Ende des Jahres. Die Atmosphäre des Gespräches bleibt ziemlich kühl. Der Kanzler ist nicht mehr daran interessiert, mit einem hilflosen Modrow noch entscheidende Verabredungen zu treffen. Der Wahltag steht bereits vor der Tür. Auch das anschließende Gespräch mit der riesigen DDR-Delegation bleibt unfruchtbar. Dennoch bezeichnet Modrow die Gespräche in der anschließenden Pressekonferenz als konstruktiv.

Der Bundeskanzler nutzt die Gelegenheit, die Gorbatschow-Erklärung zur deutschen Einheit noch einmal zu zitieren, um sie öffentlich festzuklopfen. Er fügt hinzu, daß er die neue Haltung der Sowjetunion »auf keinen Fall als Freibrief zu einem nationalen Alleingang« betrachte.

Im Laufe des Tages telefoniert Kohl mehrfach mit Genscher,

der sich zu der Konferenz »Offener Himmel« in Ottawa aufhält. Am Rande dieser Tagung haben die Außenminister der Bundesrepublik, der DDR und der Vier Mächte gemeinsame Gespräche über die äußeren Aspekte der Vereinigung der beiden deutschen Staaten vereinbart. Genscher berichtet, daß die Zwei-plus-Vier-Gespräche vor dem KSZE-Gipfel beendet sein sollen und deshalb unmittelbar nach den Wahlen in der DDR am 18. März auf der Ebene der Regierungschefs beziehungsweise Präsidenten beginnen müßten.

Abends telefoniert der Kanzler zweimal mit Präsident Bush. Er bedankt sich für die Unterstützung, die er vor seinen Gesprächen in Moskau von Bush und Baker erfahren habe. Sie stimmen das Zwei-plus-Vier-Verfahren ab, über das die Außenminister in Ottawa diskutieren, und verabreden, über die damit verbundenen Bündnis- und Sicherheitsfragen in Camp David ausführlich zu sprechen. In seiner gestrigen Pressekonferenz hatte Bush dem Kanzler bereits zum Erfolg seiner Moskau-Reise gratuliert und die Erklärung Gorbatschows, dessen Haltung er als staatsmännisch gewürdigt hatte, als sehr willkommen bezeichnet. Auffallend häufig hatte er betont, daß auch ein wiedervereinigtes Deutschland volles Mitglied der NATO bleiben sollte.

Die heiklen Punkte: NATO, Neiße, Nachbarn

Mittwoch, 14. Februar 1990

In der heutigen Kabinettssitzung wird der Nachtragshaushalt 1990 beschlossen. Er dient vorrangig der Finanzierung von Sofortmaßnahmen für die DDR und enthält Hilfen für die Sowjetunion und Rumänien. Für die DDR ist außerdem ein Globaltitel in Höhe von zwei Milliarden D-Mark eingestellt worden, um auf neue Entwicklungen sofort reagieren zu können. Der Bundeskanzler beklagt die Angstkampagne der SPD, die sie gemeinsam mit linken Gruppen in beiden deutschen Staaten betreibe, und bedauert, daß es in der Deutschlandpolitik keinen nationalen Konsens gebe. Er werde dieses Verhalten hart anprangern.

In der mittäglichen Sitzung des Kabinettsausschusses Deutsche Einheit berichten die Minister über erste Ergebnisse der Arbeitsgruppen. Besonders wichtig sind heute die Ausführungen von Genscher über Ottawa: Seiner Auffassung nach erhebe die Sowjetunion keinen Einspruch mehr gegen die deutsche Einigung, sondern bestehe lediglich auf einem ordentlichen Verfahren, das den Viermächterechten entspreche, die Sicherheitsfrage (Bündnis und Grenzen) regele und die Einbettung in den europäischen Prozeß (KSZE) sichere.

In Ottawa habe Einigkeit bestanden, daß eine Entscheidung über die Köpfe der Deutschen hinweg nicht in Frage komme. Es werde deshalb keine Viermächtekonferenz über Deutschland und keine Lösung geben, bei der die Deutschen am »Katzentisch« Platz nehmen müßten. Zwei-plus-Vier-Gespräche sollen die »äußeren Aspekte der Herstellung der deutschen Einheit, einschließlich der Fragen der Sicherheit der Nachbarstaaten« behandeln. In Kürze würden die Gespräche auf Beamtenebene beginnen. Gleichzeitig haben die 23 Außenminister beschlossen, daß noch in diesem Jahr ein KSZE-Gipfeltreffen stattfinden soll, das durch Konsultationen zwischen den 35 Teilnehmerstaaten vorbereitet werden wird.

Das Ergebnis der Zwei-plus-Vier-Gespräche soll dem KSZE-Gipfel vorgelegt und dort »mit Befriedigung zur Kenntnis genommen« werden. Schewardnadse habe, so sagt Genscher, zwei Seelen in seiner Brust: einerseits gehe ihm alles zu schnell, andererseits wolle er gegenüber der DDR handeln. Er habe aber sehr konstruktiv mitgearbeitet. Das Ergebnis von Ottawa sei optimal. Alle Teilnehmer seien sich darüber im klaren gewesen, daß eine Fortdauer der deutschen Teilung destabilisierend wirken würde.

Nachmittags tagt unter Genschers Leitung zum ersten Mal die außen- und sicherheitspolitische Arbeitsgruppe des Kabinettsausschusses Deutsche Einheit. Genscher bezeichnet dabei die USA und Frankreich als vorbehaltlose Anwälte der deutschen Einheit. Margaret Thatcher werde dagegen Vorbehalte bezüglich der Auswirkungen auf EG und NATO anmelden. Die Sowjetunion sei besonders an der Grenzfrage und an der künftigen Stärke der Bundeswehr interessiert. Immerhin sei die Bundeswehr in der Zentralzone stärker als USA und Sowjetunion zusammengenommen. Darüber müsse in den Folgeverhandlungen von VKSE I gesprochen werden. Deutschland bleibe Mitglied des Bündnisses, aber NATO-Jurisdiktion werde nicht auf DDR-Gebiet übertragen.

Verteidigungsminister Stoltenberg weist auf eine Reihe von Fragen hin, die noch geklärt werden müßten: Wie weit werde die Schutzfunktion der NATO reichen? Könnten Bundeswehr-Soldaten auf ehemaligem DDR-Territorium stationiert werden und, falls ja, wie viele? Die Stationierungsverträge mit den Westmächten müßten neu ausgehandelt werden. Die Dauer des Aufenthalts sowjetischer Truppen in Deutschland müsse vertraglich begrenzt werden. Er äußert sich besorgt, daß die Bundesrepublik isoliert werden könnte, falls bei den VKSE-Verhandlungen allein über die Stärke der Bundeswehr verhandelt werden würde. Stoltenberg warnt vor einem Ergebnis bei den Zwei-plus-Vier-Gesprächen, das dazu führen könnte, daß es ein geeintes Deutschland mit unterschiedlichen Sicherheitszonen geben werde. In diesem Zusammenhang stelle sich auch die Frage, wie künftig die Wehrpflicht gehandhabt werden soll.

Genscher erwidert überraschend heftig. Eine Stationierung der Bundeswehr auf DDR-Territorium werde nicht möglich sein. Solche Vorstellungen seien blanke Illusion und keine reale Option. Was die Wehrpflicht angehe, so bringe ihn dieses Problem nicht um. Was heute in West-Berlin möglich sei, könne man morgen auch für Ost-Deutschland übernehmen. Genscher und Stoltenberg sind sich aber einig, daß zwischen der Präsenz amerikanischer und sowjetischer Truppen kein Junktim hergestellt werden dürfe. Abschließend weist Genscher darauf hin, daß nach der Wahl am 18. März die Einigung mit großer Wucht auf uns zukommen werde. Niemand in der DDR habe dafür ein Konzept – deshalb bräuchten wir eines.

In seiner heutigen Regierungserklärung über die Gespräche mit Gorbatschow in Moskau und Modrow in Bonn zieht der Bundeskanzler das Fazit, daß wir dem Ziel der Einheit aller Deutschen in Freiheit noch nie so nahe gewesen seien wie heute. Erneut lehnt er Neutralisierung und Demilitarisierung als »altes Denken« ab. Ein geeintes Deutschland solle und wolle im westlichen Bündnis eingebunden bleiben. Zusammenfassend verweist Kohl auf die qualitative Veränderung der Lage in Deutschland durch drei wichtige neue Elemente: die Ergebnisse der Gespräche mit Gorbatschow, die Verabredungen in Ottawa und das Angebot einer Währungsunion und Wirtschaftsgemeinschaft an Modrow. Noch einmal macht er deutlich, daß der Weg in einer »politisch und wirtschaftlich normalen Situation« ein anderer gewesen wäre, aber »ungewöhnliche Ereignisse und Herausforderungen« erforderten eine »ungewöhnliche Antwort«. Jetzt gehe es darum, den Menschen in der DDR »ein klares Signal der Hoffnung und der Ermutigung« zu geben. Erneut appelliert er an die »nationale Solidarität« als »selbstverständliche menschliche und nationale Pflicht«.

Genscher geht in seiner Rede in der Frage der Zukunft der Militärbündnisse über die Position des Kanzlers deutlich hinaus. »Kooperative Sicherheitsstrukturen« sollten die Bündnisse immer mehr überwölben, die darin »auch aufgehen können«. Heute morgen hatte Genscher im Deutschlandfunk eine »Ausdehnung der NATO-Jurisdiktion« über »die gegenwärtigen Gebiete hinaus« abgelehnt. »Das wäre ein Denken in den alten Kategorien.« Er hat diese Formel von Baker übernommen. Wir im Bundeskanzleramt halten sie für problematisch, weil sie die NATO-Mitgliedschaft eines geeinten Deutschland generell in Frage stellt.

Am späten Nachmittag trifft der Kanzler mit dem israelischen Außenminister Moshe Arens zusammen. Arens hofft, daß »Mißverständnisse« aufgrund von Shamirs Äußerungen zur deutschen Einheit im US-Fernsehen die deutsch-israelischen Beziehungen nicht belastet hätten. Shamirs Aussagen seien nur vor dem Hintergrund zu verstehen, daß er seine ganze Familie durch das NS-Regime verloren habe. Arens bezeichnet die Möglichkeit, daß sich die Demokratie auch auf das Gebiet der DDR ausdehnen werde, als einen positiven Schritt. Die DDR habe vor zwei Wochen bei einem Gespräch in Kopenhagen die Aufnahme diplomatischer Beziehungen angeboten. In Israel frage man sich allerdings, ob das nach Lage der Dinge noch sinnvoll sei.

Zu einem Abendessen im kleinen Kreis trifft sich der Kanzler mit Mitterrand in Paris. Wie fast immer während der letzten acht Jahre sind Jacques Attali, Elisabeth Guigou, Walter Neuer und ich dabei – eine inzwischen sehr vertraute Runde. Das Essen selbst und die Weine sind wie stets unübertroffen, das Gespräch findet in überaus herzlicher Atmosphäre statt.

Mitterrand sagt zu Beginn des Essens, Deutschland sei eine historische Realität, mit der man sich abfinden müsse, ob sie einem gefalle oder nicht. Ihm gefalle sie. Er begrüßt den Vorschlag der Währungsunion. Beide stimmen überein, daß man Gorbatschow unterstützen müsse. Die Sowjetunion sei nicht mehr in der Lage, übertriebene Forderungen zu stellen, dennoch dürfe sie nicht in die Enge getrieben werden. Mit dem Abzug der sowjetischen Truppen werde sich bald das Problem der westlichen Truppen in Deutschland stellen. Mitterrand kündigt an, daß er nicht warten wolle, bis die Deutschen deren Präsenz in Frage stellten. Er ist sich mit dem Kanzler darüber einig, daß eine gewisse Anzahl westlicher Truppen im Interesse der Sicherheit aller in Deutschland verbleiben sollten. Er will wissen, ob Deutschland weiter zu seiner Verpflichtung stehe, auf ABC-Waffen zu verzichten, was Kohl bejaht.

Als »wichtigste Frage« spricht Mitterrand erneut die Oder-Neiße-Grenze an. Sie sei schicksalhaft. Der Kanzler bekräftigt, daß ein wiedervereinigtes Deutschland auch die Grenzen bestätigen werde. Mitterrand räumt ein, daß Kohl juristisch im Recht sei; politisch dagegen wäre es gut, wenn er die Oder-Neiße-Grenze noch einmal öffentlich bekräftigen würde. Für ihn sei das jedoch keine Vorbedingung für die Wiedervereinigung. Er wolle auch keinen Friedensvertrag. Es gehe aber um eine Regelung zwischen den interessierten Ländern und um einen internationalen Akt zwischen den Betroffenen. Der Kanzler ist überrascht, wie sehr Mitterrand auf diesen Punkt insistiert.

Die Erweiterung der EG um siebzehn Millionen Deutsche stelle – so Mitterrand – kein großes Problem dar. Sachsen und Preußen seien bemerkenswert tüchtig. Kohl und Mitterrand sprechen sich dafür aus, daß die europäische Wirtschafts- und Währungsunion und die Politische Union vorangetrieben werden. Die Geschwindigkeit des Zusammenwachsens müsse erhöht werden.

Mitterrand schlägt erneut die Einberufung eines informellen Europäischen Rates vor. Der Kanzler sei in Europa zur Zeit der Mann, der alle Fäden in der Hand habe. Alle zwölf müßten jetzt gemeinsam über die internationalen Konsequenzen der deutschen Einheit sprechen. Kohl bekräftigt, daß er seinen Weg gemeinsam mit Mitterrand gehen wolle und nichts den »Schatz dieser Freundschaft« beschädigen dürfe.

In Ottawa hat Schewardnadse eine neue Lösungsvariante eingeführt. Er schließt für das geeinte Deutschland »eine gewisse NATO-Rolle und eine gewisse Warschauer-Pakt-Rolle nicht aus«. Die »ideale Lösung« wäre aber ein »neutrales vereinigtes Deutschland«.

Montag, 19. Februar 1990

Großer Ärger beim Kanzler über den öffentlichen Streit zwischen Genscher und Stoltenberg. Genscher hat in einem Interview erneut die Verschiebung der NATO-Zuständigkeit nach Osten abgelehnt und damit auch die NATO-Truppenpräsenz in der DDR. Er ist noch einen Schritt weiter gegangen und hat sich auch gegen die Stationierung deutscher Streitkräfte in der DDR ausgesprochen, selbst wenn sie nicht der NATO unterstellt seien. Die Position Stoltenbergs, der für den Fall der Einheit Deutschlands das »Verantwortungsgebiet der NATO« auf das gesamte Deutschland ausgedehnt wissen will, bezeichnet Genscher als dessen persönliche Meinung. Darüber sei bisher keine Verständigung in der Bundesregierung erzielt worden. Genscher vergißt zu sagen, daß das auch für seine Position gilt.

Aufgebracht ist Kohl auch über Norbert Blüm, der öffentlich eine Steuererhöhung für die DDR nicht ausgeschlossen hat. Er ruft Genscher, Stoltenberg und Blüm an und verlangt, den Streit sofort auszuräumen. Nach einem Gespräch zwischen Genscher, Stoltenberg und Seiters veröffentlichen sie eine gemeinsame Erklärung zu den sicherheitspolitischen Fragen der deutschen Einheit. Genscher hat sich durchgesetzt. Unter Berufung auf zahlreiche Aussagen des Bundeskanzlers wird festgeschrieben, daß keine »der NATO assignierten und nichtassignierten Streitkräfte der Bundeswehr« auf dem heutigen Gebiet der DDR stationiert werden. Das ist ein öffentliches Zugeständnis an die Sowjetunion, das von dort aber bis dahin noch nicht eingefordert worden war.

In der zweiten Sitzung der Arbeitsgruppe »Außen- und Sicherheitspolitische Zusammenhänge« im Rahmen des Kabinettsausschusses »Deutsche Einheit« unter Leitung von Genscher stimmen wir überein, daß die EG-Verträge automatisch für das durch die Einheit vergrößerte Staatsgebiet gelten, ohne daß der EG-Vertrag geändert werden müsse. Voraussetzung dafür ist der Beitritt der DDR nach Artikel 23 GG. Die Bundesregierung wird nicht versuchen, die Zahl der deutschen EG-Kommissare oder die Gewichtung der Stimmen zu ändern. Übergangsregelungen in einzelnen Sachbereichen werden erforderlich.

Obwohl Justizminister Hans Engelhard (FDP) in der ersten Sitzung mitgeteilt hatte, daß die meisten Ressorts sich für einen Beitritt der DDR nach Artikel 23 GG ausgesprochen haben, berichtet Genscher, daß sich das FDP-Präsidium noch nicht auf ein verfassungsrechtliches Verfahren festlegen wolle.

In der DDR lehnt heute der Runde Tisch den »Anschluß der DDR oder einzelner Länder an die BRD« nach Artikel 23 GG ab und befürwortet gleichzeitig einen »entmilitarisierten Status«

für ein geeintes Deutschland. Diese Entscheidung zeigt erneut, daß erst nach der Wahl vernünftige Gespräche mit der DDR möglich sein werden.

Dienstag, 20. Februar 1990

Die Ergebnisse von Moskau und Ottawa klären weiter die Positionen unserer Verhandlungspartner. Der britische Außenminister Hurd bezeichnet in einem Interview mit der *Welt* Ottawa als den Wendepunkt: »Wir können jetzt sagen, daß wir die Vereinigung Deutschlands ohne Vorbehalt unterstützen.« Lange genug hat es gedauert. Auch Schewardnadse hat die Ergebnisse von Ottawa auf seinem Rückflug nach Moskau gegenüber *Iswestija* kommentiert. Er sei natürlich nicht damit einverstanden, daß seine westlichen Kollegen von der NATO-Zugehörigkeit eines geeinten Deutschland ausgegangen seien. Die Sowjetunion habe noch »andere Varianten im Vorrat«. Die Lösung werde noch »einige Jahre« dauern. Er fügt hinzu, die deutsche Einheit müsse sich im Rahmen »europäischer Strukturen« verwirklichen. Entscheidend ist jedoch sein Satz, er habe nichts gegen eine NATO-Zugehörigkeit Deutschlands, wenn die Sowjetunion »Garantien« gegen fundamentale Änderungen der Politik der NATO erhalte. Damit wird erneut deutlich, daß die sowjetische Politik in Bewegung bleibt, und es verfrüht wäre, schon jetzt Vorleistungen zu erbringen.

In Ost-Berlin beginnt die erste Gesprächsrunde der gemeinsamen Kommission für eine Wirtschafts- und Währungsunion. Knapp vier Wochen vor der Wahl hat die Volkskammer heute endlich die nötigen Verfassungsänderungen, das Wahlgesetz, die Wahlordnung sowie das Parteien- und Vereinigungsgesetz verabschiedet. Zwei Monate hindurch haben Modrow und die SED-PDS versucht, Manipulationen zu bewerkstelligen.

Heute abend greift Helmut Kohl erstmals persönlich in den DDR-Wahlkampf ein. Insgesamt sind sechs Auftritte geplant. In Erfurt umjubeln ihn rund 150 000 Menschen. Er hält seine Rede – wie immer im Wahlkampf – frei. Seine Botschaft lautet: »Wir haben einen schwierigen Weg vor uns, aber wir werden ihn gemeinsam schaffen.« Die Menschen in der DDR seien »nicht schuld an der gegenwärtigen Misere«. Es sei »ein wahnwitziges Regime« gewesen, »das Sie um die Früchte Ihrer Arbeit betrogen hat«. Gemeinsam mit den Menschen in der DDR würden »wir hier in kurzer Zeit ein blühendes Land schaffen«, wenn die Rahmenbedingungen und die notwendigen gesetzgeberischen Maßnahmen getroffen seien.

Er greift die Angst der Menschen auf, in Not geraten zu können, und erläutert das Netz sozialer Sicherheit für Alter, Krankheit und Arbeitslosigkeit, das auch den Menschen in der DDR im Rahmen der Sozialunion zur Verfügung stehen wird. Er will den jungen und den alten Menschen zugleich Zuversicht geben. Der Beifall zeigt, daß es ihm gelingt.

Mittwoch, 21. Februar 1990

In der Morgenlage steht Helmut Kohl noch unter dem Eindruck des gestrigen Wahlkampfauftaktes in Erfurt. Er ist begeistert, wie viele junge Menschen und Arbeiter zu seiner Kundgebung gekommen waren. Ein Meer von bundesdeutschen Fahnen habe den Platz überschwemmt. Pfarrer Ebeling habe eindrucksvoll gesprochen, de Maizière intellektueller, aber mit weniger Wärme, Schnur vom Demokratischen Aufbruch sei ein Leichtgewicht. Die örtlichen Verantwortlichen hätten ihm berichtet, daß die SPD ihr Blatt überreizt habe und jetzt der Wahlkampf der Allianz greife. Die Wahl in der DDR sei noch nicht zugunsten der SPD entschieden, fügt Kohl hinzu; niemand solle die Flinte ins Korn werfen.

Im Kabinett berichtet der Kanzler über sein gestriges Treffen mit mehr als fünfzig Vertretern der Wirtschaft und Gewerkschaften. Es sei ungewöhnlich ermutigend verlaufen. DGB-Chef Breit habe sich sehr konstruktiv verhalten. Alle seien überzeugt, daß Tausende von Projekten in Gang kämen, wenn erst die Rahmenbedingungen geschaffen seien.

Zur Lage in der DDR stellt er als Ergebnis seiner Gespräche am Rande der Kundgebung in Erfurt fest, daß jetzt vier Themen vorrangig behandelt werden müßten: Regelung der Renten, Lösung des Problems der Arbeitslosigkeit, Behandlung der DDR-Sparkonten sowie die Eigentumsfrage.

In der heutigen *Prawda* äußert sich Gorbatschow zum ersten Mal nach seinem Treffen mit Kohl öffentlich zur deutschen Frage. Er erklärt, die Sowjetunion habe das Recht der Deutschen auf Einheit »niemals geleugnet«. Im einzelnen erinnert er an sowjetische Vorschläge nach dem Kriege und erwähnt ausdrücklich, daß die sowjetische Regierung 1970 den »Brief über die deutsche Einheit« entgegengenommen habe. Jetzt arbeite die Geschichte »auf einmal unerwartet schnell«. Gorbatschow lehnt es ab, daß die Deutschen untereinander die Vereinbarungen träfen und dann den anderen nur noch zur Billigung vorlegten. Die Deutschen müßten den nationalen Interessen der Nachbarn Rechnung tragen. Er betont die »Unverrückbarkeit« der Grenzen und die Verantwortung der Vier Mächte, der sich diese nur selbst entledigen könnten. Anders als in den Gesprächen mit dem Bundeskanzler spricht er von einem »Friedensvertrag«. Nur der könne den »Status Deutschlands in der europäischen Struktur in völkerrechtlicher Hinsicht« abschließend festlegen.

Außerdem dürfe die Einigung Deutschlands das militärstrategische Gleichgewicht der beiden Bündnissysteme nicht verletzten. Der Einigungsprozeß müsse mit dem gesamteuropäischen Prozeß und mit dessen Hauptrichtung, der Schaffung einer prinzipiell neuen Struktur der europäischen Sicherheit, organisch verbunden und abgestimmt sein. Gorbatschow nimmt in Anspruch, daß das in Ottawa vereinbarte Verfahren »zu gleicher Zeit und unabhängig voneinander in Moskau und in den westlichen Hauptstädten geboren« worden sei. Kein Wort von Gorbatschow über Neutralität, Demilitarisierung oder NATO-Zugehörigkeit. Das ist ermutigend.

Ich nutze einen Vortrag in Bonn, um eine Zwischenbilanz des Einigungsprozesses zu ziehen. Wir erlebten einen revolutionären Wandel der politischen, gesellschaftlichen und wirtschaftlichen Strukturen der Staaten des einst real existierenden Sozialismus, der das Ende der Nachkriegsordnung bedeute. Dieser Prozeß bestehe aus drei Elementen: Innere Umgestaltung der Sowjetunion und ihrer Bündnispartner in Richtung Demokratie und Marktwirtschaft, Einigung Deutschlands, Neugestaltung der europäischen Nachkriegsordnung.

Alle drei Prozesse seien noch nicht abgeschlossen. Chancen

und Risiken blieben. Da die Interessen aller berührt seien, müßten gemeinsame Lösungen angestrebt werden. Am Ende des Prozesses dürfe es – weder im Westen noch im Osten – Sieger oder Besiegte geben, wenn Stabilität erreicht werden solle. Geduld, Augenmaß und Mut, Weitsichtigkeit und Kreativität seien jetzt erforderlich.

Für dieses Ergebnis gebe es vier Voraussetzungen: Erstens müsse sich die Reformpolitik in der Sowjetunion erfolgreich weiterentwickeln. Gorbatschow dürfe nicht in die Lage geraten, Niederlagen einer Weltmacht begründen zu müssen, sondern Erfolge eines historischen Prozesses in Europa. Deshalb solle niemand versuchen, die Sowjetunion jetzt aus Europa herauszudrängen.

Zweitens müsse das europäische Haus gemeinsam errichtet werden. In der Logik des Zusammenwachsens Europas liege auch die Logik des deutschen Einigungsprozesses. Diese Politik finde ihren Ausdruck im KSZE-Prozeß und seiner Institutionalisierung.

Drittens müßten Abrüstung und Rüstungskontrolle mit den politischen Veränderungen in Europa Schritt halten und deshalb beschleunigt werden. Die VKSE-Verhandlungen in Wien seien von besonderer Bedeutung.

Viertens gelte es die wirtschaftlichen Verpflichtungen der DDR gegenüber der Sowjetunion durch das geeinte Deutschland abzulösen, soweit das möglich sei.

Der Bundeskanzler, so fahre ich fort, habe jetzt in Moskau »grünes Licht für die deutsche Einheit« erhalten, ich zitiere dabei Riedmillers Satz, daß der Kanzler den Schlüssel zur deutschen Einheit aus Moskau abgeholt habe. Er liege jetzt in Bonn, füge ich hinzu, und es hänge jetzt von uns ab, so habe Gorbatschow gesagt, wie schnell alles gehen werde. Ich ergänze, wenn Schewardnadse sich über das hohe Tempo beklage, so werde er sich noch wundern. Denn dieses bestimmten weder er noch wir, sondern im Augenblick die Bevölkerung in der DDR. Es könne deshalb niemand eine Prognose abgeben, wann sich die Einheit vollziehen werde. Ausdrücklich füge ich hinzu, daß die Interessen der Bundesregierung und der sowjetischen Regierung in der Zeitfrage gar nicht so weit auseinanderlägen. Auch wir hätten gerne mehr Zeit, um die Probleme mit der DDR zu lösen.

Die deutsche Frage, so stelle ich abschließend fest, werde jetzt auf zwei Ebenen gelöst werden müssen: innerdeutsch und im Rahmen der Zwei-plus-Vier-Gespräche. Bis zum Herbst müsse ein Konsens erreicht sein.

Am frühen Nachmittag erscheinen die Agentur-Zusammenfassungen, die meinen Vortrag sehr verkürzt wiedergeben. Der Aspekt der internationalen Einbettung fehlt völlig. Die Berichte beschränken sich auf die Aussage, der Schlüssel zur deutschen Einheit liege in Bonn, woraus der Schluß gezogen wird, daß Bonn nun auch allein über die Einheit entscheide. Ein neuer »Teltschik-Skandal« ist da.

Als der Kanzler von den Agenturmeldungen erfährt, läßt er mich aus einem Gespräch mit Bundespräsident von Weizsäcker holen. Er reißt mir fast den Kopf ab. Er tobt. Er ist außer sich über die Agentur-Meldungen. Warum ich denn immer öffentlich etwas sagen müsse? Er habe schon Schwierigkeiten genug. Er will gar nicht hören, was ich zu meiner Verteidigung zu sagen habe. Ziemlich deprimiert verlasse ich sein Büro.

Donnerstag, 22. Februar 1990 (Weiberfastnacht)

Helmut Kohl holt heute seinen vor Weihnachten den Ereignissen zum Opfer gefallenen »Betriebsausflug« mit seinen engsten Mitarbeitern und Freunden nach. Gemeinsam wird gewandert; der Abend endet in einer Völlerei.

Freitag, 23. Februar 1990

Die Staatsministerin im Auswärtigen Amt, Irmgard Adam-Schwaetzer, bezeichnet meine Aussagen vom Mittwoch als »wirklich schwerwiegenden Vorgang«. Der Kanzler solle sich von mir distanzieren, weil ich der deutschen Sache schade. Natürlich stimmt Oppositionsführer Vogel in diese Kritik ein. Das übliche Ritual: Beide kennen den Wortlaut meiner Äußerungen nicht, sie wollen ihn auch nicht kennen, aber sie verurteilen mich.

Schewardnadse beklagt heute in *Nowoje Wremja* erneut, daß der Prozeß der Vereinigung Deutschlands der Bildung gesamteuropäischer Strukturen vorauseile. Tatsache ist, daß der Niedergang der DDR das Tempo bestimmt und die Bundesregierung zu schnellerem Handeln zwingt, als sie es für richtig gehalten hätte. Die Entscheidungen der Bundesregierung beschleunigen ihrerseits natürlich ebenfalls das Tempo, weil sie in der DDR den Erwartungsdruck erhöhen; es gibt jedoch keine Alternative, es sei denn, wir ließen Chaos und Destabilisierung der DDR zu. Davor aber hat auch die Sowjetunion Angst.

Die Äußerungen von Gorbatschow und Schewardnadse beweisen, daß sie die deutsche Frage jetzt als Hebel für ein gesamteuropäisches Sicherheitssystem benutzen wollen, von dem sie aber selbst noch nicht präzise wissen, wie es am Ende aussehen soll. Gleichzeitig stehen sie unter dem Zwang, ihre Deutschlandpolitik nach innen verständlich zu machen und abzusichern.

Die polnische Führung startet eine internationale Kampagne, um die Teilnahme Polens an den Zwei-plus-Vier-Gesprächen und eine endgültige Anerkennung der Oder-Neiße-Grenze zu erreichen.

Samstag, 24. Februar 1990

Außenminister Baker hat sich schon passend für das Wochenende in Camp David angezogen, als er uns mittags auf dem Dulles International Airport in Washington begrüßt. Er trägt ein rotes Wollhemd und wunderschöne texanische Cowboystiefel. Gemeinsam fliegen wir im Präsidenten-Hubschrauber nach Camp David. Nach einer halben Stunde landen wir auf dem Landsitz des Präsidenten. Er liegt auf der Hügelkette der Catoctin Mountains, etwa 115 Kilometer von Washington entfernt. Das Camp, inmitten eines großen Naturschutzgebietes, umfaßt rund 58 Hektar Eichenwald. Elf Ferienhäuser stehen auf dem Gelände, daneben gibt es ein beheiztes Schwimmbad, Tennisplätze, Kegelbahnen und ein Kino.

Bush und seine Frau begrüßen das Ehepaar Kohl. Beide tragen dunkelblaue Anoraks mit pelzbesetzter Kapuze. Es ist empfindlich kalt, ein eisiger Wind weht über die leichte Anhöhe. Nach dem offiziellen Fototermin besteigen wir elektrische Golfwägelchen und fahren zu den uns zugewiesenen Blockhäusern. Helmut Kohl wird von George Bush persönlich zu seinem Gästehaus chauffiert. Was für ein Spaß, mit diesen leise dahinschnurrenden, sehr wendigen Golfcars zu fahren!

Helmut Kohl ist der erste deutsche Bundeskanzler, der nach Camp David kommt. Einladungen dorthin sind eine besondere Geste des Präsidenten. George Bush erfreut sich zur Zeit der höchsten Zustimmung in den Meinungsumfragen, die in der Nachkriegszeit ein Präsident nach einem Jahr Amtszeit verzeichnen konnte. Die Voraussetzungen für unsere Gespräche könnten nicht besser sein.

Das gemeinsame Mittagessen beginnt mit einem Tischgebet, das der Präsident spricht. Barbara Bush ist eine liebenswürdige und unkomplizierte Gastgeberin. Ein Sohn, eine Tochter und ein Schwiegersohn des Präsidenten nehmen am Essen teil. Draußen beginnt es zu schneien, der Wind wird heftiger, die alten Eichen knarren bedrohlich.

Nach einer kurzen Pause treffen wir uns in einem anderen Blockhaus zum Gespräch. Bush und Baker sind schon eingetroffen. Der Präsident trägt ein blaues Leinenhemd mit offenem Kragen. Der Gesprächsraum ähnelt einem gemütlichen Wohnzimmer. Weiche Polstergarnituren und einzelne Lederstühle stehen in einem Karree. Das Feuer im Kamin strahlt behagliche Wärme aus. Bush ruft jeden Ankommenden einzeln zu sich. Zur Erinnerung an Camp David gibt es ein Foto mit dem Präsidenten vor dem Kamin. Mich fordert er gleich auf, die Krawatte abzulegen. Alle sollen es sich bequem machen.

Auf amerikanischer Seite nehmen am Gespräch noch Brent Scowcroft und Bob Blackwill teil; auf unserer Seite Uwe Kaestner, Walter Neuer und ich.

George Bush begrüßt Helmut Kohl als alten Freund. Der Kanzler eröffnet das dreistündige Gespräch mit einer ausführlichen Bewertung der Lage in der Sowjetunion sowie in Mittel- und Südosteuropa. Dann geht er auf die Entwicklung in der EG über, unterstreicht die Bedeutung der Zusammenarbeit mit Frankreich und kündigt dem Präsidenten an, daß er alles tun werde, die politische Integration in der EG voranzutreiben; dies werde auch die Angst vor den Deutschen vermindern. Anschließend leitet Kohl auf die Situation in der DDR über. Niemand habe voraussagen können, daß die DDR wie ein Kartenhaus zusammenbrechen würde. Jetzt gelte es, die Lage zu stabilisieren. Er begründet das Angebot einer Währungs-, Wirtschafts- und Sozialunion. Wenn die Rahmenbedingungen geschaffen seien, werde die DDR in drei bis fünf Jahren auf die Beine kommen. Diese große Herausforderung werde auch die Bundesrepublik aus ihrer wohlgeordneten Sattheit aufschrecken. Die Deutschen könnten dabei aber nur gewinnen.

Offensiv spricht der Kanzler die Grenzfrage mit Polen an und berichtet, daß er darüber gestern lange mit Mazowiecki telefoniert habe. Er wisse, daß es jetzt darauf ankomme, den Polen hinsichtlich ihrer Westgrenze Sicherheit zu geben.

Im Hinblick auf den Zwei-plus-Vier-Prozeß plädiert Kohl für engste Abstimmung und Zusammenarbeit mit den USA. Der Kreis dürfe jedoch nicht erweitert werden. Für die Beteiligung Polens müsse eine besondere Lösung gesucht werden. Mazowiecki selber sei aber ein Glücksfall, und er wolle ihn unterstützen. Bezüglich der Sicherheitsfragen erläutert der Kanzler seine Position: Deutschland werde weiterhin auf ABC-Waffen verzichten und Mitglied der NATO bleiben. NATO-Einheiten sollten jedoch nicht auf dem Territorium der heutigen DDR stationiert werden. Das gelte auch für solche Einheiten der Bundeswehr, die nicht der NATO unterstellt seien. Für die Präsenz der sowjetischen Truppen müßten Übergangsregelungen gefunden werden. (Das ist uneingeschränkt die Linie Genschers.) Abschließend erkundigt er sich, was mit den nuklearen Kurzstrecken-Systemen (SNF) geschehen solle, die in der Bundesrepublik stationiert seien. Auch bittet er um eine Erläuterung, was Baker meine, wenn er davon spreche, daß die NATO-Jurisdiktion nicht ausgedehnt werden solle.

Bush greift in seiner Antwort zuerst die SNF-Systeme auf. Die Entscheidung stehe erst 1992 an. Als der Kanzler erklärt, ihm gehe es vor allem darum, daß Bush die Initiative behalte und nicht am Ende Druck aus Deutschland oder von anderswo nachgeben müsse, stimmt der amerikanische Präsident zu und verspricht, an der Sache weiterzuarbeiten. Bush bezeichnet die NATO-Mitgliedschaft eines geeinten Deutschland als für die USA sehr wichtig. Jede andere Lösung destabilisiere Europa, deshalb würden die USA auch Truppen in Deutschland belassen. George Bush legt großen Wert darauf, daß die enge Zusammenarbeit zwischen den USA und der Bundesrepublik auch die anderen Bündnispartner einschließen solle. Die Ängste der anderen müßten durch enge Konsultationen abgebaut werden. Vor der Ankunft des Kanzlers habe er eine gute Stunde mit Margaret Thatcher telefoniert. Sie akzeptiere inzwischen die Wiedervereinigung, was sie drei Monate zuvor noch nicht gesagt hätte.

Allerdings werde Klarheit in der polnischen Grenzfrage die deutsche Einheit erleichtern. Der Zwei-plus-Vier-Prozeß müsse so gestaltet werden, daß man wisse, in welchem Stadium man worüber rede. Ein verfrühtes Eingreifen der Vier Mächte könnte den innerdeutschen Prozeß behindern.

Außenminister Baker berichtet dann über seine Moskauer Gespräche. Er wertet die Erklärungen der sowjetischen Führung als Eröffnungszüge in einem Schachspiel. Am Ende des Matches werde die Sowjetunion die NATO-Mitgliedschaft sicherlich akzeptieren. Sie wisse, daß die US-Präsenz in Europa stabilisierend wirke und dafür sei die NATO die Voraussetzung.

Bush kündigt an, den Gipfel mit Gorbatschow zu einem Erfolg machen zu wollen, insbesondere im Bereich der Abrüstung. Bis zum KSZE-Gipfel soll das VKSE-Abkommen unterschriftsreif sein. Es müsse jedoch verhindert werden, daß bei Abzug aller sowjetischen Truppen automatisch auch die Amerikaner gehen müßten.

Bush und Kohl vereinbaren, von Camp David aus ein deutliches Signal für die Mitgliedschaft eines geeinten Deutschland in der NATO zu geben.

Zum Abendessen versammeln wir uns im Blockhaus des Präsidenten. Bush reicht zum Aperitif selbst Käse, Nüsse und gebackene Pilze herum. Das Essen findet im kleinen Kreis statt: beide Ehepaare, Jim Baker, Brent Scowcroft und ich. Es gibt im Freien gegrilltes Roastbeef. Während des Essens wird viel geredet und gelacht, ein entspannter, familiärer Abend.

Nach dem Essen stoßen die anderen Mitarbeiter hinzu. Langsam macht sich Müdigkeit bemerkbar. In Deutschland ist es bereits drei Uhr morgens. Dennoch wird eine Leinwand herabgelassen und das Zimmer abgedunkelt, da noch ein Film, *Die Schatzinsel*, vorgeführt werden soll. Aber die Dunkelheit erhöht die Schläfrigkeit. Als erstes bricht das Ehepaar Kohl auf. Nur der Präsident, Scowcroft und Kaestner harren bis zum Schluß aus.

Sonntag, 25. Februar 1990

Morgens besuchen wir gemeinsam einen ökumenischen Gottesdienst. Zahlreiche Kinder sind dabei, auch einige Enkel Bushs.

Anschließend geht es noch einmal um die Zwei-plus-Vier-Gespräche. Einigkeit besteht darüber, daß zuerst ein vertraulicher Konsens zwischen der Bundesrepublik und den drei Westmächten gefunden werden soll.

Der Kanzler ist überzeugt, daß der amerikanisch-sowjetische Gipfel für die deutsche Frage entscheidend sein könnte. Dort trete Gorbatschow als Partner des amerikanischen Präsidenten und der Weltmacht USA auf. Gorbatschow, darin ist man sich einig, müsse genau wissen, daß die NATO-Mitgliedschaft eines geeinten Deutschland unvermeidlich sei, welche Sicherheitsgarantien die UdSSR erhalte und was mit den sowjetischen Truppen in Deutschland geschehen werde. Auf erneute Nachfrage von Helmut Kohl korrigiert Baker seine Äußerung, die NATO-Jurisdiktion nicht auf das DDR-Territorium ausweiten zu wollen. Es gehe lediglich darum, dort keine NATO-Truppen zu stationieren. In der abschließenden Pressekonferenz betont Bush, wie verabredet, besonders, daß ein geeintes Deutschland »Vollmitglied der NATO und auch Teil des militärischen Verbundes der NATO« bleiben müsse und dort auch weiterhin US-Streitkräfte stationiert sein würden. Damit ist ein entscheidender Pflock sehr fest eingerammt worden.

Kohl spricht zusätzlich offensiv das Problem der Oder-Neiße-Grenze an und wiederholt seine Pariser Formel, daß niemand die Frage der Einheit mit der Verschiebung bestehender Grenzen verbinden wolle. Bush stellt fest, daß sie beide in dieser Frage übereinstimmten.

Nach dem gemeinsamen Mittagessen, bei dem Bush Baker aufgefordert hat, das Tischgebet zu sprechen, steht ein gemeinsamer Spaziergang durch das Camp auf dem Programm. Der Kanzler bekommt dabei vom Präsidenten eine Sportmütze aufgesetzt und sieht aus wie ein Baseballspieler. Bush greift sich einen knorrigen Spazierstock. Trotz stürmischen und kalten Wetters laufen wir anderthalb Stunden durch den Wald. Am Rosenmontag sind wir morgens um sechs Uhr zurück in Bonn.

Dienstag, 27. Februar 1990

Heute hat uns das DDR-Außenministerium ein Memorandum »zur Einbettung der Vereinigung der beiden deutschen Staaten in den gesamteuropäischen Einigungsprozeß« übergeben. Es soll auch allen anderen KSZE-Staaten zugeleitet werden. Das Memorandum geht davon aus, daß die Einigung Deutschlands bis zum KSZE-Gipfel nicht erfolgt sein wird. Die Einigung soll durch diesen Vorschlag erschwert werden. Aber diese DDR-Regierung wird nur noch wenige Tage im Amt sein.

Die Diskussion über die Oder-Neiße-Grenze verschärft sich. Genscher unterstützt öffentlich den Vorschlag Mazowieckis vom vergangenen Donnerstag, noch vor der Vereinigung Deutschlands einen »Vertrag« mit beiden deutschen Staaten zu verhandeln und zu paraphieren, in dem sichere Grenzen garantiert werden. Die »Vereinigungsregierung« solle dann den Vertrag unterzeichnen. Außerdem wird bekannt, daß Mazowiecki sich brieflich an die Vier Mächte gewandt hat. Zudem hatte Schewardnadse am Freitag den polnischen Botschafter demonstrativ empfangen, Verständnis für die große Sorge Polens geäußert und sich dafür ausgesprochen, daß Polen »eine eigene Stimme und einen eigenen Platz« bei den Zwei-plus-Vier-Verhandlungen haben solle. Kohl und Genscher lehnen eine solche Beteiligung Polens ab. Der Druck auf den Kanzler wird stärker.

Schewardnadse bezeichnet erneut den militärischen Status des geeinten Deutschland als eine der Schlüsselfragen. Die Einbeziehung in die NATO würde das Kräftegleichgewicht in Europa zerstören. Daran ändere auch die Erklärung nichts, daß auf dem Territorium der jetzigen DDR keine NATO-Streitkräfte stationiert werden sollen. Das sei eine künstliche Konstruktion.

Mittwoch, 28. Februar 1990

Die öffentliche Debatte über das Verfahren zur Anerkennung der polnischen Westgrenze hält an. Im Kabinett sagt der Kanzler, er könne die an ihn bezüglich der Oder-Neiße-Grenze gerichteten Erwartungen aus rechtsstaatlichen Gründen nicht erfüllen. Aber darüber werde in der Koalitionsrunde noch zu sprechen sein. Genscher dringt in der Sitzung auf eine Regelung, die zur Verständigung mit Polen führe.

Abends im Bungalow sprechen wir über mögliche Verfahren zur Regelung der Oder-Neiße-Grenze und über Genschers innenpolitische Motivationen. Der Kanzler sieht die außenpolitischen Zwänge und die innenpolitische Kampagne vor dem Hintergrund der acht in diesem Jahr bevorstehenden Wahlen. Er weiß, daß er sich weiter bewegen muß, aber eigentlich will er nicht.

Ein weiteres Thema ist die Frage, ob die deutsche Einheit nach Artikel 23 GG oder nach Artikel 146 GG vollzogen werden solle. Es zeichnet sich ab, daß die SPD und die Linke sich von Artikel 23 GG wegbewegen. Auch in dieser Frage geht es um die politische Führung. Wir verabreden, Staatsrechtler zu einem Gespräch mit dem Bundeskanzler einzuladen, um das Problem aufzubereiten. Letzter Punkt ist die anhaltende Übersiedlerwelle. Wir sind uns darüber im klaren, daß nach der Wahl am 18. März Übersiedler so behandelt werden müssen wie Bundesbürger, die ihren Wohnort wechseln.

Donnerstag, 1. März 1990

Der französische Außenminister Dumas äußert sich heute in einer Rede in Berlin außerordentlich positiv zur Frage der deutschen Einheit: »Die Deutschen müssen Tempo und Modalitäten bestimmen.« Im Hinblick auf die institutionelle Weiterentwicklung der EG spricht er von dem »entschlossenen Willen, die politische Union Europas aufzubauen«. Er greift Mitterrands Wort von der »Schicksalsgemeinschaft« Frankreichs mit der Bundesrepublik auf, die sich auch auf das geeinte Deutschland erstrecken und die gemeinsamen Verteidigungs- und Sicherheitselemente einschließen werde.

Erneut spricht sich Dumas für eine endgültige Anerkennung der Oder-Neiße-Grenze aus und beruft sich dabei auf »seinen Freund Genscher«. »Die Antwort bis zur Bildung eines großen Parlaments hinauszuschieben, ist nicht vernünftig.« Es gebe Augenblicke, »in denen das Schweigen voll von Zweideutigkeiten« sei. Damit macht er sich zum Anwalt der polnischen Interessen, wissend, daß der Bundeskanzler die Oder-Neiße-Grenze weder in Frage stellen will noch kann. Mich ärgert das. Seit dem vergangenen Jahr haben wir immer wieder in Paris dafür geworben, die Reformpolitik Polens auch materiell zu unterstützen und sind bisher auf wenig Gegenliebe gestoßen. Man habe andere Interessen, lautete da stets die lapidare Antwort.

Nachmittags unterrichtet mich Scowcroft über ein Telefonat, das Bush gestern mit Gorbatschow geführt hat. Bush habe dem sowjetischen Präsidenten berichtet, er sei sich mit Kohl darüber einig sei, daß ein geeintes Deutschland Vollmitglied in der NATO bleiben müsse. Gorbatschow habe sich dazu zwar kritisch, aber nicht kategorisch ablehnend geäußert. Er habe jedoch Klarheit von der Bundesrepublik in der Grenzfrage gefordert. Beide hätten bekräftigt, sowohl untereinander als auch mit dem Bundeskanzler in Kontakt bleiben zu wollen.

Freitag, 2. März 1990

Noch erfüllt von seinem triumphalen Wahlkampfauftritt in Chemnitz, wo 200 000 Menschen gekommen waren, um seine Rede zu hören, erregt sich Helmut Kohl morgens in der Kanzlerlage leidenschaftlich über die Berichterstattung der Medien. Er fühlt sich persönlich und seine Politik nicht ausreichend gewürdigt. »Wir machen eine Superpolitik, aber dringen nicht durch.«

Aus meiner Sicht liegt das vor allem daran, daß Einzel-Themen die Erfolge der Bundesregierung ständig überlagern, solange sie nicht gelöst werden. Ein Beispiel dafür ist die Diskussion um die Oder-Neiße-Grenze, die durch Dumas' Äußerungen in Berlin erneut angefacht wurde. Wieder sieht der Kanzler sich gezwungen, eine Erklärung zu dieser Frage abzugeben, die den öffentlichen Streit weiter nährt, da in ihr erstmals die Grenzfrage öffentlich mit dem Problem der Reparationen und der vertraglichen Regelung der Rechte der deutschen Minderheit in Polen verknüpft wird. Kohl verspricht sich davon eine innenpolitische Entlastung, vor allem gegenüber den Vertriebenen. Erstmals sagt der Bundeskanzler, nach der Volkskammerwahl sollten die beiden frei gewählten Parlamente eine gleichlautende Erklärung zur polnischen Westgrenze auf der Grundlage der Bundestags-Entschließung vom 8. November 1989 abgeben.

Montag, 5. März 1990

Die Erklärung des Regierungssprechers zu Polen vom Freitag hat die Wogen erneut hochgehen lassen, auch die Auseinandersetzung in der Koalition verschärft sich. Genscher, der am Samstag in Madrid noch volle Übereinstimmung mit dem Kanzler in der Grenzfrage geäußert hatte, geht jetzt ebenso wie Graf Lambsdorff öffentlich auf Distanz. Der Wahlkampf ist in vollem Gange. Kohl bekräftigt in einer Sitzung des CDU-Präsidiums, in der anschließenden Pressekonferenz und in der Fraktionssitzung der CDU/CSU seine Position. Er wisse, wo man Kompromisse machen könne und wo nicht. Er ist nicht bereit, gegenüber Polen einzulenken. Von Koalitionskrisen, erklärt der Kanzler, habe er in acht Jahren Regierung schon oft gehört. Er fühle sich nicht in der Klemme. Seine harte Haltung ist schon fast wieder bewundernswert. Die meisten anderen hätten längst eingelenkt. Ich vermute, daß der Kanzler diese Stärke auch aus innenpolitischen Gründen so unnachgiebig demonstriert. Am Ende könnte sie ihm im rechten Wählerspektrum helfen. Außerdem unterstützt die Fraktion seine Position.

Wie der Kanzler solche Auseinandersetzungen wegsteckt, zeigt seine Reaktion nach der Fraktionssitzung. Als ich ihn frage, wie es gewesen sei, erhalte ich die lapidare Antwort: Alles sei sehr positiv verlaufen. Aus seinem Vier-Augen-Gespräch mit Genscher erfahre ich nichts. Abends spricht Kohl von einer »internationalen Druckkulisse«. Für ihn ist sie ein Verhikel, durch das sich das Unbehagen über die deutsche Einheit ausdrückt. Die Polen seien Weltmeister in der Sympathiewerbung. Für ihn bleibe die Anerkennung der Grenze jedoch ein konstitutiver Teil des Einheitsprozesses.

Im CDU-Präsidium wird auch über den Wahlausgang in der DDR gesprochen. Der Kanzler erklärt, daß er alle Umfragen in der DDR für falsch halte, den Wahlausgang könne niemand voraussagen. Die Zusammenarbeit mit der Allianz gestalte sich mühsam. Im Wahlkampf stünden jetzt die Themen Rente, Arbeitslosigkeit, Sparkonten und Landwirtschaft im Vordergrund.

Bei Genscher geht heute ein Brief von Schewardnadse ein, mit der Bitte, nicht im Alleingang zu handeln, falls bei den Wahlen in der DDR unvorhergesehene Umstände eintreten sollten. Er habe entsprechende Schreiben auch an die anderen Beteiligten des Zwei-plus-Vier-Prozesses gesandt.

Am frühen Abend telefoniert Kohl mit Mitterrand und unterrichtet ihn über seine Gespräche in Camp David. Der Brief Schewardnadses zeige, daß Moskau die Befürchtung habe, die Ereignisse in der DDR könnten sich nach der Wahl überschlagen. Das liege nicht in seinem Interesse. Er gehe davon aus, daß in der DDR noch in diesem Jahr Kommunal- und Landtagswahlen stattfänden und in der Bundesrepublik wie vorgesehen im Dezember die Bundestagswahl. Erneut erläutert er ausführlich seine Position zur polnischen Westgrenze und bittet Mitterrand, sie Jaruzelski und Mazowiecki bei ihrem bevorstehenden Besuch in Paris zu erläutern.

Mitterrand erwidert, man müsse zwischen dem politischen und juristischen Aspekt unterscheiden. Vom politischen Standpunkt aus wäre eine klare Absichtserklärung des Bundeskanzlers willkommen.

Abends diskutiert der Kanzler im Bungalow mit Seiters, Schäuble sowie den Staats- und Verfassungsrechtlern Klaus Stern, Dieter Blumenwitz, Josef Isensee, Rupert Scholz und Hans-Hugo Klein Für und Wider von Artikel 23 GG und Artikel 146 GG. Das Ergebnis ist eindeutig. Alle sprechen sich für den Vollzug der Einigung Deutschlands nach Artikel 23 GG aus.

Dienstag, 6. März 1990

Das Ergebnis einer dreistündigen Koalitionsrunde am Morgen ist ein gemeinsamer Entwurf eines Entschließungsantrages beider Fraktionen zur Oder-Neiße-Grenze und zur Frage der

Reparationen. Er sieht vor, daß möglichst bald nach den Wahlen beide frei gewählten Parlamente und Regierungen eine gleichlautende Erklärung zur Unverletzlichkeit der Grenzen gegenüber Polen abgeben. Der Vertrag selbst solle erst zwischen einer gesamtdeutschen Regierung und der polnischen Regierung ausgehandelt werden. Beide Seiten haben am Ende ihr Gesicht gewahrt. Aus meiner Sicht hat die Union den Rubikon zur endgültigen Anerkennung der polnischen Westgrenze überschritten.

Der Kanzler kommt in aufgeräumter Stimmung aus der Sitzung zurück. Er fühlt sich als Sieger. Nachdem er massiv geworden sei, habe er sich durchgesetzt. Das sei ab und zu nötig. Ich halte das Ganze für einen ungeheuren Energieverschleiß.

Der Text der gemeinsamen Erklärung beider Fraktionen soll mit einem Begleitbrief von ihm an die Staats- und Regierungschefs der Vier Mächte und an Mazowiecki geschickt werden.

Die Koalition hat sich auch endgültig darauf geeinigt, den Weg zur Einheit nach Artikel 23 GG zu gehen.

Abends ist Helmut Kohl in Magdeburg, wo ihn 130 000 Menschen erwarten. Damit hat er in Wahlkampfauftritten bisher fast eine halbe Million DDR-Bürger erreicht.

Mittwoch, 7. März 1990

In einem Interview im ARD-Fernsehen hat Gorbatschow gestern abend erklärt, er lehne die Mitgliedschaft eines geeinten Deutschland in der NATO kategorisch ab: »Nein, da werden wir nicht zustimmen. Das ist absolut ausgeschlossen.« Er fügt hinzu, die Interessen aller Europäer müßten berücksichtigt werden. Deshalb müsse man »in Etappen« vorgehen. Damit liegen die Ausgangspositionen aller Beteiligten an den Zwei-plus-Vier-Gesprächen auf dem Tisch. Über die zukünftigen Beziehungen zwischen einem geeinten Deutschland und der Sowjetunion äußert sich Gorbatschow dagegen optimistisch.

Laut einer TASS-Mitteilung über den heute zu Ende gehenden zweitägigen Besuch Modrows in Moskau habe Gorbatschow geäußert, daß sich »im Herangehen der UdSSR an die

Lösung der deutschen Frage nichts grundsätzlich Neues« ergeben habe.

Von Margaret Thatcher trifft eine Antwort auf die gestrige Koalitionsentschließung zur polnischen Westgrenze ein, in der sie diese als »höchst staatsmännischen Schritt« bezeichnet, der von großem Nutzen sein werde.

In der Kabinettssitzung bemüht sich der Kanzler, die aufgetretenen Koalitionsspannungen abzubauen. Aufgrund der heutigen Presseberichterstattung, die nach Meinung Kohls den tatsächlichen Ablauf des gestrigen Koalitionsgespräches auf den Kopf stelle, fordert er die Kollegen auf, ihrer historischen Verantwortung gerecht zu werden und sich nicht auf Kosten anderer zu profilieren. Keiner könne allein die Rolle des »Wasserträgers« übernehmen, sondern es könne nur einen gemeinsamen Erfolg geben. Jetzt gelte es, in schwieriger Zeit gemeinsame Sacharbeit zu leisten und zusammenzuwirken. Die Realität in der DDR und der Erwartungshorizont ihrer Bürger seien ohnehin nicht in Einklang zu bringen.

Donnerstag, 8. März 1990

In der Bundestags-Debatte zur polnischen Westgrenze unterstützt der Kanzler nachdrücklich den Entschließungsantrag der Koalitionsfraktionen. Er schaffe Klarheit darüber, wie sich der künftige gesamtdeutsche Souverän verhalten werde. Es diene nicht dem deutschen Interesse, wenn ständig der Wille der Bundesregierung bezweifelt werde, diese Frage endgültig zu regeln. Am Ende stimmen alle Abgeordneten der CDU/CSU und FDP dem Entschließungsantrag zu. Nur fünf Unionsabgeordnete enthalten sich der Stimme. Ich halte das Ergebnis für sensationell gut. Kohl hat sein Ziel erreicht, möglichst breite Zustimmung in der Unionsfraktion zu bekommen. Das ist eine entscheidende Voraussetzung für die Verständigung mit Polen, und es bleibt zu hoffen, daß jetzt nicht erneut am Ergebnis herumgemäkelt werden wird. Das Erreichte muß nun offensiv vertreten werden. Die CDU/CSU hat einen weiten Weg zurückgelegt und sich endlich zu dieser unausweichlichen Entscheidung durchgerungen.

In einem Interview mit der *Neuen Berliner Illustrierten* bezeichnet Schewardnadse heute die Einigung nach Artikel 23 GG als einen »überaus gefährlichen Weg«. Die DDR würde in diesem Fall sofort als souveräner Staat verschwinden und damit auch alle ihre Verpflichtungen und Rechte. Offensichtlich möchte die Sowjetunion die Zusicherung, daß die Bundesrepublik möglichst alle Verpflichtungen, vor allem solche wirtschaftlicher Art übernimmt. Bereits am Dienstag habe ich Kwizinskij darum gebeten, uns eine Bestandsaufnahme der wirtschaftlichen Verpflichtungen der DDR gegenüber der Sowjetunion zukommen zu lassen.

Die westlichen Aussagen zur NATO-Mitgliedschaft bezeichnet Schewardnadse als »taktlos«, aber seine Antwort fällt erstmals deutlich verbindlicher aus: Es müsse eine Lösung gesucht werden, »die der Kompliziertheit und Bedeutung dieses Problems angemessen« sei. Als Meßlatte zitiert er – wie mehrmals Gorbatschow vor ihm – die Aussage des Bundeskanzlers in Moskau, daß »von deutschem Boden nur Frieden ausgehen« dürfe.

Schewardnadse besteht auch nicht mehr kategorisch auf einem Friedensvertrag, erforderlich sei aber »ein komplexes multilaterales Dokument« mit einer »ausreichenden völkerrechtlichen Rechtskraft«. Die Führung der Sowjetunion bewegt sich also weiter.

Bush teilt dem Bundeskanzler über Skipper mit, daß er dessen Initiative zur polnischen Westgrenze öffentlich als positiven und wichtigen Schritt gewürdigt habe.

Kohl setzt heute in Brüssel seine internationalen Gespräche zur Absicherung der deutschen Einheit mit den Ständigen Vertretern der fünfzehn NATO-Partner fort. NATO-Generalsekretär Manfred Wörner berichtet ihm in einem Vorgespräch, daß bereits die Ankündigung seines Besuchs die Stimmung sofort habe positiv umschlagen lassen und als außergewöhnliche Geste bewertet worden sei.

Nachdem der Kanzler seine Position zu den inneren und äußeren Aspekten der deutschen Einheit erläutert hat, äußern sich alle Botschafter. Es ist offensichtlich, daß sie Weisungen aus ihren Hauptstädten eingeholt haben. Alle fünfzehn unterstützen das Ziel der deutschen Einheit, wünschen aber enge

Konsultationen über die Auswirkungen auf die NATO. Übereinstimmend sprechen sie sich auch für die NATO-Mitgliedschaft eines geeinten Deutschland aus, wollen aber wissen, wie sie erreicht werden könne. Ebenso ist bei allen Erleichterung über die Bundestags-Entschließung zur polnischen Westgrenze zu verspüren.

Samstag, 10. März 1990

Mittags rufe ich den Kanzler zu Hause in Ludwigshafen an und unterrichte ihn über eine außergewöhnliche Pressekonferenz Mitterrands mit Jaruzelski, Mazowiecki und Rocard. Mitterrand hat gestern erklärt, daß die französische Position in der Oder-Neiße-Frage weitergehe als die, die der Erklärung des Bundestages zugrundeliege. Polen müsse an den Zwei-plus-Vier-Gesprächen beteiligt werden. Die Verhandlungen über einen Grenzvertrag müßten »vor der zu erwartenden Vereinigung der beiden deutschen Staaten« stattfinden. Mitterrand hat gefordert, die Bundestags-Erklärung müsse »da und dort noch schärfere Konturen gewinnen«. Es sei Sache der Vier Mächte, »in gewisser Weise ihre Garantie für diesen völkerrechtlichen Rechtsakt abzugeben«. Damit hat Mitterrand sich voll hinter Mazowieckis Vorschlag gestellt, daß noch vor der Vereinigung Deutschlands »ein Vertrag mit dem Rang und Werte eines Friedensvertrages paraphiert werden sollte«, der zwischen der deutschen und polnischen Regierung unter Beteiligung der Vier Mächte geschlossen werden müsse und die Westgrenze Polens endgültig billige. Das gesamtdeutsche Parlament solle diesen Vertrag anschließend ratifizieren.

Mazowiecki kann zufrieden feststellen, daß Frankreich immer an der Seite Polens steht, wenn es Probleme mit Deutschland gibt. Während Bush und Thatcher sich mit der Bundestags-Entschließung zufrieden gezeigt und selbst Moskau uns bescheinigt hat, einen prinzipiellen Schritt vorwärts getan zu haben, hat Mitterrand sich erneut zum Interessenvertreter Warschaus gemacht, das sich von Anfang an unzufrieden geäußert hat. Ich bin überzeugt, daß damit die Diskussion über die Oder-Neiße-Grenze neu eröffnet ist. Kohl reagiert deutlich verärgert und enttäuscht. Die Grenzen der Freundschaft werden für ihn sichtbar.

Die heutige Presse spricht bereits von zunehmenden Irritationen im deutsch-französischen Verhältnis. Diese können nicht mehr geleugnet werden. Kraft schöpft Helmut Kohl im Augenblick eigentlich nur noch aus seinen Wahlkampfkundgebungen in der DDR, die nach wie vor sensationell gut besucht sind – gestern abend waren es in Rostock wieder 120 000 Teilnehmer.

Sonntag, 11. März 1990

Abends ist US-Senator Richard Lugar aus Indiana zum Abendessen bei mir zu Hause. Er berichtet mir, er habe erreicht, daß der amerikanische Senat eine Entschließung zur polnischen Westgrenze, die gegen die Bundesrepublik gerichtet gewesen wäre, zurückgestellt habe, da er nach der jüngsten Bundestags-Entschließung keinen Anlaß mehr für eine solche Senatserklärung sehe. Im Hinblick auf das polnisch-französische Verhalten in der Grenzfrage trifft Lugar des Pudels Kern, als er sagt, Polen zwinge die Freunde Deutschlands, sich zwischen Polen und der Bundesrepublik zu entscheiden.

Dienstag, 13. März 1990

Heute morgen telefoniert der Kanzler mit EG-Kommissionspräsident Jacques Delors und schlägt ihm ein Gespräch mit allen EG-Kommissaren vor. Er will nach dem NATO-Rat die multilateralen Konsultationen zur deutschen Frage fortsetzen. Delors begrüßt diesen Vorschlag. Als Kohl sich vorsichtig über die Politik in Paris beklagt, zeigt Delors sich zuversichtlich, daß sich alles bald wieder einrenken werde. Überraschend kündigt der Kanzler an, daß er entschlossen sei, jetzt den Einigungsprozeß zu beschleunigen. Er erwarte aber von denen, die ihn lange kennen, daß sie sich nicht gleich versteckten, wenn Sturm aufkomme.

Mittags findet erneut eine Sitzung des Arbeitskreises Außen- und Sicherheitspolitik unter Genschers Leitung statt. Er hat sich mit Stoltenberg darauf geeinigt, daß die künftige militärische Stärke der Bundeswehr nicht Bestandteil der Zwei-plus-Vier-Gespräche sein könne, sondern die Truppenstärken insgesamt, wie auch die landgestützten nuklearen Kurzstreckensysteme im Rahmen der VKSE-Verhandlungen behandelt werden müßten.

Die Ablösung der Viermächterechte bezeichnet Genscher als ein sehr kompliziertes Problem. Die Bundesregierung wolle keinen Friedensvertrag, sondern nach Möglichkeit eine einseitige Erklärung der Vier Mächte über das Ende ihrer Rechte. Die Präsenz sowjetischer Truppen solle ebenso wie die der westlichen Alliierten durch neue Stationierungsverträge geregelt werden.

Bei seinem vorletzten Wahlkampfauftritt jubeln Helmut Kohl in Cottbus 120 000 Menschen zu. Er nähert sich der Millionengrenze.

Mittwoch, 14. März 1990

In der Morgenlage wirkt der Kanzler fast depressiv. Am liebsten würde er wieder nach Hause gehen; das einzige, was ihn noch motiviere, seien die Menschen in der DDR. Die Auseinandersetzungen in der Koalition und der überflüssige Streit um die Oder-Neiße-Grenze haben Spuren hinterlassen. Zu allem Überfluß tritt auch noch der Vorsitzende des Demokratischen Aufbruchs Wolfgang Schnur wegen früherer Zusammenarbeit mit der Stasi zurück – wenige Tage vor der Wahl nicht förderlich für die Aussichten der Allianz. Schon am Montag hatte Infratest der SPD eine klare Mehrheit von 44 Prozent gegenüber 20 Prozent der Ost-CDU vorausgesagt. Die SPD spricht bereits von der Möglichkeit einer absoluten Mehrheit.

Im Kabinett beklagt Kohl Stil und Inhalt der öffentlichen Diskussion über den Einigungsprozeß. Die Angst in der Bundesrepublik sei groß und werde auch noch geschürt, daß man etwas verlieren könnte und seinen Lebensstandard einschränken müßte. Selbst solche, die lange Jahre »Einigkeit und Recht und Freiheit« gesungen hätten, hätten jetzt plötzlich Probleme damit. Was die DDR betreffe, sei es offensichtlich, daß viele Menschen noch immer auf gepackten Koffern säßen, bereit überzusiedeln, wenn Schwierigkeiten aufträten. Allein in den letzten beiden Tagen seien wieder 4 900 Übersiedler gekommen. Im Kabinett wird beschlossen, die Sparkonten der Kleinsparer in der DDR in Verhältnis 1:1 umzutauschen, wie das der Kanzler bereits gestern abend auf seiner Wahlkampfveranstaltung in Cottbus angekündigt hatte.

Mittags ruft Mitterrand Kohl an, um ihn über seine Gespräche mit der polnischen Führung zu unterrichten. Man sei sich in drei Punkten einig gewesen: in der Anerkennung der Oder-Neiße-Grenze und in dem Wunsch, daß Verhandlungen zwischen Polen und den beiden deutschen Staaten über einen Grenzvertrag beginnen sollten, bevor die deutsche Einigung vollzogen sei. Der Vertrag selbst könne dann erst von einem gesamtdeutschen Parlament ratifiziert werden. Außerdem sollten die Polen bei den Sechser-Gesprächen zu allen Fragen herangezogen werden, die die Grenze berühren.

Der Bundeskanzler stimmt zu, daß Polen bei der Lösung der Grenzfrage einbezogen werden solle. Damit habe er nie Probleme gehabt. Diese Gespräche sollten jedoch nicht gerade in Warschau stattfinden. Er habe den Eindruck, daß Rücksicht auf die Gefühle aller Völker genommen werde, außer auf die der Deutschen. Kritik übt Kohl am Vorgehen der Polen. Er habe Mazowiecki schon im November gesagt, daß die Anerkennung der Oder-Neiße-Grenze mit der Lösung der deutschen Frage verbunden sei. Ein Vertragsentwurf hätte völkerrechtlich keine stärkere Bindewirkung als die Parlamentsentschließungen.

Er habe auch keine Bedingungen gestellt, sondern nur den Wunsch geäußert, Polen solle noch einmal bekräftigen, was es in der Frage der Reparationen und der deutschen Minderheit bereits 1953 und 1989 erklärt habe. Aus innenpolitischen Gründen schiebe Polen gegenwärtig alles beiseite, was er für die Verständigung getan habe. Viele verdrängten auch die demokratischen Leistungen der Bundesrepublik während der letzten vierzig Jahre. Die Grenzfrage werde so behandelt, als gebe es Unklarheiten. Das treffe aber nicht zu. Von Polen komme im Gegensatz zu Präsident Havel keine positive Geste. Dennoch halte er an der Aussöhnung mit Polen fest. Er stimme Mitterrand zu, daß die deutsch-französische Freundschaft dafür ein Beispiel sein könne. Aber man müsse nicht nur auf die Seelenlage der Polen Rücksicht nehmen, sondern auch auf die der Deutschen. Die Würde eines Volkes sei wichtig, das müsse aber für alle gelten. Kohl erläutert die Dynamik der Entwicklung in der DDR und fügt hinzu, Paris lebe zur Zeit auf einem anderen Stern als er, der er mit diesen Problemen unmittelbar konfrontiert sei.

Mitterrand bedankt sich besonders für den Hinweis auf die psychologische Seite des Problems und dafür, daß Kohl seine Meinung so offen geäußert habe. Er kündigt eine öffentliche Erklärung an, in der er besonders das gute persönliche Verhältnis herausstellen will.

Das war so etwas wie ein reinigendes Gewitter und hat vieles wieder ins Lot gebracht. Auch der Kanzler ist erleichtert, daß er sich seinen Ärger von der Seele reden konnte.

Nachmittags rufe ich Jim Baker an und teile ihm mit, daß Kohl gemeinsam mit Genscher gegen Zwei-plus-Vier-Gespräche in Warschau sei, bei denen die Grenzfrage behandelt werden sollte. Baker hatte mich am Dienstag abend angerufen, um dazu die Meinung des Bundeskanzlers zu erfragen. Anschließend stimme ich das weitere Verfahren mit Bob Blackwill im Weißen Haus ab.

Zur sechsten und letzten Wahlkampfveranstaltung von Helmut Kohl sind heute in Leipzig 320 000 Menschen gekommen. Eine Sensation. Damit haben ihn mehr als eine Million DDR-Bürger gehört. Wir sind gespannt, welche Auswirkungen das auf das Wahlergebnis am Sonntag haben wird.

Donnerstag, 15. März 1990

Heute bin ich zu ganztägigen Gesprächen in Paris. Jean-Louis Bianco, der Generalsekretär des Elysée, hatte um ein vertrauliches Treffen gebeten. Er versichert mir, daß sowohl die persönlichen Beziehungen des Präsidenten zum Kanzler als auch die französisch-deutschen Beziehungen unbelastet und gut seien. Die Pressekonferenz Mitterrands mit Jaruzelski und Mazowiecki spielt er herunter. Dennoch wird deutlich, daß sich Paris als Interessenwalter Polens versteht.

Ausführlich sprechen wir über eine gemeinsame deutsch-französische Initiative, die auf dem bilateralen Gipfel vorbereitet und auf dem EG-Sondergipfel im April in Dublin eingebracht werden soll. Damit soll die Fortdauer der engen Freundschaft und Zusammenarbeit erneut nach außen dokumentiert werden.

Mittags führe ich ein dreistündiges Gespräch mit Jacques Attali und Elisabeth Guigou im Elysée. Jacques kommt gerade vom Golfplatz. Einmal in der Woche spielt er mit dem Präsidenten, mit dem er auch persönlich befreundet ist. Er berichtet, daß Mitterrand eben mit ihm über das gestrige Telefonat mit Kohl gesprochen habe. Anfänglich sei der Kanzler sehr kühl gewesen, am Ende sei das Gespräch aber doch wieder sehr gut verlaufen.

Wir verabreden, gemeinsam eine Initiative zur Politischen Union vorzubereiten, die im April auf dem EG-Gipfel vorgelegt werden soll. Nach langer Zeit konnten wir Paris wieder zu einer gemeinsamen EG-Initiative bewegen.

In Bonn telefoniert der Bundeskanzler erneut mit Bush und unterrichtet ihn über die Lage in der DDR und über seine Haltung zu den polnischen Forderungen. Bush weist darauf hin, daß das polnische Problem noch immer heikel sei. Er werde nächste Woche darüber in Washington mit Mazowiecki sprechen. Vorher wolle er noch einmal mit Kohl telefonieren. Er wisse, daß sie beide auf der gleichen Wellenlänge lägen.

Sonntag, 18. März 1990

Die Sensation ist perfekt: Bei den ersten freien Wahlen in der DDR seit 58 Jahren feiert die »Allianz für Deutschland« einen überwältigenden Wahlsieg. Bei der eindrucksvoll hohen Wahlbeteiligung von 93,38 Prozent gewinnt die Allianz 192 Mandate, während die SPD nur 88 erhält. Wer hätte das erwartet?

Seit sieben Uhr abends sind wir im Arbeitszimmer des Kanzlers vor den Fernsehschirmen versammelt. Die Begeisterung ist groß, alle beglückwünschen Helmut Kohl. Wir sind uns einig, daß er einen persönlichen Triumph erlebt – seine Wahlkampfauftritte scheinen die Wende herbeigeführt zu haben. Er selbst sitzt gelassen hinter seinem mächtigen Schreibtisch, notiert die eingehenden Hochrechnungen und bereitet sich auf die Runde der Parteivorsitzenden im Fernsehen vor.

Die SPD hatte mit einer strukturellen Mehrheit in ganz

Deutschland gerechnet. Ihr Entsetzen über den unerwarteten Einbruch ist auch manchen Journalisten anzumerken. Natürlich fragen auch wir uns, was gewesen wäre, hätte das Ergebnis umgekehrt ausgesehen. Wir hatten schon die tröstliche Erklärung bereit, daß dieses Wahlergebnis noch nichts über den Ausgang der Bundestagswahl im Dezember aussage, dennoch sind wir uns nun sicher, daß sich mit diesem Ergebnis auch die Chancen für die Bundestagswahl erheblich verbessert haben.

Kurz nach acht gibt Kohl eine öffentliche Erklärung zum Wahlausgang ab, die alle Beobachter als staatsmännisch bezeichnen. Er zeigt weder Triumph noch Euphorie. Seine Ruhe signalisiert, daß er weiß: es kann auch wieder einmal anders kommen.

Nach der Fernseh-Runde treffen wir uns im italienischen Restaurant Isola d'Ischia. Endlich gibt es Champagner. Heute ist er wirklich angebracht.

Montag, 19. März 1990

Ein Blick in die heutige Presse zeigt: Nichts ist erfolgreicher als der Erfolg: »Kohls Triumph« auf dem Titelblatt des *Spiegel.* Vom »Traumergebnis für Kanzler Kohl« ist die Rede. Rudolf Augstein bescheinigt ihm: »Er bewies aufs Neue seinen Machtinstinkt, er vertrat die richtige Sache.« Es ist noch nicht lange her, da hat er uns als »die Tölpel von Bonn« abqualifiziert. Gleichzeitig mahnt Augstein: »Eile tut nun Not.« Auch hier ist jeder Kommentar überflüssig.

Acht Mandate fehlen der Allianz zur absoluten Mehrheit. Das sei ein »Gottesgeschenk«, lautet der Kommentar des Kanzlers. Die Probleme seien viel zu schwierig, um sie allein bewältigen zu können. Er unterstützt de Maizières Absicht, mit dem er heute morgen bereits telefoniert hat, eine Koalitionsregierung auf breiter Basis unter Einschluß von FDP und SPD zu bilden.

Wir sind zufrieden, daß die Radikalen von rechts und links keine Chance hatten und niemand ist traurig, daß die FDP nur 21 Mandate erhalten hat.

Doch zum Feiern, Genießen und Ausruhen bleibt keine Zeit. Schwierigste Aufgaben liegen vor uns, sind noch dringlicher geworden. Folgende Schritte sind jetzt erforderlich: Konstituierung des neuen Parlaments, Regierungsbildung und eine Entscheidung über das Beitrittsverfahren. Danach müssen sofort Verhandlungen über die Einführung der Währungsunion zum 1. Juli beginnen und bis zum Sommer zum Abschluß kommen. Gesetzliche Regelungen zur Bildung der Wirtschaftsgemeinschaft und der Sozialunion sind zu verabschieden. Die Arbeitslosen- und Rentenversicherung soll am 1. Juli eingeführt und durch eine Anschubfinanzierung der Bundesregierung in Gang gebracht werden. Hinsichtlich der äußeren Aspekte der Einheit geht es darum, den Zwei-plus-Vier-Prozeß noch vor dem KSZE-Gipfel, der voraussichtlich im November stattfinden wird, abzuschließen. Parallel dazu müssen gesamteuropäische Sicherheitsstrukturen im Rahmen der KSZE und in den Abrüstungs- und Rüstungskontrollverhandlungen erarbeitet werden. Die NATO gilt es, in Richtung einer politischen Allianz weiterzuentwickeln. Ihre Strategie und militärischen Strukturen sind zu überarbeiten. Die Zusammenarbeit mit der Sowjetunion und den mittel- und südosteuropäischen Staaten, vor allem im Bereich der Wirtschaft, ist zu intensivieren. Die Integration der Europäischen Gemeinschaft muß beschleunigt und die Politische Union sowie die Wirtschafts- und Währungsunion angestrebt werden. Außerdem gilt es, die deutsch-amerikanischen Beziehungen auszubauen. Ein riesiges Paket von Aufgaben liegt vor uns.

Am frühen Nachmittag eröffnet der Bundeskanzler in Bonn die KSZE-Konferenz über wirtschaftliche Zusammenarbeit in Europa. Sie ist seine Intiative. Er hatte sie im Mai 1986 angeregt. Anlaß war damals die Beschwerde Schewardnadses gewesen, daß der Westen immer nur Korb III der Schlußakte von Helsinki, die Menschenrechte, anspreche, aber nur selten Korb II, die wirtschaftliche Zusammenarbeit. Kohl nutzt seine heutige Rede, um noch einmal vor den Vertretern von 35 Regierungen seine Positionen umfassend zu erläutern. Er stellt vor allem die Möglichkeiten innerhalb des KSZE-Prozesses heraus und zeigt Perspektiven gesamteuropäischer Lösungen auf. Die Resonanz ist außerordentlich positiv, vor allem auch bei allen Vertretern des Ostens, einschließlich der Sowjetunion. Der gestrige Wahlerfolg hat Kohl auch entsprechend hohe Aufmerksamkeit verschafft.

Nach der Rede bittet Kohl Seiters, Genscher und Stoltenberg zu einem Gespäch. Es geht um die weiteren Schritte in der Frage der Oder-Neiße-Grenze. Genscher spricht sich dafür aus, auf Mazowieckis Vorschlag offensiv einzugehen – je schneller, desto besser. Der Kanzler entscheidet, daß ein Vertragsentwurf vorbereitet werde, er ihn sich ansehen und dann erst beschließen werde. Das ist schon ein Riesenschritt. Außerdem wird über Fragen des zukünftigen Sicherheitsstatus eines geeinten Deutschland gesprochen. Als besonders schwierig erweisen sich die Diskussionen über die zukünftige Präsenz von Nuklearsystemen in Deutschland und über die Ausweitung der Schutzverpflichtungen nach Artikel 5 und 6 des NATO-Vertrages sowie der Wehrpflicht auf das Territorium der heutigen DDR. Der Bundeskanzler behält sich in allen diesen Fragen die Entscheidung vor.

Dienstag, 20. März 1990

Am frühen Morgen ruft mich Jacques Attali an. Mitterrand sei über unser Gespräch in Paris sehr zufrieden. Sie arbeiten jetzt mit Hochdruck an der verabredeten EG-Initiative.

Im Kabinett gibt Wolfgang Schäuble bekannt, daß die Übersiedlerzahlen bereits deutlich zurückgehen. Er legt einen Gesetzentwurf vor, das Aufnahmeverfahren und die entsprechenden Leistungen zum 1. Juli einzustellen.

Nachmittags telefoniert der Kanzler mit Bush, der ihm zum Wahlerfolg gratuliert. Bush erläutert sehr detailliert, was er dem morgen in Washington eintreffenden Mazowiecki sagen werde. Es ist ohne Wenn und Aber unsere Linie.
  Der US-Präsident betont auch, daß sich ihr gemeinsamer Standpunkt, Deutschland bleibe in der NATO, allmählich auch in Osteuropa durchsetze, wie das Außenministertreffen der Warschauer-Pakt-Staaten letzte Woche bewiesen habe.

Donnerstag, 22. März 1990

Nachmittags empfängt der Bundeskanzler Kwizinskij zu einem Gespräch und bittet ihn, seine Botschaft sofort und direkt an Gorbatschow weiterzuleiten. Er will, daß dieser von ihm selbst erfährt, wie er die Lage gegenwärtig einschätzt. Am Ende des Einigungsprozesses sollten die deutsch-sowjetischen Beziehungen nicht schlechter, sondern besser sein als heute. Er wolle weder die Beziehungen belasten noch die Probleme Gorbatschows vergrößern. Er werde deshalb die Sowjetunion nicht vor ein *Fait accompli* stellen. Auch an Hektik sei er nicht interessiert – diese werde allein durch die Entwicklung in der DDR ausgelöst.

Zum zukünftigen Status Deutschlands erklärt er, daß er sich eine zeitlich begrenzte Präsenz sowjetischer Truppen auf dem Territorium der heutigen DDR vorstellen könne. Während dieser Zeit würden dort keine deutschen Truppen stationiert werden. Die Bundesregierung sei bereit, in die wirtschaftlichen Verpflichtungen der DDR gegenüber der Sowjetunion so weit wie möglich einzutreten. Zum weiteren Vorgehen in der DDR erklärt er, daß jetzt zügig über die Währungs-, Wirtschafts- und Sozialunion verhandelt werden solle, damit sie Mitte des Jahres verwirklicht werden könne. Nach der Wiederherstellung der Länder sollten Landtagswahlen stattfinden. Die Bundestagswahlen seien für Dezember und die gesamtdeutschen Wahlen für Ende 1991 vorgesehen. Kohl bietet an, sich jederzeit mit Gorbatschow zu treffen, wenn das erforderlich sein sollte. Es dürften weder Mißverständnisse noch Mißtrauen entstehen.

Kwizinskij konzentriert sich zunächst auf das Problem der NATO-Mitgliedschaft eines geeinten Deutschland. Sie sei für die Sowjetunion innenpolitisch nicht verkraftbar. Er fragt, ob es nicht ein Deutschland geben könne, das in gleicher Weise im Osten wie im Westen verankert wäre, oder ob eine 150 Kilometer tiefe entmilitarisierte Zone auch auf der bundesrepublikanischen Seite denkbar sei. Es könnten auch nur 100 Kilometer sein. Der Kanzler lehnt solche Überlegungen ab.

Kwizinskij schlägt anschließend eine prinzipielle Absichtserklärung der Bundesrepublik vor, die rund 3 600 Verträge und Abkommen der DDR mit der Sowjetunion zu übernehmen. Der Bundeskanzler erwidert, daß man diese vorher erst einmal kennen müßte. Zum Abschluß bedankt sich der sowjetische Botschafter für die Rede des Bundeskanzlers anläßlich der Eröffnung der KSZE-Wirtschaftskonferenz. Was er dort über neue Strukturen Europas im politischen und wirtschaftlichen Bereich gesagt habe, entspreche den sowjetischen Vorstellungen. Sie sollten in diesen Fragen an einem Strang ziehen, damit solche Überlegungen in das Zwei-plus-Vier-Dokument aufgenommen werden könnten.

Beim Hinausgehen sagt Kwizinskij zu mir, daß die NATO-Mitgliedschaft für Moskau die schwierigste Frage sei. Wir sollten uns etwas einfallen lassen, um dieses Problem zu lösen.

Nach einem Gespräch mit Genscher am Rande der namibischen Unabhängigkeitsfeiern in Windhuk erklärt Schewardnadse, daß sich die Standpunkte beider Regierungen aufeinander zubewegt hätten. Das sei eine gute Grundlage für weitere Bemühungen. Probleme wie der militärpolitische Status des geeinten Deutschland müßten jedoch auf höchster Ebene behandelt werden. Wenn die gesamteuropäische Entwicklung und die deutsche Vereinigung synchronisiert werden könnten und gleichzeitig Sicherheitsmechanismen geschaffen würden, dann werde sich alles normalisieren.

Bob Blackwill ruft mich an und informiert über das Gespräch des Präsidenten mit Mazowiecki: Bush habe diesem gesagt, daß er dem Bundeskanzler vertraue und Mazowiecki das ebenfalls tun solle.

Freitag, 23. März 1990

Vormittags trifft Helmut Kohl in Brüssel mit EG-Präsident Jacques Delors und anschließend mit der EG-Kommission zusammen, die sich zu einer Sondersitzung versammelt hat.

Delors begrüßt ihn überaus herzlich und erklärt, die Kommission teile die Freude der Deutschen über den Einigungsprozeß, der eine »Atmosphäre der Brüderlichkeit« erzeuge. Er erinnert an das deutsche Engagement für die europäische Integration. Ohne den Beitrag des Kanzlers wäre das *Delors-Paket* nicht durchgesetzt und die *Einheitliche Europäische Akte* nicht möglich geworden.

Kohls Botschaft: Die deutsche Einigung werde den europäischen Integrationsprozeß beschleunigen. Er kündigt eine Initiative zur Politischen Union für den EG-Sondergipfel in Dublin an.

Nachmittags sagt mir der Kanzler, er sei mit seinem Besuch bei der EG-Kommission sehr zufrieden. Delors habe sich wieder einmal als guter Freund erwiesen, mit dem es bisher in der Frage der Einbindung der DDR in die EG nicht die geringsten Probleme gegeben habe.

Zur Situation in der DDR kündigt er an, daß er eine rasche Regierungsbildung erwarte und de Maizière sich in der Regierungserklärung für den Weg zur Einheit nach Artikel 23 GG aussprechen werde. Danach müsse so rasch wie möglich der Vertrag über die Wirtschafts- und Währungsunion unter Dach und Fach gebracht werden, über den er gestern mit Theo Waigel und Karl Otto Pöhl gesprochen habe.

De Maizière habe er gebeten, einen Außenminister unseres Vertrauens zu ernennen, zu dem auch ich engen Kontakt halten solle. Er habe mich bei de Maizière als seinen Vertrauensmann zu allen Fragen der Außen- und Sicherheitspolitik eingeführt. Ich solle außerdem darüber nachdenken, wer der neuen Regierung beratend zur Verfügung stehen könnte. Es fehle an allen Ecken und Enden an guten Leuten.

Voller Zorn schreibt der Kanzler einen Brief an Genscher, der sich heute bei der Sondersitzung der WEU-Versammlung in Luxemburg sehr ausführlich über ein neues Rollenverständnis der Bündnisse geäußert hat. Sie seien aufgerufen, »ihre Rolle mehr und mehr politisch zu definieren und sich langfristig zu einem Instrument sicherheitsbildender Zusammenarbeit zu verbinden«. In einem zweiten Schritt sollten »die kooperativ strukturierten Bündnisse in einen Verbund gemeinsamer kollektiver Sicherheit überführt werden«. Am Ende sollten neue Sicherheitsstrukturen in Europa die Bündnisse zunehmend »überwölben, in denen sie schließlich aufgehen können«. Als Perspektive nennt er ein »System gemeinsamer kollektiver Sicherheit«.

Kein Wunder, daß die Agenturen in ihrer bekannten Zuspitzung bereits davon sprechen, daß Genscher für die Auflösung der Bündnisse eintrete. Dieses Signal widerspricht dem, was Kohl ständig verkündet und erst heute wieder in Brüssel bekräftigt hat: die Notwendigkeit des Atlantischen Bündnisses und die Einbindung Deutschlands. Für ihn kommen die Aussagen Genschers völlig überraschend. Sie könnten als Signal an die Sowjetunion interpretiert werden, daß die Bundesregierung für die Auflösung der Bündnisse sei, was der Westen als Einlenken der Deutschen gegenüber der Sowjetunion mißverstehen könnte.

Kohl läßt Genscher wissen, daß er seine Aussagen nicht teile und nicht zulasse, daß die Bundesregierung durch solche öffentlichen Erklärungen auf Positionen festgelegt werde, die er nicht unterstützen könne.

Dienstag, 27. März 1990

Heute vormittag teilt mir der Kanzler mit, was er mit Genscher zum weiteren Vorgehen gegenüber Polen vereinbart habe. Sie hätten sich geeinigt, in Abstimmung mit Ost-Berlin jetzt einen Text für die Entschließung des Bundestages und der Volkskammer zur Oder-Neiße-Grenze vorzubereiten. Die Bundesregierung werde dann die Entschließung in einem Notenwechsel mit der polnischen Regierung bekräftigen. Er habe Genscher auch gesagt, daß er keine Notwendigkeit sehe, auf Mazowieckis Vorschlag einzugehen, noch vor der deutschen Einigung einen Vertrag auszuhandeln und zu paraphieren. Kohl beruft sich dabei auf ein Telefongespräch, das er am Freitag abend in Ludwigshafen mit Präsident Bush geführt habe. Bush sagte, er habe Mazowiecki aufgefordert, sich mit dem Kanzler zu einigen, gegen den er sich nicht stellen werde.

Nachmittags tagt der Arbeitskreis Außen- und Sicherheitspolitik des Kabinettsausschusses Deutsche Einheit. Genscher berichtet über seine Gespräche mit Schewardnadse in Windhuk und Lissabon. Er bezeichnet es als wichtigste Aufgabe der Zwei-plus-Vier-Gespräche, eine abschließende Regelung zu finden, die für künftige Generationen nichts mehr offen lasse. Es dürfe sich dabei aber nicht um einen Friedensvertrag handeln, da dies, wenn man an den Moskauer Vertrag oder an die Gemeinsame Erklärung denke, ein Schritt zurück wäre. Schewardnadse sei dagegen der Auffassung gewesen, daß ein Friedensvertrag dem gesamteuropäischen Prozeß nicht entgegenstehe. Er habe vorgeschlagen, das Potsdamer Abkommen mit dem Bleistift durchzugehen und Punkt für Punkt abzuhaken. Die Sowjetunion wolle sagen können, daß sich das Potsdamer Abkommen erledigt habe.

Für den Sicherheitsstatus eines geeinten Deutschland gebe es zwei Varianten: Verbleib in der NATO oder Neutralität. Moskau habe sich in der Frage der NATO-Mitgliedschaft noch nicht festgelegt. Das bewiesen auch die öffentlichen Erklärungen. Beim Prager Außenministertreffen des Warschauer Paktes habe sich Schewardnadse zwar dagegen ausgesprochen, aber, wie andere Teilnehmer berichteten, sich nach der Sitzung dafür bedankt, daß sich mehrere Staaten – wie Polen, die CSSR und Ungarn – für die NATO-Mitgliedschaft Deutschlands ausgesprochen hätten. Er, Genscher, wolle nicht zu optimistisch sein, aber er glaube, daß sich Gorbatschow und Schewardnadse mit dieser Möglichkeit vertraut machten.

Mit dem polnischen Außenminister Skubizewski sei er sich einig gewesen, berichtet Genscher weiter, daß die Oder-Neiße-Grenze eine deutsch-polnische Angelegenheit sei und deshalb eine Regelung durch die Vier Mächte nicht in Frage komme. Polen werde, so Skubizewski, auch kein Zwei-plus-Vier-Treffen in Warschau mehr fordern.

Der politische Direktor des Auswärtigen Amtes, Dieter Kastrup, berichtet dann über das erste Zwei-plus-Vier-Treffen auf Beamtenebene, das am 14. März in Bonn stattgefunden hat. Als ständiger Vertreter des Bundeskanzleramtes hat mein Stellvertreter Peter Hartmann daran teilgenommen. Die Begegnung sei weitgehend einvernehmlich verlaufen. Man habe sich darauf geeinigt, daß das erste Ministertreffen in Bonn stattfinden solle, das zweite in der DDR, der Vorsitz werde rotieren, Polen werde zu Grenzfragen eingeladen. Auch über die Themen der Tagesordnung hätten sie sich verständigt: Grenzfragen, politisch-militärische Fragen, Berlin-Probleme, Viermächterechte und -verantwortlichkeiten.

Genscher strebt ein erstes Treffen auf Außenministerebene nach der Regierungsbildung in der DDR für die zweite Aprilhälfte an.

Mittwoch, 28. März 1990

Im Kabinettsausschuß Deutsche Einheit geht es mittags vor allem um die Herstellung der Währungsunion und Wirtschaftsgemeinschaft. Im Vorfeld der Regierungserklärung de Maizières und der beginnenden Koalitionsverhandlungen sollen mit der DDR Kernfragen geklärt werden, um herauszufinden, was für die DDR zumutbar ist.

Nachmittags führe ich ein fast zweistündiges Gespräch mit Portugalow, der mir einleitend sagt, seine Ausführungen seien mit Gorbatschows Berater Tschernajew abgestimmt. Portugalow berichtet, die sowjetische Führung sei sich darüber im klaren, daß der Beitritt der DDR nach Artikel 23 GG nicht zu verhindern sei. Das sei für sie nicht so tragisch, weil dies eine freie Entscheidung der DDR und keine Vereinnahmung durch die Bundesrepublik sei. Eine Sorge bleibe jedoch bestehen. In Artikel 23 GG sei die Rede von »anderen Teilen Deutschlands«, in denen nach Beitritt das Grundgesetz in Kraft zu setzen sei. Die sowjetische Führung sei interessiert daran zu erfahren, ob damit in Verbindung mit Artikel 116 GG (Definition der deutschen Staatsangehörigkeit) und in Verbindung mit Urteilen des Bundesverfassungsgerichts auch andere Gebiete gemeint sein könnten. Außerdem führe Artikel 23 GG dazu, daß die DDR rechtlich aus sämtlichen Verpflichtungen entlassen werde, während die der Bundesrepublik fortgälten. Die Sowjetunion sei deshalb an Lösungen interessiert, die den bestehenden Verpflichtungen der DDR gegenüber der Sowjetunion gerecht würden.

Detailliert erkundigt sich Portugalow nach Einzelheiten zur Einführung der Währungsunion und ihren Auswirkungen auf die DDR. Seine Fragen zeigen, daß die sowjetische Führung die Entwicklung in der DDR selbst nach wie vor für sehr kritisch hält. Was geschehen werde, wenn in der DDR die staatliche Ordnung zusammenbreche? Ob eine solche Gefahr bestehe und wie die Bundesregierung die möglichen Konsequenzen einschätze? Müßte nicht, sollte es zu einem politischen Kollaps der DDR kommen, die Sowjetunion im Rahmen ihrer Verantwortlichkeit als Siegermacht für die Aufrechterhaltung der Ordnung sorgen?

Im zweiten Teil des Gespräches diskutieren wir über die internationale Einbettung des geeinten Deutschland. Portugalow weist darauf hin, daß eine schriftliche Vereinbarung über den zukünftigen militärischen Status Deutschlands erreicht werden müsse. Für die Sowjetunion sei es unabdingbar, daß ein geeintes Deutschland und die NATO nicht gegen die Sowjetunion gerichtet sein dürften. Sie hörten zwar jetzt, daß sowjetische Truppen vorübergehend »von NATOs-Gnaden« auf dem DDR-Territorium stationiert bleiben dürften; daran sei die Sowjetunion jedoch nicht interessiert. Viel wichtiger sei für sie die Frage, ob die Bundesrepublik nach der Vereinigung in der militärischen Integration der NATO sowie in den integrierten Stäben bleiben wolle und was mit den taktischen Nuklearwaffen geschehen solle, die in der Bundesrepublik stationiert seien.

Die sowjetische Führung gehe davon aus, so fügt er hinzu, daß auch ein geeintes Deutschland weiterhin auf ABC-Waffen verzichten und den Nicht-Verbreitungsvertrag akzeptieren werde. Außerdem müsse die Stärke der Bundeswehr reduziert werden.

Portugalow erklärt, daß auf den Begriff »Neutralisierung« für den zukünftigen Status des geeinten Deutschland verzichtet werden könne. Eine Mitgliedschaft in der NATO sei jedoch für die sowjetische Führung nicht akzeptabel. Der eigentliche Kern der Forderung nach Neutralisierung Deutschlands liege darin, daß von deutschem Boden kein Krieg mehr ausgehen dürfe. In diesem Zusammenhang sei die Rede von Genscher anläßlich der Außenminister-Tagung der WEU »große Klasse« gewesen. Sie habe weitgehend die Gedanken formuliert, die man sich auch in Moskau mache.

Portugalow wirft die Frage auf, ob für Deutschland nicht auch ein Status wie der Frankreichs innerhalb der NATO in Frage käme und Deutschland aus der militärischen Integration der NATO ausscheiden könnte. Wenn Deutschland Mitglied der NATO bleibe, müßten auch die Verpflichtungen der DDR gegenüber dem Warschauer Pakt aufrechterhalten bleiben. Das beziehe sich vor allem auf bestimmte Einrichtungen des Warschauer Paktes in der DDR. Außerdem müsse die Möglichkeit bestehen bleiben, den sowjetischen Militärstatus für dieses Gebiet wiederbeleben zu können.

Die Überlegung Portugalows überrascht mich, ob man nicht über eine Art NATO-Mitgliedschaft der Sowjetunion nachdenken solle. Man könne auch über ein Aneinanderrücken des Warschauer Paktes und der NATO nachdenken. Auch der Vorschlag übergreifender Strukturen zwischen beiden Bündnissen sei wichtig.

Als sehr aussichtsreich bezeichnet Portugalow Vorschläge zur Institutionalisierung der KSZE. Es gebe jedoch einen Haken: Ihre Verwirklichung werde viel Zeit erfordern, deshalb müsse man über Zwischenlösungen nachdenken. Als Ergebnis des Zwei-plus-Vier-Prozesses sollten jedoch die Ziele einer Institutionalisierung festgeschrieben werden.

Abschließend greift Portugalow das Thema eines Friedensvertrages auf. Die Diskussion über die Oder-Neiße-Grenze habe bei allen Nachbarn ernste Besorgnisse ausgelöst. Unsere innenpolitische Diskussion darüber werde in der Sowjetunion nicht verstanden. Sie selbst solle doch ebenfalls eine Reihe von Kröten schlucken. Die Ergebnisse des Zweiten Weltkrieges seien nur in einem Friedensvertrag wasserdicht festzulegen. Er behauptet, daß auch die Westmächte von dieser Position nicht weit entfernt seien. Das gelte vor allem für Frankreich und die USA. Die sowjetische Führung halte die deutsche Position zur Frage eines Friedensvertrages für verständlich, bleibe aber zunächst dabei, daß ein solcher abgeschlossen werden müsse. Der Teilnehmerkreis sollte sich zusammensetzen aus Deutschland, den Vier Mächten und den von Deutschland ehemals besetzten Staaten. Das seien zehn bis fünfzehn Teilnehmer. Portugalow fügt den Vorschlag hinzu, daß alle Teilnehmer der Friedenskonferenz feierlich auf jegliche Reparationsforderungen verzichten sollten.

Am Ende des Gesprächs faßt Portugalow seine Ausführungen zusammen: Je flexibler und je großzügiger Deutschland in der Frage des zukünftigen militärischen Status sein werde, desto flexibler werde die Sowjetunion sich in der Frage des Friedensvertrages verhalten. Er weist noch einmal darauf hin, daß bei den Zwei-plus-Vier-Gesprächen alles vermieden werden müsse, was zu einer Konfrontation aller mit der Sowjetunion führen könnte.

Der Gang dieses Gespräches beweist, daß die sowjetische Führung sich zu zentralen Themen bisher keine abschließende Meinung gebildet hat. Sie selbst ist noch auf der Suche nach geeigneten Antworten, und das Gespräch heute dient wohl dazu, auf vertraulichem Wege die Positionen des Kanzlers zu erfahren. Ich sage Portugalow die Unterrichtung Kohls zu. Er selbst will meine Antworten direkt an Gorbatschow weiterleiten.

Der Kanzler, mit dem ich danach sofort spreche, äußert sich zufrieden darüber, daß die Positionen in der sowjetischen Führung weiterhin offen und flexibel erscheinen.

Anschließend spricht er mit Rudolf Kabel, dem Leiter der Personalabteilung des Kanzleramtes, über Möglichkeiten, die neue DDR-Regierung personell zu unterstützen. Unter Federführung des Kanzleramtes soll ein Konzept erarbeitet werden. Besonders wird es darauf ankommen, das Amt des neuen Ministerpräsidenten mit qualifizierten Leuten zu besetzen.

Abends empfängt Helmut Kohl im Bungalow Lothar de Maizière zu einem ersten Gespräch über die Regierungsbildung und zur Vorbereitung der Regierungserklärung.

Donnerstag, 29. März 1990

Abends fliegt der Kanzler zur Königswinter-Konferenz nach Cambridge und zu den sich anschließenden zwanzigsten Deutsch-Britischen Gipfelkonsultationen. Auf dem Flughafen in Cambridge begrüßt ihn Margaret Thatcher. Auf Wunsch Kohls fahren sie getrennt zum St. Catherine's College. Sein Ärger über ihre Äußerungen im *Spiegel* dieser Woche über die deutsche Politik wirkt nach.

Beim gemeinsamen Abendessen aus Anlaß des vierzigsten Jahrestages der Königswinter-Konferenz gratuliert Margaret Thatcher in ihrer Tischrede Helmut Kohl zu seinem Erfolg bei den ersten freien Wahlen in der DDR. Schon im nächsten Satz begrüßt sie sein entschlossenes Eintreten für die Mitgliedschaft eines geeinten Deutschland in der NATO und für die Fortdauer der amerikanischen Truppenpräsenz. Der Kanzler sei immer ein überzeugter und zuverlässiger Fürsprecher des Atlantischen Bündnisses gewesen.

Anschließend geht es ihr vor allem darum, nachzuweisen, daß Großbritannien für die Deutsche Einheit genausoviel getan habe wie andere Länder. Sie habe ihre Ansichten über die Folgen der Einigung für NATO und EG, für die Rechte und Verantwortung der Vier Mächte und für Deutschlands Nachbarn und ihre Grenzen »manchmal allzu unverblümt geäußert«. Es sei für niemanden eine große Überraschung, daß sie nicht immer die »geschickteste Diplomatin« sei. Wer will ihr widersprechen? Sie betont auch heute sehr deutlich die Notwendigkeit der NATO und ergänzt, daß weiterhin Kernwaffen der NATO-Streitkräfte in Deutschland stationiert bleiben müßten. Damit weist sie auf ein Thema hin, über das wir uns lieber nicht öffentlich äußern und erhöht damit die Gefahr, daß die Sowjetunion es aufgreift und als Preis für die Einheit fordert.

Alles in allem aber ist sie deutlich bemüht, für ein freundliches und gutes Klima zu sorgen. Der Kanzler geht darauf direkt ein und erklärt, daß er das freundschaftliche Willkommen »natürlich in vollen Zügen« genieße.

Freitag, 30. März 1990

Morgens treffen sich der Bundeskanzler und die Premierministerin zu einem Gespräch unter vier Augen in Downing Street Nr. 10. Es konzentriert sich sofort auf die Frage der NATO-Mitgliedschaft eines geeinten Deutschland. Margaret Thatcher schlägt vor, noch vor dem Treffen Bushs mit Gorbatschow verschiedene Optionen zu erarbeiten. Die Allianz müsse sich in diesen Fragen einig sein. Kohl unterstreicht, daß er nicht bereit sei, jeden Preis für die Einheit Deutschlands zu zahlen, insbesondere nicht den der Neutralität.

Die anschließende Pressekonferenz und das gemeinsame Mittagessen bestätigen, daß diese Konsultationen das Klima deutlich verbessert haben. »Margaret ist eine wunderbare Frau«, bekräftigt Helmut Kohl vor den laufenden Kameras des britischen Fernsehens. Wie immer war sie eine eindrucksvolle und anregende, wenn auch schwierige Gesprächspartnerin. Margaret Thatcher weiß, was sie will, vertritt ihre Positionen unerschrocken und nimmt auf mögliche Empfindlichkeiten ihrer Gesprächspartner wenig Rücksicht. Sie verfügt über große Detailkenntnis, ist meist sehr gut vorbereitet, fragt präzise nach, hört Gesprächspartnern genau zu und geht konkret auf sie ein. Für sie gilt das berühmte Wort, England kenne keine Freunde und kenne keine Feinde, England kenne nur seine Interessen.

Die französische Presse stellt als Reaktion auf das gestern in der Sendung »Stunde der Wahrheit« im französischen Fernsehen ausgestrahlte, einstündige Interview des Bundeskanzlers übereinstimmend fest, daß er sich anders präsentiert habe, als er in Frankreich bisher dargestellt worden sei. Frankreich hat einen neuen Helmut Kohl entdeckt. Erfreulich ist, daß die französische Presse vor allem sein Eintreten für den weiteren Ausbau der Europäischen Gemeinschaft und für die Rolle Deutschlands und Frankreichs als gemeinsamer Lokomotive für den Aufbau Europas herausstellt. Die wichtigste Botschaft des Kanzlers ist also angekommen.

In Bonn geben wir heute bekannt, daß der Bundeskanzler und Präsident Bush am 17. Mai 1990 – vor dem amerikanisch-sowjetischen Gipfel – zu ausführlichen Gesprächen im Weißen Haus in Washington zusammentreffen werden. Genscher und Stoltenberg werden ihn begleiten. Kohl ist überzeugt, daß dieser Gipfel zwischen Bush und Gorbatschow eine Schlüsselbegegnung für die Lösung der Sicherheitsfragen im Zusammenhang mit der deutschen Einigung werden kann.

Montag, 2. April 1990

Zur Vorbereitung der Zwei-plus-Vier-Gespräche versammeln sich heute morgen beim Bundeskanzler Hans-Dietrich Genscher, Gerhard Stoltenberg, Rudolf Seiters, Dieter Kastrup, Generalmajor Klaus Naumann aus dem Führungsstab des Verteidigungsministeriums und ich. Wir sind uns einig, daß die Schutzklauseln in Artikel 5 und 6 des NATO-Vertrages für ganz Deutschland gelten müssen. Offen bleibt, ob sie vom Tag der Vereinigung an oder erst nach Abzug der sowjetischen Truppen auch für das heutige DDR-Gebiet gelten sollen. Helmut Kohl spricht sich nachdrücklich dafür aus, für den Abzug sowjetischer Truppen ein festes Datum zu vereinbaren. Ebenso entschieden tritt er dafür ein, daß die Bundeswehr in Gesamtdeutschland stationiert werden und die Wehrpflicht überall gelten soll.

Am Rande berichtet der Kanzler über sein Gespräch mit Margaret Thatcher, die er als eine »unheimliche Kämpferin und als ein prachtvolles Weib« schildert. Er hat mit ihr wieder Frieden geschlossen.

Nachmittags habe ich für vier Stunden Jacques Attali und seine Mitarbeiter zu Gast. Wir setzen unser Gespräch über gemeinsame deutsch-französische Initiativen zur Vorbereitung des EG-Sondergipfels in Dublin fort und stimmen unsere Positionen zur Politischen Union und zur Wirtschafts- und Währungsunion ab. Diese Form der bilateralen Abstimmung zwischen dem Bundeskanzleramt und dem Elysée ist in acht Jahren zu einer ständigen Einrichtung geworden. Abwechselnd treffen wir uns in Paris und Bonn.

Dienstag, 3. April 1990

Die Kanzler-Lage gerät heute morgen zu einer Gratulationscour, Helmut Kohl feiert seinen sechzigsten Geburtstag. Fröhlich liest er einzelne Passagen aus dem Buch *Das Phänomen* vor, das ihm der Vorsitzende der Konrad-Adenauer-Stiftung, Berhard Vogel, zum Geburtstag geschenkt hat. Es enthält eine Auswahl von Würdigungen Kohls seit seiner Mainzer Zeit als Ministerpräsident. Besonderen Spaß bereiten ihm Kommentare, in denen ihm schon vor vielen Jahren mehrfach das politische Ende prophezeit worden war. Chansons von Edith Piaf rahmen die Runde im Arbeitszimmer des Kanzlers musikalisch ein.

Mittags findet der offizielle Geburtstagsempfang der CDU in der Beethovenhalle statt. Abends hat Helmut Kohl seine besten Freunde, politische Weggefährten und eine kleine Zahl enger Mitarbeiter zu einer privaten Feier in den Bungalow eingeladen. Sein Sohn Walter hält eine sehr eindrucksvolle Rede, wobei er das Schicksal eines Kindes eines prominenten Politikers anklingen läßt. Die »Geburtstagsrede« Gerd Bachers aus Wien will mit viel Witz und Esprit dem Erfolgsgeheimnis Helmut Kohls auf die Spur kommen.

Mittwoch, 4. April 1990

Das Bundeskabinett befaßt sich heute mit den Empfehlungen des Zentralbankrates der Deutschen Bundesbank vom vergangenen Donnerstag zur beabsichtigten Währungsunion mit der DDR. Innerhalb der Bundesregierung ist dazu bereits ein Vertragsentwurf erarbeitet worden, der noch in dieser Woche abschließend beraten wird. Da am 6. Mai Kommunalwahlen in der DDR stattfinden, will der Bundeskanzler erreichen, daß die Verhandlungen über die Währungsunion mit der neuen DDR-Regierung bis zum 1. Mai abgeschlossen sind. Alle sind sich darüber im klaren, daß die eigentlichen Schwierigkeiten in der DDR erst nach der Einführung der Währungsunion beginnen, und dann auch die Arbeitslosenzahlen rasch ansteigen werden.

In einem Brief an den polnischen Ministerpräsidenten Mazowiecki erläutert der Kanzler noch einmal seine Vorstellungen über das weitere Vorgehen im Zusammenhang mit der Anerkennung der Oder-Neiße-Grenze und bekräftigt seine Bereitschaft, die Dinge endgültig zu regeln. Er zeigt Verständnis für die politische und psychologische Situation der Polen und für die nicht einfache Rolle Mazowieckis, bittet ihn jedoch, auch diejenigen Deutschen zu verstehen, denen in der Stunde der deutschen Einheit ein bitterer und endgültiger Verzicht abverlangt werde.

Kohl wiederholt seinen Wunsch, die in der »Gemeinsamen Erklärung« enthaltene Regelung der Minderheitenrechte erneut zu bekräftigen und auch den Verzicht auf Reparationen von 1953 noch einmal zu bestätigen. Er stellt jedoch klar, daß er diese beiden Punkte nicht mit dem Grenzvertrag verknüpfen wolle.

Abends sitze ich erneut mit der außenpolitischen Expertengruppe aus Wissenschaft und Medien zusammen. Zwei wichtige Anregungen, die wie so oft von Boris Meissner kommen, sind das Ergebnis unseres intensiven Gespräches. Es handelt sich zum einen um den Vorschlag, der Sowjetunion schon heute für die Zeit nach der Vereinigung Deutschlands einen umfassenden bilateralen Vertrag über Gewaltverzicht und Zusammenarbeit anzubieten. Die Verhandlungen sollten bereits vorher beginnen. Ein solches Angebot könnte der Sowjetunion die Sicherheit vermitteln, daß auch ein geeintes Deutschland bereit sein wird, der zentralen Bedeutung der beiderseitigen Beziehungen gerecht zu werden, sie umfassend zu entwickeln und zu intensivieren. Das geeinte Deutschland bleibt ein wichtiger Partner der Sowjetunion.

Die zweite Idee ist ein gesamteuropäischer Gewaltverzichtsvertrag zwischen den Staaten der Atlantischen Allianz und den Mitgliedsländern des Warschauer Paktes, der den Gewaltverzicht bekräftigen, die Anerkennung der Grenzen festschreiben, den Prinzipienteil der KSZE aufnehmen und ein Streitschlichtungsverfahren, wie es die Schweiz bereits vorgeschlagen hat, aufgreifen soll. Wir sind uns einig, daß es dabei nicht um einen multilateralen Beistandspakt gehen kann. Ich bin von diesen Überlegungen fasziniert und entschlossen, den Kanzler dafür zu gewinnen.

Donnerstag, 5. April 1990

Während der Bundeskanzler heute morgen mit den Währungsexperten aus dem Finanzministerium und der Bundesbank über die geplante Währungsunion mit der DDR spricht, habe ich meine Abteilung zusammengerufen. Zwei Stunden lang diskutieren wir die Idee aus dem Expertengespräch von gestern abend. Wir sind uns schnell einig, daß auf der Grundlage der bestehenden Verträge und Abkommen und der Gemeinsamen Erklärung von Kohl und Gorbatschow vom Juni 1989 noch vor der Wiedervereinigung ein umfassender Vertrag mit der Sowjetunion erarbeitet werden soll.

Eine längere Diskussion entzündet sich an der Frage, ob und in welcher Form ein gesamteuropäischer Gewaltverzichtsvertrag angestrebt werden solle, der dem übersteigerten Sicherheitsbedürfnis der Sowjetunion Rechnung trägt. Ich lasse angesichts der veränderten Lage in Europa Analogien zu vergleichbaren früheren sowjetischen Vorschlägen, die in die gleiche Richtung gingen, nicht gelten.

Ich bin begeistert von diesen Überlegungen, weil ich glaube, daß diese Vorschläge uns der Lösung des zukünftigen Sicherheitsstatus Gesamtdeutschlands ein Stück näher bringen könnten. Ein bilateraler Vertrag würde in geradezu idealer Weise die multilateralen Bemühungen ergänzen. Damit zeichnet sich ein Gesamtpaket von Lösungen ab, das Moskau vielleicht bewegen könnte, die »Kröte der NATO-Mitgliedschaft« zu schlucken, wie es Portugalow einmal formuliert hat.

Freitag, 6. April 1990

Heute erscheint in der *Iswestija* ein Interview des Bundeskanzlers. Darin lehnt er noch einmal entschieden ein neutrales Gesamtdeutschland ab. Gleichzeitig nutzt er jedoch das Interview als Chance, der Sowjetunion einen Weg aufzuzeigen, die NATO-Mitgliedschaft eines geeinten Deutschland zu akzeptieren. Er begründet, warum die NATO von morgen eine andere sein werde als die von heute. Gleichzeitig wiederholt er die einseitigen Verpflichtungen, die ein geeintes Deutschland eingehen werde.

Eindeutig lehnt er jedoch einen Friedensvertrag ab. Eine solche Regelung entspräche 45 Jahre nach Kriegsende nicht mehr dem erreichten Stand der Beziehungen beider deutscher Staaten zu den Vier Mächten.

In Washington gehen dreitägige Gespräche zwischen Baker und Schewardnadse zu Ende. Schewardnadse hat seinen Vorschlag wiederholt, daß ein geeintes Deutschland Mitglied beider Bündnissysteme sein solle. Er gibt jedoch keine Auskunft darüber, wie eine solche Doppel-Mitgliedschaft aussehen und funktionieren soll. Besonders wichtig für uns ist die Ankündigung, daß Bush und Gorbatschow sich am 30. Mai zu einem Gipfel in Washington treffen wollen. Diese Begegnung könnte zu einen Schlüsselereignis für die Lösung der deutschen Frage werden.

In Hannover halte ich anläßlich der Kommandeurstagung der Bundeswehr einen Vortrag vor mehreren hundert Generalstabsoffizieren. Ich erläutere das Gesamtpaket von Lösungen, die für die Vollendung der deutschen Einheit erforderlich sein werden. Es geht mir vor allem um eine Botschaft: Die Bundeswehr dürfe sich gegenüber den internationalen Entwicklungen nicht passiv verhalten, sondern müsse mit Phantasie und Kreativität an Lösungen für die NATO mitarbeiten und für sich selbst die notwendigen Schlußfolgerungen ziehen. Es gebe für die Bundeswehr keinen Grund zu Pessimismus oder Defaitismus, weil jetzt das geschehe, wofür der Westen und allen voran die Atlantische Allianz und die Bundeswehr vierzig Jahre lang gearbeitet habe.

Heute reist der Bundeskanzler nach Bad Hofgastein, um seine jährliche Fastenkur anzutreten. Wir geben uns der Illusion hin, daß damit ruhigere Tage anbrechen.

Dienstag, 10. April 1990

Die Koalitionsverhandlungen in Ost-Berlin kommen zum Ende. Eine große Koalition aus Allianz und SPD ist gebildet.

Schewardnadse signalisiert Kompromißbereitschaft in der Frage der NATO-Mitgliedschaft. In einem Interview mit *Novosti* lehnt er zwar »die Vorstellung der vollen NATO-Mitgliedschaft eines künftigen deutschen Staates« nach wie vor ab, fügt jedoch hinzu, daß es notwendig sei, »einen Kompromiß zu suchen, um ein wiedervereinigtes Deutschland zu einem echten Faktor der Stabilität in Europa zu machen«.

Im amerikanischen Fernsehen spricht sich Margaret Thatcher für eine Lösung der NATO-Frage »gemeinsam mit der Sowjetunion« aus. Innerhalb der NATO müsse es unbedingt Veränderungen geben. Die NATO-Strategie müsse überdacht werden und das Bündnis außerdem in Zukunft mit weniger Streitkräften und weniger Ausrüstung auskommen. Es ist ein bemerkenswertes und für uns hilfreiches Interview, weil sich Margaret Thatcher damit auch in der Sicherheitspolitik auf die veränderte Situation in Europa einzustellen beginnt.

Mittwoch, 11. April 1990

Heute geht die fast dreiwöchige Bonner KSZE-Konferenz über wirtschaftliche Zusammenarbeit in Europa zu Ende. Das Schlußdokument enthält ein klares Bekenntnis zur Marktwirtschaft. Selbst die amerikanische Delegation, die in diese Konferenz mit großer Skepsis hineingegangen war, äußert sich fast euphorisch über das Ergebnis.

Mittags ruft Jacques Attali an. Er gibt mir grünes Licht für die gemeinsame deutsch-französische Initiative zum EG-Sondergipfel in Dublin. Mitterrand sei mit unserer Arbeit sehr zufrieden.

Abends ruft der Kanzler aus Hofgastein an. Er stehe in ständigem telefonischen Kontakt mit de Maizière, über dessen Koalitionsverhandlungen und Regierungsbildung er außerordentlich zufrieden sei: »Die Sauereien sind gleichmäßig verteilt worden.« Peter-Michael Diestel von der DSU werde das Innenministerium übernehmen, die SPD das Finanz- und Arbeitsministerium und die Liberalen seien für die Neubildung der Länder zuständig. Alle Parteien hätten damit gleichermaßen schwierige Aufgaben zu lösen. De Maizière behalte sich selber die Zuständigkeit für die Zwei-plus-Vier-Gespräche vor.

13. April 1990 (Karfreitag)

In einer gemeinsamen Pressekonferenz auf den Bermudas stellen George Bush und Margaret Thatcher zum ersten Mal unmißverständlich fest, daß ein vereinigtes Deutschland »uneingeschränkte Kontrolle über sein gesamtes Territorium ohne irgendwelche Einschränkungen seiner Souveränität haben« müsse. Bush und Thatcher machen deutlich, daß eine veränderte Rolle der NATO und der Rahmen der KSZE Voraussetzungen seien, Antworten auf gesamteuropäische Sicherheitsprobleme zu geben. Außerdem bekräftigen sie erneut, daß ein vereinigtes Deutschland Vollmitglied der NATO sein müsse.

14. April 1990 (Karsamstag)

Am späten Vormittag erreicht mich ein Anruf meines Kollegen Johannes Reckers aus dem Bundeskanzleramt, der seit zehn Tagen beratend bei Ministerpräsident de Maizière tätig ist. Er teilt mir mit, daß es dringend erforderlich sei, de Maizière und seinen Amtschef, Klaus Reichenbach sowie den Parlamentarischen Staatssekretär Günther Krause, der zugleich Vorsitzender der CDU-Fraktion in der Volkskammer sei und verantwortlich für die Deutschlandpolitik, außenpolitisch zu beraten. Ich erkläre mich bereit, nach Ost-Berlin zu kommen, wann immer de Maizière dies wünsche.

Abends ruft mich Reckers erneut aus Ost-Berlin an: De Maizière möchte mich am Ostermontag morgens in Ost-Berlin sprechen, da er mittags ein erstes Gespräch mit dem neuen Außenminister Markus Meckel von der SPD habe.

16. April 1990 (Ostermontag)

In aller Herrgottsfrühe fliege ich nach Berlin. Mit Sylvia Schulz, der Büroleiterin de Maizières, bespreche ich im Hotel Berlin im Westteil der Stadt den außenpolitischen Teil der Regierungserklärung, die der DDR-Ministerpräsident am Donnerstag in der Volkskammer abgeben will. In zwei Punkten weicht er von der Linie der Bundesregierung deutlich ab, insbesondere in der Passage zur polnischen Westgrenze. Dort ist der Wunsch Mazowieckis uneingeschränkt übernommen worden, zwischen beiden deutschen Staaten und Polen noch vor der Vereinigung Deutschlands einen »Grenzvertrag« zu paraphieren. Außerdem wird in de Maizières Text die NATO-Mitgliedschaft eines geeinten Deutschland nur für eine »Übergangszeit bis zur Schaffung des gesamteuropäischen Sicherheitssystems« akzeptiert. Darüber werden wir mit de Maizière sprechen müssen.

Wir betreten das Ministerratsgebäude durch einen Hintereingang. Beide Seiten bemühen sich ständig, bei den gemeinsamen Gesprächen nicht öffentlich aufzufallen, um den Eindruck einer »Fernsteuerung« durch Bonn zu vermeiden. Die langen Flure sind schmucklos, der Fußboden schlecht verklebt und die nachträglich angefertigten Doppeltüren zeugen von schlampiger Arbeit. In den Fluren und Arbeitszimmern hängt der typische »DDR-Geruch«, den ich seit den sechziger Jahren kenne, der Geruch von Desinfektionsmitteln. Alles wirkt anonym und völlig gesichtslos.

Zum ersten Mal treffe ich für zwei Stunden mit de Maizière zusammen, der vom ersten Augenblick an durch seine leise und freundliche Art vertrauenserweckend wirkt: er hört aufmerksam zu und macht sich Notizen. Seine Fragen und Anmerkungen zeigen, daß er sich in neue Themen schnell hineindenkt.

Bezüglich der inneren Aspekte der deutschen Einigung erinnere ich de Maizière an die am 11. Februar von TASS veröffentlichte Erklärung Gorbatschows, auf die er sich gegenüber der Sowjetunion immer wieder berufen sollte: dort war zu lesen, daß es ausschließlich Sache der Deutschen sei, wie und wie schnell sie den Einigungsprozeß untereinander regeln wollen.

Im Zusammenhang mit dem Zwei-plus-Vier-Prozeß erläutere ich die »Paket-Lösung«, die Kohl für erforderlich hält, um vor allem die Sicherheitsfragen klären zu können: also die Institutionalisierung der KSZE, Abrüstungsverhandlungen, die wirtschaftliche Kooperation mit der Sowjetunion und die Ablösung der DDR-Verpflichtungen sowie der zukünftige militärische Status Gesamtdeutschlands und die Weiterentwicklung der NATO.

De Maizière erklärt uns, daß er die Nationale Volksarmee (NVA) nicht auflösen könne, weil die entlassenen Offiziere und Unteroffiziere ein Sicherheitsrisiko für ihn und seine Regierung bedeuten würden. Er weist auf den außerordentlich populären Antrag der PDS hin, die Wehrpflicht in der DDR abzuschaffen. Es werde keiner anderen Partei möglich sein, sich ihm ernsthaft zu widersetzen. Er überlege, wie er der PDS in der Volkskammer zuvorkommen könne, zumal er auch auf den Zivildienst nicht verzichten könne, da sonst die sozialen Einrichtungen in der DDR sofort zusammenbrächen. Schon heute gingen, wie ihm seine Frau, die Krankenschwester ist, berichte, viele der ausgebildeten Kräfte nach West-Berlin oder in die Bundesrepublik.

De Maizière berichtet auch über sein Gespräch mit dem sowjetischen Botschafter Kotschemassow. Dieser habe ihn zum Gespräch gebeten, und er sei zu ihm gegangen. Ich sage ihm, daß das ein Fehler gewesen sei, der Botschafter habe zu ihm als Ministerpräsidenten zu kommen und nicht umgekehrt. Auf meine Frage, was Kotschemassow ihm gesagt habe, erwidert de Maizière: Der sowjetische Botschafter habe ihm deutlich gemacht, wer in der DDR »noch das Sagen habe«. Ansonsten hätten vor allem Wirtschaftsfragen im Vordergrund gestanden. Es sei außerordentlich wichtig, daß die Lieferverträge der DDR mit der Sowjetunion und den anderen RGW-Staaten auch in Zukunft erfüllt würden. Diese Frage müsse auch mit der EG besprochen werden. Wir stimmen überein, daß dieser Problemkreis ein wichtiger Schlüssel für die Lösung der deutschen Frage sei.

Das ganze Gespräch verläuft freundschaftlich und einvernehmlich. Als wir das Zimmer des Ministerpräsidenten verlassen, kommt uns Außenminister Meckel entgegen – in Pullover und Cordhose, als gehe er einer Freizeitbeschäftigung nach.

Wir setzen das Gespräch mit Reichenbach und Krause fort. Beide zeigen sich sehr besorgt über die nach wie vor vorhandenen Stasi-Strukturen. Die Mitarbeiter der Staatssicherheit hätten in Standorten der sowjetischen Streitkräfte, aber auch anderswo, Unterschlupf gefunden und operierten von dort aus weiter. Beide äußern die Befürchtung, daß Stasi-Angehörige Attentate versuchen könnten, inszenierte Verkehrsunfälle seien nicht auszuschließen. Sie berichten über vielfältige Erpressungen durch die Stasi.

Reichenbach und Krause treten entschieden für einen raschen Einigungsprozeß ein, der zügig und ohne Umwege erfolgen müsse. Krause sagt zu mir, daß sie nur noch »Lothar«, also de Maizière davon überzeugen müßten.

Fast drei Stunden sprechen wir über die Lage in der DDR. Beide Gesprächspartner sind auf ihre Art eindrucksvoll. Sie sind entschlossen, alles zu tun, um die Einigung Deutschlands zu erreichen, ohne jedoch im einzelnen zu wissen, wie sie ihre eigene Arbeit organisieren sollen. Erstaunlich ist, wieviel Zeit sie sich für dieses Gespräch nehmen, obwohl sie doch die Regierungserklärung vorbereiten sollten.

Ich empfehle eine schonungslose Abrechnung mit dem alten Regime. Die Erblast der SED müsse kompromißlos dargestellt werden, um keine Illusionen über die tatsächliche Lage in der DDR aufkommen zu lassen. Das sei wichtig sowohl gegenüber der eigenen Bevölkerung und der in der Bundesrepublik als auch gegenüber der Sowjetunion.

Am späten Nachmittag fliege ich nach Bonn zurück. Ich habe viel über die tatsächliche Lage in der DDR dazugelernt und drei Männer erlebt, die mit überraschender Gelassenheit ihre Arbeit aufnehmen. Vermutlich sind sie sich der Herausforderung noch nicht bewußt, die tatsächlich auf sie wartet. Sie rechnen aber auch auf tatkräftige Unterstützung durch die Bundesregierung.

Nach meiner Rückkehr unterrichte ich den Bundeskanzler telefonisch über die Gespräche in Ost-Berlin. Ich empfehle, von seiten der Bundesregierung in stärkerem Maße als bisher die Initiative zu ergreifen. Wir müßten stärker von unserer Seite aus den Kontakt mit den neuen Partnern in Ost-Berlin suchen und Beratung anbieten. Natürlich dürfe dabei nicht der Eindruck erweckt werden, daß wir sie »fernsteuern« wollten. Kohl berichtet mir, daß er in ständigem telefonischen Kontakt mit de Maizière stehe. Er drängt darauf, daß wir das Gesetz des Handelns in der Hand behalten.

Mittwoch, 18. April 1990

Kohl und Mitterrand richten heute eine gemeinsame Botschaft an Charles Haughey, den irischen Regierungschef und amtierenden Präsidenten des Europäischen Rates. Sie halten es für notwendig, den politischen Aufbau der EG zu beschleunigen. Es sei an der Zeit, »die Gesamtheit der Beziehungen zwischen den Mitgliedsstaaten in eine Europäische Union umzuwandeln und diese mit den notwendigen Aktionsmitteln auszustatten«, wie es die *Einheitliche Europäische Akte* vorsehe.

Sie übermitteln Haughey ihren Wunsch, die vorbereitenden Arbeiten für die Regierungskonferenz über die Wirtschafts- und Währungsunion zu intensivieren und eine Regierungskonferenz über die Politische Union einzuleiten. Ihr gemeinsames Ziel sei es, diese grundlegenden Reformen – die Wirtschafts- und Währungsunion sowie die Politische Union – am 1. Januar 1993 nach Ratifizierung durch die nationalen Parlamente in Kraft treten zu lassen. Der deutsch-französische »Motor« für die Europäische Einigung läuft damit nach längerer Zeit wieder.

De Maizière unterrichtet uns über ein *non-paper*, das er heute von Kotschemassow erhalten hat:

Die Sowjetunion sei zu den Vereinigungsprozessen zwischen den beiden deutschen Staaten positiv eingestellt und gehe davon aus, daß sie sich in geordneten Bahnen und unter Achtung der Interessen der anderen Völker vollziehen werden. Die Sowjetunion bekräftigt erneut, daß es allein Sache der Deutschen sei, in welcher Form sie ihr Recht auf staatliche Einheit verwirklichen wollten. Der innere und äußere Prozeß müsse miteinander verbunden und die Fragen synchron gelöst werden. Die Vereinigung Deutschlands dürfe nicht zu einer Verringerung der Sicherheit irgendeines Staates führen. Moskau gehe davon aus, daß die DDR wie auch die BRD ihre Verpflichtungen erfüllen und die Rechte und Interessen der UdSSR aus den bestehenden wirtschaftlichen, politischen und militärischen Verträgen und Abkommen in Rechnung stellen würden. Das Prinzip *pacta sunt servanda* dürfe nicht verletzt oder umgangen werden.

Erneut bekräftigt die Sowjetunion ihre Ablehnung der Mitgliedschaft eines vereinigten Deutschland in der NATO. Daran würde sich auch durch eine zeitweilige oder ständige Ausklammerung des gegenwärtigen DDR-Territoriums aus der Einflußsphäre der NATO nichts ändern.

Als »Ausweg« bezeichnet das *non-paper* die Schaffung eines gesamteuropäischen Sicherheitssystems. Es müsse ein Übergang vom gegenwärtigen System zweier Bündnisse zu einer kollektiven Sicherheitsstruktur gefunden werden.

Die UdSSR sei nicht bereit, ihre Zustimmung zur Anwendung von Artikel 23 GG zu geben, weil damit die Verpflichtungen der DDR gegenüber der Sowjetunion und den anderen Verbündeten aufgelöst würden.

Ausdrücklich wird von einem »anderen adäquaten Dokument« gesprochen, das einen Friedensvertrag ersetzen könnte und im Rahmen der Zwei-plus-Vier-Verhandlungen ausgearbeitet werden müsse.

Donnerstag, 19. April 1990

Vormittags treffe ich mich zu einem zweistündigen Gespräch mit dem ungarischen Außenminister Gyula Horn und Botschafter Istvan Horvath. Horn berichtet über das letzte Außenminister-Treffen der Warschauer-Pakt-Staaten in Prag. Schewardnadse habe dort eine sehr harte Rede gehalten und sich entschieden gegen die Mitgliedschaft eines geeinten Deutschland in der NATO ausgesprochen. Er, Horn, habe gemeinsam mit seinen tschechischen und polnischen Kollegen Jiri Dienstbier und Krzysztof Skubizewski dagegen gehalten, wofür Schewardnadse sich anschließend bedankt habe. Gorbatschow und er stünden zu Hause unter starkem Druck der Konservativen und der Militärs, weshalb die Haltung der anderen Partner-Staaten in der deutschen Frage wichtig sei. Wieder einmal haben sich Horns Kontakte in Moskau für uns als nützlich erwiesen. Er ist ein sehr kluger Analytiker, nüchtern in seinem Urteil, und neigt zur Ironie.

In seiner Regierungserklärung vor der Volkskammer in Ost-Berlin betont de Maizière den Willen zu einem völligen Neuanfang, aber er verzichtet auf eine schonungslose Abrechnung mit dem früheren System. Ich halte das für falsch. Nur an der Aufzählung dessen, was er neu machen will, ist das Ausmaß der Erblast erkennbar, die die neue Regierung übernehmen muß.

Ein klares Bekenntnis zur deutschen Einheit, die nach Artikel 23 GG vollzogen werden soll, durchzieht die Rede.

Der außenpolitische Teil ist dagegen zurückhaltend formuliert. De Maizière legt sich auf kein Verfahren zur Anerkennung der polnischen Westgrenze fest. Hier hat unsere Beratung und die Intervention des Kanzlers gewirkt. Die Rede enthält jedoch auch keine Aussage zur NATO-Mitgliedschaft Deutschlands, dafür aber allgemeine Ausführungen zur Unterstützung des Prozesses, die militärischen Bündnisse durch Sicherheitsstrukturen mit immer weniger militärischen Funktionen abzulösen.

Besonders betont de Maizière die Vertragstreue gegenüber der Sowjetunion und den anderen RGW-Staaten. Überraschend ist sein Bekenntnis zur »Loyalität gegenüber dem Warschauer Pakt«. Viele problematische Aussagen aus der Koalitionsvereinbarung wiederholt er dagegen nicht. Im großen und ganzen können wir mit dieser Regierungserklärung sehr zufrieden sein: die grundsätzlichen Voraussetzungen für die Zusammenarbeit sind geschaffen.

Der sowjetische Geschäftsträger überreicht uns heute eine Demarche zum Vertrag über die Schaffung einer Währungsunion, Wirtschafts- und Sozialgemeinschaft mit der DDR. Bei der Übergabe des *non-papers* erklärt er, daß mit einem solchen Vertrag die grundsätzlichen Positionen und Interessen der Sowjetunion aufs unmittelbarste betroffen seinen. Er gefährde die Rechtsnachfolge hinsichtlich der internationalen Verpflichtungen der DDR, schade den sowjetischen Interessen und berühre die Rechte und Verantwortlichkeiten der Vier Mächte.

Daß diese Demarche auf protokollarisch sehr niedriger Ebene und nur in Form eines *non-papers* erfolgt, zeigt uns, daß die sowjetische Seite von uns erwartet, die wirtschaftlichen Verpflichtungen der DDR gegenüber der Sowjetunion ernst zu nehmen und zu übernehmen. Damit hat sie aber unsere Politik auf dem Weg zur Einheit nicht grundsätzlich in Frage gestellt.

Freitag, 20. April 1990

Heute geht eine Botschaft von Margaret Thatcher über das Ergebnis ihrer Gespräche mit Präsident Bush auf den Bermudas ein. Sie enthält als wichtigste Information den Vorschlag eines »baldigen« NATO-Gipfels, der über die gesamtdeutsche Vollmitgliedschaft in der Nordatlantischen Allianz, die amerikanische konventionelle und nukleare Präsenz in Europa sowie über die zukünftige Strategie des Bündnisses diskutieren soll. Auch Mitterrand und Bush haben sich nach ihrer Begegnung in Key Largo in Florida für einen Gipfel »noch vor Ende des Jahres« ausgesprochen. Thatcher ist überzeugt, daß Moskau letzten Endes der NATO-Mitgliedschaft eines vereinten Deutschland sowie dessen vollständiger Teilnahme an der integrierten militärischen Struktur des Bündnisses zustimmen werde. Dieser Meinung sei auch Bush. Wir verstehen diese Unterrichtung als eine Geste des guten Willens.

Sonntag, 22. April 1990

Der Bundeskanzler, der am Freitag aus Bad Hofgastein nach Ludwigshafen zurückgekehrt war, hat heute abend Mitglieder des Kabinetts und Vertreter der Bundesbank zu einer Besprechung in den kleinen Kabinettssaal nach Bonn eingeladen.

Einleitend stellt er fest, daß sich der Zeithorizont verenge. Angesichts der Geschehnisse im Baltikum sei nicht auszuschließen, daß sich auf die Entwicklung »Rauhreif« lege. Der mit der DDR verabredete Zeitplan bleibe unverändert. Die Gunst der Stunde müsse jetzt genutzt werden.

Hans Tietmeyer, der persönliche Beauftragte des Bundeskanzlers für die Währungs-, Wirtschafts- und Sozialunion, berichtet über den Stand der Vorbereitungen. Helmut Kohl unterstreicht den Willen der Bundesregierung, die Steuern zur Finanzierung nicht zu erhöhen. Es erhebt sich kein Widerspruch. Er kündigt an, all seine Autorität einzusetzen, damit der Zeitplan für die Währungs-, Wirtschafts- und Sozialunion eingehalten werde. Notfalls werde er der DDR »den Karren vor die Türe« stellen. Wenn im Sommer Hunderttausende von Übersiedlern in den Westen kämen, würden diejenigen, die heute die Entscheidungen verzögerten, als erste den Vorwurf erheben, es sei nicht rechtzeitig gehandelt worden.

Hinsichtlich der Umtauschquoten verweist Pöhl darauf, daß die Vorschläge der Bundesbank Empfehlungen seien. Es sei jetzt Aufgabe der Bundesregierung, eine Entscheidung zu treffen. Es wird beschlossen, Löhne und Gehälter ebenso wie Sparguthaben grundsätzlich im Verhältnis 1:1 umzustellen.

Um Mitternacht endet diese intensive Aussprache mit einer Verständigung über die Grundzüge eines Angebots für den Staatsvertrag mit der DDR.

Montag, 23. April 1990

In seinem Lagebericht vor dem CDU-Bundesvorstand im Konrad-Adenauer-Haus äußert sich Helmut Kohl besorgt darüber, wie sich die Lage in der Sowjetunion weiter entwickeln werde. Die Krise in Litauen und die wachsenden wirtschaftlichen Schwierigkeiten in der UdSSR könnten den deutschen Einigungsprozeß erschweren. Man müsse sich deshalb jetzt klug verhalten, das richtige Wort zum richtigen Zeitpunkt sagen und die Entscheidungen rechtzeitig treffen. Jede Chance, in der deutschen Sache voranzukommen, müsse jetzt genutzt werden.

Kohl bekräftigt seine Auffassung, daß die wirtschaftlichen Beziehungen zur Sowjetunion auch für den Einigungsprozeß von zentraler Bedeutung seien. Dies gelte vor allem für die Ablösung der DDR-Verpflichtungen. Er werde deshalb auf dem Weltwirtschaftsgipfel in Houston vorschlagen, der Sowjetunion und Osteuropa wirtschaftlich zu helfen. Für die Sowjetunion sei die Frage der zukünftigen Wirtschaftsbeziehungen am Ende wichtiger als die NATO-Zugehörigkeit Deutschlands. Er ist nach wie vor davon überzeugt, daß eine großzügige wirtschaftliche Kooperation mit der Sowjetunion die Lösung der Sicherheitsprobleme erleichtern werde.

Am Nachmittag habe ich ein ausführliches Gespräch mit dem Bundeskanzler über die Entwicklung der Beziehungen zur Sowjetunion. Ich erläutere noch einmal unsere Idee eines bilateralen Vertrages und eines gesamteuropäischen Gewaltverzichtsabkommens. Kohl ist mit unseren Überlegungen ohne Einschränkung einverstanden, ebenso mit dem britischen Vorschlag, einen NATO-Sondergipfel einzuberufen. Wir sind uns einig, daß ein solcher Gipfel möglichst unmittelbar nach der Begegnung zwischen Bush und Gorbatschow stattfinden sollte. Der amerikanische Präsident könnte dann die NATO-Partner gleichzeitig über seine Gespräche unterrichten. Die andere Alternative wäre ein NATO-Gipfel im Herbst, nach Abschluß der Zwei-plus-Vier-Gespräche, um zu verhindern, daß die Sowjetunion ihn als Druckmittel mißverstehen könnte.

Für den späten Nachmittag hat der Bundeskanzler den sowjetischen Botschafter Kwizinskij zu sich gebeten. Einleitend bezeichnet er die sowjetische Demarche zur Währungs-, Wirtschafts- und Sozialunion vom 19. April als unverständlich. Er sei überrascht, daß die sowjetische Führung auf Presseveröffentlichungen reagiere, noch ehe der Vertragstext offiziell vorliege.

Der eigentliche Anlaß für das Gespräch ist die Absicht Kohls, über Kwizinskij Gorbatschow die Idee eines umfassenden bilateralen Vertrages zu unterbreiten. Er erläutert, daß ein solcher Vertrag die Zusammenarbeit zwischen einem geeinten Deutschland und der UdSSR auf eine umfassende und weitreichende Basis stellen würde; er solle noch vor der Einigung unterschriftsreif ausgehandelt werden. In einem solchen Vertrag sollten die wesentlichen Elemente des Moskauer Vertrages, der Gemeinsamen Erklärung, die er mit Gorbatschow unterzeichnet habe, sowie alle anderen Abkommen eingebracht werden. Er wolle gewissermaßen eine »Charta der Zusammenarbeit mit der Sowjetunion im Sinne der großen geschichtlichen Tradition vereinbaren«. Die Vorbereitungen könnten sofort beginnen.

Darüber hinaus schlage er vor, die DDR-Verpflichtungen gegenüber der Sowjetunion aufzuarbeiten und in eine darüber hinausreichende Perspektive für die deutsch-sowjetische Zusammenarbeit nach der Einigung Deutschlands einzubringen.

Wenn er einmal das Bundeskanzleramt verlassen werde,

wolle er zwei Ziele erreicht haben: Erstens solle der Zug in Richtung auf die europäische Integration von keiner Seite mehr aufzuhalten sein, zweitens wünsche er, daß dann bestmögliche gutnachbarschaftliche Beziehungen mit der Sowjetunion erreicht seien.

Kwizinskij reagiert fast euphorisch. Seit er nach Deutschland gekommen sei, sei es sein Traum gewesen, zwischen Deutschland und der Sowjetunion etwas im Bismarckschen Sinne zu schaffen. Ein Vertrag, wie ihn der Bundeskanzler vorschlage, sei im Sinne von Präsident Gorbatschow.

Helmut Kohl stößt nach. Jetzt müsse es grundsätzlich darum gehen, in die Zukunft zu blicken. Je stärker sich Deutschland in den Westen integriere, desto größer seien die Möglichkeiten für die Zusammenarbeit mit der Sowjetunion und desto geringer sei die Gefahr, daß Deutschland zu einem unverdaulichen Klotz in der Mitte Europas werde. In allen Bereichen der Zusammenarbeit könnten gerade die Deutschen für die Sowjetunion nützliche Beiträge leisten. Er freue sich deshalb, daß Kwizinskij stellvertretender Außenminister in Moskau werde und damit noch größere Verantwortung übernehme. Jederzeit sei er bereit, mit Gorbatschow zusammenzutreffen, um in einem kleinen Kreis laut darüber nachzudenken, wie ein solcher historischer Vertrag aussehen könnte.

Ausführlich erörtern die beiden noch einmal die bevorstehenden Zwei-plus-Vier-Verhandlungen. Kwizinskij gibt zu erkennen, daß es der Sowjetunion auch um eine deutliche Verringerung der Bundeswehr gehe. Entsprechend müßten auch die Truppen der Vier Mächte reduziert werden. Als weiteres Problem spricht er die Präsenz von amerikanischen Nuklearsystemen auf deutschem Boden an. Über alle diese Fragen wie auch über die polnische Westgrenze müßten bei den Zwei-plus-Vier-Gesprächen Ergebnisse erreicht werden.

Beim Hinausgehen sprechen Kwizinskij und ich noch einmal über das Angebot eines bilateralen Vertrages. Kwizinskij ist über dieses Angebot sehr erfreut, fügt allerdings hinzu, daß ein solches bilaterales Abkommen auch Fragen der Sicherheit ansprechen müsse. Es soll darin auch festgehalten werden, daß vom Boden beider Länder kein Krieg mehr gegeneinander ausgehen dürfe. Ich erläutere noch einmal, daß alle Prinzipien des Moskauer Vertrags, der Gemeinsamen Erklärung und anderer Abkommen in einen solchen Vertrag aufgenommen werden könnten.

Mit seinem heutigen Vorstoß hat der Kanzler persönlich eine wichtige Initiative gegenüber Moskau ergriffen. Die Reaktion Kwizinskijs zeigt, daß die sowjetische Führung auf einen weiterführenden Vorschlag von uns gewartet hat.

In Moskau meldet Schewardnadse in einem Interview mit sowjetischen Journalisten Zweifel an, ob der Prozeß der Vereinigung Deutschlands schmerzlos und sehr schnell verlaufen werde. Von seiner Geschwindigkeit werde auch die Frage der Zugehörigkeit zu den Bündnissystemen abhängen. Wenn der Prozeß der Einigung langsam verlaufe, sei die Doppelmitgliedschaft Deutschlands in beiden Paktsystemen »reale Politik«. Wenn jedoch der Einigungsprozeß in einem Jahr abgeschlossen sei, dann werde sich wohl eine »ganz andere Lösung« abzeichnen. Er schließe nicht aus, daß auch der Westen »irgendwelche Kompromißlösungen« suchen werde. Dieses Interview zeigt, daß die sowjetischen Positionen noch nicht festgezurrt sind und Moskau auch auf Vorschläge aus dem Westen wartet.

Mittwoch, 25. April 1990

Mittags fliegen wir zu den 55. deutsch-französischen Gipfelkonsultationen nach Paris. Angesichts der wiederholten Irritationen in den zurückliegenden Monaten findet das Vier-Augen-Gespräch zwischen Kohl und Mitterrand ohne die üblichen Protokollanten (*note-taker*) – das sind in der Regel Attali und ich – statt. Der Kanzler äußert sich anschließend fast euphorisch über den Meinungsaustausch mit Mitterrand. Sie hätten alle Probleme ausgeräumt und für Juni ein privates Treffen in Süddeutschland vereinbart.

Helmut Kohls gute Stimmung wirkt sich auch auf das anschließende Gespräch mit Ministerpräsident Michel Rocard positiv aus. Er amüsiert sich sehr über die ironischen Anmerkungen des Kanzlers zur französischen Innenpolitik und genießt sichtlich die Lobsprüche, die Kohl ihm zuteil werden läßt. Beeindruckend ist immer wieder, wie präzise Rocard im Vergleich zu anderen französischen Partnern argumentiert.

Beim Abendessen im Elysée hält Mitterrand aus dem Stegreif eine Tischrede, nachdem beide Seiten aufgrund der zahlreichen Begegnungen in den letzten Jahren meist auf Ansprachen verzichtet hatten. Er spricht über die schwierigen Probleme und ehrgeizigen Pläne in Europa und sagt, es zeichneten sich große Perspektiven ab, die man nicht aus den Augen verlieren dürfe. Deutschland erlebe einen der bewegendsten Augenblicke seiner Geschichte, der für den Kanzler das Glück und die Chance bedeute, Baumeister in einer historischen Situation zu sein. Wer sein Vaterland liebe, müsse bewegt und im Herzen ergriffen sein, wenn sich das Volk einige. Das deutsche Volk sei ein großes Volk, deshalb berühre seine Einigung auch andere Völker, vor allem Weggefährten wie Frankreich. Jetzt gehe es um den Willen der Deutschen, der Vorrang habe. Helmut Kohl erlebe einen Moment, in dem sich der Wille des deutschen Volkes verwirkliche.

Mitterrand greift Kohls Wort auf, daß die deutsche und die europäische Einheit zwei Seiten einer Medaille seien. Deshalb müßten Franzosen und Deutsche Europa jetzt in einer neuen Form zusammenfügen, wie das bisher noch nicht möglich gewesen sei. Beide Völker befänden sich jetzt im Zentrum mehrerer konzentrischer Kreise: der eine Kreis umfasse Frankreich und Deutschland, der andere die Europäische Gemeinschaft und ein dritter Kontinentaleuropa. Mitterrand erhebt das Glas auf das Gelingen der deutschen Einigung und auf die gemeinsame Arbeit.

Auf diese sehr gefühlsbetonte Rede Mitterrands antwortet Helmut Kohl sichtlich bewegt. In einem Rückblick auf die neun Jahrzehnte dieses Jahrhunderts erinnert er an die Not, die Tränen und Leiden von Millionen Menschen in Europa. Heute habe man das Glück und die Chance, aus der Geschichte lernend Europa neu zu gestalten. Ob sie dieses Glückes würdig seien, hänge davon ab, ob sie jetzt die Chance auch nützten.

Der Kanzler bekräftigt die deutsch-französische Freundschaft und seinen Willen zur europäischen Einigung. Mitterrand und er hätten sich sehr häufig getroffen. Vielleicht hätten sie sich daran schon zu sehr gewöhnt. Doch in der Selbstverständlichkeit ihres Zusammentreffens dokumentiere sich das Ausmaß der erreichten Gemeinsamkeit. Er hoffe, daß spätere

Generationen einmal von ihnen sagen würden, sie hätten die Zeichen der Zeit erkannt und sie genutzt.

Während des Abendessens trifft die Nachricht vom Attentat auf Oskar Lafontaine ein. Eduard Ackermann hat den Bundeskanzler sofort unterrichten lassen, der kurzfristig den Tisch verläßt, um mit Ackermann eine Erklärung abzustimmen, in der er Mitgefühl und Entsetzen ausdrückt. Beim anschließenden kurzen Spaziergang auf den Champs Elysées erscheint mir das vollkommen unwirklich. Kohl erweckt den Eindruck, als gehe ihn das alles nichts an. Es ist nicht zu erkennen, welche Wirkung das Attentat auf ihn hat, obwohl er doch der nächste sein könnte. Aber vielleicht schüttelt er deshalb jeden Gedanken daran ab und verschließt sich den Außenstehenden.

Donnerstag, 26. April 1990

Der zweite Tag des deutsch-französischen Gipfels in Paris beginnt mit einem gemeinsamen Frühstück. Mitterrand und Kohl sprechen über die Entwicklung in Litauen und vereinbaren, zusammen einen Brief an den litauischen Präsidenten Landsbergis zu schreiben, den sie auch Gorbatschow zuleiten wollen. Landsbergis wird aufgefordert, möglichst rasch Gespräche mit den sowjetischen Behörden aufzunehmen, um eine für beide Seiten akzeptable Lösung der augenblicklichen Krise zu erreichen. Ich freue mich über diese gemeinsame Aktion, weil sie ein konkretes Beispiel für eine gemeinsame Ostpolitik ist, wie wir sie seit langem anstreben.

Als sich das Gespräch den Zwei-plus-Vier-Fragen zuwendet, unterstreicht der Kanzler noch einmal, es sei für Deutschland lebenswichtig, weiterhin der NATO anzugehören. Mitterrand stimmt dem zu und spricht die französische Truppenpräsenz in Deutschland an. Frankreich wolle auf keinen Fall als Besatzungsmacht erscheinen, zumal die Notwendigkeit zu bleiben heute nicht mehr so groß sei. Er wolle jedoch mit Entscheidungen über einen Abzug der französischen Truppen warten, bis sich die Verhältnisse in der Sowjetunion konsolidiert hätten und die Abrüstung weiter gediehen sei.

Auch der heutige Tag zeigt das sichtbare Bemühen Mitterrands, ein besonders gutes und herzliches Verhältnis mit dem Kanzler öffentlich zu demonstrieren. So verabschiedet er sich von ihm nicht wie üblich auf der Freitreppe des Elysée, sondern begleitet ihn über den Innenhof bis auf die Straße vor den Palast, wo alle Journalisten diese Szene beobachten können.

Zurückgekehrt nach Bonn liegt eine Unterrichtung von Präsident Bush über sein Gespräch mit Mitterrand in Key Largo vor. Darin wird, wie schon im Bericht über das Gespräch Bush-Thatcher, versichert, daß ein vereintes Deutschland volle Kontrolle über sein gesamtes Territorium haben solle und es keine neuen diskriminierenden Auflagen für die deutsche Souveränität geben dürfe. So rege und so intensiv sind die Konsultationen und gegenseitigen Unterrichtungen noch nie gewesen.

Der Westen macht seinen
Frieden mit der Einheit

Samstag, 28. April 1990

Der heutige EG-Sondergipfel in Dublin zeigt, daß alle elf Partner ihren Frieden mit dem deutschen Einigungsprozeß geschlossen haben. Der Bundeskanzler berichtet nach der Sitzung der zwölf Staats- und Regierungschefs, an der keine Mitarbeiter teilnehmen, die Debatte über die deutsche Einigung sei »super« gewesen. Mitterrand habe sich großartig verhalten. Auch Poul Schlüter und Giulio Andreotti, die bisher eher kritisch eingestellt gewesen seien, hätten sich sehr konstruktiv gezeigt.

In den Schlußfolgerungen des Sondergipfels begrüßen alle zwölf Staats- und Regierungschefs »in hohem Maße die Vereinigung Deutschlands«. Sie sehen in ihr einen positiven Faktor in der Entwicklung Europas im allgemeinen und der Gemeinschaft im besonderen. Sie geben ihrer Freude Ausdruck, daß die Vereinigung Deutschlands unter einem europäischen Dach stattfinde und erklären ihre Bereitschaft, dafür zu sorgen, daß die Eingliederung des Staatsgebiets der DDR in die EG reibungslos und harmonisch vollzogen wird. Jacques Delors hatte dem Europäischen Rat ein Dokument zur deutschen Einheit vorgelegt, das die Diskussion der Staats- und Regierungschefs sehr positiv beeinflußt hatte, wofür sich der Bundeskanzler ausdrücklich bedankte.

Die gemeinsame deutsch-französische Initiative zur Politischen Union ist vom Europäischen Rat diskutiert worden, der die Außenminister beauftragt hat, Zielsetzungen für eine Politische Union zu analysieren und Vorschläge für den nächsten EG-Gipfel zu erarbeiten, ohne diese abschließend zu bewerten. Kritisch gegenüber der Politischen Union haben sich Großbritannien, Dänemark und Portugal geäußert.

Montag, 30. April 1990

Das Ergebnis des EG-Sondergipfels in Dublin, dessen Erfolg nach Kohls Meinung auch der glänzenden Gesprächsleitung des irischen Ministerpräsidenten Charles Haughey zu verdanken ist, findet heute in der gesamten deutschen Presse breite Zustimmung. Selbst die *Westfälische Rundschau* schreibt: »Bundeskanzler Kohl ist in Dublin ein politisches Kunststück gelungen.« Die *FAZ* spricht von einem Triumph Helmut Kohls. Aber uns drücken die Probleme zu Hause. Kohl wünscht eine große Öffentlichkeitskampagne unter dem Motto: »Wir schaffen es«, um der wachsenden Sorge in der Bevölkerung entgegenzuwirken, daß die Einführung der Währungsunion die Stabilität der D-Mark gefährden könnte, wie das in Umfragen zum Ausdruck kommt.

In Berlin findet die zweite Runde der Zwei-plus-Vier-Gespräche auf Beamtenebene statt. Sie kommt über die Behandlung von prozeduralen Fragen nicht wesentlich hinaus. Jedoch gelingt es, die sowjetische Delegation dazu zu bewegen, auf den Begriff »Friedensvertrag« als besonderen Tagesordnungspunkt der weiteren Gespräche zu verzichten.

Die sechs Delegationen bestätigen noch einmal die vier Themenbereiche der künftigen Außenminister-Sitzungen: Grenzfragen, politisch-militärische Fragen, Berlin-Probleme sowie abschließende völkerrechtliche Regelung und Ablösung der Rechte und Verantwortlichkeiten der Vier Mächte. Der letzte Punkt besagt, daß ein völkerrechtlicher Akt erforderlich sein wird, um die Ablösung der Viermächterechte und -verantwortlichkeiten zu formalisieren.

Die sowjetische Delegation wird vom Leiter der dritten westeuropäischen Abteilung des sowjetischen Außenministeriums, Alexander Bondarenko, geleitet. Seit über zwanzig Jahren ist er für die deutschen Fragen verantwortlich. Wegen seines kahlen Kopfes und seiner dogmatischen Ansichten nennen wir ihn nur den »Eisenschädel«. Gelegentlich fragen wir uns, ob nicht ein Teil unserer Probleme darin liegt, daß mit Bondarenko, Falin, Sagladin, Portugalow und Kwizinskij eine »deutsche Mafia« Gorbatschow und Schewardnadse berät, die schon zu Gromykos Zeiten in wichtigen Funktionen tätig war, wobei manche heute deutlich flexibler und offener sind als früher.

Mittwoch, 2. Mai 1990

Die Bundesregierung und die Regierung in Ost-Berlin einigen sich auf die Modalitäten der für den 1. Juli vorgesehenen Währungsumstellung in der DDR. Beide Seiten stimmen in der Zielsetzung überein, daß die soziale Marktwirtschaft in der DDR schnell eingeführt, die Stabilität der D-Mark, die Solidität der Staatsfinanzen und die soziale Ausgewogenheit garantiert werden sollen. Damit ist ein regelrechter Felsbrocken auf dem Weg zur deutschen Einheit aus dem Weg geräumt.

Bei der Eröffnung der Industriemesse in Hannover spricht der Kanzler von der großen Herausforderung, die sich durch das Zusammenwachsen West- und Ost-Europas für die deutsche Wirtschaft ergebe. Sein besonderes Anliegen ist es, die günstigen wirtschaftlichen Ausgangsbedingungen für die Bewältigung der anstehenden Probleme ins öffentliche Bewußtsein zu heben: Seit mehr als sieben Jahren wachse die deutsche Wirtschaft, und das mit zunehmender Dynamik. Die Wachstumserwartungen für dieses und nächstes Jahr lägen zwischen dreieinhalb und vier Prozent. Der Investitionsmotor laufe auf hohen Touren mit entsprechenden Zuwächsen bei der Beschäftigung. Innerhalb der letzten zwölf Monate sei die Zahl der Arbeitsplätze um rund eine halbe Million gestiegen. Gleichzeitig sei das Preisniveau relativ stabil. Die Staatsfinanzen stünden auf einem soliden Fundament. Seit 1982 sei die Staatsquote von fünfzig auf fünfundvierzig Prozent gesenkt worden. Damit habe sich der Handlungsspielraum vergrößert, die wirtschaftliche Einigung Deutschlands finanziell abzustützen, ohne Haushalt und Kapitalmarkt zu überfordern.

Mit der Verwirklichung der Wirtschafts-, Währungs- und Sozialunion mit der DDR am 1. Juli werde ein Durchbruch erreicht. Auch danach würden zwar »schmerzhafte Anpassungen« erforderlich bleiben, doch die wirtschaftliche Vereinigung Deutschlands werde erhebliche zusätzliche Wachstumskräfte freisetzen, worin alle Prognosen übereinstimmten. Für Steuererhöhungen, so Helmut Kohl, bestehe deshalb »überhaupt kein Anlaß«. Sie würden nur das gefährden, was für das wirtschaftliche Zusammenwachsen Deutschlands jetzt entscheidend sei, nämlich Investitionen und unternehmerisches Engagement. Niemals zuvor sei Deutschland wirtschaftlich besser vorbereitet gewesen als heute, um die neue Herausforderung zu bewältigen.

Durch die heutige Bekanntgabe der Vereinbarungen über die Eckwerte der Währungsunion mit der DDR hat der Bundeskanzler ein entscheidendes wahlpolitisches Ziel erreicht: Es war ihm darum gegangen, damit noch vor den Kommunalwahlen am Sonntag in der DDR ein positives Signal zu setzen. Ich bin immer wieder beeindruckt, wie sorgfältig er politische Entscheidungen der Regierung mit solchen wahlpolitischen Überlegungen verknüpft, und das oft zu einem Zeitpunkt, an dem noch niemand über Wahltermine nachdenkt. Hier beweist sich immer wieder das taktische Geschick des Parteivorsitzenden und Bundeskanzlers in einer Person.

Donnerstag, 3. Mai 1990

In Ost-Berlin nennt de Maizière den 1. Januar 1991 als Termin für die Wiedereinführung der fünf Länder in der DDR. Damit macht er klar, daß in diesem Jahr mit gesamtdeutschen Wahlen nicht mehr zu rechnen ist.

In Brüssel sind heute vormittag die Außenminister der NATO zu eintägigen Beratungen über die Deutschlandpolitik zusammengekommen. Das Ergebnis ist für die Bundesrepublik und für den Einigungsprozeß sehr positiv. Es wird Einvernehmen erzielt, daß die politische Rolle der NATO gestärkt werden müsse und Strategie und Streitkräfte der neuen Situation angepaßt werden. Die Dynamik in der Abrüstung und Rüstungskontrolle soll erhalten bleiben.

Alle Teilnehmer äußern sich zufrieden über den Konsultationsprozeß in der deutschen Frage und stimmen überein, daß ein geeintes Deutschland ohne diskriminierende oder singularisierende Regelungen Vollmitglied in der NATO bleiben müsse. NATO-Einheiten oder -Einrichtungen sollen nicht auf das jetzige DDR-Territorium vorgeschoben werden.

Im Auftrag von Bush drängt Baker darauf, den NATO-Sondergipfel nicht erst im Herbst, sondern noch vor der Sommerpause durchzuführen. Dort solle man über die weiteren politischen Aufgaben der Allianz sprechen und über die zukünftige Bedeutung der konventionellen Streitkräfte im Zusammenhang mit den Wiener VKSE-Verhandlungen. Ziel müsse es sein, das VKSE-Abkommen beim KSZE-Gipfel im Herbst zu unterzeichnen. Außerdem schlage Bush vor, auch über die Rolle der in Europa stationierten Nuklearwaffen in der künftigen Bündnisstrategie zu diskutieren.

Im Bonn geht ein Brief von Präsident Bush mit dem Vorschlag ein, Ende Juni oder Anfang Juli einen NATO-Sondergipfel durchzuführen. Gleichzeitig gibt Bush in Washington bekannt, daß für die bodengestützten nuklearen Kurzstreckensysteme kein Folgeprogramm vorgesehen sei und die weitere Modernisierung der nuklearen Artillerie eingestellt werde.

Damit wird wichtigen Sicherheitsinteressen der Sowjetunion Rechnung getragen. Wir sind überzeugt, daß sowohl der Sondergipfel der NATO als auch die heutigen Ankündigungen von Bush die Zwei-plus-Vier-Verhandlungen erleichtern und deren Erfolgsaussichten verbessern werden. Der NATO-Sondergipfel könnte für die Sowjetunion das Signal sein, daß sich das Atlantische Bündnis entscheidend verändert und es ihr erleichtern, über den eigenen Schatten zu springen und einer NATO-Mitgliedschaft Deutschlands zuzustimmen.

In Warschau findet ein Gespräch auf Beamtenebene zwischen Vertretern beider deutscher Staaten und Polens zur Vorbereitung des ersten Außenminister-Treffens im Rahmen der Zwei-plus-Vier-Gespräche statt. Die polnische Seite spricht die Erwartung aus, daß Warschau auch an »den die Sicherheit betreffenden übrigen Fragen« bei den Zwei-plus-Vier-Gesprächen beteiligt werde und wiederholt plötzlich auch wieder ihren Vorschlag, das Treffen über die Oder-Neiße-Grenze in Warschau durchzuführen. Außerdem legt der polnische Delegationsführer den Entwurf eines Grenzvertrages vor, der über die reine Grenzproblematik hinausgeht und zusätzliche Verpflichtungen zur Zusammenarbeit auf verschiedenen Gebieten enthält. Die DDR-Delegation unterstützt die polnischen Wünsche, was unsere Lage natürlich nicht erleichtert.

In der Prawda erscheint heute ein Grundsatzartikel zur deutschen Vereinigung. Der Schwerpunkt des Kommentars liegt auf dem zukünftigen Sicherheitsstatus des geeinten Deutschland. Unter dem Titel »Nennen wir die Dinge beim Namen« bezeichnet der Autor, zwei Tage vor Beginn der Außenminister-Gespräche im Rahmen des Zwei-plus-Vier-Prozesses, eine künftige NATO-Mitgliedschaft des geeinten Deutschland, die wahrscheinlich sei, als »keine weltumfassende Katastrophe«. Sie wäre aber ein »empfindliches Negativum für die sowjetische Außenpolitik«. Die Lösung sieht er in einem europäischen Sicherheitssystem, daß die Blöcke überflüssig mache.

Als sehr positiv bewerten wir die Aussage, daß man Helmut Kohl vertraue. Da dieser aber nicht ewig Bundeskanzler bleiben werde, müsse man sich für die Zeit danach absichern. Mit diesem Artikel wird erneut die Kompromißbereitschaft der Sowjetunion signalisiert. Vor diesen Hintergrund ist die Ankündigung eines NATO-Sondergipfels ein richtiger Schritt zum richtigen Zeitpunkt.

Nachmittags frage ich Kwizinskij, ob auf sowjetischer Seite kein Interesse bestehe, daß Schewardnadse, wenn er morgen nach Bonn kommt, mit dem Bundeskanzler zusammentreffe. Kwizinskij berichtet mir, daß er im Auswärtigen Amt angefragt habe, ob ein Termin für Schewardnadse beim Kanzler vorgesehen sei, darauf aber eine negative Antwort erhalten habe.

Ich sage ihm, daß ich ein solches Gespräch für äußerst wichtig halte und füge hinzu, ich sei sicher, daß Kohl diese Auffassung teilt. Kwizinskij bestätigt das auch für Schewardnadse. Wir verabreden, daß ich darüber noch einmal mit dem Kanzler sprechen und mich dann wieder bei ihm melden werde.

Sofort gehe ich zum Kanzler. Selbstverständlich ist er an einem Gespräch mit Schewardnadse interessiert. Alles andere hätte mich auch überrascht. Ich bin sehr verärgert über die Haltung des Auswärtigen Amtes. Weder haben sie uns über die Anfrage Kwizinskijs unterrichtet, noch sind sie selbst auf die Idee gekommen, daß in dieser Situation ein solches Gespräch wichtig sein könnte. Ich rufe erneut Kwizinskij an und gebe ihm einen Termin für Schewardnadse am morgigen Nachmittag durch. Kurz vor Mitternacht ruft mich Kwizinskij zu Hause an, um den Termin zu bestätigen.

Freitag, 4. Mai 1990

Mittags trifft der amerikanische Außenminister zum Gespräch mit Helmut Kohl ein. Ich freue mich stets auf den Gedankenaustausch mit Jim Baker. Er wirkt jungenhaft, ist stets freundlich und liebenswürdig und im Gegensatz zu seinem Vorgänger offen, aufgeschlossen, außerordentlich kenntnisreich und präzise. Die Gespräche führt er immer sehr konzentriert und bringt alle Punkte vor, die er sich vorgenommen hat.

Das erste Thema ist heute der geplante Sondergipfel der NATO, der unmittelbar vor dem KPdSU-Parteitag in Moskau stattfinden soll. Kohl und Baker sind sich einig, daß dieser Termin für Gorbatschow durchaus günstig sein könne, insbesondere dann, wenn die NATO die beabsichtigten Reformschritte einleite. Damit könnte der NATO-Gipfel ein Meilenstein auf dem Weg zur Lösung der äußeren Aspekte der deutschen Einheit werden.

Baker erläutert noch einmal vier Punkte, die für Bush auf dem NATO-Gipfel eine Schlüsselrolle spielen sollten: Wie kann die politische Rolle der NATO verstärkt werden? Wieviele Truppen braucht die Allianz nach dem Rückzug der sowjetischen Truppen und nach Abschluß der Abrüstungsverhandlungen, welche Ziele soll die NATO in den Wiener Folgeverhandlungen über konventionelle Abrüstung verfolgen? Welche Rolle sollen in Europa stationierte nukleare Systeme in der zukünftigen NATO-Militärstrategie spielen, und welche Ziele sollen in den SNF-Verhandlungen erreicht werden? Wie kann der KSZE-Prozeß und gleichzeitig die Atlantische Allianz gestärkt werden, und wie können die demokratischen Werte im neuen Europa gesichert werden?

Der Kanzler bekräftigt seine Überzeugung, daß Gesamtdeutschland Teil der NATO bleiben müsse. Er sei nicht erpressbar. Mit ihm könne man kein Spiel treiben nach dem Motto, daß die Einheit möglich sei, wenn Deutschland aus der NATO austrete. Er sehe die Probleme, die sich in der Regierungskoalition in der DDR stellen würden. Die Position von Außenminister Meckel werde dazu führen, daß sich die DDR nicht in die erste Reihe der Befürworter einer NATO-Mitgliedschaft stellen werde. Er sei sich aber der Unterstützung der DDR in dieser Frage sicher. Dafür spreche auch die Tatsache, daß sich sowohl Polen als auch die CSFR und Ungarn für eine deutsche NATO-Mitgliedschaft ausgesprochen hätten.

Auf die Frage Bakers wiederholt der Kanzler seine Auffassung, daß die Schutzklausel des NATO-Vertrages nach Artikel 5 und 6 auch für das ehemalige DDR-Territorium gelten müsse. Nach Abzug der Sowjets müßten dort auch deutsche Truppen stationiert werden können. Über das künftige Schicksal der NVA habe sich die Bundesregierung noch keine abschließende Meinung gebildet.

Baker erläutert das Schreiben von Bush bezüglich der nuklearen Kurzstreckensysteme. Der Bundeskanzler begrüßt die Entscheidung des Präsidenten, die dieser in der Nacht auch auf einer Pressekonferenz bekanntgegeben hat, das amerikanische Entwicklungsprogramm sowohl für ein Folgemodell der bodengestützten nuklearen Kurzstreckenrakete LANCE als auch die weitere Modernisierung der nuklearen Artilleriemunition einzustellen. Das war einer seiner zentralen Wünsche in Camp David gewesen, und Bush hatte damals eine Überprüfung zugesagt. Baker bekräftigt die Bereitschaft der USA, alle Verhandlungen in enger Abstimmung mit den NATO-Verbündeten vorzubereiten. Die USA wollten auch in der europäischen politischen Debatte ein *major player* bleiben; sie könnten nicht eine bedeutende militärische Präsenz in Europa aufrechterhalten, wenn sie nicht zugleich am politischen Dialog beteiligt seien. Kohl hält es für das Dümmste, was geschehen könnte, wenn jetzt versucht würde, die USA aus Europa hinauszudrängen. Einer solchen Politik würde er auf keinen Fall zustimmen.

Baker berichtet, daß Bush beabsichtige, de Maizière einzuladen, was Kohl nachdrücklich unterstützt. Ein solcher Besuch sei auch deshalb wichtig, weil er de Maizière und seinen Ministern zeige, daß sie als mit der Bundesregierung gleichwertige Partner behandelt werden und es so nicht zu einem Gefühl der Diskriminierung kommen könne.

Baker hat gerade das Kanzleramt verlassen, als Schewardnadse, nur von Kwizinskij begleitet, eintrifft. Schewardnadse hatte ausdrücklich darum gebeten, ein Gespräch im kleinsten Kreis führen zu können. Kohl weist bei der Begrüßung darauf hin, daß es im vergangenen Sommer gelungen sei, in den deutsch-sowjetischen Beziehungen einen guten Anfang zu machen. Da müsse jetzt angesetzt werden, und er hoffe, bald auch wieder mit dem Präsidenten zu einem ausführlichen Gespräch zusammenzutreffen.

Schewardnadse teilt mit, daß Gorbatschow zu einem baldigen Treffen bereit sei. Vielleicht könnte eine solche Begegnung im Juli außerhalb Moskaus stattfinden. Er übermittelt dem Bundeskanzler von Gorbatschow herzliche Grüße und erläutert dann die innere Lage in der Sowjetunion, auch die Situation in Litauen. Wenn ihre Reformpolitik keinen Erfolg habe, setzt er hinzu, dann werde das entweder zu totaler Anarchie führen oder es komme ein neuer Diktator, weil das Volk nach einer starken Hand rufen werde.

Schewardnadse spricht ruhig, sehr ernst, aber mit Nachdruck und persönlichem Engagement, bisweilen nehmen seine Worte werbenden Charakter an. Er vermittelt den Eindruck eines Mannes, der auch durch Sprache und Gestik den Ernst der Lage verdeutlichen möchte. Während er spricht, schaut er den Partner und die anderen, die ihm gegenüber sitzen, mit seinen großen Augen offen und eindringlich an. Nur gelegentlich umspielt heute ein vorsichtiges Lächeln seinen Mund, während die Falten um die Augen zeigen, daß er ein Mensch ist, der sonst gerne lacht.

Kohl stellt die Entwicklung der deutsch-sowjetischen Beziehungen in den Mittelpunkt, zuerst die Frage der Wirtschaftsbeziehungen zwischen der DDR und der Sowjetunion und mit den anderen RGW-Staaten. Er wisse, daß hier auf die Bundesrepublik in einem wiedervereinigten Deutschland eine besondere Verantwortung zukomme, und werde sich dieser Frage persönlich annehmen.

Ausführlich erläutert er noch einmal seine Vorschläge zur Entwicklung der langfristigen Beziehungen zwischen dem vereinten Deutschland und der Sowjetunion, die er bereits durch Kwizinskij übermittelt habe. Es gehe ihm darum, ein »Gesamtwerk« zustande zu bringen, in dem die beiderseitigen Beziehungen umfassend neu gestaltet würden. Eine gesamtdeutsche Regierung könne dann einen solchen Vertrag unterschreiben und ratifizieren.

Schewardnadse berichtet, daß er Kwizinskijs Bericht mit großem Interesse gelesen und sofort Gorbatschow zugeleitet habe. Sie hätten die Überlegungen des Kanzlers sehr sorgfältig studiert und seien zum Schluß gekommen, daß dieser Vorschlag genau zum richtigen Zeitpunkt gekommen sei. Angesichts der Veränderungen in der ganzen Welt und in Europa seien Sicherheitsgarantien nötiger denn je, dazu könne ein solcher Vertrag beitragen.

Schewardnadse stellt noch einmal ausdrücklich klar, daß die sowjetische Führung die Schaffung der deutschen Einheit als einen positiven, »gesetzmäßigen« Prozeß betrachte. Die Einheit Deutschlands müsse jedoch zum Faktor der Stabilität und des Friedens in Europa werden. Zwei traditionelle Großmächte wie die Sowjetunion und das vereinte Deutschland kämen nicht umhin, die Prozesse in der Welt und in Europa zu berücksichtigen. Die Sowjetunion sei sehr daran interessiert, die Beziehungen mit einem vereinten Deutschland auf einer soliden und ernsthaften Grundlage weiterzuentwickeln. Das müsse die Wirtschaftsbeziehungen einschließen, auch die in Jahrzehnten gewachsenen wirtschaftlichen Bindungen mit der DDR. Es gehe jetzt darum, langfristig strategisch zu planen. Deshalb begrüße er den Vorschlag eines »Generalvertrages« sehr.

Kohl erläutert die weitere Entwicklung in Deutschland und erklärt, er gehe davon aus, daß bis zum 31. Dezember 1992 die Einheit vollendet sein werde. Bis dahin wolle man auch weitreichende Fortschritte in der Europäischen Gemeinschaft erreichen. Es wäre deshalb gut, gleichzeitig durch einen gemeinsamen umfassenden Vertrag auch ein neues Kapitel in den deutsch-sowjetischen Beziehungen aufzuschlagen. Schewardnadse bekräftigt noch einmal, daß der Kanzler die Frage, wie man ein dauerhaftes Fundament legen könne, zum richtigen Zeitpunkt aufgeworfen habe.

Zu den Zwei-plus-Vier-Gesprächen wiederholt Schewardnadse die Position der Sowjetunion, einer Mitgliedschaft des vereinten Deutschland in der NATO nicht zustimmen zu können, fügt aber hinzu, er schließe nicht aus, daß ein Kompromiß gefunden werden könne. Das Ergebnis müsse jedoch von allen Völkern, auch in der Sowjetunion, gebilligt werden können. Kohl schlägt vor, daß auch auf bilateraler Ebene an diesem Problem gearbeitet werden solle.

Abschließend spricht Schewardnadse im Auftrag Gorbatschows und Ryschkows die Frage eines Finanzkredites an. Da die Sowjetunion ein reiches Land sei, bestehe bei solchen Krediten kein Risiko. Wichtig sei jedoch die Bereitschaft der Bundesregierung, Bürgschaften zu gewähren. Kohl sagt zu, die Angelegenheit selbst zu prüfen und erklärt, hilfreich sein zu wollen, ohne jedoch schon etwas versprechen zu können.

Wir schließen aus dieser Begegnung, daß die Sowjetunion nach wie vor zu einer Verständigung bereit ist, sonst wäre ein Gespräch mit Gorbatschow nicht in Aussicht gestellt worden. Schewardnadse hat erneut Kompromißbereitschaft in der Frage der NATO-Mitgliedschaft angedeutet. Der Vorschlag des Kanzlers für einen umfassenden bilateralen Vertrag ist zum richtigen Zeitpunkt erfolgt und hat die richtige Wirkung in Moskau ausgelöst. Die sowjetische Bitte um Kreditbürgschaften zeigt ebenfalls, daß die Sowjetunion nicht an einem Konflikt interessiert ist. Aus meiner Sicht war das ein Schlüsselgespräch. Ich bin froh, daß wir es – in letzter Minute – zustande gebracht haben.

Ich kehre in das Arbeitszimmer des Kanzlers zurück: Er ist mit den Gesprächen mit Baker und Schewardnadse sehr zufrieden. Auf die amerikanischen Freunde sei absoluter Verlaß. Eine stärkere Unterstützung könne man sich nicht wünschen, er werde das nicht vergessen.

Kohl ist entschlossen, Gorbatschow in der Kreditfrage zu helfen und möchte keine Zeit verlieren; sofort will er mit dem Sprecher der Deutschen Bank, Hilmar Kopper, und mit Wolfgang Röller von der Dresdner Bank und Vorsitzenden der Bankenvereinigung Kontakt aufnehmen, um die Frage zu besprechen. Am besten wäre es, wenn ich mit beiden so rasch wie möglich nach Moskau fliegen würde, um die notwendigen Vorgespräche zu führen. Die ganze Aktion soll aber völlig vertraulich bleiben. Rasche Hilfe für die Sowjetunion, nach der Lebensmittelhilfe im Januar die zweite, könnte mit dazu beitragen, das Klima weiter zu verbessern, was auch für die Lösung der gewichtigen politischen Probleme hilfreich wäre.

Samstag, 5. Mai 1990

Heute beginnen in Bonn die Zwei-plus-Vier-Gespräche der Außenminister der Bundesrepublik Deutschland, der DDR, der

USA, der Sowjetunion, Frankreichs und Großbritanniens über die äußeren Aspekte der deutschen Einheit. Hans-Dietrich Genscher eröffnet die Konferenz. Außenminister Baker stellt in seiner Eröffnungserklärung fest, daß der Vereinigungsprozeß bereits erheblich vorangeschritten sei. Über Zeitpunkt und Form müsse noch entschieden werden. Diese inneren Fragen würden von den Deutschen selbst entschieden werden.

Wichtigste Aufgabe bei den Zwei-plus-Vier-Gesprächen sei es, eine Formel zu erarbeiten, mit der alle verbleibenden Rechte und Pflichten der Vier Mächte beendet und auf ein völlig souveränes Deutschland übertragen werden – ein Deutschland, das auf dem Territorium der Bundesrepublik Deutschland, der Deutschen Demokratischen Republik sowie Berlins vereinigt sei. Es sollte nicht versucht werden, Deutschland zu singularisieren: einem souveränen Staat diskriminierende Beschränkungen aufzuerlegen, könne nur zu Ressentiments, Instabilität und Konflikten führen.

Baker gibt zu verstehen, daß er die Zwei-plus-Vier als »Lenkungsgruppe« verstehe, die solche äußeren Fragen im Hinblick auf die Einheit Deutschlands an geeignete europäische Foren wie die KSZE, VKSE und VSBM (Konferenz über vertrauensbildende Maßnahmen in Wien, die parallel zu den VKSE-Abrüstungsgesprächen stattfindet) verweist.

Schewardnadse spricht von einer Zusammenkunft, die historische Bedeutung habe. Er unterstreicht, daß die Beziehungen zu Deutschland für die Sowjetunion eine zentrale und besondere Frage ihrer Geschichte sei und spricht von »freundschaftlichen Beziehungen« sowohl zur DDR als auch zur BRD.

Am interessantesten und wichtigsten ist sein Hinweis, daß die äußeren Aspekte der Einigung Deutschlands nicht losgelöst von der inneren Situation in den jeweiligen Ländern geregelt werden könnten. Offen spricht er aus, daß eine drastische Beschränkung des politischen Handlungsspielraums der Sowjetunion die Emotionen innerhalb der Sowjetunion zum Kochen bringen würden. Die sowjetische Führung könne sich über die öffentliche Meinung nicht hinwegsetzen. Für das sowjetische Volk müsse deutlich werden, daß der Schlußstrich unter die Vergangenheit würdig und fair gezogen werde. Damit läßt Schewardnadse erkennen, daß die sowjetische Beweglichkeit entscheidend von der inneren Lage abhängt.

Als Lösung schlägt der sowjetische Außenminister einen »paketmäßigen Ansatz« vor. Da wir von einer Paketlösung in der Vergangenheit wiederholt gesprochen haben, freue ich mich, daß die Sowjetunion diesen Begriff aufgenommen hat. Er weist darauf hin, daß eine Summe von Regelungen zusammenkommen muß, um die äußeren Aspekte der deutschen Einigung zu lösen.

Schewardnadse selbst erklärt, den anderen Partnern entgegenkommen zu wollen, und stellt den Abschluß eines Friedensvertrages zur Diskussion. Die Sowjetunion gehe jetzt davon aus, daß das Ergebnis der »Sechs« ein »einheitliches, ganzheitliches Dokument« sein müsse, das alle Aspekte umfasse: Bestimmungen über die Grenzen Deutschlands, über seine Streitkräfte, über den militärpolitischen Status, über die Verpflichtungsnachfolge, über die Übergangsperiode sowie über die Präsenz von Truppen der Alliierten Mächte auf deutschem Boden. Er bekräftigt, daß die Sowjetunion die Mitgliedschaft eines vereinten Deutschland in der NATO ablehne. Ziel müsse es sein, sich nicht auf Blöcke, sondern auf gesamteuropäische Sicherheitsstrukturen zu stützen, die unverzüglich geschaffen werden sollten. Alles andere sei auch aus »Motiven innenpolitischer Art nicht akzeptabel«. Er fordert allerdings die Partner auf, »gemeinsam nach anderen Varianten zu suchen« und fügt hinzu, daß die »heute noch kompliziert erscheinenden militärisch-politischen Probleme in einem neuen Licht« gesehen werden könnten, wenn die gesamteuropäischen Strukturen ihre Wirkung zu entfalten begännen.

Für eine weitere Überraschung sorgt Schewardnadse mit dem Hinweis, daß die Regelung der inneren und äußeren Aspekte der deutschen Einheit zeitlich nicht unbedingt zusammenfallen müßte. In diesem Vorschlag liegt für uns ein Pferdefuß. Er bedeutet nämlich, daß auch nach Schaffung eines einheitlichen Parlaments und einer gesamtdeutschen Regierung die Rechte und Verantwortlichkeiten der Vier Mächte für eine gewisse Übergangsperiode aufrechterhalten blieben. Das kann jedoch nicht in unserem Interesse sein.

Obwohl Vertraulichkeit der Gespräche vereinbart worden ist, veröffentlicht die sowjetische Delegation die Rede Schewardnadses. Das ist um so erstaunlicher, als er die Wechselwirkung zwischen der inneren Lage in der Sowjetunion und der äußeren Entwicklung so dramatisch und offen geschildert hat.

In der abschließenden Pressekonferenz faßt Außenminister Genscher die Ergebnisse des ersten Tages zusammen. Die nächsten Außenminister-Treffen sollen im Juni in Berlin, im Juli gemeinsam mit Polen in Paris und Anfang September in Moskau stattfinden. Schewardnadse spricht zwar von »ernsten Diskrepanzen«, die jedoch nicht dramatisiert werden sollten, betont aber auch, daß die sowjetische Führung die Absicht habe, konstruktiv mit allen Partnern weiterzuarbeiten, um den wichtigen historischen Prozeß der deutschen Vereinigung »zu beschleunigen«. Dieser Hinweis auf die Beschleunigung ist besonders überraschend, weil uns in den Monaten zuvor gerade auch Schewardnadse immer vorgeworfen hatte, wir forcierten das Tempo.

Die erste Runde der Zwei-plus-Vier-Gespräche hat gezeigt, daß bei der Lösung der inneren Aspekte der deutschen Einigung keine Schwierigkeiten von einer der Vier Mächte mehr zu erwarten sind.

Montag, 7. Mai 1990

Bei den gestrigen Kommunalwahlen in der DDR hat sich die CDU als stärkste Partei behauptet, auch wenn sie gegenüber der Volkskammerwahl von 40,8 Prozent auf 34,4 Prozent zurückgefallen ist. Die SPD hat ihr Ergebnis von rund 21 Prozent gehalten. Bedauerlich ist, daß die PDS mit 14,5 Prozent drittstärkste Partei geblieben ist. Der Kanzler ist mit dem Ergebnis sehr zufrieden. Er erklärt, es stelle sich jetzt ein Normalisierungsprozeß ein.

Aus der ersten Zwei-plus-Vier-Gesprächsrunde zieht der Kanzler die Schlußfolgerung, daß sich die Frage nach dem Zeitpunkt gesamtdeutscher Wahlen neu stelle. Er schließt nicht länger aus, daß es noch in diesem Jahr zu gemeinsamen Wahlen kommen könnte. Darüber wird seit der Rede Schewardnadses vom Samstag in der Öffentlichkeit intensiv diskutiert, der damit – gewollt oder ungewollt – den Einigungsprozeß weiter beschleunigt hat. Für Kohl bleiben zwei Voraussetzungen für gesamtdeutsche Wahlen unverzichtbar: Die Zustimmung der DDR-Regierung und die Lösung der äußeren

Aspekte im Rahmen der Zwei-plus-Vier-Gespräche. Er ist nicht bereit, beide Entwicklungen voneinander abzukoppeln, wie das Schewardnadse am Samstag vorgeschlagen hatte.

Als ich nachmittags auf Einladung der Deutschen Afrika-Stiftung vor internationalen Gästen über Stand und Perspektiven der Deutschlandpolitik spreche, erläutere ich, daß es für uns eine Überraschung gewesen sei, daß Schewardnadse davon gesprochen habe, die inneren und äußeren Aspekte der deutschen Einigung voneinander abzukoppeln. Moskau sei bereit, sich damit abzufinden, daß die deutsche Einigung vollzogen werde, bevor die internationalen Fragen abschließend geklärt sein. Das habe die UdSSR bisher heftig abgelehnt. Die Bundesregierung sei aber weiterhin bestrebt, beide Prozesse möglichst gleichzeitig abzuschließen. Es wäre äußerst problematisch, wenn Deutschland geeint, aber weder nach innen noch nach außen voll souverän sei, und wenn ungeklärt bliebe, welche Rechte der Vier Mächte weiterhin gültig sein sollten. Die Einheit Deutschlands wäre mit einem erheblichen Makel behaftet.

Für die Lösung der äußeren Aspekte sei eine Paketlösung erforderlich, deren Elemente auch auf die innere Lage in der Sowjetunion Rücksicht nehmen müßten. Gorbatschow stehe vor erheblichen Problemen in seinem eigenen Land, die ökonomische Krise sei dramatisch, der Zusammenhalt der UdSSR gefährdet. Warschauer Pakt und RGW lösten sich auf, und die Deutschen seien dabei, sich zu vereinigen. Deshalb sehe sich Gorbatschow dem Vorwurf innerhalb der eigenen Führung ausgesetzt, die Errungenschaften des Großen Vaterländischen Krieges zu verspielen. Er müsse seiner eigenen Bevölkerung erklären, daß seine Politik fünfundvierzig Jahre nach dem Kriege nicht zu einer Niederlage der Sowjetunion führe und zu ihrer Isolierung, sondern Ergebnis eines historischen Prozesses in Europa sei, der auch in ihrem Interesse liege. Dieser Prozeß bestehe darin, daß sich die Zusammenarbeit zwischen West- und Osteuropa und der Sowjetunion in allen Bereichen verstärke. Aus der Logik des zusammenwachsenden Europa folge, daß Deutschland nicht einem Sonderstatus der Neutralität unterworfen werden dürfe, sondern uneingeschränkt einbezogen werden müsse.

Nachmittags unterrichtet der Kanzler Dregger und Genscher über sein Gespräch mit Schewardnadse und die Kreditwünsche Moskaus. Angesichts seines Arbeitspensums richtet er die rein rhetorische Frage an mich, wie frühere Bundeskanzler wohl ihre Arbeit organisiert hätten. Alles ruhe auf seinen Schultern. Ich erwidere, daß er es doch gar nicht anders haben wolle.

Dienstag, 8. Mai 1990

Die FAZ macht heute mit der Schlagzeile auf »Genscher begrüßt Moskaus Bereitschaft zur Trennung der inneren und äußern Aspekte der Vereinigung«. Sollte das zutreffen, gibt es in der Tat einen Dissens zwischen Außenminister und Bundeskanzler, der bei seiner Position bleibt, die inneren und äußeren Aspekte nicht voneinander zu trennen.

Auch in der Sitzung der CDU/CSU-Bundestagsfraktion am frühen Nachmittag bekräftigt er seine Absicht, die inneren Aspekte der deutschen Einigung einvernehmlich und zeitgleich mit den äußeren Aspekten zu regeln. Nach der Sitzung erklärt er den wartenden Journalisten, daß eine Abkoppelung eine »fatale Entwicklung« wäre, die seinen Vorstellungen widerspreche. Schewardnadses Vorschlag bezeichnet er als Teil eines »Verhandlungspokers«. Er bleibe bei seinem Zeitplan, daß bis zu einem KSZE-Gipfel Ende des Jahres die internationalen Fragen im Zusammenhang mit der Wiedervereinigung gelöst sein müßten.

Genscher erklärt parallel dazu vor der FDP-Bundestagsfraktion, daß eine zügige und erfolgsorientierte Arbeit notwendig sei, um eine Verständigung über die äußeren Aspekte der deutschen Vereinigung bis zu dem KSZE-Gipfel im Herbst zu erreichen. Damit scheint der Einklang zwischen Kohl und Genscher wieder hergestellt.

Am späten Nachmittag empfängt der Kanzler Wolfgang Röller und Hilmar Kopper und erläutert ihnen die sowjetischen Wünsche, die Schewardnadse bezüglich eines Finanzkredites übermittelt hat. Am Samstag hatte mir Kwizinskij im Auftrag Schewardnadses eine Unterlage über die gewünschten Kredite in Höhe von zwanzig Milliarden D-Mark mit einer Laufzeit von fünf bis sieben Jahren zugeleitet. Staatliche Garantien westlicher Regierungen sollen Gerüchte ausräumen, daß die Sowjetunion zahlungsunfähig sei und den Banken einen Anstoß geben, der UdSSR wieder Finanzkredite zu gewähren.

Röller bestätigt die äußerst kritische Lage in der Sowjetunion, die dazu geführt habe, daß Lieferungen nicht mehr bezahlt würden und die Sowjetunion ihren Zahlungsverpflichtungen immer weniger nachkomme. Die Bonität der Sowjetunion sei eindeutig beeinträchtigt. Auch Kopper spricht von einem deutlichen Vertrauensverlust der Sowjetunion auf den internationalen Finanzmärkten. Es sei offensichtlich, daß sich in der Sowjetunion eine Liquiditätskrise aufbaue. Beide halten eine privatwirtschaftliche Lösung nicht mehr für möglich. Auch die Bundesregierung könne allein nicht in ausreichendem Maße helfen. Sie müsse im Westen eine Vorreiter-Rolle übernehmen und andere Staaten zur Teilnahme bewegen. Abschließend wird vereinbart, daß wir zu dritt zu einer vertraulichen Sondermission nach Moskau reisen sollen.

Darüber unterrichte ich sofort telefonisch Kwizinskij. Auf Vorschlag des Kanzlers bitte ich ihn darum, anzufragen, ob wir mit Ryschkow und gegebenenfalls mit Gorbatschow zusammentreffen könnten. Unsere Mission solle deutlich machen, daß wir bereit seien, auf die Anfrage Moskaus so rasch wie möglich zu reagieren. Kohl kümmere sich selbst um die Angelegenheit, die er streng vertraulich behandele, weshalb die Gespräche auch in Moskau vertraulich bleiben sollten. Er habe Röller und Kopper persönlich gebeten, mit mir nach Moskau zu reisen, wozu wir sofort bereit seien. Kwizinskij antwortet, er sehe sehr wohl, daß der Kanzler sich selbst um Unterstützung bemühe. Das werde in Moskau gewürdigt werden.

Mittwoch, 9. Mai 1990

Heute mittag sucht mich Kwizinskij zu seinem Abschiedsbesuch auf. Er teilt mir mit, daß ich am Sonntag zusammen mit Kopper und Röller in Moskau erwartet werde; die Gespräche sollten am Montag stattfinden. Wir würden in jedem Fall mit Ministerpräsident Ryschkow zusammentreffen. Er schließe auch nicht aus, daß wir Gorbatschow sehen würden. Die Entscheidung, uns so kurzfristig zu empfangen, sei zwischen Gorbatschow, Schewardnadse und Ryschkow während der Siegesparade der Roten Armee auf dem Roten Platz gefallen. Gorbatschow habe sich dabei sehr zufrieden über das Gespräch Kohls mit Schewardnadse geäußert, danke ihm für seine konstruktive Einstellung und hoffe, daß »das anstehende Problem« schnell gelöst werden könne.

Der Kanzler entscheidet, daß wir mit einem Flugzeug der Bundeswehr nach Moskau fliegen können. Juliane Weber ordert in seinem Auftrag eine Challenger. Sie weist die Flugbereitschaft des Ministeriums ausdrücklich darauf hin, daß es sich um eine vertrauliche Reise handele und sie deshalb die Namen der Fluggäste nicht nennen könne.

Anläßlich der Feier zum 45. Jahrestag des Sieges über Deutschland hält Gorbatschow eine Ansprache, in der er sich wohlwollend, nahezu freundlich zur deutschen Einheit äußert: Ausführlich spricht er über die Ausweitung der Zusammenarbeit »unserer beiden großen Völker« im Bereich der wirtschaftlichen Beziehungen sowie auf dem Feld von Wissenschaft und Kultur und des politischen Dialoges. Gorbatschow greift damit zum ersten Mal öffentlich den Vorschlag des Kanzlers zu einer umfassenden vertraglich geregelten Zusammenarbeit zwischen dem geeinten Deutschland und der Sowjetunion auf, allerdings ohne unseren Vorstoß zu erwähnen. Entscheidend bleibt, daß er auf diese Initiative öffentlich eingeht, was zeigt, daß er sie innenpolitisch nutzen will. Sehr zurückhaltend äußert Gorbatschow sich zu Sicherheits- und Statusfragen. Angesichts der Tatsache, daß Gorbatschow seine Rede vor Militärs und Veteranen hält, ist seine gemäßigte Sprache und Zurückhaltung in der Sache bemerkenswert. Er läßt sich nach wie vor alle Optionen offen.

Donnerstag, 10. Mai 1990

Mit seiner heutigen Regierungserklärung zur Sondertagung des Europäischen Rates in Dublin will der Bundeskanzler die Chance nutzen, den Erfolg von Dublin noch einmal öffentlich herauszustellen. Gleichzeitig will er erneut die Verknüpfung der deutschen mit der europäischen Einheit unterstreichen. Der Prozeß der deutschen Einheit wirke als Katalysator für die Beschleunigung der Integration Europas auf dem Weg zur Politischen Union.

Im zweiten Teil seiner Rede begründet er seine Entscheidung für eine Währungs-, Wirtschaft- und Sozialunion mit der DDR. Die Einführung der D-Mark Anfang Juli sei ein unübersehbares Zeichen der Solidarität. Damit werde die Zukunft der Bundesrepublik Deutschland mit jener der DDR unauflöslich verbunden. Erneut bekräftigt er, daß die Bundesregierung keinen Grund für Steuererhöhungen zur Finanzierung der deutschen Einheit sehe. Eine florierende Wirtschaft sei allemal ein besserer Weg zu höheren Steuereinnahmen als ein leistungsfeindliches Steuersystem.

Kredite und Kooperation
als Katalysator

Sonntag, 13. Mai 1990

Nach meiner Rückkehr von der dreitägigen internationalen Bilderberg-Konferenz in New York telefoniere ich mittags mit dem Kanzler in Ludwigshafen, um meine morgigen Gespräche in Moskau noch einmal mit ihm abzustimmen. Er beauftragt mich, meinen sowjetischen Gesprächspartnern deutlich zu machen, daß er keinen Friedensvertrag akzeptieren werde. Im übrigen kenne ich alle seine Positionen und solle sie entsprechend erläutern. Seine Devise laute: Alles, was jetzt in die Scheune eingefahren werden könne, sei sicher. Jetzt gelte es, alle Chancen zu nutzen und keine zu versäumen.

Nachmittags treffe ich mit Wolfgang Röller und Hilmar Kopper auf dem militärischen Teil des Köln/Bonner Flughafens zusammen. Mit einer Bundeswehr-Sondermaschine geht es direkt nach Moskau. Die Besatzung der Challenger hat erst kurz vor dem Start den Zielort genannt bekommen. Sie haben mich sofort erkannt, kennen aber meine beiden Begleiter nicht. Sie versuchen, die Namen zu erfahren, weil sie in die Passagierliste eingetragen werden sollen. Ich lehne das ab. Im Abendsonnenschein landen wir in Moskau, wo uns Kwizinskij, der jetzt stellvertretender Außenminister ist, erwartet. Zusammen mit ihm fahren wir zum Gästehaus 13 auf dem Leninhügel. Die Gespräche sollen morgen früh beginnen.

Montag, 14. Mai 1990

Im Kreml erwarten uns Ministerpräsident Ryschkow, Außenminister Schewardnadse, der stellvertretende Ministerpräsident Sitarjan und Moskowsky, der Chef der Außenwirtschaftsbank. Ryschkow schildert uns sehr ausführlich die schwierige wirtschaftliche und finanzielle Situation der UdSSR. Im Namen der sowjetischen Führung bitte er die Bundesregierung um Unterstützung und danke dafür, daß es möglich sei, so schnell und vertraulich über ihre Probleme und mögliche Hilfe der Bundesrepublik zu sprechen. Er bittet mich, dem Bundeskanzler für seine wirklich schnelle Reaktion zu danken. Mit uns hätten sie besonders gute Erfahrungen in der Zusammenarbeit. Die politischen und wirtschaftlichen Beziehungen entwickelten sich positiv. Man handle miteinander und nicht gegeneinander.

Besonders intensiv geht er auf die Schwierigkeiten ein, die sich wirtschaftlich für die Sowjetunion durch die sich abzeichnende Einheit und die vorgesehene Einführung der D-Mark ergäben. Er sei aber zuversichtlich und optimistisch, was die Zukunft der deutsch-sowjetischen Beziehungen betreffe. Ryschkow erläutert uns die einzelnen Etappen der sowjetischen Wirtschaftsreform, die sich jetzt im dritten Jahr befinde und nun zu einer besonders komplizierten Lage geführt habe. Im Mai hätten sie Vorschläge veröffentlicht, die die Wirtschaft in einen geregelten Markt überführen sollten. Die Maßnahmen stellten einen sehr großen Schritt in Richtung Marktwirtschaft dar. Eine Verbesserung der Lage erwarteten sie aber erst in einigen Jahren.

Angesichts der wirtschaftlichen Krise würden immer öfter Stimmen laut, die vorschlügen, zum alten System von vor 1985 zurückzukehren. Das sei jedoch keine Perspektive. Sie müßten durchhalten, bis sich die Lage wieder normalisiert habe. Gerade deshalb bräuchten sie jetzt Unterstützung von außen, um ein Absinken des Lebensstandards zu verhindern. Sonst sehe er die Gefahr, daß sie die Perestroika begraben müßten, von der inzwischen das Schicksal der ganzen Welt abhänge. Hilfe für die Sowjetunion heiße deshalb Hilfe für alle. Im Grunde sei die Sowjetunion ein reiches Land, dessen Leistungsfähigkeit weiter gesteigert werden könne. Ihr Ziel sei es, allen internationalen Wirtschaftsorganisationen beizutreten. Sie wüßten zwar, daß sie nicht mit offenen Armen empfangen würden, doch das sei sicher nur eine Übergangserscheinung.

Ryschkow richtet konkrete Bitten an uns: Sie bräuchten kurzfristig einen ungebundenen Finanzkredit in der Größenordnung von 1,5 bis zwei Milliarden Rubel, um ihre Zahlungsfähigkeit zu sichern und nicht international ins Gerede zu kommen, darüber hinaus einen langfristigen Kredit in Höhe von zehn bis 15 Milliarden Rubel zu Vorzugsbedingungen, dessen Tilgungsfrist zehn bis 15 Jahre bei fünf Freijahren betragen solle. Eine solche Hilfe werde es ihnen ermöglichen, wieder Boden unter die Füße zu bekommen und die Perestroika weiterzuführen. (Nach dem augenblicklichen Wechselkurs entspricht ein Rubel einer D-Mark.)

In meiner Antwort verweise ich auf die Bereitschaft des Kanzlers, die Verpflichtungen der DDR gegenüber der Sowjetunion so weit wie möglich zu übernehmen. Es sei uns bewußt, daß die Perestroika Übergangsprobleme schaffe. Deshalb habe Kohl Gorbatschow schon im Sommer 1989 zugesagt, daß er helfen wolle, so weit er das könne. Deshalb finde auch der augenblickliche vertrauliche Meinungsaustausch statt. Gleichzeitig mache ich aber auch deutlich, daß wir eine solche Unterstützung als Bestandteil des Gesamtpaketes verstehen, das zur Lösung der deutschen Frage beitragen soll. Schewardnadse stimmt lachend zu.

Nach zwei Stunden wird das Gespräch mit Sitarjan und Moskowsky fortgeführt, der die finanzielle Lage der UdSSR und die Struktur der Auslandsverschuldung im Detail erläutert. Er nennt alle Daten, die Röller und Kopper abfragen. Ich gewinne den Eindruck, daß die sowjetischen Partner in erfreulicher Offenheit alle gewünschten Zahlen auf den Tisch legen. Sie nennen uns auch ihre Haupt-Kreditgeber in der Reihenfolge ihrer Größenordnung. Die Bundesrepublik steht mit rund 6 Milliarden an erster Stelle, an zweiter Stelle Japan mit 5,2 Milliarden, an dritter Stelle Italien mit 4,3 Milliarden, an vierter Stelle Frankreich mit 3,1 Milliarden, Österreich an fünfter Stelle mit 2,6 und Großbritannien an sechster Stelle mit 1,5 Milliarden. Auch die Volumen der Ex- und Importe werden uns genannt. Ich erlebe ein zweistündiges intensives Fachgespräch. Kopper und Röller sind mit den Auskünften der sowjetischen Seite sehr zufrieden. Sie haben den Eindruck, daß die genannten Daten im großen und ganzen zutreffen. Sie stimmen mit den Erkenntnissen ihrer Banken weitgehend überein.

Beim Mittagessen teilt mir Kwizinskij mit, daß wir nachmittags mit Gorbatschow zusammentreffen werden. Der Präsident empfängt uns im Kreml in Anwesenheit von Ryschkow und Kwizinskij. Im Gegensatz zu Ryschkow, der übernächtigt und überarbeitet aussieht, wirkt Gorbatschow entspannt und erholt. Er führt das Gespräch sehr konzentriert. Auch er betont, daß es jetzt darum gehe, die Perestroika zu verwirklichen. Dabei müsse sich die Sowjetunion auf ihre eigene Kraft stützen, sie verfüge über ein großes Potential, das mobilisiert werden müsse. In der Übergangsphase werde jedoch die Bevölkerung eine Krankheitsperiode durchstehen müssen. Aus diesem Grunde wünsche er eine enge Zusammenarbeit.

Jetzt könne er die Politik in Richtung Marktwirtschaft nicht länger aufschieben. In den letzten Jahren sei es ihm darum gegangen, der Kommandowirtschaft einen entscheidenden Schlag zu versetzen, dadurch greife die Kupplung zwischen Staat und Wirtschaft nicht mehr, während andererseits die Mechanismen der Marktwirtschaft noch nicht zum Tragen kämen. Nun gehe es ihm darum, die Übergangsphase zu verkürzen. Die Sowjetunion brauche jetzt Sauerstoff, sie brauche Geld, um die Wende herbeizuführen, sie brauche eine Schulter.

Gorbatschow betont, in der Welt werde sich nichts verändern, wenn sich die Sowjetunion nicht grundlegend ändere. Er berichtet, daß das Verständnis für solche Veränderungen auch im Volk heranreife, die sowjetische Bevölkerung sei jetzt selbstkritischer geworden. Der Wunsch nach neuen Lebensformen habe zugenommen. Noch vor einem Monat sei die Ankündigung über die Einführung der Marktwirtschaft als Rückkehr zum Kapitalismus verurteilt worden, jetzt habe sich die Lage normalisiert, und sie würden die Wende realisieren. Wenn sie es nicht täten, würden sie den entscheidenden Zeitpunkt versäumen. Er wolle offen sagen, daß es nicht einfach sei, diesen Kurs nach innen und nach außen durchzusetzen. Sie würden es jedoch tun, unabhängig davon, ob sie der Westen unterstütze oder nicht.

Im Hinblick auf die Beziehungen zu Deutschland erklärt er sich damit einverstanden, daß jetzt ein zweiseitiger Vertrag vorbereitet werde. Ein solcher Vertrag werde ein Stützpfeiler für das Europäische Haus sein. Er sei bereit, darüber mit dem Kanzler zu sprechen, könne ihn jedoch erst nach dem Parteitag treffen.

Was die Sicherheitsfragen in Zusammenhang mit der deutschen Einigung betreffe, wolle er mir einige Gedanken ans Herz legen. Wir müßten so handeln, daß bei der Bevölkerung der Sowjetunion nicht der Eindruck entstehen könne, daß die

Sicherheit der Sowjetunion gefährdet werde. Keine Seite dürfe der anderen etwas aufzwingen. Auf meinen Hinweis, der Bundeskanzler gehe davon aus, daß in all diesen Fragen eine Einigung möglich sei, stimmt mir Gorbatschow zu, erklärt jedoch, das werde nicht einfach sein. Die beste Lösung wäre die Überwindung der Blöcke.

In meiner Antwort betone ich, die Lösung der Probleme könne nur im Rahmen eines Gesamtpaketes gefunden werden, das sich aus bilateralen und multilateralen Ergebnissen zusammensetzen müsse. Deshalb habe der Kanzler gegenüber Schewardnadse den Vorschlag gemacht, die Beziehungen zwischen einem geeinten Deutschland und der Sowjetunion langfristig und umfassend zu gestalten und zu intensivieren. Es solle deshalb ein umfassender und weit in die Zukunft reichender Vertrag erarbeitet werden, der auf den Verträgen und Abkommen der Vergangenheit aufbaue. Dieser neue Vertrag müsse von historischer Tragweite sein. Der Kanzler freue sich, daß Gorbatschow diesen Vorschlag positiv aufgenommen habe, und wolle bald darüber mit ihm sprechen. In diesem Zusammenhang erinnere ich Gorbatschow an seinen Vorschlag, einmal eine Begegnung in seiner Heimat im Kaukasus durchzuführen und Kohl die Steppe zu zeigen, worauf Gorbatschow mit sichtlichem Wohlgefallen reagiert. Ich schlage zwei Termine vor, die er zur Kenntnis nimmt.

Ich bekräftige noch einmal die Bereitschaft des Bundeskanzlers zur Zusammenarbeit, die auch durch das heutige Gespräch unterstrichen werde. Ich betone auch Gorbatschow gegenüber, daß Kohl diese Zusammenarbeit und Unterstützung als Teil des Gesamtpaketes zur Lösung der anstehenden Fragen verstehe.

Mit Röller und Kopper spricht Gorbatschow über die Frage möglicher Finanzkredite. Nach eineinhalb Stunden endet dieses spannende Gespräch. Als wir das Arbeitszimmer Gorbatschows verlassen, bleibt Kwizinskij noch zurück. Im Vorzimmer warten wir auf ihn. Als er nach fünf Minuten nachkommt, sagt er mir, daß mein Vorschlag für eine Begegnung im Kaukasus bei Gorbatschow auf fruchtbaren Boden gefallen sei. Ich hoffe es sehr, denn ein solches Treffen in der Heimat von Gorbatschow wäre ein Zeichen, daß eine weitere Annäherung möglich wird.

Vom Kreml fahren wir direkt zum Flughafen, wo uns Kwizinskij verabschiedet. Auf dem Rückflug sind wir alle drei fasziniert, daß wir heute mit Gorbatschow, Ryschkow, Schewardnadse, Sitarjan und Kwizinskij praktisch alle maßgeblichen Politiker der Sowjetunion sprechen konnten. Diese Tatsache allein beweist, wie groß ihre Probleme sind, und welches Gewicht sie in diesem Zusammenhang auf unsere Gespräche und auf die deutsch-sowjetischen Beziehungen legen. Ich habe den Eindruck, daß die Initiativen des Kanzlers sowohl im politischen als auch im ökonomischen Bereich zum richtigen Augenblick die zentralen Interessen der sowjetischen Führung ansprechen. Wir sind auf dem richtigen Weg.

Dienstag, 15. Mai 1990

Nach der Koalitionsrunde, in der die endgültige Fassung des Staatsvertrages zur Herstellung einer Währungs-, Wirtschafts- und Sozialunion mit der DDR verabschiedet worden ist, unterrichte ich den Kanzler über das Ergebnis der Gespräche in Moskau. Er ist entschlossen, Gorbatschow zu helfen und eine Bürgschaft für einen Kredit in der Größenordnung von fünf Milliarden D-Mark zu leisten.

Nachmittags trifft Helmut Kohl mit dem britischen Außenminister Douglas Hurd zusammen. Beide halten es für »höchst erstrebenswert«, die inneren und äußeren Aspekte der deutschen Einigung gleichzeitig zu behandeln. Schewardnadses Vorschlag einer Entkoppelung enthalte nur Nachteile. Großbritannien, so erklärt Hurd, wolle nach dem Vollzug der deutschen Einigung die Rechte der Vier Mächte nicht weiter fortbestehen lassen.

Mittwoch, 16. Mai 1990

Heftige Diskussion in Politik und Medien um den Zeitpunkt gesamtdeutscher Wahlen. Die Beratungen über den Entwurf eines Staatsvertrages über die Bildung einer Währungs-, Wirtschafts- und Sozialunion und die Tatsache, daß DDR-Finanzminister Romberg immer noch nicht in der Lage ist, verbindliche Zahlen über die finanzielle Lage und das Ausmaß der Verschuldung zu nennen, haben in der Koalition die Sorge verstärkt, daß der Bundesregierung immer größere Verantwortung für die Entwicklung in der DDR zuwachse, ohne daß sie jedoch in gleichem Maße Zugriffs- und Kontrollmöglichkeiten erhält.

Das hat die Forderung nach möglichst frühen gesamtdeutschen Wahlen ausgelöst und verstärkt. Die Diskussion konzentriert sich nur noch auf die Frage des Zeitpunkts. Der Kanzler zieht den 2. Dezember 1990 dem 13. Januar 1991 aus wahltaktischen Gründen vor. Dabei ist allen klar, daß sich damit das Tempo des Einigungsprozesses weiter beschleunigt. Jetzt stellen auch wir uns darauf ein, daß die Einigung noch in diesem Jahr vollzogen werden wird. Offen bleibt, ob die DDR-Regierung zustimmen wird. Lothar de Maizière hat gestern noch erklärt, daß der Termin gesamtdeutscher Wahlen für ihn »heute kein Thema« sei.

Mittags fliegt Kohl nach Straßburg, um gemeinsam mit de Maizière an der Sitzung des Europäischen Parlamentes teilzunehmen. Der Kanzler nimmt auch diese Gelegenheit wahr, um den Europaabgeordneten Stand und Perspektiven des deutschen Einigungsprozesses und die deutschen Vorstellungen zur Politischen Union zu erläutern.

Noch am gleichen Abend reist der Bundeskanzler gemeinsam mit dem Außen- und Verteidigungsminister zu seinen Gesprächen mit Präsident Bush nach Washington.

Donnerstag, 17. Mai 1990

Vormittags beginnt das Vier-Augen-Gespräch des Kanzlers mit Präsident Bush, an dem Brent Scowcroft und ich teilnehmen, im *Oval Office*. Bush eröffnet das Gespräch sofort mit dem Problem der nuklearen Kurzstreckensysteme in Europa. Er verfolge die Diskussion in der Bundesrepublik und innerhalb der Bundesregierung und wolle ihr in dieser Frage entgegenkommen. Deshalb solle auf dem NATO-Sondergipfel darüber gesprochen werden. Vorher sollten jedoch gemeinsame Positionen nicht leichtfertig in Frage gestellt werden.

Der Kanzler bekräftigt, daß er ohne Wenn und Aber zur NATO stehe, für die es keinen Ersatz gebe. Allerdings sei auch er der Auffassung, daß sich die Allianz den Entwicklungen anpassen müsse. Die nukleare Frage solle möglichst aus der öffentlichen Diskussion herausgehalten werden, um die Allianz und die Beziehungen zur Sowjetunion nicht unnötig zu belasten. Ausführlich berichtet Helmut Kohl über den Fortgang des Einigungsprozesses. Morgen werde der Staatsvertrag unterzeichnet, am 1. Juli die D-Mark in der DDR eingeführt. Damit seien ungeheuer viele Probleme verbunden. Er erwarte große Schwierigkeiten bei der Umstellung der Betriebe und für den Arbeitsmarkt. Die verdeckte Arbeitslosigkeit in der DDR sei erschreckend hoch. Aufgrund der zu erwartenden Schwierigkeiten in der DDR durch die Währungsunion befürworteten es viele, gesamtdeutsche Wahlen so früh wie möglich durchzuführen. Er selber neige dazu, sie Anfang Dezember stattfinden zu lassen.

Der Kanzler unterstreicht, daß in diesen zurückliegenden schwierigen Monaten die Unterstützung von Präsident Bush besonders wichtig gewesen sei. Bush sei ein Glücksfall für die Deutschen.

Dann konzentriert sich das Gespräch auf die Lage in der Sowjetunion. Kohl berichtet über meine Unterredungen am Montag in Moskau. Gorbatschow habe enorme Probleme und bitte um Unterstützung. Deshalb sei er, Kohl, bereit, einen Kredit in der Größenordnung von fünf Milliarden D-Mark zu verbürgen. Für ihn sei jedoch klar, und das hätte ich in Moskau deutlich gemacht, daß dieses Angebot Teil des Gesamtpaketes zur Lösung der deutschen Frage sei. Präsident Bush erklärt, daß er angesichts der Ereignisse in Litauen große Probleme habe, Gorbatschow wirtschaftlich und finanziell zu unterstützen.

Der Bundeskanzler weist dagegen darauf hin, es liege im gemeinsamen Interesse des Westens, daß Gorbatschow seine Reformpolitik fortsetzen könne. Es sei nicht zu erwarten, daß ein Nachfolger besser sein werde, deshalb sei es wichtig, daß sich auch die USA an einer Unterstützung Gorbatschows beteiligten. Die Litauer hätten seine Sympathie, aber sie dürften nicht die Politik des Westens bestimmen.

Bush stimmt zu, daß Litauen nicht zum Stolperstein werden dürfe. Er habe Kongreß-Abgeordneten gesagt, daß sie auch in der Zeit des Kalten Krieges Abrüstungsverhandlungen mit der

Sowjetunion geführt hätten. Es bereite ihm Sorge, was der Kanzler über die finanzielle Lage der Sowjetunion berichte.

Kohl unterstreicht, damit der Besuch Gorbatschows Ende Mai in Washington psychologisch und inhaltlich besonders wichtig sein werde. An der Seite von Bush dürfe Gorbatschow nicht als geschwächter Präsident erscheinen. Bush versichert, daß Gorbatschow mit einem guten Empfang rechnen könne. Er werde alles tun, daß der Gipfel für Gorbatschow auch zu Hause kein Fehlschlag werde. Er werde zwar gegenwärtig gedrängt, den Gipfel zu verschieben und Strafmaßnahmen gegenüber der Sowjetunion zu ergreifen, wolle jedoch nichts dergleichen tun.

Auf die Zwei-plus-Vier-Gespräche eingehend macht Bush deutlich, daß der Abzug der sowjetischen Truppen nicht mit der Frage nach der Präsenz amerikanischer Verbände in Europa verknüpft werden dürfe. Andererseits wolle er keine amerikanischen Truppen dort lassen, wo sie nicht erwünscht seien.

Kohl erwidert, die amerikanische Truppenpräsenz bleibe ein zentrales Element des Bündnisses. Er könne sich keine NATO ohne amerikanische Truppen in Europa und in Deutschland vorstellen. Die KSZE könne die NATO nicht ersetzen. Wenn die NATO aufgelöst würde, wäre auch die Sicherheit der kleinen europäischen Staaten wie Norwegen oder der Benelux-Länder gefährdet. Die sowjetischen Soldaten würden nur 600 Kilometer, die amerikanischen 6 000 Kilometer zurückgezogen. Außerdem müßten die USA bedenken, daß es nicht nur um eine militärische, sondern vor allem auch um eine politische Präsenz in Europa gehe.

Bush stimmt zu, betont aber, niemand könne voraussagen, wie sich das Klima in Deutschland und in den USA entwickeln werde. Er selber bekämpfe wachsende Neigungen in den USA zum Isolationismus. Doch niemand könne einen Blick in die Kristallkugel werfen.

Der Kanzler bemerkt, daß es der größte politische Fehler der Nachkriegszeit wäre, wenn die Europäer den Abzug der USA aus Europa zuließen. Besonders wichtig sei deshalb, daß Bush auch Gorbatschow sage, daß die Mitgliedschaft Deutschlands in der NATO für die Deutschen wie für die USA eine existenzielle Frage sei.

Im anschließenden Delegationsgespräch im Kabinettssaal des Weißen Hauses vergleicht der Bundeskanzler seine Situation im Einigungsprozeß mit der eines Bauern, der vorsorglich, weil möglicherweise ein Gewitter drohe, die Ernte einbringen möchte.

Dann berichtet Genscher über den Stand der Zwei-plus-Vier-Gespräche. Er erklärt, die Sowjetunion begreife jetzt, daß es ein Fehler wäre, wenn sie die Lösung der äußeren Aspekte der deutschen Einheit auf die lange Bank schiebe. Präsident Bush möge deshalb gegenüber Gorbatschow deutlich zum Ausdruck bringen, daß der Zwei-plus-Vier-Prozeß bis zum KSZE-Gipfel abgeschlossen sein sollte, damit dort das Ergebnis präsentiert werden könne.

Er habe das Gefühl, daß die Öffentlichkeitsarbeit der sowjetischen Regierung darauf angelegt sei, die NATO im eigenen Land zu entdämonisieren. Das beweise der Besuch Schewardnadses bei der NATO in Brüssel und die Einladung Wörners nach Moskau. Es sei auch sehr bedeutsam, daß die deutsche Zugehörigkeit zur NATO nicht grundsätzlich in Frage gestellt werde. In der Schlußakte von Helsinki sei das Recht jedes Staates verbrieft, selbst zu entscheiden, ob er einem Bündnis angehören wolle oder nicht. Der Bundeskanzler fügt hinzu, daß die NATO-Mitgliedschaft kein Preis sei, den er für die deutsche Einheit zahlen würde.

Die Stimmung beim anschließenden Essen ist heiter und gelöst. Persönliche Freundschaft und völliges Vertrauen prägen die Gespräche. In seiner Abschlußerklärung vor der versammelten deutschen und internationalen Presse bekräftigt Bush, daß die USA und die Bundesrepublik in der Frage des Weges und der Ziele der deutschen Einigung voll übereinstimmen. Er erinnert daran, daß er im Mai 1989 der Bundesrepublik die Partnerschaft in der gemeinsamen Führung des Westens angeboten habe, die sich jetzt voll bewähre.

Freitag, 18. Mai 1990

Nur eine Stunde nach unserer Rückkehr aus Washington verabschiedet das Kabinett den Gesetzentwurf zum Vertrag über die Schaffung einer Währungs-, Wirtschafts- und Sozialunion und den Entwurf des zweiten Nachtragshaushaltes 1990. Finanzminister Waigel spricht einleitend von einem Grundstein für die deutsche Einheit: Umfang, Qualität und Schnelligkeit der Erarbeitung des Gesetzentwurfes seien außergewöhnlich. Waigel trägt nicht ohne innere Bewegung vor, daß die Mehrausgaben Investitionen für Freiheit und Frieden sind. Im Kabinettssaal herrscht eine fast weihevolle Stimmung.

Der Bundeskanzler dankt allen, die an der Ausarbeitung des Gesetzentwurfes mitgewirkt haben: der Bundesbank wie den Kollegen in der DDR-Regierung, insbesondere Staatssekretär Krause. Er wünsche sich von Herzen, daß dieser Pioniergeist jetzt auch in der Wirtschaft um sich greife. Deutschland würde in der Welt einen ungeheuren Ansehensverlust erleiden, wenn es die Probleme nicht löse.

Bundesbankpräsident Pöhl unterstreicht seinerseits, daß international sehr viel Verständnis und Unterstützung vorhanden seien. Es gebe jedoch auch böswillige und feindselige Stimmungen auf den europäischen Finanzmärkten. Er bescheinigt der Bundesregierung, daß mit dem Gesetzentwurf ein erstaunlich gutes Stück Arbeit geleistet worden sei, das er noch vor drei Monaten nicht für möglich gehalten habe. Das sei das Verdienst hervorragender Mitarbeiter.

Jetzt blicke die Welt auf die Deutschen. Es herrsche viel Zutrauen, daß die Stabilität gewahrt werden könne, dies sei aber nicht garantiert. Maßnahmen seien erforderlich, man dürfe sich nicht in Sicherheit wiegen, weil erhebliche Risiken bestünden. Mit Nachdruck mahnt Pöhl an, daß die Finanzierung der Einheit nicht allein über die Kreditaufnahme erfolgen dürfe, wenn Steuererhöhungen ausgeschlossen würden. Die Ausgabenseite sollte in Anbetracht der historischen Situation angemessen beschnitten werden.

Graf Lambsdorff berichtet, daß die FDP-Fraktion dem Vertragswerk einstimmig zugestimmt habe. Der wirtschaftliche Leistungsstand der Bundesrepublik sei so groß wie seit Jahrzehnten nicht und deshalb eine Steuererhöhung nicht erforderlich.

Der Kanzler beklagt abschließend, daß in Deutschland Demonstrationen gegen die Einheit und Seminare mit Bedenkenträgern stattfänden anstelle der Freudenfeste, die jetzt gefeiert werden müßten.

Am frühen Nachmittag unterzeichnen im alten Kabinettssaal des Palais Schaumburg die Finanzminister Waigel und Romberg in Anwesenheit von Bundeskanzler Kohl und Ministerpräsident de Maizière den Staatsvertrag über die Währungs-, Wirtschafts- und Sozialunion. Im Saal herrscht spürbare Ergriffenheit und Freude. Der Kanzler spricht von einer historischen Stunde im Leben der deutschen Nation und von dem ersten bedeutsamen Schritt zur Wiederherstellung der staatlichen Einheit Deutschlands. Es sei eine glückliche Stunde, in der sich Hoffnung und Sehnsucht der Menschen in Deutschland erfüllten. Nach Jahrzehnten beginne ein Traum Wirklichkeit zu werden: der Traum von der Einheit Deutschlands und Europas. Zugleich sei der Staatsvertrag ein starkes Zeichen der Solidarität unter den Deutschen. Von nun ab sei klar: Wir gehen in eine gemeinsame Zukunft in einem vereinten und freien Deutschland.

Auch für de Maizière beginnt mit der Vertragsunterzeichnung die »tatsächliche Verwirklichung der Einheit Deutschlands«: sie mache den Einigungsprozeß unumkehrbar. De Maizière bezeichnet die Einführung der D-Mark als eine großzügige politische Geste der Bundesrepublik Deutschland. Niemand solle sich über die tiefe Krise der DDR-Wirtschaft Illusionen machen. »Wir konnten und können nicht so weitermachen wie bisher.« Jetzt seien sie in der DDR dazu aufgerufen, aus der Einführung der D-Mark das Beste zu machen.

Nach der Unterzeichnungszeremonie treten alle auf die Freiterrasse hinaus. Strahlender Sonnenschein verstärkt die festliche Stimmung. Sekt wird gereicht. Alle unterhalten sich angeregt und freudig. Minister Reichenbach sagt zu mir, daß jetzt die Einigung nach Artikel 23 GG und gesamtdeutsche Wahlen so rasch wie möglich angestrebt werden müßten. De Maizière zögere aber noch.

In Moskau präsentiert Jim Baker einen Neun-Punkte-Plan, der der Sowjetunion die Zustimmung zur Einigung Deutschlands erleichtern soll: 1. Verpflichtung zu Folgeverhandlungen nach VKSE I in Wien. 2. Beginn von SNF-Verhandlungen nach Unterzeichnung des VKSE I-Vertrages. 3. Zusicherung Deutschlands, auf Produktion und Besitz von ABC-Waffen zu verzichten. 4. Umfassende Überprüfung des NATO-Bedarfs an konventionellen und nuklearen Systemen und Anpassung der

Strategie an die veränderten Bedingungen. 5. Keine Stationierung von NATO-Streitkräften auf dem ehemaligen Gebiet der DDR für eine Übergangszeit. 6. Zustimmung Deutschlands zu einer zeitlich begrenzten Stationierung sowjetischer Truppen in Ostdeutschland. 7. Verpflichtung Deutschlands, daß die Einigung nur das Gebiet der Bundesrepublik, der DDR und Berlin umfaßt. 8. Stärkung des KSZE-Prozesses. 9. Zusage Deutschlands, seine wirtschaftlichen Probleme so zu lösen, daß die Perestroika wirtschaftlich unterstützt wird.

Mit diesem Programm versucht Baker, die Initiative zu behalten, um den Zwei-plus-Vier-Prozeß zu erleichtern und der Sowjetunion Zusicherungen zu geben, die sie die NATO-Mitgliedschaft eines geeinten Deutschland akzeptieren lassen.

Samstag, 19. Mai 1990

In Moskau enden die viertägigen Verhandlungen zwischen Baker und Schewardnadse. In einer gemeinsamen Pressekonferenz erklärt Baker, daß die äußeren Aspekte des deutschen Einigungsprozesses gründlich diskutiert worden seien. Es sei mehr Klarheit und Verständnis über die beiderseitigen Positionen erreicht worden, doch bestünden grundsätzliche Differenzen hinsichtlich des militärpolitischen Status eines künftigen Deutschland weiter.

Schewardnadse spricht sich dafür aus, die Suche nach für alle akzeptablen Lösungen fortzusetzen. Die Doppelmitgliedschaft Deutschlands in NATO und Warschauer Pakt sei für den Westen offensichtlich unannehmbar, weshalb die Sowjetunion auf ihrem Vorschlag nicht beharre. Zur Viermächteverantwortung erklärt er, daß die Sowjetunion keineswegs anstrebe, diese für alle Zeiten aufrechtzuerhalten, sondern lediglich den Rahmen für eine Übergangsperiode schaffen wolle.

Wichtig für uns sind die Fortschritte im Abrüstungsbereich. Außerdem sind eine Reihe bilateraler Abkommen zur Unterschrift beim Bush-Gorbatschow-Gipfel vorbereitet. Dem Treffen steht nichts mehr entgegen.

Montag, 21. Mai 1990

Beim Kanzler geht es morgens um die Kredithilfe für Moskau. Gegenüber Röller und Kopper begründet Kohl seine Bereitschaft, Gorbatschow zu helfen, erneut mit dem Bild des Bauern, der vor einem heraufziehenden Gewitter seine Ernte rechtzeitig in die Scheune einbringen müsse. Die Zeit arbeite nicht für uns. Die Unsicherheiten und Schwierigkeiten im Osten nähmen zu. Die Botschaft an Gorbatschow müsse lauten, daß die Bundesregierung helfen werde, wenn vorher klargestellt sei, daß die Zwei-plus-Vier-Gespräche erfolgreich abgeschlossen werden. Er könne nicht Kredite in einer solchen Größenordnung verbürgen, wenn damit keine Gegenleistung verknüpft sei.

Abends treffe ich mit dem sowjetischen Geschäftsträger Leonid Ussytschenko zusammen. Er berichtet mir, Schewardnadse werde auf dessen Wunsch am Mittwoch mit Genscher zusammentreffen. In diesem Zusammenhang wolle Schewardnadse wissen, was er Genscher über meine Gespräche in Moskau sagen könne. Ich teile ihm mit, daß Kohl heute Genscher persönlich unterrichtet habe. Im übrigen handele es sich um direkte Gespräche zwischen Kohl und Gorbatschow. Ich kündige einen Brief des Kanzlers an den Präsidenten innerhalb der nächsten beiden Tage an, der die Antwort auf die Moskauer Gespräche enthalten werde. Darüberhinaus wolle ich jedoch im Auftrag des Kanzlers folgende mündliche Erläuterung hinzufügen: Dieser verstehe die Kreditentscheidung als Teil des Gesamtpakets, das zu einem Erfolg der Zwei-plus-Vier-Gespräche beitragen solle. Die Kreditentscheidung sei für den Bundeskanzler innenpolitisch schwierig. Er erwarte deshalb von Gorbatschow eine rasche Antwort, die streng vertraulich behandelt werde. Ich wiederhole Kohls Wunsch nach Gesprächen mit Gorbatschow.

Dienstag, 22. Mai 1990

Am frühen Abend ruft mich Brent Scowcroft an und berichtet, daß in den Gesprächen zwischen Baker und Schewardnadse in Moskau in der deutschen Frage kein wesentlicher Fortschritt erreicht worden sei.

Später am Abend übergebe ich dem sowjetischen Geschäftsträger Ussytschenko einen Brief des Bundeskanzlers an Gorbatschow. Es ist die Antwort auf meine Gespräche am 14. Mai in Moskau. Kohl bezieht sich auf das zwischen beiden Seiten gewachsene Vertrauen und verweist auch auf die zur Entscheidung anstehenden Fragen auf dem Weg zur deutschen Einheit und auf die zentrale Bedeutung und großen Zukunftsperspektiven, die die Beziehungen des künftigen geeinten Deutschland mit der UdSSR haben. Er sei deshalb entschlossen, Gorbatschow bei der Bewältigung der bevorstehenden schwierigen Phase der wirtschaftlichen Anpassungen und der Neuordnung der internationalen Finanzbeziehungen zu helfen. Er bietet an, kurzfristig einen ungebundenen Finanzkredit bis zur Höhe von fünf Milliarden D-Mark zu gewähren, den die Bundesregierung verbürgen werde. Dies sei für die Bundesregierung eine erhebliche politische Anstrengung. Er erwarte deshalb, daß die Regierung der UdSSR im Rahmen des Zwei-plus-Vier-Prozesses im gleichen Geiste alles unternehme, um die erforderlichen Entscheidungen herbeizuführen, die eine konstruktive Lösung der anstehenden Fragen noch in diesem Jahr ermögliche. Damit könne der Weg auch frei gemacht werden für den vorgeschlagenen umfassenden Kooperationsvertrag zwischen der Sowjetunion und dem künftigen geeinten Deutschland. Der Kanzler bittet Gorbatschow um eine rasche Antwort.

Zur Frage langfristiger Kredite verweist Kohl darauf, daß eine gemeinsame Anstrengung aller westlichen Partnerländer notwendig sei. Er werde sich deshalb an die Partner in der EG, der G7 und der Gruppe der 24 wenden, mit Bush habe er darüber bereits gesprochen.

Freitag, 25. Mai 1990

Bei der Abrüstungskonferenz der Interparlamentarischen Union in Bonn hält der Bundeskanzler heute die Abschlußrede. Sie enthält klare Botschaften an Gorbatschow, welche Rahmenbedingungen geschaffen werden können, um eine NATO-Mitgliedschaft des geeinten Deutschland für die Sowjetunion akzeptabel zu machen. Zukunftsgewandte Lösungen seien erforderlich, betont Kohl, die die Sicherheit aller Beteiligten erhöhten und die die deutsche Einheit zum Eckstein einer stabilen europäischen Friedensordnung werden ließen. Jeden Gedanken an Neutralität, Entmilitarisierung, Bündnis- oder Blockfreiheit bezeichnet er als »altes Denken«. Kohl begründet seine Position mit der Erfahrung in der deutschen Geschichte, daß Frieden, Stabilität und Sicherheit in Europa immer dann garantiert gewesen seien, wenn Deutschland, das Land in der Mitte Europas, mit allen seinen Nachbarn in festen Bindungen, in geregeltem Ausgleich und gegenseitig helfendem Austausch gelebt habe.

Wenn es hingegen in großsprecherischer Verblendung oder verbrecherischer Hybris nationalistische Sonderwege gewählt habe, oder wenn es nach verlorenen Kriegen von den ehemaligen Gegnern in die Isolierung gezwungen worden sei, seien Unfrieden, Instabilität und Unsicherheit für ganz Europa die Folge gewesen.

Der Kanzler beruft sich zum ersten Mal öffentlich auf das auch in der KSZE-Schlußakte und der UNO-Charta verbriefte Recht, daß jeder Staat frei entscheiden könne, ob, und wenn ja, welchem Bündnis er angehören wolle.

Auf das Argument Gorbatschows eingehend, daß ein geeintes Deutschland in der NATO das Gleichgewicht in Europa gefährde, verweist er auf die beabsichtigten Veränderungen im Bündnis, das morgen ein anderes sein werde, als wir es heute kennen. Deutschland werde keine einseitigen Vorteile aus der Entwicklung in Mittel-, Ost- und Südosteuropa ziehen.

Im Bereich der Abrüstung schlägt der Kanzler erstmals ein Konzept für die globale nukleare Rüstung vor. Beide Seiten sollen ein Minimum an Nuklearwaffen vereinbaren, das in Zukunft unser aller Sicherheit gewährleistet.

Unter Bezugnahme auf die KSZE-Vorschläge von Bush, Mitterrand, Thatcher, Havel und Mazowiecki regt Kohl an, alle Vorschläge zu bündeln und gesamteuropäische Institutionen zu schaffen.

Mittags treffe ich im Außenministerium in Ost-Berlin zu einem einstündigen Gespräch mit Markus Meckel von der SPD zusammen. Meckel begrüßt mich sehr freundlich. Seine Augen in dem vom Vollbart eingerahmten Gesicht wirken warm. Das Gespräch verläuft sehr angenehm und sachlich. Wir sprechen alle Probleme im Rahmen der Zwei-plus-Vier-Verhandlungen durch. Im Zusammenhang mit der NATO-Mitgliedschaft erinnere ich ihn daran, daß es dabei nicht nur um die Sicherheit der Sowjetunion vor Deutschland gehen könne, sondern auch die Situation der kleineren NATO-Mitgliedsländer gesehen werden müsse. Die Lösung sei nicht ein Austritt Deutschlands aus dem Bündnis, sondern dessen Veränderung, die auf dem NATO-Sondergipfel angestrebt werde.

Meckel spricht vor allem die amerikanische Truppenpräsenz sowie die amerikanischen Nuklearsysteme in Deutschland und in Europa an. Er will auch die französischen und britischen Atomwaffen in ein globales Gleichgewicht einbezogen wissen. Ich erläutere ihm, daß es nicht Aufgabe der Deutschen sein könne, die französischen und britischen Nuklearsysteme in die öffentliche Diskussion einzuführen. Frankreich brauche sie für sein Selbstverständnis – auch gegenüber der Bundesrepublik Deutschland.

Erfreulicherweise spricht Meckel sich sehr deutlich für den Staatsvertrag zur Währungs-, Wirtschafts- und Sozialunion aus. In dieser Frage nehme er eine andere Haltung ein als die West-SPD. Als ich kritisiere, daß die West-SPD vernünftige Entscheidungen, die auch von der Ost-SPD unterstützt und gewünscht würden, zur Agitation gegen die Bundesregierung nutze, erklärt sich Meckel bereit, gegebenenfalls mit Lafontaine Kontakt aufzunehmen und auf ihn einzuwirken. Er kenne Lafontaine recht gut und habe guten Kontakt zu ihm. Er bietet mir vertrauliche Zusammenarbeit an und jederzeitige Kontaktaufnahme, wenn das erforderlich und hilfreich sein könne.

Nach dem Gespräch mit Meckel treffe ich mich mit seinem Staatssekretär Frank Tiessler, der der DSU angehört. Er berichtet mir, daß ihn Meckel aus allen entscheidenen Prozessen heraushalte, deshalb sei er nicht bereit, Verantwortung zu übernehmen. Außerdem sehe er es als seine einzige Aufgabe an, das Auswärtige Amt der DDR aufzulösen. Tiessler kritisiert, daß sowohl Meckel als auch Innenminister Diestel zu große Rücksicht auf die alten Kader nähmen. Wenn er für ihre Entlassung plädiere, bekomme er immer zu hören, daß es sich um Menschen handele, mit denen man nicht so umgehen könne.

Bei Genscher trifft ein Brief von Schewardnadse ein, den dieser mit gleichem Wortlaut auch an alle anderen KSZE-Mitgliedsstaaten gerichtet hat. Darin schlägt Schewardnadse die aktive Entwicklung und Vertiefung des KSZE-Prozesses vor. Ein prinzipiell neues Herangehen sei erforderlich.

Schewardnadse greift die Formulierung aus der gemeinsamen Erklärung Kohl-Gorbatschow von der neuen europäischen Architektur auf. Wichtigster Bestandteil des zukünftigen gesamteuropäischen Hauses sei das System der auf der gesamteuropäischen Zusammenarbeit aufgebauten Sicherheit. Sie sei nicht denkbar ohne eine wesentliche Reduzierung des Niveaus der Streitkräfte, ohne die Umwandlung der in Europa bestehenden militärpolitischen Bündnisse in überwiegend politische Organisationen und deren allmähliche Überwindung durch gesamteuropäische Strukturen.

Diese Aussage macht deutlich, daß die Sowjetunion das westliche Argument von der Veränderung der Militärpakte in politische Bündnisse aufgegriffen hat und bereit zu sein scheint, die Mitgliedschaft des geeinten Deutschland in einem solchen Bündnis für eine bestimmte Zeit zu akzeptieren. Das ist ein wichtiger Schritt der Sowjetunion nach vorne.

Mitterrand kommt in Moskau zu einem mehrstündigen Gespräch mit Gorbatschow zusammen. Die gemeinsame Pressekonferenz zeigt, daß die beiden überwiegend über die deutsche Frage gesprochen haben. Gorbatschow unterstreicht erneut seine Ablehnung einer Mitgliedschaft des geeinten Deutschland in der NATO. Als Grund dafür nennt er den unveränderten Charakter der Allianz, ihr Festhalten an der Strategie aus den Zeiten des Kalten Krieges. Deshalb würde die Mitgliedschaft Deutschlands in der NATO das militärpolitische Gleichgewicht verletzen.

Damit scheint auch Gorbatschow die Mitgliedschaft Deutschlands in einer veränderten NATO nicht mehr auszuschließen. Ausdrücklich spricht er auch davon, daß die Interessen der Deutschen, denen man heute vertraue, genauso berücksichtigt werden müßten wie die aller anderen Europäer. Gorbatschow hält aber auch eine vorübergehende Doppelmitgliedschaft Deutschlands in NATO und Warschauer Pakt oder eine deutsche NATO-Mitgliedschaft nach französischem Muster für denkbar. Damit spricht Gorbatschow verschiedene Varianten an, ohne sich selbst auf eine festzulegen.

Offensichtlich hat Gorbatschow versucht, Mitterrand für eine dieser Möglichkeiten zu gewinnen. Doch wie uns ein Mitarbeiter Mitterrands mitteilt, ist dies nicht gelungen. Am Ende des Treffens hätten Gorbatschow und seine Berater unverhohlen eine gewisse Enttäuschung über die Haltung Mitterrands bekundet. Sie hatten von ihm stärkere Unterstützung erwartet. Die französische Delegation hat den Eindruck gewonnen, daß sich Gorbatschows Haltung verhärtet habe. Das könne mit der innenpolitischen Lage zusammenhängen, aber auch nur taktisch bedingt sein.

Sonntag, 27. Mai 1990

In einem Interview mit der *Welt am Sonntag* spricht Schewardnadse über sein Treffen mit Genscher in Genf, das lediglich der gemeinsamen Suche nach einer für beide Seiten annehmbaren Vereinbarung in allen Fragen gedient habe. Der zukünftige militärpolitische Status Deutschlands bleibe kompliziert. Die Sowjetunion könne der Einbeziehung eines vereinigten Deutschland in die NATO nicht zustimmen. Deshalb müsse man nach Lösungen suchen, die sowohl für die Sowjetunion als auch für die westlichen Partner akzeptabel seien. Darauf seien die Beratungen mit den Teilnehmern der »Sechs« gerichtet, die noch vor dem KSZE-Gipfel zum Abschluß kommen sollen. Das Ergebnis solle dabei allen 35 Teilnehmern vorgelegt werden. Ob eine solche Vereinbarung dann durch eine oder zwei deutsche Regierungen verwirklicht werde, bezeichnet Schewardnadse als eine Frage von untergeordneter Bedeutung. Da die Realisierung der Verhandlungsergebnisse eine bestimmte Zeit in Anspruch nehmen werde, bedürfe es einer zeitlich genau festgelegten Übergangsperiode. Erst an deren Ende sollten die Viermächterechte endgültig aufgehoben werden.

Erstmals spricht Schewardnadse auch die Frage der künftigen sowjetisch-deutschen Beziehungen an, deren Grundzüge schon heute festgelegt werden müßten. Der Dialog über diese Frage habe eine »gewaltige Bedeutung für die Entwicklung stabiler und fruchtbarer Beziehungen mit einem vereinigten

Deutschland sowie für ganz Europa«. Damit bestätigt er, wie wichtig unsere Initiative eines umfassenden bilateralen Vertrages mit der Sowjetunion war.

Montag, 28. Mai 1990

Vormittags führt der Kanzler in meiner Anwesenheit ein ausführliches Gespräch mit Genscher. Sie stimmen das weitere Vorgehen in der polnischen Grenzfrage ab. Kohl fordert Genscher auf, jetzt möglichst rasch Unterstützungsmaßnahmen für die deutsche Minderheit in Oberschlesien einzuleiten. Manches könne dadurch erleichtert werden.

Genscher berichtet über das Gespräch mit Schewardnadse in Genf. Dieser habe auf das Kreditangebot von fünf Milliarden geradezu euphorisch reagiert und zu verstehen gegeben, daß nun auch die anderen Fragen gelöst werden könnten. Von entscheidender Bedeutung seien jetzt die VKSE-Verhandlungen in Wien. Dabei werde es auch um Obergrenzen für die Bundeswehr gehen. Genscher spricht sich für eine Reduzierung der Bundeswehr auf 350 000 Mann sowie für die Auflösung der NVA aus.

Der Kanzler vertagt dieses Thema auf morgen nacht im Bungalow, damit es zwischen Auswärtigem Amt, Verteidigungsministerium und Kanzleramt ausreichend vorbereitet werden könne. Genscher drängt zur Eile, weil Baker für seine Vorschläge aufgeschlossen sei und diese Frage derzeit die Wiener Verhandlungen blockiere. Er wolle deshalb unbedingt noch vor dem Gipfel Bush-Gorbatschow am Donnerstag Baker Einverständnis signalisieren können. Noch heute beabsichtige er, den britischen Außenminister Hurd sehr allgemein über diese Frage zu unterrichten, ohne jedoch die britische Regierung damit aufschrecken zu wollen. Außerdem kündigt Genscher an, daß er Schewardnadse anrufen und ihm ein positives Signal in Bezug auf die deutsche Kredithilfe übermitteln werde.

Dienstag, 29. Mai 1990

Nachmittags stimme ich mit dem Kanzler abschließend den Text der Polen-Entschließung ab, die von Bundestag und

Volkskammer verabschiedet werden soll, und bespreche das weitere Verfahren. Kohl will an de Maizière schreiben, um den DDR-Entwurf vom Tisch zu bringen, der weitgehend auf die polnischen Wünsche eingeht. Gleichzeitig möchte er den Entwurf mit dem Präsidium der CDU, mit den Vorsitzenden der Koalitionspartner und mit der SPD abstimmen.

Am späten Nachmittag ruft Jacques Attali an und berichtet noch einmal über das Gespräch Mitterrands mit Gorbatschow. Dieser sei strikt gegen die volle NATO-Mitgliedschaft eines geeinten Deutschland und habe vorgeschlagen, daß Deutschland den französischen Status in der NATO annehmen solle. Mitterrand habe dies jedoch ebenso strikt abgelehnt. Attali bestätigt den Eindruck, daß sich die sowjetische Position verhärtet habe und spricht davon, daß eine schwere Krise in der Sowjetunion bevorstehe. Wir schließen eine solche Krise zwar nicht aus, halten sie aber auch nicht für sehr wahrscheinlich.

Am frühen Abend trifft Helmut Kohl mit Mitgliedern der *Study Groups on Germany* des amerikanischen Kongresses zusammen. Er zeigt sich optimistisch, daß die äußeren Aspekte der Einigung im Rahmen der Zwei-plus-Vier-Gespräche bis zum KSZE-Sondergipfel im Herbst geregelt sein werden. Der bevorstehende amerikanisch-sowjetische Gipfel könne wichtige Fortschritte bringen. Kohl erklärt, er könne sich nicht vorstellen, daß Gorbatschow die deutsche Einigung an der Frage der NATO-Mitgliedschaft scheitern lasse.

Abends versuche ich Brent Scowcroft im Weißen Haus zu erreichen, der jedoch mit dem Präsidenten unterwegs ist. Seinem Stellvertreter Bob Gates sage ich, uns sei berichtet worden, daß in der amerikanischen Regierung Überlegungen über künftige Obergrenzen für deutsche und andere westliche Truppen in der europäischen Zentralzone angestellt würden. Ich wolle ihm nur sagen, daß der Kanzler auch in dieser Frage hilfreich sein und zum Erfolg des bevorstehenden Gipfels des Präsidenten mit Gorbatschow beitragen wolle. Wenn Bush glaube, daß ein solches Signal zur Obergrenze der Bundeswehr für die Wiener VKSE-Verhandlungen wichtig sei, werde Kohl darüber nachdenken.

Gates erwidert, daß ihm und Scowcroft solche Überlegungen neu seien. Er werde aber mit Brent darüber sprechen und mich zurückrufen. Außerdem sei vorgesehen, daß der Präsident und der Bundeskanzler morgen erneut miteinander telefoniert.

Nach dem Abendessen des Bundeskanzlers mit den amerikanischen Senatoren führt Kohl im Bungalow das verabredete Gespräch mit Genscher und Stoltenberg über die Reduzierung der Bundeswehr im Rahmen der Wiener VKSE-Verhandlungen. Genscher berichtet aus seinem Gespräch mit Schewardnadse, daß die zukünftige Stärke der Bundeswehr nicht im Rahmen der Zwei-plus-Vier-Gespräche, sondern bei den Wiener Verhandlungen vereinbart werden solle. Der Verbleib des geeinten Deutschland im Bündnis müsse für die Sowjetunion durch die Reduzierung nicht nur der amerikanischen und sowjetischen Truppen, sondern auch durch die der anderen alliierten Verbände und der Bundeswehr attraktiver gemacht werden. Darüber habe er auch mit Baker gesprochen, der sich davon eine Erleichterung der Zwei-plus-Vier-Gespräche verspreche. Genscher glaubt, bei Baker eine positive Grundtendenz erkannt zu haben.

Stoltenberg äußert Bedenken, das erst Mitte April vereinbarte gemeinsame Konzept nun schon wieder in Frage zu stellen, das davon ausgehe, die zukünftige Obergrenze für die Bundeswehr nicht im Rahmen von VKSE I, sondern in den Folgeverhandlungen VKSE II festzulegen. Alles andere führe zu einer Singularisierung Deutschlands. Im Rahmen von VKSE II könne er sich für die Bundeswehr eine Größenordnung von 400 000 Mann plus 30 000 Mann Seestreitkräfte vorstellen.

Kohl will sich auf eine Obergrenze der Bundeswehr noch nicht abschließend festlegen. Genscher erläutert noch einmal die gesamte Sicherheitslage in Europa aufgrund der Veränderungen in den Warschauer-Pakt-Staaten und nach Abzug der sowjetischen Truppen. Er wolle nach dem heutigen Gespräch den USA mitteilen können, daß wir bereit seien, schon jetzt über Reduzierungen der Truppenstärken in der Zentralregion zu sprechen, um der Sowjetunion ein Signal zu geben. Voraussetzung sei, daß Deutschland in der NATO verbleiben könne. Damit solle der mögliche tote Punkt in den Verhandlungen überwunden werden. Stoltenberg bleibt skeptisch, und Kohl schlägt vor, den Bush-Gorbatschow-Gipfel abzuwarten; außerdem wolle er morgen mit Bush selbst telefonisch diese Frage besprechen.

In einem Grundsatzartikel in der heutigen *Iswestija* stellt Schewardnadse der sowjetischen Öffentlichkeit die NATO unverkrampfter und objektiver dar, als das bisher üblich war. Er stellt fest, der Westen sei jetzt ernsthaft bereit, den sowjetischen Sicherheitsinteressen durch politische und praktische Reformen der NATO und durch Initiativen im Bereich der gesamteuropäischen Sicherheit Rechnung zu tragen. Mit deutlicher Befriedigung zählt er Entscheidungen der NATO auf, die das beweisen sollen. Mit anderen Worten: Schewardnadse bereitet die sowjetische Öffentlichkeit auf die mögliche Mitgliedschaft eines geeinten Deutschland in der NATO vor.

Mittwoch, 30. Mai 1990

Mittags tritt zum ersten Mal die Wahlkampfkommission der CDU zur Vorbereitung der Bundestagswahl zusammen, die Helmut Kohl, wie bei allen Bundestagswahlen zuvor, als Parteivorsitzender persönlich leitet. Er skizziert die nächsten Etappen des Einigungsprozesses und teilt mit, daß die West-CDU am 1. Oktober dieses Jahres mit der Ost-CDU fusionieren werde. Er strebe anstelle der Bundestagswahlen gesamtdeutsche Wahlen an, weil sich abzeichne, daß die DDR-Regierung die bestehenden Probleme allein nicht lösen könne. Als nächste Schritte kündigt er die Verabschiedung des Staatsvertrages an, die Beitrittserklärung der DDR nach Artikel 23 GG, die Neubildung der Länder in der DDR, danach Landtagswahlen sowie gesamtdeutsche Wahlen im Dezember. Er sei sich im klaren darüber, daß ein solches Programm geradezu abenteuerlichen Charakter habe, er halte es aber auch für attraktiv.

Noch während der Sitzung ruft Brent Scowcroft an. Auf mein Gespräch mit Bob Gates zurückkommend sagt er, daß aus amerikanischer Sicht ein Vorschlag an die Sowjetunion über die zukünftige Begrenzung der Bundeswehr verfrüht wäre. Das Angebot des Kanzlers sei vorausschauend, der Zeitpunkt dafür jedoch noch nicht gekommen.

Zehn Minuten später telefoniert der Kanzler mit Präsident Bush, der sich auf den Besuch Gorbatschows vorbereitet. Kohl sagt dem Präsidenten jede nur mögliche Unterstützung zu: er wisse, was dieser in den vergangenen Wochen und Monaten alles für Deutschland getan habe.

Es sei wichtig, Gorbatschow gegenüber zu betonen, daß die USA und die Bundesrepublik Deutschland eng zusammenstünden, gleichgültig wie sich die Dinge weiter entwickelten. Ausdruck dieser Freundschaft bleibe die Mitgliedschaft eines wiedervereinigten Deutschland in der NATO. Ebenso sei es notwendig, Gorbatschow wirtschaftlich zu unterstützen. Seine Lage sei kritisch, und er müsse wissen, daß der Westen seine Schwäche nicht ausnutzen wolle.

Präsident Bush erwartet in seinen Gesprächen mit Gorbatschow keinen Durchbruch in der deutschen Frage. Er werde seine Position jedoch nicht ändern und darauf bestehen, daß die Rechte der Vier Mächte beim Vollzug der deutschen Einheit ohne jegliche Einschränkung der deutschen Souveränität abgelöst werden.

Bush versichert erneut, daß er alles tun wolle, um den Gipfel auch für Gorbatschow zu einem Erfolg zu machen. Im Bereich der Abrüstung wolle er weiterhin versuchen, Fortschritte auch beim Abbau der konventionellen Streitkräfte zu erzielen. Gorbatschow müsse jedoch wissen, daß es sich dabei um Bündnisfragen handele. Bush bedankt sich für den großzügigen Vorschlag, schon jetzt eine Verringerung der Truppenstärke der Bundeswehr anzubieten. Er halte jedoch ein solches Angebot für verfrüht.

Aus Ottawa erreicht uns die Nachricht, daß Gorbatschow bei seinem gestrigen Zwischenaufenthalt erklärt habe, er beurteile die Möglichkeiten einer Einigung über die Bündniszugehörigkeit eines vereinten Deutschland optimistisch. Er sei sicher, daß eine Formel für die NATO-Mitgliedschaft gefunden werden könne.

Donnerstag, 31. Mai 1990

In einem Brief an Ministerpräsident de Maizière erläutert der Bundeskanzler seine Auffassung zum weiteren Vorgehen in der Frage der Oder-Neiße-Grenze. Inhaltlich gebe es zwischen beiden Regierungen keine Meinungsverschiedenheiten. Sorge bereite ihm das weitere Prozedere. Die Bundesregierung setze sich mit Nachdruck für gleichlautende Entschließungen beider deutschen Parlamente ein, die von beiden Regierungen gegenüber Polen förmlich notifiziert werden sollen. Damit werde die größtmögliche politische Bindungswirkung erzielt, die vor der Vereinigung der beiden deutschen Staaten erreicht werden könne. Ein von beiden Regierungen paraphierter Grenzvertrag, wie ihn Polen vorgeschlagen habe, wäre von geringerem politischen Gewicht und begründe auch keine völkerrechtliche Verpflichtung. Erst der zukünftige gesamtdeutsche Souverän könne die Grenzen durch einen Vertrag mit Polen abschließend und in völkerrechtlich verbindlicher Form anerkennen. Anlaß für diesen Brief war, daß der Vertreter des DDR-Außenministeriums entgegen der Absprache einen Entschließungsentwurf der DDR zusammen mit einem Vertragsentwurf in die trilateralen Gespräche mit Polen eingeführt hatte.

In Washington beginnt heute der amerikanisch-sowjetische Gipfel. Erklärungen beider Präsidenten und der beiden Pressesprecher vermitteln den Eindruck, daß von beiden Seiten neue Ideen, insbesondere zur Frage der Mitgliedschaft Deutschlands in der NATO, vorgetragen worden sind, die zu einer Annäherung der Standpunkte führen könnten. Erneut wurde das gemeinsame Bemühen, in dieser schwierigen Frage einen Kompromiß zu finden, hervorgehoben. Gorbatschow spricht davon, daß am Ende eine Lösung stehen müsse, die die Sicherheit der Sowjetunion und anderer Länder nicht verringere und zugleich die positiven Prozesse in Europa nicht negativ beeinflusse. Bush erklärt, daß sie nicht in der Lage seien, in Washington die deutsche Frage in ihrer Gesamtheit zu lösen. Ihn habe jedoch die Erklärung Gorbatschows, daß die Differenzen verringert worden seien, ermutigt.

Freitag, 1. Juni 1990

Am späten Nachmittag trifft sich der Kanzler mit Hilmar Kopper und Wolfgang Röller in der Dresdner Bank in Frankfurt, um die Einzelheiten für den Fünfmilliardenkredit an die Sowjetunion abzustimmen. Beide bestätigen, daß sie innerhalb weniger Stunden handlungsfähig seien.

In Washington setzen Bush und Gorbatschow ihre Gespräche fort. Gorbatschow ist überzeugt, daß beide Weltmächte als Ergebnis des gegenwärtigen Gipfeltreffens zu »einem höheren Grad des Zusammenwirkens« kommen werden. Während Bush sich öffentlich »ermutigt« über die Position Gorbatschows zur deutschen Frage zeigt, berichtet er abends in einem Telefonat mit dem Bundeskanzler zwar von einer guten Gesprächsatmosphäre, erklärt aber, in der Frage der Bündniszugehörigkeit eines geeinten Deutschland habe es bisher keine Fortschritte gegeben. Baker und Schewardnadse seien jedoch beauftragt, die deutsche Frage zu vertiefen.

Samstag, 2. Juni 1990

US-Außenminister Baker gibt vor der Presse in Washington bekannt, daß es in der Frage der sicherheitspolitischen Ausrichtung eines geeinten Deutschland keine Annäherung gegeben habe. Die Äußerungen der beiden Präsidenten über neue Ideen seien zum Teil mißinterpretiert worden. Er würde nicht von einem neuen Herangehen der Sowjetunion an diese Frage sprechen.

Die Tatsache aber, daß auf dem amerikanisch-sowjetischen Gipfel sechzehn Abkommen unterzeichnet worden sind, beweist den Willen beider Seiten, die Zusammenarbeit zu intensivieren und auszuweiten.

Sonntag, 3. Juni 1990 (Pfingstsonntag)

Die heutige Abschlußpressekonferenz von Bush und Gorbatschow in Washington beweist, daß der Gipfel eine der erfolgreichsten Begegnungen zwischen den Führungen beider Weltmächte war. Nicht nur die Zahl der Vereinbarungen, sondern auch die Absichtserklärungen unterstreichen den Willen beider Seiten, die Zusammenarbeit weiter zu intensivieren. Bush hat Wort gehalten und Gorbatschow als gleichberechtigten Partner behandelt und herausgestellt. Damit hat der Gipfel die Position Gorbatschows auch zu Hause gestärkt.

In seiner Eingangserklärung bestätigt Bush die generelle Einschätzung, daß die Chancen, zu gemeinsamen Lösungen zu kommen, noch nie so groß wie heute gewesen seien. Jetzt sei die beste Gelegenheit in der Nachkriegszeit, das vereinte Europa zu schaffen. Beide Seiten seien sich einig, möglichst einmal im Jahr zusammenzutreffen. Solche regelmäßigen Gipfeltreffen wären vor allem für uns Europäer von großer Bedeutung. Gerade die vergangenen Jahre haben bewiesen, daß die Möglichkeiten für die Europäer, die Beziehungen zur Sowjetunion und untereinander zu entwickeln und zu intensivieren um so größer sind, je besser sich die Beziehungen zwischen den beiden Weltmächten gestalten.

Gorbatschow widerspricht Bushs Feststellung nicht, es gebe volle Übereinstimmung darüber, daß die NATO-Mitgliedschaft Deutschlands eine Angelegenheit sei, die die Deutschen im Einklang mit der Schlußakte von Helsinki selbst entscheiden müßten. Das ist eine Sensation, und wenn es dabei bleibt, wäre das ein großer Fortschritt in einer zentralen Frage des deutschen Einigungsprozesses.

Gorbatschow bezeichnet den Gipfel als ein Ereignis von enormer Bedeutung nicht nur für die bilateralen, sondern auch für die internationalen Beziehungen insgesamt. Er erklärt, die äußeren Aspekte der deutschen Einheit hätten in Washington nicht gelöst werden können; das sei aber auch nicht zu erwarten gewesen. Er betont jedoch ausdrücklich, daß die beiderseitigen Bemühungen nicht vergebens gewesen seien. Es habe einen Meinungsaustausch gegeben, in dem neue Argumente vorgebracht worden seien, die möglicherweise zu neuen Perspektiven führen werden. Er hoffe auf eine für beide Seiten akzeptable Lösung; die Sowjetunion wolle bei der Herstellung der deutschen Einheit keinen Sand ins Getriebe werfen. Erfreulich ist seine Aussage, daß die internen Prozesse und die äußeren Aspekte der deutschen Einheit synchronisiert werden sollen. Damit schneidet er die beim ersten Zwei-plus-Vier-Ministertreffen in Bonn geäußerten Überlegungen Schewardnadses ab, beide Bereiche voneinander abzukoppeln. Der Kanzler ist in seiner Haltung bestätigt.

Wie erfolgreich der Gipfel insgesamt verlaufen ist und wie groß das Bemühen beider Seiten um Harmonie war, zeigt die Abschiedszeremonie. Ein heiterer, gelassen und zufrieden wirkender Gorbatschow verabschiedet sich von einem selbstbewußten und entspannten Gastgeber Bush.

Kohl weist in einer öffentlichen Erklärung, die ich telefonisch mit ihm abgestimmt habe, darauf hin, daß der Gipfel die internationalen Rahmenbedingungen für den deutschen Einigungsprozeß weiter verbessert habe. Er gibt seiner Zuversicht Ausdruck, daß die inneren und äußeren Aspekte der deutschen Einigung jetzt zeitgerecht gelöst werden können. Das gelte auch für das Problem der Bündniszugehörigkeit eines geeinten Deutschland. Der Kanzler bekräftigt die Feststellung beider Präsidenten, daß es gemäß der KSZE-Schlußakte und der UNO-Charta Sache der Deutschen sei, darüber selbst zu befinden.

Nach dem Ende seiner Gespräche mit Gorbatschow in Camp David ruft Bush Kohl nachts noch in Ludwigshafen an, um ihn zu unterrichten. Gleich anschließend berichtet mir der Kanzler am Telefon, daß Bush von einem sehr guten Gesprächsklima mit Gorbatschow in Camp David gesprochen habe. Das persönliche Verhältnis entwickele sich sehr positiv. In der deutschen Frage sei noch kein Durchbruch erzielt, aber Bush halte einen solchen jetzt für möglich. Baker telefoniert gleichzeitig mit Genscher. Noch nie hat es so enge und intensive Unterrichtungen und Konsultationen zwischen dem Weißen Haus und dem Bundeskanzleramt sowie zwischen den Außenministerien gegeben. Der Schulterschluß ist eindrucksvoll und außerordentlich erfreulich.

4. Juni 1990 (Pfingstmontag)

Bush unterrichtet den Kanzler heute in einem Fernschreiben noch einmal ausführlich über seine mehr als dreieinhalbstündigen Gespräche mit Gorbatschow zur deutschen Frage. Gorbatschow mühe sich mit diesem Problem immer noch ab und versuche, um die Einsicht zu werben, wie sehr sich die sowjetische Lage in Europa nach der Vereinigung verändern werde. Wenn Gorbatschow keine Einwände mehr dagegen erhebe, daß die Deutschen die Frage der Bündniszugehörigkeit in Übereinstimmung mit der Schlußakte von Helsinki selbst entscheiden, dann sei das ein Schritt nach vorn. In dem Maße, in dem es gelinge, den sowjetischen Sicherheitsinteressen sowohl bilateral als auch in den Verhandlungen in Wien und auf dem NATO-Gipfel Rechnung zu tragen, stiegen die Chancen, daß Gorbatschow ein vereinigtes Deutschland als volles Mitglied der NATO akzeptiere. Vor allem der NATO-Gipfel werde von entscheidender Bedeutung sein.

Wichtige Fortschritte seien im Bereich der Rüstungskontrolle erzielt worden. Für sie beide sei ein VKSE-Vertrag die unerläßliche Grundlage der künftigen europäischen Sicherheit. Deshalb solle das Tempo der Wiener Verhandlungen beschleunigt werden.

Gorbatschow habe auch die Frage umfangreicher westlicher Wirtschaftshilfe für die Sowjetunion angesprochen und den Wunsch geäußert, daß sich die Vereinigten Staaten daran beteiligten. Er habe Gorbatschow gesagt, daß er bereit sei, ihm zu helfen. Als Voraussetzung dafür müsse die Sowjetunion wirksame wirtschaftliche Reformen durchführen und entscheidende Fortschritte bei der Lösung der deutschen Frage, der Situation in Litauen sowie bei der Regelung regionaler Konflikte ermöglichen. Bush kündigt dem Kanzler an, daß er über die Frage der Hilfe für die Sowjetunion auf dem Weltwirtschaftsgipfel in Houston sprechen wolle.

Dienstag, 5. Juni 1990

Nachmittags führe ich ein Abstimmungsgespräch mit Generalmajor Klaus Naumann. Das Verteidigungsministerium erarbeitet Kriterien, nach denen die Obergrenzen für die Stärke der Bundeswehr, die voraussichtlich zwischen 380 000 und 420 000 liegen wird, festgelegt werden sollen. Die Reduzierung der Wehrpflicht auf zwölf Monate ist unserer Meinung nach unausweichlich. Entscheidend bleibt der Zeitpunkt einer solchen Ankündigung. Am besten würde sie unmittelbar nach dem NATO-Sondergipfel erfolgen, wenn die Bundesregierung nicht wieder den Ereignissen hinterherlaufen will. Außerdem könnte eine solche Entscheidung dann als nationale Schlußfolgerung aus dem NATO-Gipfel begründet werden.

Der Bundeskanzler reist heute zu einem dreitägigen Besuch in die USA. Anlaß ist die Verleihung einer Ehrendoktorwürde durch die Harvard University. Er nutzt die Gelegenheit, heute vor dem *American Council on Germany* in New York zum Thema »Ein geeintes Deutschland in einem geeinten Europa« zu sprechen.

Mittwoch, 6. Juni 1990

In der Sendung »Frühkurier« des NDR berichtet Genscher über seine gestrigen Gespräche mit Baker und Schewardnadse am Rande der zweiten Menschenrechtskonferenz der KSZE in Kopenhagen. Er deutet an, daß sich Lösungen für die äußeren Aspekte der deutschen Vereinigung abzeichnen. Genscher nennt als Voraussetzungen die Institutionalisierung des KSZE-Prozesses, die konventionelle Abrüstung, die auch die Bundeswehr einbeziehen soll, sowie die Weiterentwicklung des Verhältnisses zwischen NATO und Warschauer Pakt, die ihr Verhältnis zueinander »entfeinden und den Antagonismus abbauen« sollten. Das müsse durch eine gemeinsame Erklärung geschehen. Hinzukommen müsse die Regelung der Grenzfrage.

Damit hat Genscher die Begrenzung der Bundeswehr öffentlich in die Debatte eingeführt. Neu ist auch die Absicht einer gemeinsamen Erklärung zwischen NATO und Warschauer Pakt. Sie entspricht der Idee des Kanzlers, einen Nichtangriffspakt zwischen den Mitgliedstaaten der NATO und des Warschauer Paktes zu schließen.

In Moskau findet zur gleichen Zeit eine Sitzung des Politischen Beratenden Ausschusses des Warschauer Paktes statt. Das Abschlußkommuniqué ist vom Bemühen um Dialog und Zusammenarbeit mit dem Westen geprägt. Die Teilnehmer bescheinigen der NATO, positive konkrete Schritte zur Veränderung unternommen zu haben. Das Kommuniqué enthält die Einsicht, daß der Warschauer Pakt sich grundlegend ändern müsse. De Maizière spricht von einer »Beerdigung erster Klasse«. Sie ist zwar in Moskau noch nicht vollzogen worden, aber mittelfristig wahrscheinlich. Ungarn und Polen sind grundsätzlich entschlossen, den Warschauer Pakt zu verlassen. Nur aus Rücksicht auf Gorbatschow scheinen sie den konkreten Schritt aufgeschoben zu haben. Äußerungen von Minister Rainer Eppelmann zufolge bestand in Moskau stillschweigendes Einvernehmen, daß mit Herstellung der deutschen Einheit die DDR den Warschauer Pakt verlassen werde. Ost und West bewegen sich immer weiter aufeinander zu.

Donnerstag, 7. Juni 1990

Helmut Kohl wird heute bei den Commencement-Feierlichkeiten der Harvard University der Ehrendoktor der Rechte verliehen. Bei einem Empfang sagt Harvard-Präsident Derek Bok, der Kanzler gehöre zu »der Handvoll Menschen«, die in dieser Welt »die Geschichte gestalten«. In seiner Dankesrede erinnert Kohl an die Ausführungen von George Marshall vor 43 Jahren, mit denen er das Wiederaufbauprogramm für Europa einleitete. Deshalb sei die heutige Feier für ihn eine besonders gute Gelegenheit, dem amerikanischen Volk Dank zu sagen für alles, was es zum Wohle Deutschlands und Europas in den vergangenen Jahren und Jahrzehnten getan habe. Der Kanzler wird vor Beginn und am Schluß seiner Rede mit Standing ovations gefeiert.

Präsident Bush bestätigt in einem Brief, daß er sich Kohls Ratschläge bei den Beratungen mit Gorbatschow sehr zu Herzen genommen habe. Die Übereinstimmung gebe ihm »immense Sicherheit« für die bevorstehenden historischen Ereignisse. Morgen werden beide erneut im Weißen Haus zusammentreffen. Intensiver als im Augenblick könnten die Beziehungen nicht sein.

In Turnberry beginnt die Sitzung des Nordatlantikrates. Baker bezeichnet es als dessen Aufgabe, den Grundstein für einen erfolgreichen Gipfel der NATO zu legen und den Erneuerungsprozeß des Bündnisses zu beschleunigen. In seinem Bericht über das Treffen Bushs mit Gorbatschow teilt Baker mit, daß die amerikanische Seite in Form der bekannten neun Punkte Zusicherungen gegeben habe, die viele Bedenken der Sowjets berücksichtigten und zur Beruhigung Gorbatschows beigetragen hätten.

Freitag, 8. Juni 1990

Mittags findet im DDR-Ministerratsgebäude ein zweistündiges Gespräch zwischen de Maizière, Seiters und Schäuble statt. De Maizière berichtet uns über die Tagung des Politischen Beratenden Ausschusses des Warschauer Paktes in Moskau, der sich in Auflösung befinde. Die CSFR habe sich am deutlichsten gegen den Pakt ausgesprochen. Zukünftig solle es nur noch ein politisches Bündnis geben. Ungarn würde am liebsten ganz aus dem Warschauer Pakt austreten, bleibe aber vorläufig wegen der Wiener Verhandlungen noch Mitglied. Ministerpräsident Josef Antall habe unmißverständlich erklärt, daß die Zukunft Ungarns in Westeuropa liege. Er werde deshalb bis spätestens Ende 1991 aus dem Warschauer Pakt austreten.

Gorbatschow habe davon gesprochen, daß der Warschauer Pakt in Erinnerung an frühere Tage Hautallergien auslöse. Als Alternative habe er neue gesamteuropäische Sicherheitsstrukturen vorgeschlagen, deren Konturen jedoch noch hinter einem Schleier verborgen seien. De Maizière bezeichnet Gorbatschow als einen visionären, weitsichtigen Mann, zu dem es in der Sowjetunion keine Alternative gebe.

Er berichtet weiter, daß für Gorbatschow ein Vertrag zwischen dem Warschauer Pakt und der NATO besonders psychologisch ein wichtiger Vorschlag sei. Zusätzlich erwarte er die Festlegung einer Obergrenze für die zukünftige gesamtdeutsche Armee und den Verzicht Deutschlands auf ABC-Waffen. Große Hoffnung setze Gorbatschow in dieser Hinsicht auf den bevorstehenden NATO-Sondergipfel und auf dessen Entscheidungen über grundlegende Strukturveränderungen.

Den polnischen Ministerpräsidenten Mazowiecki habe er am Rande der Konferenz gefragt, warum dieser auf einem Vertragsentwurf zur Oder-Neiße-Grenze noch vor der deutschen Einigung beharre. Dieser sei, so berichtet de Maizière, über die Frage erzürnt gewesen. Mazowieckis Motive seien vor allem psychologischer Art und lägen in der Notwendigkeit, sich gegenüber der eigenen Bevölkerung zu rechtfertigen. Eine Parlamentserklärung sei für ihn nicht bindend genug.

Seiters und Schäuble sprechen mit de Maizière anschließend noch einmal über den Staatsvertrag.

Abends trifft der Bundeskanzler erneut mit Präsident Bush im Weißen Haus zusammen. Er stellt zwei Themen in den Mittelpunkt: die Vorbereitung des NATO-Sondergipfels und die wirtschaftliche Kooperation mit der Sowjetunion. Er plädiert dafür, daß der bevorstehende NATO-Sondergipfel eine Botschaft verabschieden soll, die sich an den Warschauer Pakt richte und die für Gorbatschow hilfreich sei. Er gibt Bush zu bedenken, ob man nicht einen Nichtangriffs-Pakt zwischen den Mitgliedsstaaten der NATO und des Warschauer Pakts vorschlagen solle.

Kohl erläutert Bush die deutsche Kredithilfe in Höhe von fünf Milliarden D-Mark für die Sowjetunion. Er habe Gorbatschow zu verstehen gegeben, daß es sich hierbei um ein Geschäft auf Gegenseitigkeit handele. Darüber hinaus dächten die Sowjets an eine zusätzliche westliche Unterstützung in Höhe von weiteren zwanzig Milliarden Dollar. Bush erklärt, daß seine Hände in dieser Frage weiterhin gebunden seien – vor allem des Kongresses wegen.

Beim Essen berichtet Baker, daß aus seiner Sicht die Sowjets zum Abschluß des Wiener VKSE-Abkommens bereit seien. Sie wollten jedoch gleichzeitig Sicherheit in der Frage der künftigen Stärke der Bundeswehr haben. Erhielten sie diese Sicherheit nicht, könnten sie die Zwei-plus-Vier-Gespräche verzögern. Deshalb sollte man sich vor dem NATO-Gipfel über diese Frage verständigen.

Das Gespräch verläuft äußerst harmonisch. Scherzhaft wird dem Kanzler angeboten, für ihn ein Bett im Weißen Haus aufzuschlagen, da er jetzt so häufig nach Washington komme.

Währenddessen geht in Bonn ein Brief Präsident Mitterrands an den Bundeskanzler über sein Gespräch mit Präsident Gorbatschow ein. Er betont noch einmal, daß dieser die Mitgliedschaft eines vereinigten Deutschland in der NATO entschieden ablehne. Er habe sogar zu verstehen gegeben, daß er im Falle eines *Fait accompli* gezwungen wäre, seine Haltung in vielen Bereichen zu ändern, vor allem im Bereich der Abrüstung. Mitterrand zufolge zielt diese Bemerkung darauf ab, dem Westen im voraus die Verantwortung für daraus entstehende Spannungen zuzuschieben.

Er habe geantwortet, daß eine andere Lösung als die Mitgliedschaft Deutschlands in der Atlantischen Allianz nicht in Frage komme. Doch würde sich der Westen sicherlich nicht weigern, Gorbatschow die Garantien zu geben, die er mit Recht für die Sicherheit seines Landes erwarte. Gorbatschow habe »aufgeschlossen« reagiert.

In Turnberry endet die Ministertagung des Nordatlantikrates. In einer gemeinsamen Botschaft reichen die Außenminister der Sowjetunion und allen anderen ost-europäischen Ländern »die Hand zur Freundschaft und Zusammenarbeit«. Sie begrüßen die Moskauer Erklärung der Mitglieder der Warschauer Vertragsorganisation vom 7. Juni 1990. Sie kündigen an, die Militärstrategie der NATO sowie deren Strukturen und Ausrüstung im Lichte der sich abzeichnenden neuen Gegebenheiten überprüfen zu wollen.

Alle NATO-Partner unterstützen die Bemühungen, bei den Zwei-plus-Vier-Gesprächen zu einer abschließenden völkerrechtlichen Regelung zu kommen, die die Rechte und Verantwortlichkeiten der Vier Mächte in Bezug auf Berlin und auf Deutschland als Ganzes ohne Einschränkungen der Souveränität Deutschlands beendet. Ausdrücklich wird betont, ein vereinigtes Deutschland müsse das in der Schlußakte von Helsinki anerkannte Recht haben, Mitglied eines Bündnisses zu sein, dessen Sicherheitsgarantie nach Artikel 5 und 6 des Nordatlantik-Vertrages sich auf das gesamte Territorium eines vereinten Deutschland erstrecken werde.

In Moskau trifft Margaret Thatcher mit Michail Gorbatschow zusammen. Während Thatcher auf der uneingeschränkten NATO-Mitgliedschaft Deutschlands beharrt, will Gorbatschow sich nicht festlegen. Er fordert dazu auf, beide Allianzen weitreichend umzugestalten; die NATO solle dem gestrigen Beispiel des Warschauer Paktes folgen.

Thatcher wiederholt ihr Plädoyer zur Modernisierung der nuklearen Kurzstreckensysteme. Gorbatschow enthält sich erfreulicherweise jeden Kommentars. Insgesamt haben die Gespräche keine neuen Erkenntnisse gebracht.

Montag, 11. Juni 1990

Mit Genugtuung berichtet der Kanzler, daß Genscher ihn auch während des Wochenendes alle zwei Stunden in den USA angerufen habe, um ihn zu unterrichten und die weiteren Schritte abzustimmen. Gleichzeitig berichtet er darüber jedes Mal öffentlich. Genscher mache das halt sehr gut, stellt Kohl fest.

Vormittags eröffnet Kohl die Sitzung des CDU-Bundesvorstandes im Konrad-Adenauer-Haus. In seinem Bericht zur politischen Lage geht er zunächst auf das Treffen Bush-Gorbatschow ein, dessen Bedeutung er vor allem darin sieht, daß sich trotz aller Interessengegensätze ein persönliches Vertrauensverhältnis entwickelt habe. Für die Bundesrepublik sei wichtig, daß Bush in einer Weise die deutschen Interessen vertrete, wie das vor ihm noch kein amerikanischer Präsident getan habe. Im Kongreß gebe es zur Zeit ebenfalls eine so deutschfreundliche Grundstimmung wie nie zuvor. Das gelte für die USA überhaupt. Anläßlich der Verleihung der Ehrendoktorwürde der Universität Harvard habe der Vorsitzende der Harvard-Verbände ausgerufen: »Herr Bundeskanzler, wir sind alle Deutsche.«

Kohl berichtet über den Stand der Zwei-plus-Vier-Gespräche und begrüßt, daß alle Bündnispartner im Westen sich eindeutig für die NATO-Mitgliedschaft Deutschlands ausgesprochen hätten. Manche seien natürlich dafür, weil sie Ängste vor dem geeinten Deutschland verspürten. Deshalb wollten sie eine möglichst wasserdichte Einbindung Deutschlands in NATO und EG. Doch damit könne er leben, weil das im Ergebnis seiner eigenen Politik entgegenkomme.

Weiter führt er aus, daß die Bundesregierung im Rahmen der Zwei-plus-Vier-Verhandlungen vor einer unser Land tief bewegenden Entscheidung stehe; es gehe um die endgültige Anerkennung der Oder-Neiße-Grenze. Die Mehrheit der Bevölkerung habe die Grenze längst akzeptiert, für einige aber sei sie eine Wunde, die immer noch schmerze. Wer aber immer noch auf einen Friedensvertrag warten wolle, müsse wissen, daß es ohne Anerkennung der Oder-Neiße-Grenze keine deutsche Einheit geben werde. Er besteht deshalb darauf, daß diejenigen, die in Partei und Fraktion die Oder-Neiße-Grenze nicht anerkennen wollten, auch zugeben müßten, daß sie damit die Chance der Wiedervereinigung nicht wahrnehmen wollten. Er wisse, daß das eine bittere Stunde für viele Vertriebene sei. Der polnische Partner verhalte sich in dieser Frage aus innenpolitischen Gründen leider nicht sehr kooperativ.

Am späten Vormittag empfange ich den neuen sowjetischen Botschafter Wladislaw Terechow zu seinem Antrittsbesuch, bei dem er mir einen Brief Gorbatschows an den Bundeskanzler übergibt. Darin bedankt sich Gorbatschow für die Unterstützung, die Kohl bei der Überwindung einiger zeitweiliger Probleme leiste, die auf der jetzigen Etappe der sowjetischen Wirtschaftsreform entstanden seien.

In der Frage weiterer langfristiger Kredite sei es erforderlich, ein breites Konsortium zu schaffen, was durch die Unterstützung des Kanzlers zweifellos beschleunigt werden könne.

Im Zusammenhang mit den Verhandlungen im Rahmen der »Sechs« gibt Gorbatschow die Zusicherung, die Verabredungen vom 10. Februar 1990 in Moskau blieben weiter gültig. Außerdem sei er sicher, daß eine Regelung der äußeren Aspekte der Vereinigung vor dem KSZE-Gipfel möglich sei. Damit könne die Einigung im Einvernehmen zwischen beiden deutschen Staaten und im Einklang mit den Interessen der Vier Mächte und der anderen europäischen Länder praktisch vollzogen werden. Gorbatschow spricht sich dafür aus, im engen Kontakt mit Vertretern des Kanzlers gegenseitig annehmbare Lösungen vorzubereiten.

Gleichzeitig bekräftigt er sein Interesse an einer neuen Perspektive für die sowjetisch-deutsche Zusammenarbeit. Der Abschluß eines politisch maßgeblichen und in jeder Hinsicht gewichtigen Vertrages zwischen der Sowjetunion und dem künftigen Deutschland würde einen qualitativen Wandel herbeiführen.

Abschließend lädt Gorbatschow Kohl zu einem vertiefenden Dialog über die Zukunft der beiderseitigen Beziehungen für die zweite Juli-Hälfte ein.

Wir sind sicher, daß dieser Brief eine positive, wenn auch verklausulierte Antwort auf Kohls Hinweis enthält, er hoffe, daß die Gewährung des Kredits auch die Lösung der deutschen Frage erleichtern werde.

Terechow übergibt mir das Schluß-Kommuniqué der Warschauer-Pakt-Tagung in Moskau und fügt hinzu, daß dieser jetzt in eine neue Phase eingetreten sei. Gleichzeitig hätten die Teilnehmer einen Aufruf an die NATO-Staaten gerichtet, ihr Bündnis zu reformieren. Der Warschauer Pakt sei bereit, mit der NATO im Interesse der europäischen Stabilität konstruktiv zusammenzuarbeiten. Terechow berichtet mir außerdem kommentarlos, Ungarn sei dafür eingetreten, daß ein geeintes Deutschland Mitglied der NATO bleibe.

Am späten Nachmittag unterrichtet mich der britische Botschafter Christopher Mallaby im Auftrag von Margaret Thatcher über ihre Gespräche am 8. Juni in Moskau. Der Eindruck der britischen Delegation sei gewesen, daß Gorbatschow Herr der Lage sei, Thatcher habe ihm Unterstützung für seine Reformpolitik zugesagt. Zur Frage der deutschen NATO-Mitgliedschaft habe Gorbatschow vorgeschlagen, daß die Bündnisse zusammenwachsen sollten. Der Erklärung Margaret Thatchers, daß die Präsenz amerikanischer Streitkräfte in Europa auch zukünftig wichtig sei, habe er nicht widersprochen, er habe jedoch darauf hingewiesen, daß USA und Sowjetunion in Europa zusammenarbeiten müßten.

Gorbatschow setze große Hoffnungen auf den bevorstehenden NATO-Sondergipfel in London und habe angeregt, eine gemeinsame Erklärung von Warschauer Pakt und NATO zu erarbeiten. Er habe seinen Vorschlag wiederholt, Deutschland solle in der NATO einen Status wie Frankreich erhalten. Dagegen habe Margaret Thatcher dem Präsidenten erläutert, daß sie keine Lösung unterstützen könne, bei der Deutschland nicht Vollmitglied der NATO bleibe. Aus ihrer Sicht könne dieser Konflikt durch Fortschritte in allen Bereichen gelöst werden, bei der KSZE, den Zwei-plus-Vier-Gesprächen, den Wiener Verhandlungen und im Rahmen einer Vereinbarung zwischen den Staaten des Warschauer Paktes und der NATO.

Abends im Bungalow beschließt der Bundeskanzler, das Schreiben Gorbatschows möglichst rasch zu beantworten. Der Brief solle zum Ausdruck bringen, daß jetzt eine Chance bestehe, sich rasch zu verständigen.

Ich rege an, jetzt alle Schritte so vorzubereiten, daß bis zum Gespräch mit Präsident Gorbatschow in der zweiten Juli-Hälfte ein Gesamtpaket vorliegt. Dieses Paket müsse Vorschläge für KSZE-Institutionen enthalten, eine positive Abschlußerklärung des NATO-Sondergipfels, Obergrenzen für die deutschen Streitkräfte in einem geeinten Deutschland, die Vereinbarung über die Kredithilfe für Moskau sowie einen Vorschlag über die inhaltlichen Elemente eines bilateralen, grundlegenden Vertrages zwischen Bonn und Moskau nach der Einigung.

Ein solches Gesamtpaket könnte Gorbatschow veranlassen, sein prinzipielles Einverständnis zur NATO-Mitgliedschaft Deutschlands zu geben.

Seiters liefert eine Analyse über die Lage in der DDR und überrascht mit der Mitteilung, daß das *Bündnis 90* unter Führung von Wolfgang Ullmann beabsichtige, noch in dieser Woche in der Volkskammer einen Antrag zum Beitritt nach Artikel 23 GG einzubringen. Der Vorsitzende der CDU-Fraktion, Günther Krause, möchte diesen Vorschlag unterstützen und der Initiative des *Bündnis 90* nach Möglichkeit zuvorkommen. Diese Überlegungen beweisen erneut, daß der Prozeß der deutschen Einigung weniger von uns als stets aufs Neue in der DDR selbst beschleunigt wird.

Kohl erklärt, daß einerseits alles, was den Einigungsprozeß beschleunige, gut sei, andererseits jedoch der Staatsvertrag nicht gefährdet werden dürfe. Der Beitritt nach Artikel 23 GG dürfe nicht vollzogen werden, solange die Zwei-plus-Vier-Gespräche nicht abgeschlossen seien. Das *Bündnis 90* solle die Initiative für eine solche Beitrittserklärung behalten. Die CDU dürfe nur in Abstimmung mit de Maizière handeln, damit die Koalitionsregierung nicht gefährdet werde.

Genscher ist heute auf Einladung Schewardnadses zu einem Treffen mit ihm nach Brest geflogen. Dessen Bruder ist zu Kriegsbeginn bei Brest gefallen, gemeinsam wollen sie das Grab besuchen. Es ist die sechste Begegnung Genschers mit Schewardnadse in diesem Jahr.

Die Wahl des Ortes ist aus unserer Sicht nicht unproblematisch, war Brest doch 1939 der Schauplatz der gemeinsamen deutsch-sowjetischen Siegesparade gewesen. Außerdem verbindet sich damit der Diktatfrieden von Brest-Litowsk vom März 1918. Man kann deshalb nicht ausschließen, daß die Polen sehr kritisch reagieren werden. Wir fragen uns im Bundeskanzleramt, wie die deutsche Presse sich verhalten hätte, wenn Kohl zu einem Treffen und einem solchen symbolischen Akt in Brest ungeachtet der Gefühle der Polen bereit gewesen wäre.

Schewardnadse übergibt Genscher erste sowjetische Überlegungen zur Ausgestaltung der Beziehungen zwischen beiden Bündnissen. Sie enthalten Elemente für eine gemeinsame Erklärung. So sollen beide Bündnisse versichern, daß sie einander nicht als Gegner betrachten, sondern zur Zusammenarbeit und zur Schaffung übergreifender Strukturen im Interesse von Sicherheit und Stabilität bereit seien. Das Papier sieht weiter vor, auf territoriale Ansprüche vollständig zu verzichten und die Unantastbarkeit der bestehenden Grenzen zu bekräftigen. Auf Gewalt und auf nuklearen Ersteinsatz solle verzichtet, ein Konsultationsmechanismus festgelegt werden. Weitere Abrüstungsmaßnahmen werden vorgeschlagen.

Die sowjetische Führung ist dabei, sich selbst eine Brücke zu bauen, um die NATO-Mitgliedschaft akzeptieren zu können.

Dienstag, 12. Juni 1990

Morgens frühstücke ich mit NATO-Generalsekretär Manfred Wörner in Bonn. Wir sprechen über die Vorbereitung des NATO-Sondergipfels und den möglichen Inhalt einer Abschlußerklärung. Wörner berichtet, daß er an die Außenminister einen Brief gesandt habe, um die Vorbereitungen einzuleiten. Er warte jetzt dringend auf die Initiativen der nationalen Regierungen.

Es treffen erste Nachrichten über das gestrige sechseinhalbstündige Gespräch zwischen Genscher und Schewardnadse in Brest ein. Es soll Fortschritte auch in der Frage der Bündniszugehörigkeit eines vereinten Deutschland gegeben haben. Details werden nicht genannt. Schewardnadse sprach von einem »sehr günstigen Hintergrund für annehmbare Lösungen, darunter auch für den militärpolitischen Status Deutschlands«. Die Wandlung von NATO und Warschauer Pakt von militärischen zu politischen Bündnissen mit vertraglich geregelten völkerrechtlichen Beziehungen zueinander würde es ermöglichen, einen Kompromiß in dieser Frage zu finden.

Am frühen Abend stimme ich mit dem Bundeskanzler sein Antwortschreiben an Präsident Gorbatschow ab. Er begrüßt darin, daß nunmehr in allen angesprochenen Fragen von beiden Seiten eine rasche Verständigung abgestrebt werde. Eine umfassende Regelung der äußeren Aspekte der deutschen Vereinigung noch vor dem Gipfeltreffen der KSZE im Herbst müsse auch die Frage der Bündniszugehörigkeit des künftigen geeinten Deutschland enthalten. Dabei dürfe nicht nur den Wünschen der Deutschen, sondern müsse auch den Interessen ihrer unmittelbaren Nachbarn Rechnung getragen werden.

Kohl kündigt rasche Gespräche über die Gewährung eines ungebundenen Finanzkredites an und fügt hinzu, die Vertreter der beteiligten Banken seien bereit, sofort nach Moskau zu reisen. Die Frage weiterer langfristiger Kredite werde er auf den bevorstehenden Gipfeltreffen der EG in Dublin und der G7 in Houston ansprechen.

Als Termin für sein Treffen mit Gorbatschow schlägt er die Woche zwischen dem 15. und 19. Juli vor. Bei dieser Begegnung wolle er auch die Möglichkeiten der vertraglichen Ausgestaltung der künftigen Beziehungen zwischen einem vereinigten Deutschland und der Sowjetunion ausführlich besprechen.

Als ich den Brief Botschafter Terechow übergebe, kündige ich ihm an, daß der Bundeskanzler ihn am Freitag sprechen wolle. Es wäre deshalb gut, wenn er bis dahin schon eine Antwort des Präsidenten hätte.

In Moskau gibt Gorbatschow einen Bericht über seine Gipfelgespräche mit Bush und über den Warschauer-Pakt-Gipfel vor beiden Häusern des Obersten Sowjet der UdSSR ab. Er spricht davon, die Sicherheit des vereinigten Deutschland auf zwei Säulen zu stützen, eine westliche und eine östliche. Als Hypothese schlägt er die assoziierte Mitgliedschaft des neuen deutschen Staates in zwei Bündnissen vor, solange es sie gebe. Eine solche Doppelmitgliedschaft könne ein verbindendes

Element, eine Art Vorläufer neuer europäischer Strukturen sein. Abschließend stellt er fest, daß die sowjetische Führung mit der Mitgliedschaft eines geeinten Deutschland in der NATO einverstanden sein könnte, wenn die Deutschen eine »assoziierte Teilnahme« akzeptierten.

Mit Recht spricht Gorbatschow selbst von einer »komplizierten Dialektik«. Wichtiger ist seine Aussage, daß weiterhin gemeinsam nach Lösungen gesucht werden müsse.

Der Kanzler lehnt Gorbatschows Vorschlag einer assoziierten Mitgliedschaft Gesamtdeutschlands in der NATO öffentlich ab, weil er Sinn und Grundlage des westlichen Bündnisses völlig verkenne.

Mittwoch, 13. Juni 1990

Heute vormittag hat der Bundeskanzler führende Politiker der CDU/CSU zu einem Gespräch über die bevorstehende Bundestagsdebatte zur Oder-Neiße-Grenze eingeladen. Anwesend sind Alfred Dregger, Volker Rühe, Rudolf Seiters, Wolfgang Schäuble, Herbert Czaja, Wolfgang Bötsch, Günther Krause sowie einige Vertriebenenpolitiker. Die nächsten sechs bis acht Wochen würden von dramatischer Bedeutung sein, erläutert der Kanzler. Die Sorgen über die Entwicklung in der DDR nähmen von Tag zu Tag zu. Die Probleme wüchsen den Politikern in der DDR über den Kopf. Aus diesem Grunde befürworte er jetzt auch selbst eine Beschleunigung des Einigungsprozesses, zumal bestimmte Kräfte in der DDR nun einen österreichischen Status anstrebten. Hinzu komme das Beharrungsvermögen von Verantwortlichen. Das Problem in der DDR sei nicht die materielle Frage, sondern die »verwundete Seele« vieler Menschen. Gleichzeitig ließen Umfragen erkennen, daß in der westdeutschen Bevölkerung kaum noch Bereitschaft zu Opfern für die DDR vorhanden sei. Er erwarte, daß die DDR im Juli eine Entscheidung über den Beitritt nach Artikel 23 GG treffen werde. Sein Ziel sei es, im Dezember gesamtdeutsche Wahlen durchzuführen.

Die Zwei-plus-Vier-Gespräche würden bis November abgeschlossen sein. Drei Regelungen seien deshalb jetzt erforderlich: Die sowjetischen Truppen müßten für eine begrenzte Zeit auf dem DDR-Territorium verbleiben können; für die gesamtdeutschen Streitkräfte müsse eine Obergrenze festgelegt werden, nach der NATO-Sonderkonferenz werde er die Verkürzung der Wehrdienstzeit auf zwölf Monate bekanntgeben; und schließlich müsse die Oder-Neiße-Grenze endgültig anerkannt werden.

Mit aller Deutlichkeit weist Kohl darauf hin, daß es in West und Ost keinen einzigen Partner gebe, der nicht die Anerkennung der Oder-Neiße-Grenze fordere. Wer also die Bundestagsentschließung über die Anerkennung der Oder-Neiße-Grenze ablehne, solle ihm sagen, wie er die Einheit Deutschlands erreichen wolle, zumal klar sei, daß es keinen Friedensvertrag geben werde. Er räume ein, daß die polnische Haltung nicht erfreulich sei.

Die Alternative laute: die Einigung Deutschlands in den bekannten Grenzen zu erreichen oder die Zwei-plus-Vier-Verhandlungen scheitern zu lassen. Er bitte die anwesenden Kollegen sehr herzlich, jetzt den Weg zur deutschen Einheit zu gehen. Was er vorschlage, sei die einzige Möglichkeit, sie zu erreichen.

Es sei jetzt ein Akt der Ehrlichkeit zu sagen, daß mit der vorliegenden Entschließung des Bundestages die Grenzfrage endgültig entschieden sei. Alfred Dregger bezeichnet die vorliegende Entschließung als ziemlich optimal, weil sie es ermögliche, daß ein geeintes Deutschland auf gleichberechtigter Ebene mit Polen verhandeln könne. Der Grenzverlauf sei nicht zu ändern, aber nach der Einigung Deutschlands gebe es darüber hinaus Verhandlungsbedarf mit Polen über die Rechte der deutschen Minderheit.

Wolfgang Bötsch stimmt dem ausdrücklich zu. Sicher sei es eine bittere Stunde, daß die Grenze jetzt endgültig geregelt werde. Das sei aber eine Folge des Zweiten Weltkrieges.

Harte Kritik übt der Berliner Bundestagsabgeordnete und Vertriebenenpolitiker Gerhard Dewitz. Der Kanzler könne von ihm eine bedingungslose Anerkennung der Oder-Neiße-Grenze nicht verlangen.

Helmut Kohl reagiert sehr leidenschaftlich. Es gehe nicht um seine Person als Kanzler. Er sei jetzt – einschließlich der Zeit als Ministerpräsident – insgesamt 15 Jahre Regierungschef und deshalb sei die Frage, ob er Kanzler bleibe, für ihn von relativer Bedeutung. Jetzt gehe es aber um die Chance, einen Traum zu verwirklichen und Voraussetzung dafür sei die Anerkennung der Oder-Neiße-Grenze. In den USA gebe es eine große Welle der Deutschenfreundlichkeit, aber in der Grenzfrage stoße man auf eine Stahlwand. Er habe Verständnis, daß einige Kollegen nicht zustimmen könnten. Entscheidend sei aber Form und Stil, wie sie ihre Ablehnung begründeten und vortrügen. Jetzt gehe es um eine Abstimmung im Bundestag und nicht darum, sich innerparteilich zu profilieren. Für ihn sei deshalb eine Ablehnung der Entschließung nur akzeptabel, wenn sie von unmittelbar Betroffenen erfolge.

Herbert Czaja würdigt ausdrücklich, daß der Kanzler sehr lange und entschieden einen tragbaren Ausgleich zwischen den Vertriebenen und den Polen angestrebt habe, ihm kämen hier historische Verdienste zu. Mit seiner Zehn-Punkte-Rede im November habe er die Weichen richtig gestellt. Auch das vorgelegte Tempo sei richtig gewesen. Czaja stimmt der klaren Haltung Kohls zur NATO und gegenüber Gorbatschow zu. Er begrüße es, daß der Kanzler offen gesagt habe, daß die Bundestagsentschließung die endgültige Anerkennung der Oder-Neiße-Grenze zur Folge habe und stimme ihm zu, daß eine Ablehnung maßvoll und vorwärtsgerichtet begründet werden müsse.

Insgesamt verläuft das Gespräch sehr sachlich und in einem erfreulichen Klima. Der Kanzler hat in der polnischen Grenzfrage endgültig Klarheit geschaffen. Das wird seine Position auch öffentlich stärken.

Nachmittags unterrichtet mich der politische Direktor des Auswärtigen Amtes, Dieter Kastrup, über die Gespräche Genschers mit Schewardnadse in Brest. Besonders die Bedeutung des Ortes der Begegnung unterstreicht er. Die Tatsache, daß Genscher bereit gewesen sei, sich mit Schewardnadse in Brest zu treffen und das Grab seines Bruders Akakij zu besuchen, der als Oberfeldwebel schon in den ersten Tagen des deutschen Überfalls ums Leben gekommen sei, sei für Schewardnadse von besonderer symbolischer Bedeutung gewesen und habe sich außerordentlich positiv auf das Gesprächsklima ausgewirkt.

Ich erkläre, daß ich das in keiner Weise in Zweifel ziehe. Im Gegenteil! Ich bin überzeugt, daß es so gewesen ist. Das Bundeskanzleramt sei auch nie gegen eine Begegnung in Brest gewesen. Wir hätten allerdings die polnischen Proteste durchaus zur Kenntnis genommen. Dennoch werde er in der deutschen Presse nirgendwo lesen, daß Genscher ins Fettnäpfchen getreten und das Bundeskanzleramt verärgert sei oder daß im Auswärtigen Amt Laienschauspieler arbeiten. Ich bin jedoch überzeugt, daß der Bundeskanzler sich bei der gleichen Geste den öffentlichen Vorwurf zugezogen hätte, gegenüber den polnischen Gefühlen nicht sensibel genug zu sein. Im Falle von Genscher schreibt die *Frankfurter Rundschau* von einer »sensiblen Geste in schwierigem Gelände«. So unterschiedlich werden symbolische Gesten bewertet.

Kastrup berichtet, daß Genscher und Schewardnadse über die Bündniszugehörigkeit Deutschlands gesprochen hätten. Verschiedene Varianten seien diskutiert worden, zum Beispiel ein Austritt Deutschlands aus der NATO oder die Umwandlung des Bündnisses. Das Ziel sei jetzt die Neugestaltung der Beziehungen zwischen den Mitgliedsländern beider Bündnisse. Dabei habe Genscher deutlich gemacht, daß es in Europa keine Zonen unterschiedlicher Sicherheit geben dürfe, was von Schewardnadse nicht zurückgewiesen worden sei.

Dieser habe erneut eine Übergangsperiode für die Zeit nach der Einigung Deutschlands auf der Grundlage der Viermächterechte vorgeschlagen. Erst nachdem bestimmte Schritte wie der Abzug der sowjetischen Truppen vollzogen wären, sollten die Viermächterechte abgelöst werden. Genscher habe dem massiv widersprochen. Es dürften keine Fragen offen bleiben. Übergangslösungen müßten auf bilateraler Ebene vereinbart werden.

Schewardnadse habe angekündigt, daß sich die sowjetischen Truppen aus der DDR nur zurückziehen würden, wenn auch die alliierten Streitkräfte ganz abzögen oder auf symbolische Größe reduziert würden. Genscher habe jedoch jede Verknüpfung des Abzugs sowjetischer Truppen mit der Anwesenheit westlicher Streitkräfte in Deutschland abgelehnt. Gesprochen worden sei auch über die zukünftige Obergrenze für deutsche Streitkräfte. Diese Frage müsse jedoch in Wien verhandelt werden, damit die Deutschen nicht singularisiert oder diskriminiert würden. Das Ergebnis müsse bei den Zwei-plus-Vier-Gesprächen zur Kenntnis gebracht werden. Weder Genscher noch Schewardnadse hätten Zahlen für eine deutsche Obergrenze in die Diskussion eingeführt.

Kastrup spricht davon, daß noch drei »Knackpunkte« offen seien: die Bündniszugehörigkeit eines geeinten Deutschland, der Zeitpunkt der Beendigung der Viermächterechte und die zukünftige Obergrenze der deutschen Streitkräfte. Dagegen sei die Frage der Nuklearsysteme in Europa in Brest nicht angesprochen worden.

Der Kanzler erhält heute erneut einen Brief von Präsident Bush, in dem dieser über seine Gespräche mit de Maizière am 11. Juni in Washington berichtet. Die Gespräche seien sehr freundschaftlich und offen gewesen. Er bestätigt de Maizière Nachdenklichkeit und einen ausgeprägten Sinn für Verantwortung.

Allerdings habe er gegenüber de Maizière Besorgnis über den Textentwurf einer abschließenden Regelung, wie er von der DDR am 9. Juni bei den Zwei-plus-Vier-Gesprächen auf Beamtenebene vorgelegt worden sei, zum Ausdruck gebracht. Er habe ihm gesagt, daß ein solches Abschlußdokument Fragen wie die der deutschen Bündniszugehörigkeit oder andere wesentliche Fragen der Sicherheit nicht regeln dürfe, weil davon viele andere Staaten, darunter alle NATO-Mitglieder, berührt seien.

De Maizière habe sich zum Papier seines Außenministers weder zustimmend noch ablehnend geäußert. Der Brief von Bush macht deutlich, daß der Präsident über die Haltung de Maizières zu Fragen der NATO-Mitgliedschaft und des zukünftigen militärischen Status Gesamtdeutschlands unsicher ist. Deshalb müßten sie sich zusammen mit den Briten und Franzosen darauf konzentrieren, de Maizière ihre gemeinsame Sicht über das weitere Vorgehen in den Zwei-plus-Vier-Gesprächen zu erläutern.

Der Bundeskanzler schickt heute ein Schreiben an alle Kollegen in der EG sowie an alle Teilnehmer des Weltwirtschaftsgipfels in Houston und bittet sie, bei den bevorstehenden Begegnungen die Lage in der Sowjetunion ausführlich zu erörtern. Gorbatschow habe um westliche Unterstützung der Reformen durch langfristige Kredite gebeten.

Die westlichen Partnerländer könnten an diese Aufgabe nur gemeinsam herangehen. Sie sollten konkrete Schritte ins Auge fassen, die die Eingliederung der Sowjetunion in die weltweite Arbeitsteilung erleichtern und sie näher an die internationalen Wirtschaftsorganisationen und Finanzinstitutionen heranführen könnten.

Mit dieser Initiative versucht der Kanzler seine Kollegen dazu zu bewegen, auf den beiden bevorstehenden Gipfeltreffen Zeichen zu setzen, die auch für den deutschen Einigungsprozeß hilfreich sein können. Die bevorstehenden Gipfel der EG, der G7 und der NATO sind wichtige Etappen auf dem Weg zur deutschen Einigung.

Freitag, 15. Juni 1990

Morgens empfängt der Kanzler den sowjetischen Botschafter Terechow, der herzliche Grüße des Präsidenten, des Ministerpräsidenten und des Außenministers überbringt und zwei Schreiben Gorbatschows überreicht. Der erste Brief nimmt Bezug auf das Schreiben Kohls vom 24. April, das mit seinen Überlegungen in Einklang stehe. Das zweite Schreiben Gorbatschows ist heute nacht eingegangen und enthält die Antwort auf den Brief Kohls vom 12. Juni 1990.

Gorbatschow stellt mit Genugtuung die beiderseitige Bereitschaft fest, einander entgegenzukommen. Er schlägt vor, daß Verhandlungen über den ungebundenen Finanzkredit innerhalb der nächsten beiden Tage beginnen sollten. Sehr vorsichtig reagiert er auf den Hinweis des Kanzlers, daß damit auch die Lösung der Probleme im Rahmen der Zwei-plus-Vier-Verhandlungen erleichtert werden solle. Das seien zweifelsohne die komplizierteren Fragen, die im Rahmen der bereits stattfindenden Verhandlungen gelöst werden müßten.

Das verabredete Treffen solle zwischen dem 15. und 20. Juli in der Sowjetunion stattfinden, und die vom Kanzler angesprochenen Probleme sollten offen und konstruktiv behandelt werden. Als wichtigstes Thema bezeichnet Gorbatschow das Gespräch über die künftigen Beziehungen der Sowjetunion mit dem geeinten Deutschland. Wie Kohl sei er der Ansicht, daß ein qualitativer Wandel notwendig sei. Offen bleibt nach wie vor, wo genau das Treffen stattfinden soll.

Beide Briefe unterstreichen die Bereitschaft Gorbatschows, weiterhin konstruktiv aufeinander zuzugehen und nach gemeinsamen Lösungen zu suchen. Der multilaterale sowie der bilaterale Rahmen ist abgesteckt. Damit sind die Instrumente bekannt, mit deren Hilfe eine Lösung der Probleme im Rahmen der deutschen Einigung möglich sein sollte. Niemand weiß aber zur Stunde, wie sie konkret aussehen wird.

Montag, 18. Juni 1990

Heute ist eine Botschaft von Margaret Thatcher eingetroffen. Sie berichtet dem Kanzler über ihre Gespräche mit Gorbatschow am vergangenen Freitag. Sie habe ihn selbstsicher, ja überschwenglich – das vielleicht ein klein bißchen weniger als sonst – angetroffen.

Schwerpunkt ihres Gespräches sei die Sicherheit Europas und die NATO-Mitgliedschaft Deutschlands gewesen. Gorbatschows Gedanken zu diesem Thema befänden sich noch in der Entwicklung, es gebe bei ihm Ungereimtheiten und Widersprüche.

Bemerkenswert findet Thatcher zu Recht, daß Gorbatschow weder während ihrer Gespräche noch auf der gemeinsamen Pressekonferenz davon gesprochen habe, daß ein vereinigtes Deutschland nicht Mitglied in der NATO sein dürfe. Gute Möglichkeiten sieht die britische Premierministerin in einer gemeinsamen Erklärung der NATO und des Warschauer Paktes. Sie könne den Sowjets helfen, die NATO-Mitgliedschaft eines geeinten Deutschland zu akzeptieren. Ihres Erachtens werde Gorbatschow dazu auch bereit sein.

Margaret Thatcher berichtet über eine lebhafte Debatte mit Verteidigungsminister Jasow und dem sowjetischen Generalstab, die die Frage der deutschen NATO-Zugehörigkeit und das Thema Nuklearwaffen ganz realistisch einschätzten. Dagegen seien sie etwas überfordert von den praktischen Schwierigkeiten des Rückzugs aus Ost-Europa.

Heute trifft Genscher in Münster mit Schewardnadse zusammen. Sie bereiten die zweite Ministerrunde der Zwei-plus-Vier-Gespräche vor, die am 22. Juni in Ost-Berlin fortgesetzt werden sollen. Schewardnadse übergibt Genscher sowjetische

Überlegungen für vertragliche Beziehungen zwischen dem Warschauer Vertrag und der NATO, die am 13. Juni auch an Baker übermittelt wurden.

Die Prinzipien, auf denen die Vereinbarung beruhen soll, lauten: Die Mitglieder beider Pakte sollen sich nicht mehr als Gegner betrachten, sie sollen zusammenarbeiten und bündnisübergreifende Strukturen der Sicherheit und der Stabilität schaffen, der Helsinki-Prozeß soll entwickelt werden, die Mitgliedschaft in einem Bündnis darf nicht mehr Hindernis für die Mitgliedschaft in einem anderen Bündnis sein. Völliger Verzicht auf jegliche Territorialansprüche und Bestätigung der Unverletzlichkeit der bestehenden Grenzen in Europa. Verzicht aller auf Gewalt oder Gewaltandrohung, auf Ersteinsatz von Nuklearwaffen, keinen Beistand für jene, die Gewalt anwenden, weitere Abrüstung. Durchsetzung des Prinzips der Verteidigungshinlänglichkeit durch die Reduzierung der Streitkräfte und Veränderung der Strukturen, völlige Abschaffung der Nuklearwaffen mit einer Reichweite unter 500 Kilometer.

Dieses »Gesamtpaket« wird von der sowjetischen Seite in einen politischen Zusammenhang mit der deutschen Vereinigung gestellt und soll im Rahmen der Zwei-plus-Vier-Gespräche und auf anderen Foren verwirklicht werden. Dazu werden folgende Themen präzisiert: Festlegung einer Obergrenze für die Streitkräfte Deutschlands, Verzicht Deutschlands auf ABC-Waffen, Sonderstatus des Territoriums der DDR, das nicht zur »NATO-Zone« gehören wird, weiterer Aufenthalt sowjetischer Truppen und ihr allmählicher Abbau; parallel zu den Reduzierungen der sowjetischen Truppen in der DDR sollen die ausländischen Truppen auf dem Territorium der Bundesrepublik reduziert werden. Damit stellt die sowjetische Seite den Zusammenhang her, den Präsident Bush immer befürchtet hat.

Schewardnadse bezeichnet alle diese Überlegungen als Grundlage für den Beginn der Arbeit, nicht als der Weisheit letzten Schluß.

Dienstag, 19. Juni 1990

Dieter Kastrup unterrichtet mich über das gestrige Gespräch Genschers mit Schewardnadse in Münster. Es kristallisiere sich immer stärker heraus, daß die Umgestaltung der Beziehungen zwischen NATO und Warschauer Pakt für die Sowjetunion das Vehikel sei, die deutsche NATO-Mitgliedschaft zu akzeptieren. Offen bleibe, ob es ein Abkommen oder nur eine Erklärung geben solle.

Sie hätten über alle Bereiche der bilateralen Beziehungen gesprochen. Das Treffen Kohls mit Gorbatschow sei jetzt auf den 15./16. Juli festgelegt worden, der genaue Ort der Begegnung stehe allerdings noch immer nicht fest.

In einem Interview im sowjetischen Fernsehen sagte Schewardnadse nach seinem Gespräch mit Genscher, bei vielen Problemen zeichne sich eine gewisse Annäherung ab. Das betreffe besonders den gesamteuropäischen Prozeß, die Ausgestaltung gesamteuropäischer Strukturen und die künftigen Beziehungen zwischen den militärisch-politischen Bündnissen. Es sei ein guter inhaltlicher Dialog entstanden. Auch im Bereich der bilateralen Beziehungen sei eine interessante Entwicklung erkennbar.

In einem Fernsehinterview bemerkt der französische Außenminister Dumas, der Einigungsprozeß Deutschlands beschleunige sich. Kohl drücke sehr energisch auf das Tempo. In der DDR lägen seiner Meinung nach die Dinge ein wenig anders. Immerhin erkennt er an, daß das deutsche Volk von dem Gedanken beseelt sei, seine Einheit zu vollenden. Sein Unbehagen über das Tempo der Einigung ist offensichtlich.

In der ZDF-Sendung »Was nun, Herr Kohl?« bestätigt der Kanzler, daß der Zug zur deutschen Einheit an Tempo gewonnen habe. Er bezieht sich dabei auf die gestrige Abstimmung in der Volkskammer über Artikel 23 GG, die er als eine Art Generalprobe bezeichnet. Er räumt in diesem Interview ein, den Zeitablauf für den deutschen Einigungsprozeß falsch eingeschätzt zu haben. Als er im November seine Zehn-Punkte-Rede im Bundestag gehalten habe, sei er noch von einem Zeitraum bis 1993/94 ausgegangen.

Mittwoch, 20. Juni 1990

Frühmorgens findet beim Kanzler ein Gespräch mit Genscher, Haussmann und Waigel statt, in dem es um den Kreditvertrag mit der Sowjetunion geht, der vor zwei Tagen in Moskau paraphiert worden ist. Kohl spricht sich angesichts der politischen Gesamtlage für eine Bürgschaft der Bundesregierung aus. Der Haushaltsausschuß des Bundestages müsse noch am Freitag dieser Woche eingebunden werden. Danach könne die Entscheidung öffentlich bekanntgegeben werden.

Anschließend trägt Genscher das Ergebnis der gestrigen Verhandlungen mit der sowjetischen Seite über Finanzierungsfragen für die Westgruppe der sowjetischen Streitkräfte in der DDR vor. Er tritt dafür ein, daß das bestehende Abkommen der DDR mit der Sowjetunion für 1990 erfüllt werde, was uns 1,4 Milliarden D-Mark kosten werde.

Zuletzt wird über die Frage eines Schuldenerlasses für Polen und über eine erneute Kreditanfrage aus Ungarn gesprochen.

Mittags steht der Kanzler zweieinhalb Stunden lang dem Auswärtigen Ausschuß des Deutschen Bundestages für ein Gespräch zur Verfügung und erläutert die Initiativen der Bundesregierung zum bevorstehenden EG-Gipfel sowie zur Unterstützung der Sowjetunion und der übrigen mittel- und südosteuropäischen Staaten.

Im Verlauf der Diskussion geht der Kanzler auf seinen Vorschlag ein, einen bindenden Nichtangriffspakt zwischen den Mitgliedsstaaten von NATO und Warschauer Pakt zu schließen. Er kündigt außerdem an, daß mit Polen über den Grenzvertrag hinaus ein Freundschaftsvertrag abgeschlossen werden soll, der die Zusammenarbeit auf eine zukunftsweisende Basis stellt. Vergleichbares habe er auch mit der Sowjetunion vor.

Während George Bush in Huntsville in Alabama erklärt, daß die UdSSR noch nicht die Voraussetzung geschaffen habe, um vom Westen mit umfangreicher Finanzhilfe unterstützt zu werden, kündigt Präsident Mitterrand in einem Interview mit *Le Monde* heute an, daß der Erfolg Gorbatschows im Interesse aller liege und er deshalb die Absicht habe, auf den kommenden Gipfeln von Dublin und Houston vorzuschlagen, über finanzielle, kommerzielle und technische Hilfe für die Sowjetunion nachzudenken. Gestern hat ihm der Kanzler einen solchen Vorschlag schriftlich übermittelt, heute kündigt Mitterand selbst eine solche Initiative öffentlich an.

Mitterand stellt in dem Interview eine Verstimmung zwischen Deutschland und Frankreich in Abrede. Einen Unterschied habe es lediglich in der Einschätzung der Folgen der Einigung gegeben. So habe er die Anerkennung der polnischen Westgrenze sofort für notwendig gehalten; aber das sei inzwischen Vergangenheit. Die deutsch-französischen Beziehungen hätten ihre Solidität bewiesen. Mitterand ist sichtlich bemüht, Harmonie mit Bonn zu demonstrieren.

Donnerstag, 21. Juni 1990

Im Bundestag findet eine ganztägige Debatte über den Staatsvertrag vom 18. Mai 1990, über die Schaffung einer Währungs-, Wirtschafts- und Sozialunion, zu den äußeren Aspekten der deutschen Einheit und zu den deutsch-polnischen Beziehungen statt. In seiner Regierungserklärung stellt der Kanzler fest, daß der deutsche Bundestag in seiner Geschichte selten vor so bedeutsamen Entscheidungen gestanden habe wie heute. Mit der Verabschiedung des Staatsvertrages und der Entschließung zur Oder-Neiße-Grenze gehe es um entscheidende Schritte auf dem Weg, die staatliche Einheit Deutschlands wiederherzustellen. Er sei persönlich davon überzeugt, daß jeder einzelne danach beurteilt werden wird, ob er in dieser entscheidenden Stunde kleinmütig versagt habe.

Ein Volk, das nicht bereit sei, für das große Ziel der Einheit Opfer zu bringen, habe seine moralische Kraft längst verloren. Es werde harte Arbeit, auch Opfer erfordern, bis Einheit und Freiheit, Wohlstand und sozialer Ausgleich für alle Deutschen verwirklicht sein würden.

An die Adresse Polens gerichtet stellt er unmißverständlich fest: »Die Grenze Polens zu Deutschland, so wie sie heute verläuft, ist endgültig.« Dies werde nach der Vereinigung Deutschlands in einem Vertrag mit der Republik Polen völkerrechtlich verbindlich bekräftigt werden.

Sehr ausführlich geht er auf die Gefühle der Vertriebenen

ein, macht aber unmißverständlich deutlich, daß die Deutschen heute vor einer ganz klaren Entscheidung stünden: »Entweder wir bestätigen die bestehende Grenze, oder wir verspielen heute und für jetzt unsere Chance zur deutschen Einheit.«

Intensiv wirbt er für eine endgültige und dauerhafte Aussöhnung mit dem polnischen Volk. Die Zeit dafür sei reif. Was zwischen Deutschen und Franzosen möglich war, müsse jetzt endlich auch zwischen Deutschen und Polen möglich werden. Er kündigt seine Bereitschaft an, die Zukunft eines deutschpolnischen Miteinanders im vereinten Europa in einem umfassenden Vertrag über gute nachbarschaftliche und freundschaftliche Beziehungen zu besiegeln.

Anschließend erläutert er die für einen erfolgreichen Abschluß der Zwei-plus-Vier-Gespräche notwendigen Rahmenbedingungen.

Ein weiteres Schreiben von Präsident Bush trifft ein, in dem er dem Kanzler zustimmt, daß vom NATO-Gipfel eine klare Botschaft an Gorbatschow ausgehen müsse, daß sich die NATO wandle. Allein aus diesem Grund werde die Londoner Tagung zu den bedeutendsten in der Geschichte des Bündnisses gehören. Der NATO-Gipfel werde das Bild des Bündnisses in dieser Zeit des geschichtlichen Wandels prägen.

Bush übermittelt den Entwurf einer Gipfelerklärung, den er im Augenblick nur mit Kohl, Mitterrand, Thatcher, Andreotti und Wörner beraten wolle.

Ernste Bedenken erhebt der amerikanische Präsident gegen eine gemeinsame Erklärung von NATO und Warschauer Pakt. Es dürfe nicht der Eindruck entstehen, daß beide Bündnisse gleichwertig seien. Er wolle aber die Nichtangriffsidee des Kanzlers weiterverfolgen: die einzelnen Mitgliedstaaten des Warschauer Paktes sollen zu entsprechenden Erklärungen aufgefordert werden; auch hierzu fügt Bush einen Formulierungsvorschlag bei.

Er schlägt darüber hinaus vor, Gorbatschow zu einer Rede vor dem Nordatlantikrat einzuladen. Außerdem sollten die UdSSR und die anderen osteuropäischen Staaten aufgefordert werden, Verbindungsmissionen bei der NATO einzurichten, deren Botschafter beim Bündnis akkreditiert sein würden. Damit könnten neue Verbindungen bilateraler Art zwischen NATO und den einzelnen Ländern des Warschauer Paktes geschaffen werden.

Bush weist darauf hin, daß sein Entwurf einer Gipfelerklärung auch Vorschläge zur Fortführung der konventionellen Rüstungskontrollgespräche in den neunziger Jahren enthalte, in denen es auch um die weitreichende Reduzierung des Offensivpotentials konventioneller Streitkräfte gehen müsse. Die NATO müsse deutlich machen, daß sie von der Vorneverteidigung im jetzigen Sinne abgehen wolle. Ebenso müsse die derzeitige Strategie der *flexible response* revidiert werden.

Bush ist mit diesem Vorschlag innerhalb des Bündnisses in die Offensive gegangen. Er hat damit alle anderen NATO-Partner, uns eingeschlossen, überrascht. In der Bundesregierung liegt noch kein entsprechender Entwurf vor. Der Vorschlag macht aber das Ausmaß deutsch-amerikanischer Übereinstimmung deutlich und Bush erweist sich erneut als außerordentlich hilfreich. Wir sind jetzt sicher, daß der NATO-Gipfel ein Erfolg werden und die richtige Botschaft für Gorbatschow formulieren wird.

Freitag, 22. Juni 1990

Das Presseecho auf die gestrige Bundestagsdebatte ist für den Kanzler sehr positiv. Selbst die *TAZ* schreibt heute, daß Kohl zur historischen Größe geworden sei. Er sei das verkörperte Desaster der Linken.

Verhalten fällt allerdings auch jetzt noch die offizielle Reaktion der polnischen Regierung zur gestrigen Grenzresolution des Deutschen Bundestages aus. Sie nehme die Erklärung mit Genugtuung entgegen und betrachte sie als Schritt nach vorn. Gleichzeitig stellt sie jedoch fest, daß es noch kein völkerrechtlicher Vertrag sei. Polen besteht zwar nicht mehr auf der Paraphierung eines Vertragsentwurfes vor der Vereinigung, drängt aber weiterhin auf Vertragsverhandlungen. Man handelt dort nach dem Grundsatz des Alles oder Nichts. Das gilt vor allem für Mazowiecki: Er besteht auf einem förmlichen Abschluß von Vertragsverhandlungen vor der Vereinigung. Auch die polnische Presse reagiert nicht freundlicher.

Morgens trifft der Kanzler mit dem polnischen Finanzminister und stellvertretenden Ministerpräsidenten Leszek Balcerowicz zusammen. Er weist ihn auf seine gestrige Rede hin, von der er hoffe, daß die Mitglieder der polnischen Regierung sie lesen würden. Es handele sich um eine sehr persönliche Rede. Er sei nicht eben glücklich über das, was seit dem Herbst zwischen den beiden Regierungen vorgehe.

Balcerowicz dankt dem Bundeskanzler für seine große, historische Rede und für die Unterstützung bei der wirtschaftlichen Entwicklung Polens. Der Gesprächsverlauf zeigt, daß der Kanzler schnell Vertrauen zu Balcerowicz faßt. Er ist von der Klarheit und Offenheit seiner Ausführungen beeindruckt. Balcerowicz gehört sicherlich zu den kreativsten Reformern in Osteuropa, verfügt über ein eigenes Konzept und über die Courage, es durchzusetzen.

Anschließend fliegen wir mit dem Hubschrauber nach Bingen-Büdesheim, von wo Kohl und Mitterrand auf einem Schiff den Rhein abwärts nach Assmannshausen fahren. Dort findet im berühmten Hotel Krone das gemeinsame Arbeitsessen statt. Bei Rheingauer Kartoffelrahmsuppe und Kalbsfilet im Morchelmantel, dazu einem Rheingauer Riesling und einem Assmannshäuser Spätburgunder, sprechen Helmut Kohl und François Mitterrand über die Politische Union sowie über die Wirtschafts- und Währungsunion der EG. Sie beschließen, auf dem EG-Gipfel in Dublin eine Entscheidung über die Einrichtung einer Regierungskonferenz zur Politischen Union herbeizuführen und den Termin für die Eröffnung dieser Konferenz sowie der zur Wirtschafts- und Währungsunion festzulegen.

Ausführlich geht es dann um Möglichkeiten, der Sowjetunion und den Reformstaaten Mittel- und Südosteuropas zu helfen. Sie sind sich einig, daß in Dublin und Houston über gemeinsame westliche Hilfe gesprochen und sie möglichst beschlossen werden muß. Bis zum Herbst solle für die Sowjetunion ein Hilfsprogramm erarbeitet werden. In Houston werde es vor allem darum gehen, auf die USA und auf Japan einzuwirken. Mitterrand bestätigt, daß sie beide offensichtlich zur gleichen Zeit die gleichen Überlegungen angestellt hätten, ohne sich vorher abgesprochen zu haben. Als er sein Interview mit *Le Monde* freigegeben habe, sei das Telegramm Kohls eingegangen. Auch er meine, daß die Reformen Gorbatschows jetzt abgesichert werden müßten: sonst werde es zu spät sein.

Dann ist der Stand des deutschen Einigungsprozesses Gesprächsthema: Mitterrand berichtet, daß er in Moskau genauso argumentiert habe wie Kohl. Er stimme dessen Überlegung zu, beim KSZE-Gipfel ein »Gewaltverzichtsabkommen zwischen NATO und Warschauer Pakt vorzuschlagen«. Das könne durch eine entsprechende Erklärung der Länder der NATO und des Warschauer Paktes geschehen.

Bei Tisch erzählt Mitterrand eine Geschichte aus seiner deutschen Kriegsgefangenschaft. Sie hätten damals versucht, über den Lagerzaun hinweg Tauschgeschäfte durchzuführen, Goldstift gegen Zigaretten etwa. Der Zaun sei aber zu breit gewesen, um einen direkten Austausch durchführen zu können. Deshalb sei es stets ein Problem gewesen, wer sein Tauschobjekt zuerst über den Zaun werfen sollte. Man habe es mit einer Art Schiedsrichter versucht, der bis drei zählte, dann sollten beide gleichzeitig werfen, aber auch das sei sehr riskant gewesen. Mitterrand vergleicht diese Erfahrung mit den gegenwärtigen West-Ost-Gesprächen. Auch hier stelle sich die Frage, wer sich zuerst bewege.

Nach dem Essen geht es mit dem Schiff bei herrlichem Sonnenschein nach St. Goarshausen. Auf der Höhe von Kaub schenkt Kohl dem Präsidenten einen alten Merian-Stich von Kaub. Mitterrand ist über diese Geste sehr erfreut und läßt sich sofort sein Geschenk für Kohl reichen – eine moderne Plastik. Ein Austausch von Präsenten findet bei fast allen Treffen zwischen Mitterrand und Kohl statt. Beide haben sichtlich Vergnügen daran, sich gegenseitig zu beschenken und dabei immer wieder neue Ideen zu entwickeln. Ich erinnere mich, daß Mitterrand einmal bei einem Treffen in Paris erzählte, er habe früher immer sehr unbeschwert Galerien und Ausstellungen besucht. Das sei nicht mehr so, seit er sich ständig überlegen müsse, was er Helmut wieder schenken könne.

In Ost-Berlin findet heute das zweite Treffen der Außenminister im Rahmen der Zwei-plus-Vier-Gespräche statt. Zuvor hatten alle sechs Außenminister auf Anregung Bakers dem Abbau des Kontrollgebäudes am früheren Ausländerübergang Checkpoint Charlie beigewohnt. Es wird ein Expertenpapier

»Prinzipien zu Grenzen« und der Gliederungsentwurf der Elemente für eine abschließende Regelung gebilligt.

Die Außenminister der Vier Mächte begrüßen nachdrücklich die Entschließung beider deutscher Parlamente zur polnischen Westgrenze. Roland Dumas fügt allerdings hinzu, daß die beiden deutschen Regierungen jetzt mit Polen in Verhandlungen über einen Vertrag eintreten sollten. Er wiederholt die Forderung auch in der späteren Pressekonferenz. Paris bleibt also auf der Seite Polens.

Eduard Schewardnadse sorgt mit »Grundprinzipien für eine abschließende völkerrechtliche Regelung mit Deutschland« für eine Überraschung. Sein Vorschlag läuft darauf hinaus, daß nach der Vereinigung Deutschlands die Rechte und Verantwortlichkeiten der Vier Mächte für eine Übergangsperiode von mindestens fünf Jahren in Kraft bleiben. In dieser Zeit sollen sämtliche internationalen Verträge der DDR und der Bundesrepublik gültig bleiben und sich auch die Zugehörigkeit der DDR zum Warschauer Pakt und die der Bundesrepublik zur NATO nicht ändern. Auch die Truppenkontingente der Vier Mächte sollen während dieser Übergangsperiode auf deutschem Territorium stationiert bleiben, aber im Verlauf von Verhandlungen allmählich drastisch reduziert werden.

Für die deutschen Streitkräfte schlägt Schewardnadse Reduzierungen innerhalb von drei Jahren auf eine Obergrenze von 200 000 bis 250 000 Mann für alle drei Truppengattungen vor.

DDR-Außenminister Meckel macht sich diese Forderung Schewardnadses sowohl in der Sitzung als auch später in der Pressekonferenz zu eigen, ohne sich vorher mit Genscher abzustimmen. Dagegen erklärt Baker unmißverständlich, daß Deutschland mit dem Tag der Wiedervereinigung voll souverän sein müsse und nicht durch irgendwelche Auflagen singularisiert oder diskriminiert werden dürfe. Genscher fügt hinzu, daß das vereinte Deutschland nicht mit offenen Fragen belastet werden solle.

Am Ende gelingt es, auch Schewardnadse darauf festzulegen, daß das Zwei-plus-Vier-Abschlußdokument bis zum KSZE-Gipfel am 7. November fertiggestellt sein soll. Auf diesen Termin drängt Genscher unterstützt von Baker und Hurd unter Hinweis auf gesamtdeutsche Wahlen Anfang Dezember.

Schewardnadses Vorschlag zeigt, daß sich an der negativen sowjetischen Haltung zur NATO-Mitgliedschaft eines geeinten Deutschland nichts geändert hat. Es ist eher eine Verhärtung eingetreten, die die weiteren Gespräche erschweren könnte. Die Vermutung drängt sich auf, daß diese harte sowjetische Position in Zusammenhang mit dem bevorstehenden Parteitag der KPdSU steht. Wir sind uns jedoch einig, daß sich der Westen auf die Diskussion dieser sowjetischen Vorschläge gar nicht erst einlassen darf. Das positive Klima der Gespräche Genschers mit Schewardnadse in Brest und Münster kommt im sowjetischen Forderungskatalog nicht zum Ausdruck.

Schewardnadse spricht in der Pressekonferenz davon, daß der von ihm vorgelegte Entwurf nicht die »letzte Wahrheit« sei. Sie seien bereit, Kompromißlösungen zu suchen, und hielten sie auch für möglich. Deshalb beabsichtige er nicht, in die Substanz der Meinungsunterschiede einzusteigen. Eine Menge werde davon abhängen, wie die Nordatlantische Allianz auf die Veränderungen antworten werde, die in Europa eingetreten seien. Die NATO-Tagung in London könne einen machtvollen Anstoß geben für die Überwindung der Teilung Deutschlands und des Kontinents. Er verlasse Berlin in guter Stimmung und mit großen Hoffnungen, daß die gemeinsame Arbeit in der Zukunft erfolgreich sein werde.

Diese sehr persönlichen Worte Schewardnadses machen deutlich, daß der von ihm vorgelegte Entwurf von den altbekannten sowjetischen Deutschlandexperten verfaßt worden sein muß, die große Mühe haben, mit den Überlegungen Schewardnadses Schritt zu halten.

Positive Signale
von drei Gipfeln

Montag, 25. Juni 1990

Morgens fliegt der Kanzler von Ramstein nach Dublin, wo der EG-Gipfel der Staats- und Regierungschefs stattfindet. Lothar de Maizière und Markus Meckel nehmen als Gäste an dieser zweitägigen Konferenz teil.

Dienstag, 26. Juni 1990

Beim Frühstück mit Mitterrand am Morgen des zweiten Tages zeigen sich beide über den bisherigen Verlauf des EG-Gipfels zufrieden. Für nicht ausreichend halten sie die Überlegungen zur Unterstützung der Sowjetunion. Schließlich könnten sie aber auch damit leben, weil das nichts an eigenen Absichten ändere.

Anschließend spricht man über Präsident Bushs Entwurf für das NATO-Kommuniqué. Mitterrand erklärt sich mit den meisten Punkten des amerikanischen Vorschlages einverstanden, lehnt es jedoch ab, multinationale Brigaden einzurichten, da damit die militärische Struktur der NATO noch verstärkt werde. In der Frage der nuklearen Kurzstreckensysteme sind sich beide einig, daß diese weiter reduziert, wenn nicht sogar ganz aufgegeben werden müssen, und vereinbaren, daß darüber zwischen dem Bundeskanzleramt und dem Elysée weiter gesprochen werden soll.

Mittags endet der Gipfel. In der anschließenden Pressekonferenz äußert sich der Kanzler sehr zufrieden über die Ergebnisse des Europäischen Rates. Der Termin für die Eröffnung der beiden Regierungskonferenzen zur Politischen Union sowie zur Wirtschafts- und Währungsunion sei festgelegt worden. Er sei sich sicher, daß diese Entscheidung einen bedeutsamen Schritt für die europäische Zukunft darstelle. Die Ergebnisse sollen am 1. Januar 1993 nach Ratifizierung durch die nationalen Parlamente in Kraft treten.

Eine ausführliche Diskussion habe über die Reformentwicklung in Mittel-, Ost- und Südosteuropa und besonders in der Sowjetunion stattgefunden, berichtet Kohl. Eine Kommission werde mit Unterstützung des Internationalen Währungsfonds, der Weltbank, der Europäischen Bank für Aufbau und Entwicklung Konsultationen mit der sowjetischen Regierung aufnehmen und umgehend Vorschläge für eine Finanzhilfe ausarbeiten.

Für Kohl war wichtig, sein Wort einzulösen, im multilateralen Rahmen für eine Unterstützung der Sowjetunion zu werben. Mit Mitterrands Hilfe ist das ein Hauptthema dieses europäischen Gipfels geworden. Das ist sicherlich für das Gesamtklima zwischen der Sowjetunion und uns hilfreich.

Nachmittags ruft mich Bob Blackwill aus dem Weißen Haus an. Er berichtet, daß Schewardnadse gegenüber Baker deutlich gemacht habe, welche Bedeutung – vor allem für Gorbatschow – der Abschlußerklärung des NATO-Sondergipfels im Hinblick auf die deutsche Einigung zukomme. Blackwill bittet mich, unsere Positionen mit Frankreich abzustimmen. Margaret Thatcher habe große Probleme mit dem amerikanischen Entwurf, der ihr zu weit gehe. Deshalb sei es wichtig, daß sich die USA, die Bundesrepublik und Frankreich einig seien.

Mittwoch, 27. Juni 1990

Heute morgen lege ich dem Kanzler den überarbeiteten Entwurf der USA für eine NATO-Gipfelerklärung vor, den er ohne Änderung akzeptiert. Im anschließenden Gespräch mit Genscher verabredet Kohl eine nochmalige Abstimmung mit Auswärtigem Amt und Verteidigungsministerium. Anschließend sollen Kastrup, Naumann und ich gemeinsam nach Washington reisen, um den Text bilateral mit den amerikanischen Kollegen zu besprechen.

Nachmittags kündige ich Bob Blackwill unseren Besuch an. Nur wenige Minuten später ruft mich Brent Scowcroft zurück und bittet mich, auf die Reise zu verzichten: die britischen Empfindlichkeiten wären zu groß, sollte unser Gespräch bekannt werden. Auch Wörner habe ihn angerufen und ihn gebeten, keine Erörterung im kleinen Kreis zu führen. Brent schlägt vor, daß ich ihm unsere Änderungsvorschläge zusende, damit wir sie dann telefonisch abstimmen können.

Donnerstag, 28. Juni 1990

Vormittags führt der Kanzler sein zweites Gespräch mit Vertretern von Wirtschaft und Gewerkschaft über die ökonomische Entwicklung in der DDR. Er erläutert die in der Zwischenzeit geschaffenen neuen Rahmenbedingungen. Der Staatsvertrag zur Währungs-, Wirtschafts- und Sozialunion trete am 1. Juli in Kraft. Gleichzeitig würden die wichtigsten Wirtschafts- und Sozialgesetze der Bundesrepublik von der DDR übernommen. Es könne dort jetzt unter wesentlich günstigeren wirtschaftspolitischen Rahmenbedingungen investiert werden. Er appelliert an die Solidarität mit den Menschen in der DDR, die ein Recht auf bessere Lebensbedingungen in ihrer Heimat hätten, wenn auch die Folgen der Mißwirtschaft von vierzig Jahren nicht über Nacht ausgeräumt werden könnten.

Ausdrücklich weist Kohl darauf hin, daß es nicht ausreiche, den Markt der DDR nur von der Bundesrepublik aus zu bedienen. Eine neue Gründer- und Beteiligungswelle sei erforderlich, um neue Arbeitsplätze zu schaffen – das gelte auch für eine situationsgerechte Tarifpolitik, die sich sowohl an den Arbeitsmarkterfordernissen als auch an den realisierten Produktivitätsfortschritten orientieren müsse. Dafür hätten die Tarifpartner besondere Verantwortung, genau wie für Qualifizierungsmaßnahmen und die Schaffung von Ausbildungsplätzen für Jugendliche.

Ein Schreiben von Präsident Bush gilt den Vorbereitungen für den Weltwirtschaftsgipfel in Houston. Bush befürchtet erhebliches Konfliktpotential bei den Themen Handel und Umwelt. Sein Brief solle dazu beitragen, ernstliche Verstimmungen zu vermeiden und in beiden Punkten wesentliche Erfolge zu erzielen. Er erklärt sich bereit, auf dem Weltwirtschaftsgipfel die Bemühungen zu bündeln, die der Sowjetunion bei der Durchführung eines wirtschaftlichen Reformprogramms helfen sollen.

Abends versammle ich erneut meinen außenpolitischen Expertenkreis im Bundeskanzleramt. Wir sprechen vor allem über die Lage in der Sowjetunion und sind uns einig, daß der bevorstehende KPdSU-Parteitag für Gorbatschow außerordentlich wichtig sein wird. Je erfolgreicher er für ihn verläuft, desto vorteilhafter wird sich das auf die Gespräche Kohls mit Gorbatschow und auf die Entscheidungen im Rahmen der Zwei-plus-Vier-Gespräche auswirken. Einen Sturz Gorbatschows halten wir für unwahrscheinlich. Es gebe dafür nur drei Möglichkeiten: einen Staatsstreich, eine Revolution von unten oder eine Abstimmung mit einer Zweidrittelmehrheit im Obersten Sowjet. Alle drei Möglichkeiten seien gegenwärtig nicht zu erwarten. Wichtig für uns ist, daß die sowjetische Regierung außenpolitisch handlungsfähig bleibt.

Ausführlich sprechen wir über die Zwei-plus-Vier-Verhandlungen und die Frage, was geschehen werde, falls sie nicht rechtzeitig abgeschlossen werden können. Wir stellen fest, daß sich die Sowjetunion damit leicht abfinden könnte, weil in diesem Fall die Viermächterechte auch nach der Einigung fortbestünden und die sowjetische Militärpräsenz damit weiterhin gesichert wäre. Daran könnte die Sowjetunion durchaus ein gewisses Interesse haben.

Freitag, 29. Juni 1990

Mittags sucht mich der japanische Botschafter Keizo Kimura auf und übergibt mir die Antwort von Ministerpräsident Kaifu auf das Schreiben des Kanzlers zum Weltwirtschaftsgipfel. Wenn Japan effektiv zu diesem für Deutschland wichtigen Prozeß beitragen könne, wolle es keine Mühe scheuen, schreibt Kaifu. Er teile die Auffassung Kohls, daß ein Erfolg der Perestroika von großer Bedeutung nicht nur für die Sowjetunion, sondern auch für Europa, Asien und für die ganze Welt sei.

Bezüglich kurz- und langfristiger Kredite gibt er zu bedenken, das die Sowjetunion noch keine politische Entscheidung getroffen habe, die die Errichtung eines neuen Wirtschaftssystems, das auf Marktprinzipien gründe, unumkehrbar mache. Mit großem Interesse habe er zur Kenntnis genommen, daß der Kanzler den Zusammenhang zwischen finanzieller Unterstützung und der sowjetischen Haltung zur deutschen Einheit hergestellt habe. Er habe dagegen keine Einwände, wolle aber darauf hinweisen, daß vergleichbare positive Entwicklungen in Asien und in der pazifischen Region noch nicht eingetreten seien. Das betreffe vor allem die sowjetischen Beziehungen zu Japan. Die Frage der nördlichen Territorien sei weiterhin ungelöst.

Nachmittags ruft Brent Scowcroft an. Er hat unsere Änderungsvorschläge für die NATO-Gipfelerklärung erhalten. Sie seien für ihn sehr ermutigend, weil wir in nahezu allen Punkten übereinstimmten. Es gebe keine grundlegenden Differenzen. Der Präsident wolle den Entwurf auf dem NATO-Sondergipfel selbst präsentieren, berichtet Scowcroft, und danach sollten die Außenminister über ihn beraten.

Samstag, 30. Juni 1990

Heute schickt Brent Scowcroft ein Telegramm mit ausführlichen Anmerkungen zu unseren Änderungsvorschlägen. Er stellt unser gemeinsames Interesse heraus, daß auf dem NATO-Sondergipfel ein bedeutendes politisches Dokument mit neuen Ideen für die Umwandlung des Bündnisses verabschiedet werden müsse. Als schwierigste Aufgabe für London bezeichnet er es, die anderen davon zu überzeugen, daß es nicht einfach um ein weiteres NATO-Kommuniqué gehe, das wie alle vorherigen nur »verbessert« werden müsse.

Er stimmt zu, daß die NATO eine Nichtangriffserklärung abgeben solle, ist jedoch gegen ein gemeinsames Dokument zwischen beiden Bündnissen; vielmehr sollten die einzelnen Mitgliedsländer wechselseitige Erklärungen über Gewaltverzicht austauschen.

Besorgt äußert sich Brent über unseren Vorschlag zur Begrenzung der Bundeswehr. Er glaube, daß es verfrüht sei, der Sowjetunion jetzt schon ein solches Zugeständnis zu machen. Gorbatschow könnte es kassieren und dennoch weiterhin ablehnen, daß ein vereintes Deutschland Vollmitglied der NATO bleibe und daß die Viermächterechte zeitgleich mit der Verwirklichung der deutschen Einheit endeten. Außerdem müsse eine Singularisierung der Bundeswehr verhindert werden. Verhandlungen über nationale Obergrenzen für das Militärpersonal aller VKSE-Teilnehmer in Wien könnten dagegen den Abschluß eines Vertrages auf unabsehbare Zeit verzögern. Gorbatschow könnte das nutzen, um das Ende des Zwei-plus-Vier-Prozesses ebenfalls hinauszuschieben.

Sonntag, 1. Juli 1990

Am heutigen Tag ist der Staatsvertrag über die Währungs-, Wirtschafts- und Sozialunion zwischen der Bundesrepublik Deutschland und der DDR in Kraft getreten. Außerdem gibt es an der innerdeutschen Grenze seit heute keinerlei Kontrollen mehr. Der Bundeskanzler nennt das in einer Fernsehansprache einen entscheidenden Schritt auf dem Weg zur Einheit und einen großen Tag in der Geschichte der deutschen Nation.

Ausdrücklich weist Kohl darauf hin, daß es noch harte Arbeit erfordern werde, bis Einheit und Freiheit, Wohlstand und sozialer Ausgleich für alle Deutschen verwirklicht sein werden. Viele Menschen in der DDR müßten sich auf neue und ungewohnte Lebensbedingungen einstellen. In gemeinsamer Anstrengung werde es aber gelingen, die Lebensbedingungen rasch und durchgreifend zu verbessern und die neuen Bundesländer bald wieder in blühende Landschaften zu verwandeln, in denen es sich zu leben und zu arbeiten lohne. Wenn alle mit anpackten, werde es gemeinsam zu schaffen sein.

Kohl betont auch, daß Opfer in der Bundesrepublik notwendig seien. Ein Volk, das dazu nicht bereit wäre, hätte seine moralische Kraft längst verloren. Er ruft die Deutschen in der Bundesrepublik auf, den Landsleuten in der DDR weiterhin zur Seite zu stehen. Das sei ein selbstverständliches Gebot nationaler Solidarität.

Montag, 2. Juli 1990

Morgens berichtet der Kanzler über die Konferenz der Europäischen Christdemokraten am Wochenende in Budapest. Dort habe er gegenüber Mazowiecki seine Verwunderung zum Ausdruck gebracht, daß in Polen der einzige Mann angegriffen werde, der ihnen wirklich helfen könne und wolle. Er habe angeregt, über die Verträge hinaus ein Konzept regionaler Zusammenarbeit über die deutsch-polnische Grenze hinweg zu erarbeiten.

Nachmittags sprechen Kohl, Stoltenberg, Seiters und ich über Fragen der zukünftigen Sicherheits- und Verteidigungspolitik. Stoltenberg ist voller Sorge über öffentliche Erklärungen der FDP, insbesondere Möllemanns, zur Kürzung des Verteidigungshaushalts und zur Verkürzung der Wehrpflicht.

Stoltenberg hat zu den noch offenen Fragen der Zwei-plus-Vier-Gespräche ein Papier mit verschiedenen Lösungsmöglichkeiten vorgelegt. Die Begrenzung der Zahl aktiver Soldaten in den Land- und Luftstreitkräften des vereinten Deutschland will er abhängig machen von dem in den Zwei-plus-Vier-Gesprächen festzulegenden Abzug der Sowjettruppen aus Deutschland und von der Bereitschaft, gleichzeitig die Streitkräfte im westlichen Teil der UdSSR so zu begrenzen, daß daraus weder für die unmittelbaren Nachbarn in Zentraleuropa noch für die Flankenstaaten der NATO ein unannehmbares Risiko entstehe. Schließlich müßten auch die anderen VKSE-Teilnehmerstaaten bereit sein, für ihre Land- und Luftstreitkräfte in Europa niedrigere Obergrenzen verbindlich zu vereinbaren. Unter diesen Voraussetzungen schlägt Stoltenberg vor, die Zahl aktiver Soldaten der Bundeswehr auf 370 000 Mann plus 25 000 Mann Marinestreitkräfte zu begrenzen. Damit ist Stoltenberg erstmals unter die Grenze von 400 000 gegangen; eine Singularisierung der Bundesrepublik würde durch die Verpflichtungserklärung der anderen verhindert. Der Bundeskanzler stimmt diesen Vorschlägen zu, ohne sich auf Zahlen festzulegen.

Dienstag, 3. Juli 1990

Die Wahltermine stehen fest. Gestern hat sich der Koalitionsausschuß der DDR-Regierungsparteien vorbehaltlich der Zustimmung durch die Volkskammer auf den 14. Oktober für Landtagswahlen und den 2. Dezember für gesamtdeutsche Wahlen geeinigt. Damit liegen weitere wichtige Daten des Einigungsprozesses fest.

Mit dem Kanzler sprechen wir in der Morgenlage über die gestrige Eröffnung des 28. Parteitages der KPdSU. Gorbatschow hat seine Reformpolitik gegen Angriffe konservativer Kommunisten verteidigt. Die Sowjetunion stehe vor der Wahl, den Weg der tiefgreifenden Umgestaltung weiterzugehen oder den Gegnern der Perestroika das Feld zu überlassen. Er warnte vor denjenigen, die stur an der Vergangenheit festhielten und die Erneuerung der Gesellschaft bremsten. Ermutigend ist sein Bekenntnis zur Marktwirtschaft und zur Integration in die Weltwirtschaft. Den deutschen Einigungsprozeß erwähnt Gorbatschow in seinem dreistündigen Rechenschaftsbericht mit keinem Wort. Für uns wird wichtig sein, wie Gorbatschow diesen Parteitag übersteht.

Anschließend hat der Kanzler erneut Genscher, Stoltenberg und Seiters zu einem Ministergespräch über die Frage der zukünftigen Obergrenze der Bundeswehr im geeinten Deutschland gebeten, an dem auch Kastrup, Naumann und ich teilnehmen.

Die Presse berichtet bereits ausführlich über das Ministergespräch, obwohl es vertraulich durchgeführt werden sollte; die Artikel enthalten zahlreiche Hinweise auf Meinungsverschiedenheiten zwischen Genscher und Stoltenberg. Letzterer befürchtet, daß das nur der Sowjetunion nütze, die in der Frage der Obergrenze ihren Druck auf die Bundesregierung erhöhen könnte. Der Kanzler bezeichnet die Indiskretionen in der Presse als völlig indiskutabel. Er habe es satt, öffentlich unter Druck gesetzt zu werden. Er sei nicht bereit, eine Reduzierung der Bundeswehr zu akzeptieren, die faktisch die Wehrpflicht außer Kraft setze.

Das Gespräch gewinnt zeitweise an Schärfe. Hinsichtlich der zukünftigen Obergrenze spricht Kohl von einer Zahl unter 400 000 Soldaten, Genscher hält jede Zahl über 350 000 für zu hoch. Damit kämen wir nicht durch. Alles, was darüber liege, werde nicht laufen.

Der Kanzler argumentiert, ein Angebot von 350 000 werde dazu führen, daß das Ergebnis bei 280 000 liegen würde. Er würde deshalb mit der Zahl von 400 000 in die Verhandlungen gehen. Genscher besteht auf 350 000; diese Zahl sei angemessen und erreichbar. Die Obergrenze solle nicht in den Zwei-plus-Vier-Verhandlungen, sondern in Form einer allgemeinen Aussage im NATO-Kommuniqué angesprochen werden. Außerdem müßten bilaterale Gespräche mit den USA darüber geführt werden.

Das Gespräch endet nach eineinhalb Stunden ohne Einigung über die Obergrenze. Kastrup, Naumann und ich werden beauftragt, ein Ergebnispapier zu formulieren. Es enthält die Absichtserklärung, in den VKSE-Folgeverhandlungen nationale Höchststärken für das Militärpotential der Land- und Luftstreitkräfte aller 23 Teilnehmerstaaten im gesamten Vertragsgebiet zu vereinbaren. Bis zum Inkrafttreten einer solchen Vereinbarung sollen sich alle Vertragsstaaten verpflichten, das Militärpotential ihrer Land- und Luftstreitkräfte nicht zu erhöhen. Bezüglich der Verpflichtungen der beiden deutschen Staaten über die zukünftige Obergrenze der aktiven Soldaten in einem vereinten Deutschland formulieren wir, daß die Land- und Luftstreitkräfte des vereinten Deutschland nicht mehr als X aktive Soldaten umfassen sollen. Diese Verpflichtung werde mit Abschluß eines VKSE-Vertrages völkerrechtlich verbindlich. Dann werde das vereinte Deutschland mit der Reduzierung beginnen. Sie solle so vollzogen werden, daß sie mit dem vollständigen Abzug der sowjetischen Truppen vom Territorium der heutigen DDR abgeschlossen sei.

Im Kabinett steht der Haushalt 1991 auf der Tagesordnung. Beim Verteidigungsetat erhebt Bildungsminister Möllemann für die FDP Einwände. Er verweist auf den Satz des Kanzlers: Frieden schaffen mit immer weniger Waffen und fordert eine weitere Kürzung des Verteidigungshaushalts sowie mittelfristig die Verringerung der Wehrpflicht auf neun Monate und fügt hinzu, er habe konkrete Kürzungsvorschläge vorbereitet. Genscher unterstützt Möllemann. Kohl lehnt es ab, den Verteidigungshaushalt in beliebiger Weise als Steinbruch zu nutzen.

Nach der Kabinettssitzung kommt Genscher auf mich zu. Er habe verstanden, daß Kohl in der Frage der Obergrenze für die Bundeswehr Verhandlungsspielraum behalten wolle. Dennoch sei er überzeugt, daß international nur 350 000 Mann als Höchststärke durchgesetzt werden könnten. Im übrigen mache es keinen Sinn, mit höheren Zahlen zu beginnen, weil keine Verhandlungen darüber stattfinden würden. Ich nehme diese Hinweise zur Kenntnis. Der Kanzler will über diese Frage mit Gorbatschow selbst sprechen.

Nachmittags treffe ich mit dem sowjetischen Botschafter Terechow zusammen. Wir bereiten die Gespräche der Kanzlers mit Gorbatschow vor und sind uns einig, daß es dabei um drei Schwerpunkte gehen müsse: Erstens sollen inhaltliche Elemente für den umfassenden deutsch-sowjetischen Vertrag vorbereitet und gemeinsam diskutiert werden. Den zweiten Schwerpunkt stellt die wirtschaftliche und finanzielle Kooperation dar, die Kohl vorher auf dem EG-Gipfel und beim Weltwirtschaftsgipfel in Houston mit seinen Kollegen erörtert haben wird. Schließlich soll eine Zwischenbilanz des Stands der Verhandlungen über die äußeren Aspekte der deutschen Einigung gezogen werden. Gemeinsam müsse man prüfen, was auf den beiden Waagschalen liege und wie eine Balance zu erreichen sei. Wir stimmen überein, daß es am Ende der Gespräche wichtig sein werde, daß beide Seiten Fortschritte feststellen können.

Unmittelbar nach diesem Gespräch unterrichte ich den Bundeskanzler, der mit den inhaltlichen Schwerpunkten, wie ich sie mit Terechow besprochen habe, einverstanden ist. Wir diskutieren noch einmal die Frage der zukünftigen Obergrenze der Bundeswehr. Er hält eine Größenordnung von 370 000 Mann für erreichbar. Er werde sich aber nicht gegen eine Zahl von 350 000 Mann wehren, wenn alle anderen Fragen gelöst werden könnten. Damit hält er sich seinen Bewegungsspielraum offen.

Während der polnische Ministerpräsident Mazowiecki heute in einem Brief den Kanzler um Unterstützung für die polnischen Bemühungen, die Auslandsschulden zu reduzieren, bittet, erhebt Außenminister Skubizewski in einer Note zur Entschließung des Deutschen Bundestages vom 21. Juni zur Oder-Neiße-Grenze erneut die Forderung, daß in Anbetracht des sehr schnellen Tempos der sich vollziehenden Vereinigung Deutschlands die Gespräche über den Text des polnisch-deutschen Vertrages nicht bis zum Zeitpunkt der Entstehung eines einheitlichen gesamtdeutschen Souveräns vertagt werden dürften. Polen bleibt bei seiner Position, über den Grenzvertrag noch vor der Einigung Deutschlands zu verhandeln, was Kohl bisher entschieden abgelehnt hat.

Mittwoch, 4. Juli 1990

In Berlin geht die sechste Runde der Zwei-plus-Vier-Gespräche auf Beamtenebene unter Beteiligung Polens zu Ende. Das Treffen befaßt sich schwerpunktmäßig mit zwei Themen: der Erstellung einer Inventurliste für eine abschließende Regelung und den Prinzipien der Grenzregelung. Die Inventurliste enthält zwanzig Punkte und bezieht sich im wesentlichen auf Sicherheitsfragen und auf den zukünftigen militärischen Status des geeinten Deutschland.

Auf dem Parteitag der KPdSU in Moskau spricht Eduard Schewardnadse: Er weist die Kritik zurück, er habe im Bereich der Sicherheit Zugeständnisse gemacht. Allein in den beiden letzten Jahrzehnten habe die ideologische Konfrontation mit dem Westen der Sowjetunion Mehrkosten in Höhe von 700 Milliarden Rubel im militärischen Bereich verursacht. Ein Viertel des Haushalts sei für militärische Aufwendungen ausgegeben worden und deswegen sei das Land in Armut geraten.

Zur Lage in Osteuropa erklärt Schewardnadse, es sei unmöglich, sich in die inneren Angelegenheiten dieser Staaten einzumischen, selbst wenn die dortigen Entwicklungen nicht den sowjetischen Interessen entsprächen.

Die Spaltung Deutschlands bezeichnet Schewardnadse als »künstlich und widernatürlich«. Nachdrücklich äußert er seine Zuversicht, daß die Sowjetunion umfassend und zum gegenseitigen Vorteil mit einem vereinten Deutschland in Politik und Wirtschaft sowie in anderen Bereichen zusammenarbeiten werde. Insgesamt wirkt Schewardnadse jedoch defensiv und nervös.

In einer Pause des Parteitages gibt Valentin Falin der *Deutschen Presse Agentur* (dpa) ein Interview. Er spricht von großen Hoffnungen, die die sowjetische Führung in die Gespräche mit Bundeskanzler Kohl am 15./16. Juli in Moskau setze. Die sowjetische Seite sei zu konstruktiven Gesprächen bereit, die Voraussetzungen seien gut. Es gebe einen persönlichen Kontakt zwischen Helmut Kohl und Michail Gorbatschow, der eine sachliche, konstruktive und gründliche Erörterung aller Themen ermögliche.

Falin bekräftigt jedoch die bekannte Position, daß der NATO-Beitritt eines geeinten Deutschland für Moskau nicht in Frage komme. Er würde zu einer sehr starken qualitativen Veränderung des Kräfteverhältnisses führen. Falin ist seit langem derjenige in Moskau, der am kompromißlosesten die gegen Deutschland gerichteten Positionen vertritt.

Donnerstag, 5. Juli 1990

Beginn des NATO-Sondergipfels in London. Nach dem üblichen Fototermin für die 16 Staats- und Regierungschefs eröffnen NATO-Generalsekretär Manfred Wörner und Margaret Thatcher im Lancasterhouse in London die gemeinsame Sitzung. Die britische Premierministerin spricht in ihren Willkommensworten von einem Wendepunkt der europäischen Geschichte, vergleichbar mit dem Jahr 1949. Die NATO habe in all diesen Jahren Frieden in Freiheit und Sicherheit garantiert. Jetzt sei die Chance gekommen, die europäische Architektur zu ändern.

Frankreichs Präsident François Mitterrand eröffnet den Reigen der Beiträge aller 16 Mitgliedstaaten. Auch er stellt fest, daß der Gipfel zu einem entscheidenen Zeitpunkt stattfinde. Die NATO müsse sich jetzt an die politische Lage anpassen. Er beschwört den Zusammenhalt im Bündnis, die amerikanische Präsenz in Europa und bekräftigt, daß das geeinte Deutschland Mitglied der NATO sein müsse. Gleichzeitig müsse die NATO die Nachbarn von ihrem defensiven Charakter ebenso wie von ihrem Willen zur Abschreckung überzeugen. Ziel der Nuklearstrategie müsse deshalb sein, den Ausbruch eines Krieges zu verhindern, nicht einen Krieg zu gewinnen.

Mitterrand bestätigt, daß der Entwurf Präsident Bushs für die NATO-Erklärung weitgehend in diese Richtung gehe. Er sei mit dem Geist dieser Erklärung einverstanden. Die Zeit sei gekommen, in Europa neue Beziehungen zu entwickeln. Dabei komme der NATO seit langem ein doppelter Auftrag zu: Die Sicherheit zu garantieren und die Zusammenarbeit zu fördern.

Mitterrand spricht sich dafür aus, daß die Wiener Verhandlungen nicht mehr zwischen den Mitgliedsstaaten beider Paktsysteme, sondern zwischen allen 35 KSZE-Staaten fortgesetzt werden sollten. Ebenso unterstützt er eine feierliche Erklärung aller 35 KSZE-Staaten über Gewaltverzicht und Nichtangriff.

Frankreich sei bereit, an allen Überlegungen teilzunehmen, die das Bündnis an die veränderte Lage anpassen. Dabei sollten die Europäer innerhalb des Bündnisses im Rahmen der Europäischen Gemeinschaft eine stärkere Rolle spielen. Mitterrand schließt mit den Worten, daß sie jetzt gemeinsam dabei seien, einen hohen Berg zu erklimmen und dabei nicht abstürzen dürften.

Nach Mitterrand spricht Bush. Es sei ein Punkt erreicht, an dem man sich die Frage stellen könnte, ob die NATO überhaupt noch notwendig sei. Es könne jedoch keinen Zweifel daran geben, daß man weiterhin ein kollektives Sicherheitssystem wie die NATO brauche, die sich den Herausforderungen des 21. Jahrhunderts stellen müsse. Bush sieht vier Aufgaben für das Bündnis: Die NATO müsse den ehemaligen Gegnern die Hand zur Zusammenarbeit reichen. Er spricht sich dafür aus, Gorbatschow einzuladen und Verbindungsbüros der Warschauer-Pakt-Staaten bei der NATO einzurichten. Zweitens müsse die Struktur der konventionellen Streitkräfte verändert werden. Drittens dürften die nuklearen Systeme nur als letztes Mittel eingesetzt werden. Viertens solle im Rahmen der KSZE ein neues Europa geschaffen werden.

Die USA wollten eine europäische Macht bleiben, sowohl politisch und militärisch als auch wirtschaftlich. Die Grundlage dafür sei die Atlantische Allianz. Sie seien bereit, so lange in Europa zu bleiben und ihr Schicksal mit den Europäern zu verknüpfen, wie die Bündnispartner das wünschten.

Die militärische Anpassung der NATO müsse sich daran orientieren, daß sich der Warschauer Pakt auflöse, die sowjetischen Truppen abzögen, ein VKSE-Vertrag abgeschlossen und Folgeverhandlungen sofort nach Unterzeichnung von VKSE I aufgenommen würden. Keine Nation in Europa dürfe ein militärisches Übergewicht und eine Offensivfähigkeit erreichen. Je geringer die Bedrohung sei, desto weniger militärische Kräfte seien erforderlich. Von der Strategie der Vorneverteidigung solle allmählich abgegangen werden. Eine neue Strategie sei auch für die Nuklearsysteme zu entwickeln. Sie sollten militärisch das letzte Mittel (*last resort*) sein. Eine Entnuklearisierung lehne er jedoch ab; ebenso könne nicht auf den Ersteinsatz verzichtet werden.

Bush kündigt an, daß er bereit sei, die nukleare Artillerie abzuziehen, wenn alle sowjetischen Truppen Deutschland verlassen hätten. Ausführlich spricht er über Möglichkeiten im Rahmen der KSZE.

Abschließend unterstreicht Bush, daß das heutige Treffen die Zukunft Deutschlands beeinflussen werde. Die Vollendung der Einigung Deutschlands sei von den USA mehr als von anderen begrüßt worden. Er kündigt an, daß die USA in Deutschland präsent bleiben wollen und die NATO-Verpflichtungen auf das geeinte Deutschland ausgedehnt werden sollen. Der Sowjetunion müsse deutlich gemacht werden, daß die Integration Deutschlands in die NATO auch in ihrem Interesse sei. Die zukünftige Größenordnung der deutschen Streitkräfte sei nicht Sache der USA.

Eindringlich macht Bush deutlich, daß das heutige Zusammentreffen für die Sowjetunion von besonderer Bedeutung sei, was Schewardnadse gegenüber Baker insgesamt viermal zum Ausdruck gebracht habe. Aus diesem Grunde sei eine politische Abschlußerklärung erforderlich, die den Wandel der NATO deutlich mache.

Margaret Thatcher spricht von einer großen Übereinstimmung mit Wörner und Bush. Alle würden die Bedeutung dieses NATO-Gipfels erkennen, von dem Signale ausgehen müßten. Thatcher analysiert die Veränderungen in Europa und die Entwicklung in der Sowjetunion. Sie wolle nicht als kalte Kriegerin gelten, bleibe aber sehr vorsichtig. In einer unsicheren Welt müsse die Freiheit noch immer verteidigt werden, und dazu bleibe die nukleare Abschreckung weiterhin notwendig.

Auch sie spricht sich dafür aus, daß ein geeintes Deutschland Mitglied der NATO bleiben müsse: Deutschland sei der Nabel der NATO. Ebenso müsse die amerikanische Präsenz sowohl konventionell als auch nuklear in Deutschland fortbestehen. Das gelte auch für die alliierten Truppen in Deutschland. Man sollte nicht darüber sprechen, was abgerüstet werden, sondern darüber, was bleiben solle. So könne die NATO auf den Ersteinsatz nicht verzichten, weil das die Gefahr eines

Krieges erhöhe. Das gelte auch für die Reduzierung von Nuklearsystemen. Wenn man von ihnen als letztem Mittel spreche, sei das zweideutig und verwirrend. Die substrategischen Nuklearsysteme erfüllten eine wichtige Aufgabe, wie es im Gesamtkonzept zum Ausdruck komme. Die NATO solle sich auf Reduzierungen der Truppenstärken konzentrieren. Das müsse jedoch koordiniert vor sich gehen. Nachdrücklich spricht sie sich dafür aus, daß die NATO an der Spitze der technologischen Entwicklung bleibe, weshalb auf SDI nicht verzichtet werden könne.

Abschließend stellt sie fest, die NATO müsse mit der Zeit gehen und ihre Kontakte mit dem Osten ausbauen sowie eine gemeinsame Erklärung vorbereiten, die jedoch nicht als Nichtangriffspakt bezeichnet werden solle.

Als vierter Redner spricht der Bundeskanzler. Zuerst bedankt er sich bei den drei Westmächten für die besondere Verantwortung, die sie für Berlin und für Deutschland als Ganzes getragen hätten. Er bekräftigt die Bereitschaft Deutschlands, in der NATO zu verbleiben. Dieses Bündnis sei Ausdruck des Sicherheitsverbundes zwischen Nordamerika und Europa, der auch in Zukunft für Deutschland existentiell wichtig sei.

Ausdrücklich unterstützt Kohl den Vorschlag einer gemeinsamen Erklärung mit den Staaten des Warschauer Paktes zu einem gesamteuropäischen Gewaltverzicht. Das sei wichtig, um die Sowjetunion und die anderen östlichen Nachbarn Deutschlands zu beruhigen.

Er begründet die notwendigen Anpassungen der NATO an die veränderte Lage in Europa und kündigt an, daß die Bundesregierung im Rahmen der Wiener Verhandlungen bereit sei, über die Stärke der Streitkräfte eines geeinten Deutschland zu verhandeln. Zahlen zur zukünftigen Obergrenze nennt er nicht.

Nachdem alle 16 Staats- und Regierungschefs gesprochen haben, stellt Manfred Wörner einen überzeugenden Konsens fest.

Nachmittags sitzen parallel zu den Gesprächen der Staats- und Regierungschefs die Außenminister zusammen, um die gemeinsame Gipfelerklärung Wort für Wort zu diskutieren. Im Auftrag des Kanzlers nehme ich an dieser Sitzung teil. Genscher bezieht mich fast demonstrativ in alle Überlegungen ein.

Vor allem der französische Außenminister Roland Dumas versucht, einige Aussagen des amerikanischen Textes zu verwässern. Baker warnt davor eindringlich mit der Begründung, daß die Erklärung das Ziel verfolge, das veränderte Verhältnis der Bündnisse zueinander deutlich zu machen, um damit die Mitgliedschaft Deutschlands in der NATO sicherzustellen. Genscher und der britische Außenminister Hurd unterstützen Baker gegen Dumas.

Besonders intensive Diskussionen gibt es über die Begrenzung der konventionellen Streitkräfte in Europa im Rahmen der Wiener VKSE-Verhandlungen. Genscher bezeichnet diese Aussagen als entscheidenden Punkt der NATO-Erklärung. Zwischendurch ziehen wir uns mit den amerikanischen und britischen Kollegen in ein Nebenzimmer zurück, um Formulierungen abzustimmen, Genscher, Baker und Hurd kommen zeitweise hinzu. Nach fast einstündiger Diskussion einigen wir uns auf einen gemeinsamen Text.

Freitag, 6. Juli 1990

Der zweite Tag des NATO-Sondergipfels beginnt mit einem gemeinsamen Frühstück des Kanzlers mit Mitterrand in der Residenz des französischen Botschafters. Sie sprechen zunächst über den bevorstehenden Weltwirtschaftsgipfel in Houston und sind sich einig, daß man über die Unterstützung der Staaten Mittel- und Osteuropas nicht nur reden dürfe, sondern daß dieses gemeinsame Anliegen mit konkreten Vereinbarungen und Finanzierungsvorstellungen verbunden werden müsse.

Anschließend wird der NATO-Gipfel fortgesetzt und die von den Außenministern vorbereitete »Londoner Erklärung« abschließend von den Staats- und Regierungschefs diskutiert. Mitterrand erklärt, daß der Geist der Erklärung sehr geglückt sei. Die NATO öffne sich ihren früheren Gegnern, sie sei politischer, menschlicher, psychologischer und weniger militärisch geworden. Er begrüße deshalb die allgemeine Ausrichtung dieser Gipfelerklärung.

Obwohl er den Geist billige, müsse er dennoch grundsätzliche Bedenken erheben, weil Frankreich nicht Mitglied der militärischen Integration sei. Trotzdem sei Frankreich anders als in früheren Zeiten zur Zusammenarbeit bereit, um seine Solidarität mit den anderen Partnern zum Ausdruck zu bringen. Aus den Beschlüssen ergäben sich Folgen für die Strategie und ihre Anwendung, zu denen er aus französischer Sicht eine Anmerkung machen müsse. Frankreich wolle im Zusammenhang mit einem Nukleareinsatz keinen Entscheidungen ausgesetzt sein, die von anderen getroffen würden. Nuklearsysteme seien nicht das letzte Mittel in einem konventionellen Krieg, sondern dienten ausschließlich der Kriegsverhütung. Ein Gegner solle von Anfang an mit dem Nukleareinsatz rechnen müssen. Deshalb werde sich Frankreich zu diesen Teilen der NATO-Erklärung enthalten. Mitterrand lobt jedoch ausdrücklich die Initiative derer, die jetzt politische Angebote an den Osten machen wollen.

Das Gipfeltreffen endet mit einem Schlußwort Generalsekretär Wörners, der noch einmal den konstruktiven Geist des Treffens unterstreicht. Bei den zweitägigen Gipfelberatungen wurde erneut die breite Übereinstimmung zwischen Bundesregierung und US-Administration deutlich. Aber auch alle anderen Bündnispartner waren bereit, der europäischen Einbettung der deutschen Einigung Rechnung zu tragen und Antworten auf die sowjetischen Sicherheitsinteressen zu geben. So enthält die »Londoner Erklärung - die Nordatlantische Allianz im Wandel« wichtige Botschaften an die Sowjetunion und an die anderen Mitgliedsstaaten des Warschauer Paktes.

Helmut Kohl spricht deshalb in seiner abschließenden Pressekonferenz von einem Markstein in der Geschichte des Bündnisses. Mit der Londoner Erklärung im Rücken reisten Genscher, Waigel und er gestärkt nach Moskau, wenn auch niemand erwarten könne, daß damit dort innerhalb von ein, zwei Tagen automatisch ein Durchbruch erzielt werden könne. Der Kanzler hebt zu Recht hervor, für die Führungsrolle hervor, die der amerikanische Präsident auf diesem Gipfel gespielt habe. Sie hätten nicht nur auf der Grundlage des amerikanischen Entwurfes diskutiert, sondern seien ihm auch in allen wichtigen Punkten gefolgt.

Das Ergebnis der NATO-Gipfelkonferenz kann nicht hoch genug eingeschätzt werden. Wichtige Anregungen des Kanzlers sind eingeflossen, so die Aufforderung an alle KSZE-Mitgliedstaaten, sich den Verpflichtungen der NATO-Länder zum

Nichtangriff anzuschließen. Aufgenommen wurde die Bereitschaft der Bundesrepublik, mit der Unterzeichnung des VKSE-Vertrages eine verbindliche Aussage über den Personalumfang der Streitkräfte eines geeinten Deutschland zu treffen. Der ausführliche Katalog über die Ausgestaltung und Institutionalisierung des KSZE-Prozesses bezieht sich in zahlreichen Punkten auf Vorschläge sowohl des Kanzlers als auch Genschers. Beide sind auch ausgesprochen zufrieden über diesen NATO-Gipfel. Die während des Gipfels eingetroffene Einladung Moskaus an Generalsekretär Wörner ist ein wichtiger Hinweis darauf, daß die sowjetische Führung die Ergebnisse richtig bewertet.

In Moskau wird der KPdSU-Parteitag fortgesetzt. In der Sitzung der Parteitagssektion für internationale Politik befürwortet Vizeaußenminister Julij Kwizinskij die deutsche Einheit. Es habe keine reale Alternative dazu gegeben. Der Einigungsprozeß der Deutschen sei unumkehrbar, genauso wie der sowjetische Truppenabzug aus Osteuropa.

In Moskau wird heute das Schreiben Gorbatschows an den amerikanischen Präsidenten vom 4. Juli veröffentlicht, das sich an den Vorsitzenden des 16. Weltwirtschaftsgipfels in Houston richtet: Die Teilung Europas gehöre zunehmend der Vergangenheit an, der Gegensatz zwischen den Blöcken und den Supermächten weiche allmählich partnerschaftlichen und von Zusammenarbeit gekennzeichneten Beziehungen. Jetzt sei der Zeitpunkt gekommen, die Überwindung der wirtschaftlichen Teilung der Welt auf die Tagesordnung zu setzen.

Gorbatschow weist darauf hin, daß die UdSSR ein äußerst kritisches Stadium der Perestroika durchlaufe: das Aufbrechen veralteter wirtschaftlicher Strukturen und der Übergang zur Marktwirtschaft. Deshalb suche die sowjetische Führung gegenwärtig nach Möglichkeiten, die inneren Umwandlungen durch finanzielle und wirtschaftliche Unterstützung von außen zu ergänzen.

Gorbatschow bietet Gespräche zur Ausarbeitung langfristiger Vereinbarungen über eine umfangreiche Zusammenarbeit im Kredit- und Investitionsbereich an. Er sei der Auffassung, daß ein fortgesetzter wirtschaftlicher Dialog zwischen der UdSSR und den Sieben dazu beitragen könne.

In Ost-Berlin treffen sich heute die Vertreter beider deutscher Staaten zu ihrer ersten Verhandlungsrunde über einen Vertrag zur Herstellung der Einheit Deutschlands (Einigungsvertrag).

Montag, 9. Juli 1990

Um fünf Uhr morgens landen wir in Houston. Vom Endspiel der Fußballweltmeisterschaft in Rom zurückkehrend waren wir in Bonn in die wartende Maschine umgestiegen, die uns zum Weltwirtschaftsgipfel bringen sollte.

Vormittags geht es zur Residenz von Präsident Bush. Inzwischen ist die Temperatur im Schatten auf vierzig Grad Celsius angestiegen, und es herrscht sehr hohe Luftfeuchtigkeit. Das Hemd klebt am Körper, die Krawatte wird zum Folterinstrument. Bush gratuliert dem Kanzler zum Sieg der deutschen Elf bei der Fußballweltmeisterschaft. Kohl überreicht Bush eine Cassette mit einem Interview, das er nach dem NATO-Gipfel in London gegeben habe; es enthalte eine »Liebeserklärung an den Präsidenten«.

Bush fragt den Kanzler, ob er mit der Reaktion der Sowjetunion auf den NATO-Sondergipfel zufrieden sei. Sie sei sehr freundlich ausgefallen, erwidert Kohl, und stimme ihn optimistisch. In der sowjetischen Presse sind heute ausführliche Korrespondentenberichte über den NATO-Sondergipfel in London erschienen, die der sowjetischen Bevölkerung die Ergebnisse als historischen Durchbruch erklären sollen. Der Gipfel wird als »Wasserscheide« zwischen zwei historischen Epochen bewertet. Damit wird in der sowjetischen Öffentlichkeit der Boden dafür bereitet, die NATO-Mitgliedschaft eines geeinten Deutschland akzeptieren zu können. Die Sowjetunion sei noch nie seit ihrem Bestehen so sicher gewesen wie heute, heißt es in der *Iswestija*. Bush stellt fest, er könne keine Hilfe an die Sowjetunion leisten, solange diese Kuba finanziell unterstütze, sei aber damit einverstanden, daß der Kanzler der Sowjetunion helfe.

Kohl erklärt, er strebe an, auf dem Gipfel eine vernünftige Regelung dafür zu finden, wie künftig die Kooperation mit der Sowjetunion aussehen solle. Es gehe aber nicht nur um die Sowjetunion allein, sondern auch um Ungarn, Polen und die CSFR, die ebenfalls große Hoffnungen auf die G7 setzten.

Bei diesem Gespräch stehen, wie auch anschließend auf dem Weltwirtschaftsgipfel, die Agrarprobleme in der bevorstehenden GATT-Runde, der deutsche Vorschlag zur Begrenzung des Kohlendioxidausstoßes sowie Maßnahmen zum Schutz der tropischen Regenwälder im Mittelpunkt.

Mittags wird in der Rice-University der Weltwirtschaftsgipfel mit militärischen Ehren offiziell eröffnet, anschließend gibt es das »Gruppenbild mit Dame«. Diese »Familienfotos« werden von den Amerikanern wieder einmal besonders wichtig genommen.

Die Sicherheitsvorkehrungen sind extrem, selbst die engsten Mitarbeiter werden weit in den Hintergrund gedrängt. Das Protokoll wird so streng gehandhabt, daß schon allein deshalb manches nicht klappt.

Zur Sitzung der Staats- und Regierungschefs sind nur die Sherpas, ihre persönlichen Beauftragten zur Vorbereitung des Gipfels, zugelassen. In der zweistündigen Sitzung tragen alle Teilnehmer ihre vorbereitete Erklärung vor, die in der Regel anschließend veröffentlicht wird. Danach gibt es erneut ein »Familienfoto« in der Hitze der texanischen Sonne. Der Tag endet mit einem festlichen Abendessen des Präsidenten.

Dienstag, 10. Juli 1990

Beim Weltwirtschaftsgipfel stehen in Anwesenheit der Außen- und Finanzminister wie auch der Sherpas die politische Erklärung, Handelsfragen und die Beziehungen zur Sowjetunion und zu Osteuropa auf der Tagesordnung.

Margaret Thatcher findet es verständlich, daß Deutschland angesichts des Einigungsprozesses umfangreiche bilaterale Hilfe an die Sowjetunion leiste. Die Bundesrepublik könne jedoch nicht allein tätig werden. Alle wünschten, daß Gorbatschow Erfolg habe; es sei jedoch nicht möglich, daß der Westen die Probleme eines Landes mit 280 Millionen Menschen von außen löse. Das sei nur durch Hilfe zur Selbsthilfe möglich, deren Bedingung die Marktwirtschaft bleibe. Es wäre ein Fehler, deren Einführung von der Sowjetunion nicht zu verlangen. Es komme jetzt nicht auf einen allgemein gehaltenen Plan an, sondern auf konkrete Entscheidungen und Maßnahmen, die genau definiert werden müßten.

Mitterrand weist darauf hin, daß man das Gespräch frühestens in zehn Jahren werde fortsetzen können, wenn man von der Sowjetunion fordere, zuerst alle Probleme wie Kurilen, Kuba und innere Reformen zu lösen.

Der kanadische Ministerpräsident Mulroney erklärt schließlich, daß niemand auf diesem Gipfel den Bundeskanzler überbieten könne: Deutschland sei Fußballweltmeister geworden, vollende die Einheit, habe die Weltausstellung zugesagt bekommen und sei auch noch Vorreiter in Umweltfragen.

Währenddessen spreche ich mit Brent Scowcroft über die Frage der Obergrenze für die deutschen Streitkräfte in einem geeinten Deutschland. Wir stimmen darin überein, daß das ausschließlich eine Angelegenheit der Bundesrepublik sei. Die Bundesregierung solle eine verbindliche Verpflichtung anläßlich der Unterzeichnung des VKSE-Vertrages eingehen. Die Durchführung sollte mit dem vollständigen Abzug aller sowjetischen Truppen aus der DDR verknüpft werden. Damit bleibe der Druck auf die Sowjetunion erhalten, ihre Truppen aus Deutschland abzuziehen. Außerdem könne so verhindert werden, daß eine Verbindung zwischen dem Abzug sowjetischer Truppen und dem amerikanischer Verbände hergestellt wird. Brent und ich sind uns einig, daß der Kanzler bereits am Montag Gorbatschow diese Obergrenze anbieten könne, wenn dieser bereit sei, die volle NATO-Mitgliedschaft Deutschlands zu akzeptieren. Der Zeitpunkt für dieses Gespräch liege sehr günstig, weil der NATO-Gipfel und jetzt der Weltwirtschaftsgipfel neuen Bewegungsspielraum geschaffen hätten. Jetzt sei der Zeitpunkt gekommen, eine Zwischenbilanz über den Stand der Verhandlungen zu den äußeren Aspekten der deutschen Einheit zu ziehen. Leistung und Gegenleistung sollten in Moskau diskutiert und weitere Fortschritte erreicht werden.

Brent stimmt zu, daß Kohl Gorbatschow auch über die Ergebnisse des Weltwirtschaftsgipfels unterrichten sollte. Vorab werde Bush den Brief Gorbatschows schriftlich beantworten. Auf diese Weise könne die enge Übereinstimmung zwischen Bush und Kohl gegenüber Gorbatschow deutlich zum Ausdruck kommen.

In Moskau wird Gorbatschow mit klarer Mehrheit in seinem Amt als Generalsekretär der KPdSU bestätigt.

Mittwoch, 11. Juli 1990

Die Staats- und Regierungschefs einigen sich heute morgen auf eine gemeinsame Politische Erklärung unter dem Titel: »Die Demokratie festigen«. Sie begrüßen darin nachdrücklich den tiefgreifenden und historischen Wandel in Europa. Die Londoner NATO-Erklärung wird ausdrücklich als neue Grundlage für die Zusammenarbeit zwischen früheren Gegnern beim Aufbau eines stabilen, sicheren und friedlichen Europa bezeichnet.

Alle Teilnehmer befürworten die bevorstehende Vereinigung Deutschlands als sichtbaren Ausdruck des unveräußerlichen Rechtes der Menschen auf Selbstbestimmung und als wesentlichen Beitrag zur Stabilität in Europa. Sie erklären sich zur Zusammenarbeit mit der Sowjetunion bei ihren Bemühungen um die Schaffung einer offenen Gesellschaft, einer pluralistischen Demokratie und einer marktorientierten Volkswirtschaft bereit.

In der Diskussion über die Kooperation mit der Sowjetunion sagt Bush seine Unterstützung der Perestroika zu, sieht aber die Zeit für finanzielle Hilfe noch nicht gekommen. Erneut verweist er auf den hohen sowjetischen Verteidigungshaushalt, auf die Unterstützung Kubas und auf die Stockungen in den Abrüstungsverhandlungen. Außerdem verfügten die USA noch nicht über eine vollständige Übersicht über die politischen und wirtschaftlichen Reformen in der Sowjetunion. Ohne diese Reformen seien Kredite hinausgeworfenes Geld. Dagegen erhöben die USA keine Einwände gegen bilaterale Hilfe.

Bush schlägt vor, daß man sich auf einige Grundprinzipien im Umgang mit der Sowjetunion einigen sollte. So sollte die Durchsetzung marktwirtschaftlicher Reformen und die Integration der Sowjetunion in die Weltwirtschaft Bedingung für finanzielle Hilfe sein. Außerdem müsse die Sowjetunion bereit sein, ihre Verteidigungsausgaben zu senken und sich der Unterstützung demokratiefeindlicher Staaten zu enthalten.

Da Japan die Aufhebung der Sanktionen gegen China vorgeschlagen hat, verweist Mitterrand auf die unterschiedlichen Maßstäbe, die gegenüber China und der Sowjetunion angewandt würden. Es bringe nichts, zuerst Reformen einzufordern und erst danach helfen zu wollen. Das sei wie der bekannte Streit um die Frage, was zuerst da gewesen sei, die Henne oder das Ei. Es gehe jetzt darum, den Motor für Reformen in der Sowjetunion anzuwerfen. Die Gipfelerklärung dürfe nicht als Rückschlag für Gorbatschow verstanden werden.

Mitterrand verweist auf die einheitliche Position der EG-Staaten. Er kritisiert den amerikanischen Textentwurf, der Bedingungen aufzähle, die Gorbatschow erfüllen müsse, bevor westliche Wirtschaftshilfe geleistet würde. Die Hilfszusagen beschränkten sich auf technische Unterstützung. Alle anderen Möglichkeiten sollten vorläufig nur geprüft werden. Mitterrand bezeichnet den Tenor des Textentwurfes als kontraproduktiv.

Der Kanzler äußert zwar Verständnis für die amerikanische Position, bezeichnet den amerikanischen Textentwurf aber ebenfalls als nicht akzeptabel. Jeder hier wünsche, daß Gorbatschow Erfolg hat, weil es keine Alternative gebe; ohne Gorbatschow würde eine Lösung am Ende noch viel teurer. Jetzt gebe es die Chance, die Verhältnisse in der Sowjetunion umzugestalten, was der Brief von Gorbatschow an Bush beweise. Es sei ein elementarer Fehler, auf diesen Brief in der Sprache des amerikanischen Textentwurfes zu antworten. Die gemeinsame Antwort dürfe auf keinen Fall demütigend ausfallen.

Bush lenkt ein, bekräftigt, daß von diesem Gipfel keine negativen Signale ausgehen sollen und erklärt sich mit Kohls Vorschlägen einverstanden.

Mit der Verabschiedung der Wirtschaftserklärung von Houston endet der Weltwirtschaftsgipfel. Eine Einigung über den Text zur Sowjetunion ist erreicht. Alle begrüßen die Bemühungen der Sowjetunion, eine Liberalisierung durchzuführen und eine offenere, demokratischere und pluralistischere sowjetische Gesellschaft zu schaffen sowie Schritte in Richtung auf eine marktorientierte Wirtschaft zu unternehmen. Sie erklären sich bereit, diese Maßnahmen zu unterstützen. Bezüglich der finanziellen Unterstützung wird aber lediglich festgestellt, daß einige Staaten bereits jetzt in der Lage seien, weitreichende Kredite zu gewähren. In diesem Punkt haben sich die USA durchgesetzt. Die Sowjetunion wird aufgefordert, Mittel aus dem militärischen Bereich umzuschichten und die

Unterstützung für Staaten zu kürzen, die regionale Konflikte fördern.

Zusätzlich beschließt man, daß der IWF, die Weltbank, die OECD und die Europäische Bank für Wiederaufbau und Entwicklung in enger Abstimmung mit der EG-Kommission eine Studie über die sowjetische Wirtschaft erarbeiten, Empfehlungen für die Reform vorbereiten und Kriterien festlegen werden, nach denen wirtschaftliche Hilfe des Westens für die Reformen geleistet werden kann. Diese Arbeit soll vom IWF in die Wege geleitet und bis zum Jahresende abgeschlossen werden.

Mittags gibt Präsident Bush das Ergebnis des Weltwirtschaftsgipfels in Anwesenheit aller Staats- und Regierungschefs vor der Weltpresse bekannt. Er hebt den einmütigen Wunsch der Sieben hevor, die Reformen in der Sowjetunion zu unterstützen.

Für Helmut Kohl war es die dritte Gipfelbegegnung innerhalb von zwei Wochen, nach dem Europäischen Rat in Dublin und dem NATO-Gipfel in London. Bei allen drei Gipfelbegegnungen haben die Teilnehmer den Prozeß der Einigung Deutschlands nachdrücklich unterstützt und sich für ein geeintes und freies Europa ausgesprochen. Außerdem ist bei allen drei Gipfeln die Bereitschaft zum Ausdruck gekommen, die tiefgreifenden historischen Veränderungen in Osteuropa und in der Sowjetunion zu ermutigen und zu fördern.

Im Hotel zurück finde ich ein Telefax meines Stellvertreters Peter Hartmann vor, in dem er mir mitteilt, daß die sowjetische Botschaft eine Nachricht Gorbatschows für den Bundeskanzler übermittelt habe. Darin heißt es: »Wie früher abgestimmt wurde, wird der Bundeskanzler von Präsident Gorbatschow eingeladen, während des Aufenthaltes in der Sowjetunion die Stadt Stavropol zu besuchen.« Es ist geschafft! Gorbatschow hat Kohl in seine Heimat eingeladen. Damit ist klar, daß der Besuch kein Mißerfolg werden wird. Wir sind uns einig, daß Gorbatschow Kohl nicht in den Kaukasus eingeladen hätte, wenn er einen Konflikt austragen wollte. Stavropol ist das Signal dafür, daß weitere Fortschritte zu erwarten sind. Das stimmt, vier Tage vor dem Abflug nach Moskau, hoffnungsvoll.

Ich bin mir sicher, daß das entschiedene Eintreten des Kanzlers für eine Unterstützung der sowjetischen Reformen auf dem EG-Gipfel in Dublin und jetzt auf dem Weltwirtschaftsgipfel in Houston sowie der Erfolg des NATO-Sondergipfels in London diese Entscheidung Gorbatschows günstig beeinflußt haben. Sofort unterrichte ich den Kanzler: zufrieden schlägt er mir auf die Schulter. Er weiß, was diese Einladung bedeutet. Jetzt sei ich wohl zufrieden, meint er.

Noch eine gute Nachricht erreicht uns aus Moskau. Auf dem Parteitag der KPdSU hat Gorbatschows Hauptgegner Jegor Ligatschow eine überwältigende Abstimmungsniederlage erlitten. Der Parteitag wird zum Triumph für Gorbatschow. Er hat mit hohem Einsatz gespielt – und am Ende gewonnen. Auch das wird für die Gespräche nächste Woche in Moskau und Stavropol günstig sein.

Die Stimmung beim Rückflug nach Bonn ist gelöst und heiter. Alle sind todmüde, aber doch zufrieden.

Donnerstag, 12. Juli 1990

Nach über zehn Stunden Flugzeit landen wir morgens auf dem Flughafen Köln/Bonn. Obwohl wir die Nacht im Sitzen schlafend verbracht haben, geht es direkt ins Bundeskanzleramt.

In der Lage beim Kanzler sprechen wir über eine Erklärung des polnischen Ministerpräsidenten Mazowiecki, in der dieser gefordert hat, daß die Viermächteverantwortung über Deutschland so lange aufrechterhalten werden müsse, bis der deutsch-polnische Grenzvertrag ratifiziert sei. Helmut Kohl will ihm unbedingt schreiben und diese Forderung klar und unmißverständlich zurückweisen.

Im Kabinettsausschuß deutsche Einheit berichtet Genscher über den Stand der Zwei-plus-Vier-Gespräche. Die nächsten Treffen der Außenminister sollen am 17. Juli in Paris, in der ersten Septemberwoche in Moskau und ein weiteres in London stattfinden. Die Gespräche auf Beamtenebene – sechs hat es bereits gegeben – fänden nur in Bonn und Ost-Berlin statt. Daneben gebe es bilaterale und multilaterale Gespräche mit den drei Westmächten. Sein Gedankenaustausch mit Meckel habe zu keiner Übereinstimmung geführt.

Genscher bezeichnet die sowjetischen Vorschläge zu den sicherheitspolitischen Fragen als nicht akzeptabel. Sie würden auch von den drei Westmächten abgelehnt. Schewardnadse habe aber selbst zu verstehen gegeben, daß sie nicht der Weisheit letzter Schluß seien.

Am späten Nachmittag trifft der Bundeskanzler mit NATO-Generalsekretär Manfred Wörner zusammen, der bereits am Samstag nach Moskau reisen wird. Beide sehen in diesem Besuch ein Zeichen der Sowjetunion, sich gegenüber der NATO weiter öffnen zu wollen.

Abends empfange ich die drei westlichen Botschafter, Walters, Mallaby und Boidevaix, um sie über die Ziele der Reise des Bundeskanzlers in die Sowjetunion zu unterrichten. Kohl gehe es vor allem darum, eine Zwischenbilanz der Zwei-plus-Vier-Verhandlungen und aller sicherheitspolitischen Fragen zu ziehen. Ich vermeide es, große Hoffnungen zu wecken und spreche nicht davon, daß Fortschritte oder gar ein Durchbruch erwartet werden.

Das Wunder von Moskau

Freitag, 13. Juli 1990

Vormittags unterrichte ich in einem Hintergrundgespräch die Bonner Presse über die Absichten des Bundeskanzlers hinsichtlich seiner Begegnung mit Gorbatschow in Moskau und Stavropol. Das Treffen sei bereits im Februar gemeinsam in Aussicht genommen worden. Die Einladung in die Geburtsregion Gorbatschows sei ein deutliches Zeichen dafür, daß sich zwischen beiden ein sehr gutes persönliches Verhältnis entwickelt habe.

Außerdem sei es Helmut Kohl gelungen, den Ergebnissen der zurückliegenden drei Gipfel seine Handschrift aufzuprägen. Er sei der erste Regierungschef, der jetzt die Möglichkeit habe, Gorbatschow die Gipfelergebnisse ausführlich zu erläutern.

Hinzu komme, daß Kohl mit Gorbatschow unmittelbar nach Abschluß des 28. Parteitages der KPdSU zusammentreffen werde. Kohl gehe davon aus, daß er auf einen gestärkten Generalsekretär und Präsidenten treffen werde.

Der Besuch von NATO-Generalsekretär Wörner unmittelbar vor sowie die Reise von EG-Kommissionspräsident Delors unmittelbar nach der Visite des Kanzlers verdeutliche die internationale Einbettung, die auch bei den Gipfeln zum Ausdruck gekommen sei. Diese westliche Einbindung der deutschen Politik schaffe den Spielraum der Bundesregierung gegenüber der Sowjetunion und in der Ostpolitik insgesamt. Ich betone diesen Aspekt besonders, um deutlich zu machen, daß die Reise des Bundeskanzlers inhaltlich bis ins Detail mit den Partnern abgestimmt ist.

Drei Besuchsziele stelle ich in den Vordergrund: Erstens wolle der Kanzler eine Zwischenbilanz ziehen. Vor der Sommerpause sei jetzt der geeignete Zeitpunkt gekommen, gemeinsam mit Gorbatschow die Gesamtsituation im Zusammenhang des Zwei-plus-Vier-Prozesses zu bewerten. Die westlichen Gipfel, die politischen Willenserklärungen der

Bundesregierung gegenüber der Sowjetunion und konkrete Ergebnisse in der bilateralen Zusammenarbeit hätten unsere Bereitschaft unterstrichen, deutlich auf die Sowjetunion zuzugehen. Vor diesem Hintergrund müsse jetzt gemeinsam geprüft werden, wie die noch offenen Fragen gelöst werden könnten und welche Schritte noch erforderlich seien, um zu einem erfolgreichen Abschluß der Zwei-plus-Vier-Verhandlungen zu kommen.

Zweitens habe Kohl die Absicht, mit Gorbatschow über die zukünftige Gestaltung der Beziehungen zwischen einem geeinten Deutschland und der Sowjetunion zu sprechen. Es bestehe ein gemeinsames Interesse, schon jetzt die Gespräche aufzunehmen und über konkrete Elemente der Zusammenarbeit zu sprechen. Für die Sowjetunion sei es wichtig zu wissen, wie ein geeintes Deutschland zukünftig seine Beziehungen zur Sowjetunion gestalten wolle.

Drittens solle ausführlich über die wirtschaftlich-finanzielle Zusammenarbeit des Westens einerseits und der Bundesrepublik andererseits mit der Sowjetunion diskutiert werden. Ich erinnere an die zweifache Anfrage von Gorbatschow nach bilateraler Zusammenarbeit und der Vorbereitung eines internationalen Konsortiums mit dem Ziel, der Sowjetunion Überbrückungshilfen bei der Durchführung ihres Reformprogramms zu gewähren.

Ausdrücklich erläutere ich die bilateralen Hilfen der Bundesregierung in diesem Jahr: Lieferung von Nahrungsmitteln, die von der Bundesregierung mit 220 Millionen D-Mark subventioniert worden seien; Verbürgung eines Fünfmilliardenkredites und Zusage des Vertrauensschutzes für alle DDR-Verpflichtungen gegenüber der Sowjetunion. Außerdem sei die Bundesregierung bereit, Verpflichtungen der DDR im Zusammenhang mit der Stationierung der Sowjetarmee in der DDR in der Größenordnung von 1,25 Milliarden D-Mark für 1990 zu übernehmen und die Guthaben sowjetischer Soldaten bei der Feldbank in der DDR umzutauschen.

Ich erinnere an die Aussage Schewardnadses, daß am Ende des Prozesses ein Gesamtpaket zustandegekommen sein müsse, um die äußeren Aspekte zu lösen. Der Bundeskanzler werde ein stattliches Bündel deutscher und westlicher Leistungen nach Moskau mitbringen: zu bündnisübergreifenden und gesamteuropäischen Sicherheitsstrukturen habe der NATO-Gipfel auch im Zusammenhang mit dem KSZE-Prozeß konkrete Vorschläge und Anregungen beschlossen. Dazu gehöre das Angebot einer gemeinsamen Erklärung zum Nichtangriff und Gewaltverzicht sowie das Angebot der NATO zur Aufnahme diplomatischer Beziehungen mit den Mitgliedern des Warschauer Paktes, die Einladung Gorbatschows zum NATO-Rat und die Bereitschaft der Allianz, Strategie und Militärstrukturen zu ändern. Das alles sei von der sowjetischen Führung sehr positiv aufgenommen worden. Hinzu kämen die einseitigen Ankündigungen der Bundesregierung bezüglich des Verzichtes auf ABC-Waffen, der weiteren Mitgliedschaft beim Nichtverbreitungsvertrag, die Bereitschaft, für eine Übergangszeit sowjetische Truppen auf dem heutigen DDR-Territorium zu akzeptieren und Höchststärken der zukünftigen deutschen Streitkräfte festzulegen. Dies ist der wichtigste Teil aus allen Entscheidungen, die die Bundesregierung und der gesamte Westen im letzten halben Jahr getroffen haben, um den Sicherheitsbedürfnissen und den wirtschaftlichen Interessen der UdSSR Rechnung zu tragen. Dies eindrucksvolle Gesamtpaket, das die Bundesregierung gemeinsam mit ihren westlichen Partnern gezielt initiiert, vorbereitet und durchgesetzt hat, diene dem Ziel, die Zwei-plus-Vier-Gespräche rechtzeitig zum Abschluß zu bringen und den Einigungsprozeß zum Erfolg zu führen.

Im Zusammenhang mit diesem Gesamtpaket, so erläutere ich den Journalisten, müsse jetzt in Moskau darüber gesprochen werden, ob damit die Voraussetzungen geschaffen seien, daß die Sowjetunion die Bündniszugehörigkeit eines geeinten Deutschland akzeptieren könne und die Viermächterechte endgültig aufgehoben würden. Ich verweise darauf, daß die sowjetischen Positionen zur Frage der NATO-Mitgliedschaft eines geeinten Deutschland im letzten halben Jahr nicht statisch waren, sondern sich entwickelt hätten. Auf Weisung des Kanzlers spiele ich alle Erwartungen über mögliche Ergebnisse in Moskau herunter.

Mittags stimme ich mit Kohl das Schreiben an Mazowiecki ab. Der Kanzler erläutert darin seine Position zur Oder-Neiße-Grenze und macht keinen Hehl aus seiner Enttäuschung über die polnische Reaktion. Er erklärt, daß auf der Grundlage der

Resolutionen beider deutscher Parlamente ein Grenzvertrag abgeschlossen werden soll. Die Verhandlungen darüber sollten binnen drei Monaten nach dem Zusammentreten des gesamtdeutschen Parlaments beendet sein. Kohl versichert, es sei Ziel der Bundesregierung, daß der gesamtdeutsche Staat gleichzeitig mit der Vereinigung seine volle Souveränität erhalte. Eine Verknüpfung dieser Frage mit dem Inkrafttreten des deutsch-polnischen Grenzvertrages sei für die Bundesregierung unannehmbar.

In Moskau geht der 28. Parteikongreß der KPdSU zu Ende. Das neu gewählte Zentralkomitee umfaßt viele Parteimitglieder, die sich als Reformer profiliert haben. Dagegen ist die politische Karriere von Ligatschow, dem Gegenspieler Gorbatschows, zu Ende.

Gorbatschow schließt den Parteitag mit einer immer wieder von starkem Beifall unterbrochenen Rede. Darin begrüßt er die westlichen Angebote zur wirtschaftlichen Zusammenarbeit auf der Grundlage der Gleichberechtigung und des gegenseitigen Vorteils.

Gorbatschow ist als Generalsekretär vom Parteikongreß unmittelbar gewählt worden, nicht, wie früher, vom Zentralkomitee. Dies verleiht ihm eine größere Legitimation, erhöht seinen Bewegungsspielraum.

Finanzminister Waigel teilt dem Kanzler heute schriftlich mit, daß der in der vergangenen Woche von der Bundesregierung verbürgte Kredit von fünf Milliarden D-Mark an die Sowjetunion bereits in voller Höhe in Anspruch genommen worden sei. Das beweise die angespannte Zahlungsbilanzlage der UdSSR.

Samstag, 14. Juli 1990

Am späten Nachmittag starten wir mit der Boeing 707 der Bundeswehr vom Flughafen Köln/Bonn nach Moskau. Helmut Kohl ist aufgeräumt und bester Stimmung. Nur seine gelegentlich zu lauten Scherze könnten darauf hindeuten, daß er innerlich doch angespannt und nervös ist.

Nach dem Abendessen an Bord sprechen wir noch einmal

über die Verhandlungslinie in Moskau. Wir sind uns darüber im klaren, daß dies wahrscheinlich die wichtigste Auslandsreise des Bundeskanzlers ist. Zwei entscheidende Hürden auf dem Weg zur Einheit sind noch zu überwinden. Einerseits der vollständige Verzicht der Vier Mächte auf ihre Rechte und Verantwortlichkeiten für Deutschland als Ganzes, andererseits die volle Mitgliedschaft des geeinten Deutschland in der NATO. Wir sind optimistisch, daß in diesen beiden Fragen deutliche Fortschritte erreicht werden können. Bilateral wie multilateral haben wir viele Voraussetzungen geschaffen, die es der sowjetischen Führung erleichtern sollen, auch den letzten Schritt zu tun. Da sie uns bis zum Abflug Verständigungsbereitschaft signalisiert hat, schließen wir einen Durchbruch nicht aus, obwohl wir kaum darauf zu hoffen wagen.

Der Bundeskanzler hat sich vorgenommen, weitere Zugeständnisse zu machen, wenn Gorbatschow jetzt tatsächlich den Weg zur deutschen Einheit endgültig freigeben sollte. Das erste Angebot ist der Generalvertrag, der umfassende Sicherheitsgarantien für die Sowjetunion enthalten soll und ihr verstärkte wirtschaftliche Zusammenarbeit anbietet. Ferner ist der Kanzler bereit, die Obergrenze für gesamtdeutsche Streitkräfte erheblich zu senken. Diese Angebote und die innerparteilich wie innenpolitisch gestärkte Stellung Gorbatschows sollten es ihm erlauben, die letzten Widerstände zu überwinden.

Der Kanzler bricht im Flugzeug buchstäblich einen Streit vom Zaun, als er erklärt, im Hinblick auf die künftige Obergrenze für die Streitkräfte eines geeinten Deutschland von 400 000 Mann auszugehen, und Genscher nachdrücklich darauf drängt, die Obergrenze definitiv auf 350 000 Mann, inklusive 25 000 Mann Marine, festzulegen. Kohl beschuldigt Genscher und die FDP, allen voran Möllemann, auf diese Weise eine Berufsarmee anzustreben. Genscher weist diesen Vorwurf entschieden zurück, es gebe niemanden in der FDP, der das wolle. Er empfindet diese Beschuldigung fast als beleidigend. Als Kohl auf entsprechende Erklärungen von Möllemann verweist, bestreitet Genscher entschieden. Kohl fordert einen Beschluß des FDP-Präsidiums zu dieser Frage. Genscher lehnt es ab, daß die FDP über Selbstverständlichkeiten Beschlüsse fassen solle und ergänzt, er müsse sonst die CDU auffordern, einen Beschluß zu fassen, daß sie eine christliche Partei sei.

So plötzlich Helmut Kohl eine solche Kontroverse auslöst, so schnell legt er sie auch wieder bei. Sie ist für ihn häufig nur Mittel zum Zweck. Einmal will er damit zeigen, »wo der Bartel den Most holt«, zum anderen erreicht er, wie in diesem Fall, die inhaltliche Klarstellung durch den Kontrahenten, die ihm wichtig ist.

Zum Empfang ist Außenminister Schewardnadse auf den Moskauer Flughafen Wnukowo II gekommen. Die Begrüßung ist außerordentlich herzlich. Kwizinskij will mir meinen Aktenkoffer abnehmen, um zu erfahren, ob ich einen guten Entwurf für den bilateralen deutsch-sowjetischen Vertrag mitgebracht habe. Ich biete ihm den Austausch der Aktenkoffer an.

In Begleitung von Schewardnadse fährt Kohl zur Residenz an der Uliza Kossygina 38 auf dem Leninhügel. Kurz bevor wir ankommen, läßt er die Kolonne anhalten, um einen Blick auf das Lichtermeer Moskaus zu werfen. Vor unserer Ankunft hatte es geregnet. Die nassen Dächer und Straßen spiegeln den trüben Schein der Straßenlaternen wider. Der dunkle Nachthimmel ist jetzt wolkenlos. Von dieser Stelle aus hatte Napoleon 1812 auf das brennende Moskau herabgesehen.

Kurz vor Mitternacht führen Kohl und Schewardnadse ein kurzes Begrüßungsgespräch. Schewardnadse berichtet, daß die ersten fünf Tage des KPdSU-Parteitages sehr schwierig und die Stimmung außerordentlich schwankend gewesen sei, erst am Ende hätten sie den Erfolg sicherstellen können. Der Parteitag sei sehr anstrengend gewesen und sie alle, vor allem aber Gorbatschow, hätten in dieser Zeit äußerst wenig geschlafen. Kohl greift das Stichwort »zu wenig Schlaf« auf und verabschiedet Schewardnadse.

Anschließend setzen wir uns im Speisezimmer noch zu einem kleinen Abendessen zusammen. Eduard Ackermann, Juliane Weber und Walter Neuer sind dabei. Es gibt die bekannten russischen Gerichte: geräucherten weißen Speck, schwarzen und roten Kaviar, geräucherten Stör, Lachs, Speckwurst, Tomaten und Gurken, dazu Bier und Wodka. Der Kanzler erzählt uns, Schewardnadse habe ihm im Auto gesagt, daß die sowjetische Führung sich einen erfolgreichen Besuch wünsche. Er ist bester Laune und vertilgt in großen Mengen Speck und Kaviar. Den Wodka rührt er nicht an.

Während des Essens wird mir eine Nachricht über die heutigen Gespräche Wörners mit Gorbatschow und Schewardnadse hereingereicht. Die Gespräche seien sehr positiv verlaufen. Kontroverse Themen seien von sowjetischer Seite ausgespart und die deutsche Frage nicht angesprochen worden. Die Atmosphäre sei herzlich und von persönlicher Sympathie geprägt gewesen. Die Londoner Erklärung der Atlantischen Allianz sei überaus positiv und nahezu kritikfrei aufgenommen worden. Wörner berichtet, daß Gorbatschow sichtlich übermüdet gewesen sei. Er habe sich jedoch über den Ausgang des KPdSU-Parteitages erleichtert geäußert.

Nach den heutigen Eindrücken ist Kohl zuversichtlich, daß die morgigen Gespräche mit Gorbatschow positiv verlaufen und Fortschritte bringen werden.

Sonntag, 15. Juli 1990

Am Morgen fahren wir zum Gästehaus des sowjetischen Außenministeriums. Es ist das einstige Stadtpalais eines reichen Kaufmanns in der Alexej-Tolstoj-Straße, um die Jahrhundertwende im neugotischen Stil erbaut. Nach der Oktoberrevolution wurde es von Georgij Tschitscherin, dem Volkskommissar für Auswärtiges, zum Gästehaus umfunktioniert. Am Eingang steht Schewardnadse und begleitet uns über die große Freitreppe in den ersten Stock. Dort wartet Gorbatschow. Er wirkt freundlich und ernst zugleich.

Nur Gorbatschows außenpolitischer Berater Anatolij Tschernajew und ich nehmen außer den Dolmetschern, am Vier-Augen-Gespräch teil.

Michail Gorbatschow begrüßt Helmut Kohl mit den Worten, die Erde sei rund, und sie flögen ständig um sie herum. Sein Bedarf sei gedeckt, erwidert der Bundeskanzler; er freue sich auf das gemeinsame Gespräch und hoffe, daß es erfolgreich verlaufen werde. Zu Schewardnadse habe er bereits gesagt, daß es sich jetzt um historisch bedeutsame Jahre handele. Die sich bietenden Chancen müßten genutzt werden. Bismarck habe einmal davon gesprochen, daß man den Mantel der Geschichte ergreifen müsse. Gorbatschow erwidert, er kenne diese Aussage von Bismarck nicht, finde sie jedoch sehr interessant und stimme ihr zu. Kohl erinnert Gorbatschow daran, daß sie beide der gleichen Generation angehörten, die im Zweiten Weltkrieg noch zu jung gewesen sei, um persönlich in Schuld geraten zu können, andererseits aber alt genug, um diese Jahre bewußt mitzuerleben. Vor dem Hintergrund dieser gemeinsamen Erfahrungen sei es jetzt ihre Aufgabe, die Chancen wahrzunehmen.

Gorbatschow greift diesen Gedanken sofort auf. Er sei bei Kriegsbeginn zehn Jahre alt gewesen und könne sich sehr gut an die Ereignisse erinnern. Er teile deshalb die Auffassung Kohls, daß ihre Generation über einzigartige Erfahrungen verfüge. Wenn sich jetzt große Chancen eröffnet hätten, dann sei es die Aufgabe ihrer Generation, sie zu nutzen und zu gestalten. Dabei imponiere ihm vor allem die Tatsache, daß heute weniger darüber geredet werde, wer gewonnen und wer verloren habe. Gemeinsam sei das Verständnis von der einen Welt.

Der Kanzler knüpft an das Gespräch im Juni 1989 im Park des Bundeskanzleramtes an. Damals hatte er am Rheinufer lange mit Gorbatschow auf einer Balustrade gesessen, Erfahrungen ausgetauscht und über die gemeinsame Aufgabe gesprochen, die Zukunft ihrer Völker zu gestalten und freundschaftliche Beziehungen zu entwickeln. Kohl hält dieses Gespräch vor einem Jahr in Bonn für das Schlüsselereignis, daß das Vertrauensverhältnis zwischen ihm und Gorbatschow begründet habe.

Präsident Gorbatschow erklärt, daß er einen grundsätzlichen Gedanken voranstellen möchte. Es entwickele sich jetzt eine Situation, die Rußland und Deutschland wieder zusammenführen müsse. Gorbatschow spricht nicht von der Sowjetunion. Wenn beide Völker früher getrennt gewesen seien, so müßten sie jetzt wieder zusammenfinden. Sie stünden jetzt an der Spitze ihrer Völker und sollten diese Aufgabe meistern. Für ihn sei dieses Ziel gleichrangig mit der Normalisierung der Beziehungen zu den USA. Wenn es gelinge, eine neue Qualität der Beziehungen zwischen Rußland und Deutschland zu erreichen, werde das beiden Völkern und ganz Europa zugute kommen.

Der Bundeskanzler stimmt zu und erklärt sich bereit, innerhalb eines Jahres einen umfassenden Vertrag mit der Sowjetunion zu schließen. Voraussetzung sei, daß die aktuellen Probleme gemeinsam gelöst würden. Er stehe zwar vor einer Wahl, sei sich aber sicher, daß er im Amt bleiben werde. Dann sollten sie gemeinsam eine neue Ära der Beziehungen einleiten und für alle sichtbar machen.

Er schlägt vor, schon jetzt mit der Arbeit an einem solchen Vertrag zu beginnen, der alle Gebiete der Zusammenarbeit umfassen solle. Aufgenommen werden könne auch der Gedanke des Gewaltverzichts und des Nichtangriffs analog der Erklärung des NATO-Gipfels in London. Die Zeit für einen solchen Vertrag sei reif.

Helmut Kohl erläutert die Ergebnisse der Gipfelkonferenzen des Europäischen Rates in Dublin, der NATO in London und der G7 in Houston. In allen diesen Konferenzen sei die gemeinsame Überzeugung spürbar gewesen, daß der Reformprozeß in der Sowjetunion unterstützt werden solle. Er fügt hinzu, daß für ihn alle Bemühungen um eine wirtschaftliche und finanzielle Zusammenarbeit Bestandteil des Gesamtpaketes seien.

Kohl schildert Gorbatschow die Lage in der DDR, die sich von Tag zu Tag verschlechtere. Er drücke nicht auf das Tempo, sondern habe von Anfang an völlig andere Zeitvorstellungen gehabt. Es wäre ihm lieber gewesen, wenn er mehr Zeit gehabt hätte, aber der wirtschaftliche Niedergang der DDR sei dramatisch. Deshalb halte er gesamtdeutsche Wahlen am 2. Dezember für so wichtig.

Gorbatschow wirft ein, daß Kohl jetzt seine Perestroika erlebe. Dabei gebe es nicht nur angenehme Dinge. Große Ziele seien mit großen Schwierigkeiten verbunden, deshalb müsse man sich gegenseitig helfen. Alles was der Kanzler tue, habe nicht nur große Bedeutung für Deutschland, sondern auch für die Sowjetunion. Man müsse behutsam vorgehen und neues Vertrauen, gegenseitiges Verständnis und eine neue Art des Zusammenwirkens erreichen. Der Kanzler spricht von drei Bereichen, in denen Vereinbarungen erreicht werden müßten, wenn der zeitliche Rahmen für die Zwei-plus-Vier-Gespräche und die KSZE-Gipfelkonferenz eingehalten werden solle: die Abwicklung des sowjetischen Truppenabzugs aus der DDR, die Mitgliedschaft des geeinten Deutschland in der NATO und die zukünftige Obergrenze der Streitkräfte eines geeinten Deutschland. Am Ende der Zwei-plus-Vier-Gespräche müsse die volle Souveränität Deutschlands erreicht sein.

Gorbatschow greift das alte Wort Heraklits auf, daß alles im Fluß sei und sich verändere. Alles sehe heute anders aus als damals, als sie begonnen hätten, die Probleme zu erörtern. Jetzt sei der Zeitpunkt gekommen, die Fragen zu klären und die Entscheidungen für die weitere Arbeit zu treffen.

Gorbatschow bestätigt, daß es gelungen sei, in den sowjetisch-amerikanischen Beziehungen wesentliche Fortschritte zu erzielen. Besonders wichtig sei gewesen, daß Bush sich für eine Erneuerung der Beziehungen zur Sowjetunion entschieden habe. Der Einfluß des Kanzlers auf die amerikanische Administration sei dabei sehr wirksam gewesen. Bush habe sich sehr überrascht gezeigt, als er gesagt habe, daß die Präsenz der USA in Europa zur Stabilität beitrage.

Der Kanzler betont, wie wichtig die Rolle war, die Präsident Bush auf dem NATO-Gipfel und beim Weltwirtschaftsgipfel in Houston gespielt habe. Es sei entscheidend, daß in Washington kein Mißtrauen gegenüber Deutschland entstehe, wenn sich die deutsch-sowjetischen Beziehungen weiter entwickelten und intensivierten. Es müsse vielmehr deutlich werden, daß gute deutsch-sowjetische Beziehungen auch von Vorteil für die USA seien.

Gorbatschow räumt ein, daß sich die NATO in Richtung einer politischen Allianz verändere. Darauf müsse man die besondere Aufmerksamkeit lenken, weil dadurch eine neue Situation entstehe. Die Londoner Erklärung sei ein richtiger Schritt in die richtige Richtung, wenn auch noch mit Ballast aus der Vergangenheit behaftet. Die Aussagen über die Zusammenarbeit und darüber, daß die Sowjetunion nicht länger als Gegner betrachtet werde, betrachte er als sehr wichtige politische Fortschritte und als Beweis für grundlegende Reformen.

Das gelte auch für die Erklärungen der Bundesregierung und des Bundeskanzlers. Was der Kanzler in letzter Zeit gesagt habe, spiele in den beiderseitigen Beziehungen eine außerordentliche Rolle und sei von größter Bedeutung. Er habe sicherlich bemerkt, wie sie ihre Bevölkerung Schritt für Schritt an die Probleme heranführten. Dabei könne nicht alles vergessen gemacht werden, was in der Vergangenheit geschehen sei. Jetzt gehe es aber darum, den Blick nach vorne zu richten und vor allem die Beziehungen zum großen deutschen Volk in das Bewußtsein der sowjetischen Menschen zu bringen. Die Lage verändere sich zum besseren.

Er stimme mit Kohl völlig darin überein, daß die Zusammenarbeit vertieft werden müsse. Sie hätten über die zukünftigen Beziehungen einige Überlegungen angestellt und zu Papier gebracht. Gorbatschow überreicht dem Kanzler »Überlegungen zum Inhalt eines Vertrages über Partnerschaft und Zusammenarbeit zwischen der UdSSR und Deutschland«, die nur für ihn bestimmt seien. Daraufhin überreicht auch Kohl Gorbatschow seine Vorschläge. Beide beteuern wechselseitig, daß es sich um sehr persönliche Gedanken handele.

Gorbatschow wendet sich jetzt den Zwei-plus-Vier-Themen zu. Er gehe davon aus, daß das geeinte Deutschland in den Grenzen der Bundesrepublik, der DDR und Berlins gebildet werde. Als zweiten Punkt spricht er den Verzicht Deutschlands auf ABC-Waffen an. Er wisse, daß das die Position des Kanzlers sei. Die militärischen Strukturen der NATO, so fährt er fort, dürften nicht auf das DDR-Territorium ausgedehnt werden. Für die Präsenz der sowjetischen Truppen müsse eine Übergangsregelung vereinbart werden. Als letztes spricht sich Gorbatschow dafür aus, die Viermächterechte abzulösen.

Sofort fragt der Bundeskanzler nach, ob Gorbatschow damit einverstanden sei, daß Deutschland mit der Einigung seine volle Souveränität erhalte. Das sei selbstverständlich, erwidert der Präsident.

Als wichtigste Frage bezeichnet Gorbatschow die Mitgliedschaft eines geeinten Deutschland in der NATO. *De jure* sei die Frage klar, *de facto* heiße das jedoch, daß der Geltungsbereich der NATO nicht auf das Territorium der DDR ausgedehnt werden dürfe. Es müsse eine Übergangsregelung geben.

Ganz ruhig und ernst stimmt Gorbatschow zu, daß Deutschland weiter Mitglied in der NATO bleiben kann. Auf diese überraschende Aussage reagiert der Bundeskanzler ohne erkennbare Regung. Dagegen fliegt mein Kugelschreiber über das Papier. Äußerst konzentriert versuche ich, jedes Wort des Dolmetschers originalgetreu festzuhalten. Ich weiß, daß es jetzt darauf ankommt, wortgenau zu protokollieren, um im nachhinein keine Mißverständnisse aufkommen zu lassen. Gleichzeitig versuche ich aus den Gesichtern Gorbatschows und Kohls Reaktionen und Gefühle abzulesen. Beide wirken äußerst ruhig und konzentriert.

Gorbatschow wiederholt seine Aussage, daß Deutschland Mitglied in der NATO bleiben könne. Die NATO müsse jedoch für eine Übergangsperiode berücksichtigen, daß ihr Geltungsbereich nicht auf das DDR-Territorium übertragen werden dürfe, solange dort sowjetische Truppen stationiert seien. Eine solche Entscheidung, fügt Gorbatschow hinzu, stelle beide Seiten zufrieden.

Die zweite Überraschung folgt auf dem Fuß: Gorbatschow kündigt an, daß das Abschlußdokument der Zwei-plus-Vier-Gespräche die Aufhebung der Viermächteverantwortung ohne Übergangszeit feststellen werde. Es müsse jedoch einen separaten Vertrag über den Aufenthalt sowjetischer Truppen für die Dauer von drei bis vier Jahren auf dem bisherigen DDR-Territorium geben. Der Kanzler wiederholt noch einmal diese entscheidenden Aussagen Gorbatschows, um sie unmißverständlich festzuschreiben. Gorbatschow stimmt dieser Zusammenfassung zu und wiederholt erneut Punkt für Punkt alle seine Aussagen. Damit ist jedes Mißverständnis ausgeschlossen.

Der Durchbruch ist erreicht! Welch' eine Sensation! So klare Zusagen Gorbatschows hatten wir nicht erwartet. Alle Vorzeichen waren zwar positiv, doch wer hätte ein solches Ergebnis voraussagen wollen? Für den Bundeskanzler ist dieses Gespräch ein unglaublicher Triumph. Aber er läßt sich nichts anmerken, nur einmal wirft er mir einen vielsagenden Blick zu, der seine Befriedigung erkennen läßt. Ich bin Zeuge eines historischen Moments!

Nach fast zwei Stunden endet das Gespräch. Die Außen- und Finanzminister, die parallel zusammengetroffen waren, kommen hinzu. Gorbatschow bescheinigt dem heutigen Treffen einen außerordentlichen Charakter, es nehme einen wichtigen Platz in der Geschichte der beiderseitigen Beziehungen ein. Man habe sich in einem ersten Gespräch aufgewärmt, jetzt bestünden sehr gute Aussichten für eine Einigung.

Gorbatschow berichtet über die Lage in der Sowjetunion und geht dabei zunächst auf den zurückliegenden Parteitag der KPdSU ein, der ihn an das Buch des amerikanischen Schriftstellers John Reed *Zehn Tage, die die Welt erschütterten* erinnert habe. Es ist das Buch eines Augenzeugen der Revolution von 1917. Gorbatschow zieht die Parallele zum elftägigen KPdSU-Parteitag, der außerordentlich wichtig gewesen sei, nicht nur für die Sowjetunion, sondern auch für Europa und die Welt. Alle Versuche aus ultraradikaler Ecke, der Partei einen Schlag zu versetzen, seien abgewehrt worden. Die dahinterstehenden Kräfte hätten eine deutliche Niederlage erlitten.

In der nächsten Woche stünden Entscheidungen über den Übergang zum Markt bevor. Der Ministerpräsident müsse im September dem Obersten Sowjet einen umfangreichen Aktionsplan vorlegen. Die Sommermonate würden also voller Aktivität sein. Gleichzeitig gehe es um die Erneuerung des Allunions-Vertrages. Tiefgreifende Veränderungen stünden bevor.

Gorbatschow würdigt die Verbürgung des Fünf-Milliarden-Kredites durch die Bundesregierung. Dieser »Schachzug« sei im richtigen Augenblick gekommen. Er schätze diesen Schritt der Bundesregierung deshalb sehr hoch ein. Der Bundeskanzler bedankt sich für ein außerordentlich gutes Gespräch. Jetzt sei ein historischer Augenblick in der Weltpolitik erreicht.

Gorbatschow lädt zum Mittagessen ein. Es findet in fast heiterer und fröhlicher Stimmung statt. Der sowjetische Präsident greift zum Wodkaglas und erklärt, der Wodka sei das einzige Produkt, das ökologisch noch in Ordnung sei. Ministerpräsident Ryschkow schlägt angesichts eines kurzen Wortwechsels über deutsches und sowjetisches Bier vor, gemeinsam Brauereien in der Sowjetunion zu bauen. Ebenso regt er trilaterale Wirtschaftsverhandlungen an. Die Sowjetunion habe 370 Rahmenverträge mit der DDR geschlossen, für die gemeinsame Regelungen gefunden werden müßten. Außerdem spricht er sich dafür aus, eine Vereinbarung über die Finanzierung der sowjetischen Truppen in der DDR ab 1991 zu treffen.

Es wird, wie immer bei offiziellen Essen in der Sowjetunion, sehr schnell gegessen – wer das Besteck aus der Hand legt, ist sofort seinen Teller los, auch wenn dieser noch nicht geleert ist. Zwischendurch stößt Gorbatschow auf den deutschen Fußballweltmeister an. Nach vierzig Minuten ist das Essen beendet.

Anschließend gehen beide auf Wunsch des Kanzlers vor die Presse. Ein solcher gemeinsamer Auftritt war vom Protokoll nicht vorgesehen. Da wir um zwei Uhr mit einem sowjetischen Sonderflugzeug nach Stavropol fliegen wollen, kann die Berichterstattung aber nur so sichergestellt werden.

Einleitend erklärt Gorbatschow, daß er dem Arbeitsbesuch des Bundeskanzlers in Moskau ganz große Bedeutung beimesse. Es sei eine sehr wichtige Etappe. Die Gespräche seien gerade erst in Gang gekommen. Man habe sich erst einmal aufgewärmt. Es sei deshalb zu früh, irgendein Fazit zu ziehen. Er bestätigt, daß die Atmosphäre gut sei und die Diskussion konstruktiv.

Sie hätten schon sehr große Fragen angesprochen und versucht, Nüsse beziehungsweise Nüßchen zu knacken, was ihnen auch gelingen werde, weil sie sehr gute Zähne hätten. Die persönlichen Beziehungen zwischen ihm und dem Kanzler erleichterten es, alle diese Fragen zu erörtern. Keiner einzigen solle ausgewichen werden, egal wie kompliziert und wie schwer sie sei. Der Beginn sei hoffnungsvoll.

Auf die Frage der NATO-Mitgliedschaft angesprochen, erklärt Gorbatschow, daß alles fließe. Im Laufe der letzten beiden Monate hätten sich sehr viele wesentliche Veränderungen ergeben. Sie eröffneten die Möglichkeit, ein neues Verständnis zu entwickeln.

Im Hinblick auf den Kaukasus erzählt Gorbatschow, daß beide Ehepaare im Bungalow in Bonn gesessen und darüber gesprochen hätten, bei den künftigen Besuchen einmal die jeweilige Heimat kennenzulernen. Es sei eine alte Verabredung, die jetzt verwirklicht werde. Im Kaukasus sei die Luft herrlich und mache die Gedanken klar.

Die Pressekonferenz, die eine knappe halbe Stunde dauert, verläuft sehr entspannt und teilweise im heiteren Zwiegespräch. Abschließend erklärt der Bundeskanzler, er sei optimistisch, daß noch in diesem Jahr die Zwei-plus-Vier-Gespräche abgeschlossen und die deutsche Einheit verwirklicht werden könnte.

Anschließend fahren wir im Konvoi zum Flugplatz. Im Wagen erzähle ich unserem Botschafter Klaus Blech und Dieter Kastrup kurz von dem Gespräch des Kanzlers mit Gorbatschow und deute an, daß in der Frage der NATO-Mitgliedschaft ein Durchbruch bevorstehe. Ich sage ihnen aber noch nicht, daß der Durchbruch schon erreicht ist. Ich möchte nicht, daß der Überraschungseffekt verloren geht. Der Bundeskanzler selbst muß als erster darüber sprechen.

Im Flugzeug nach Stavropol sitze ich neben Kwizinskij. Er ist wie immer ein äußerst angenehmer Gesprächspartner, inzwischen verstehen wir uns glänzend. Auch er fragt mich nach dem Verlauf des Gespräches zwischen Kohl und Gorbatschow. Ich erläutere ihm den Verlauf des Gespräches, gehe aber auch ihm gegenüber nicht auf Einzelheiten ein.

Nach zwei Stunden landen wir in Stavropol, einer Stadt mit 200 000 Einwohnern, 1 600 Kilometer südlich von Moskau. Gewitterwolken hängen am Himmel. Es ist sehr warm und schwül, die Luft scheint zu stehen. In einem langen Konvoi fahren wir in die Stadt, machen eine kurze Rundfahrt, bevor wir das Haus der Sowjets besichtigen. Dort hat Gorbatschow neuneinhalb Jahre lang gearbeitet. In seinem früheren Arbeitszimmer hängen Bilder von ihm und von Lenin. Er zeigt uns seinen alten Schreibtisch. Auf dem Vorplatz und am Denkmal zum Ruhme der gefallenen Helden, wo Kohl einen Kranz niederlegt, haben sich zahlreiche Russen eingefunden, die deutsche und sowjetische Fähnchen schwenken, darunter eine Reihe von Kriegsveteranen. Kohl und Gorbatschow schütteln viele Hände. Ein Veteran erklärt, er sei sehr zufrieden, daß Deutsche und Russen wieder in Frieden zusammenlebten, das sei sehr wichtig für ihn.

Gorbatschow erzählt von einem Spaziergang mit Schewardnadse, den er in Stavropol kennengelernt habe. Bei diesem Spaziergang 1979 seien sie sich einig gewesen, daß sie das Land retten müßten, weil alles verfault sei. Besonders deutlich sei ihnen das nach dem militärischen Einmarsch in Afghanistan geworden. Aus dieser Zeit des Leidens sei die Perestroika geboren worden.

Nach dem kurzen Stadtrundgang fahren wir zurück zum Flughafen von Stavropol. Von dort geht es mit großen Aeroflot-Hubschraubern in den Kaukasus. In dem großräumigen

Hubschrauber sitzen sich auf der einen Seite Genscher und Schewardnadse in bequemen Polstersesseln gegenüber, zwischen sich einen Holztisch. Auf der anderen Seite, auf einer gepolsterten Längsbank, sitzen Kwizinskij, Kastrup und ich. Während des Fluges reicht eine Stewardeß Tee und trockene Kekse. Ein Gespräch will nicht so recht aufkommen, dazu ist es auch zu laut.

Ich habe mich seitlich in die Ecke gesetzt, um besser aus dem Fenster sehen zu können. Die Sicht ist fabelhaft, Sonne liegt über dem weiten Land. Gelegentlich beschatten Wolken die unermeßlichen Getreidefelder, die sich unter uns ausdehnen. Flüsse schlängeln sich silbern durch die Landschaft. Die Ansiedlungen, die wir überfliegen, sind gesichtslos, Dörfer zumeist, die sich die einzige befestigte Straße entlangziehen. Die kleinen niedrigen Häuser sind von großen, intensiv bewirtschafteten Gärten umgeben. Größere Dörfer haben parallel zur Durchgangsstraße unbefestigte Wege mit weiteren Häuserreihen. Auf den Straßen sind nur gelegentlich einzelne Lastwagen zu erkennen. Man spürt die unendliche Größe und Weite dieses Landes. Welche Perspektive haben die Menschen in diesen Dörfern? Wann werden Gorbatschows Veränderungen und Reformen sie erreichen? Wie kann man die Probleme der Sowjetunion angesichts dieser Größe lösen?

Am späten Nachmittag landen wir in der Nähe eines riesigen Getreidefeldes, auf dem gewaltige Mähdrescher versetzt hintereinander fahren und die Ernte einbringen. Während wir aussteigen, stellen sie die Motoren ihrer Ungetüme ab; sie haben uns erwartet. Frauen und Männer kommen uns entgegen und reichen zur Begrüßung Brot und Salz. Gorbatschow zeigt Kohl, wie man von dem großen Laib ein Stück abbricht, mit Salz bestreut und ißt. Das braun gebackene Brot mit der dikken Kruste schmeckt sehr kräftig und leicht säuerlich.

Kohl und Gorbatschow unterhalten sich angeregt mit den Bauern, die freundlich, doch zurückhaltend reagieren. Ihre Gesichter sind von der schweren Arbeit gezeichnet und von der Sonne verbrannt, ihre Hände voller Schwielen. Gorbatschow ermuntert Kohl, auf einen der knallroten Mähdrescher zu steigen, die er in seiner Zeit angeschafft habe. Beide fahren einige Meter weit mit. Staub liegt in der Luft; es riecht nach geschnittenem Stroh.

Ich bin sicher, Kohl packt jetzt alle seine landwirtschaftlichen Kenntnisse aus, erzählt er doch immer wieder voller Stolz, einmal eine landwirtschaftliche Lehre angefangen zu haben. Doch auch Gorbatschow bewegt sich unter diesen Bauern natürlich und unbefangen. Er tritt dicht an sie heran, ergreift sie am Arm, zieht sie ins Gespräch. Er scheint sich wohl zu fühlen. Das Getreide steht prächtig. Wenn die Landwirtschaft im Nordkaukasus technisch besser ausgestattet und modernisiert wäre, könnte das Doppelte geerntet werden, erklärt Gorbatschow.

Nach einer halben Stunde brechen wir wieder auf. Wir überfliegen die Tschaapajew-Kolchose, deren Zustand auf einen Blick andeutet, vor welchen Problemen dieses Land steht. Das gedroschene Getreide wird auf Lastwagen verladen, zur Kolchose gefahren und dort unter freiem Himmel auf dem Hof gelagert. Tief hängende graue Wolken kündigen ein Gewitter an, oder es zieht gerade ab. Die Temperaturen auf dem Feld lagen sicherlich um 35 Grad, bei hoher Luftfeuchtigkeit. Man kann sich vorstellen, wie schnell bei Hitze und Regen das im Freien lagernde Getreide verdirbt. Ich erinnere mich an das Gespräch mit Gorbatschow im Mai in Moskau, als er mir selbst sagte, daß dreißig bis vierzig Prozent der Jahresernte verrotten. Unter uns liegt einer der Gründe.

Allmählich wird die Landschaft hügeliger und grüner. Wiesen und Wälder lösen die Felder ab. Wir nähern uns dem Kaukasus-Gebirge. Es geht immer höher hinauf, zwischen Bergketten hindurch. Sie sind dicht bewaldet, Laub- und Nadelhölzer wechseln sich ab; zeitweise scheinen sie fast zum Greifen nahe. Jetzt sieht man keine menschlichen Ansiedlungen mehr, die Landschaft ähnelt immer mehr den oberbayerischen Voralpen. Es ist eine unberührte Bergwelt, einsam und faszinierend zugleich. Trotz des Geräusches der Rotoren vermittelt sie den Eindruck ungeheurer Stille und Ruhe.

Am frühen Abend landen wir auf einer größeren Lichtung im engen Flußtal des Selemtschuk. Es ist atemberaubend schön. Die letzten Strahlen der Abendsonne fallen auf eine in voller Blüte stehende Bergwiese. Das Gras steht fast kniehoch, Blumen und Gräser von einer unglaublichen Vielfalt und Schönheit; es sind viele Arten dabei, die in Deutschland kaum noch zu finden sind. Raissa Gorbatschowa geht spontan in die

Wiese hinein, pflückt einige Blumen und reicht sie mit einem charmanten Lächeln Helmut Kohl. Alle sind begeistert. Gorbatschow strahlt über das ganze Gesicht. Die Luft ist kühl und klar. Die Berge – es sind Dreitausender – werfen erste Schatten. Am Horizont sind noch höhere Berge zu erkennen, teilweise mit Schnee bedeckt oder von Gletschern überzogen.

Wir gehen zu den wartenden Autos. Die Delegation ist sehr klein. Neben Kohl sind Genscher, Waigel und Klein dabei, von uns Mitarbeitern nur fünf: Kastrup, Haller, Neuer und ich, außerdem »Ecki« Seeber, der langjährige Fahrer des Kanzlers und »Mann für alles«.

Wir fahren nur einige hundert Meter weit, dann wird die Delegation aufgeteilt. Kohl und Gorbatschow beziehen das Haus, das, umgeben von wunderschönen Wiesen, mitten auf der Lichtung steht. Wir Mitarbeiter werden in einem Erholungsheim untergebracht. Ich genieße den etwa 200 Meter langen Fußweg, erfüllt von der klaren Luft und fasziniert von den prachtvollen Wiesen. Das Zimmer ist spartanisch eingerichtet. Es gibt weder warmes Wasser noch einen Tisch, und die Tür schließt nicht.

Als ich zum Haus des Bundeskanzlers gehe, ist die Sonne bereits untergegangen. Die Berge wirken wie graue Ungetüme, der Himmel ist stahlblau. Eine unglaubliche Stille liegt über der Lichtung, nur die Stimmen der Sicherheitsbeamten und ihre Funkgeräte sowie das ferne Rauschen des Gebirgsflusses sind zu hören.

Das Jagdhaus ist schlicht eingerichtet: Möbel aus hellem Kiefernholz, im Eingang steht neben dem grasgrünen Läufer eine ausgestopfte Bergziege und eine Schuhputzmaschine. Kohls Apartment ist einfach aber komfortabel eingerichtet. Ich trete auf den Balkon hinaus. Kohl hat es sich bereits bequem gemacht, die Krawatte abgenommen und seine Strickjacke angezogen. Wir gehen vor das Haus und warten auf das Ehepaar Gorbatschow. Auch sie haben sich umgezogen. Der Präsident sieht außerordentlich flott aus. Er trägt eine schicke beige Freizeithose und darüber einen dunkelblauen eleganten Pullover mit aufgesticktem Skifahrer, Raissa einen Hosenanzug.

Wir gehen den Weg zum Fluß hinab: ein reißender Gebirgsbach mit vielen Stromschnellen. Die Abenddämmerung, die dunklen Schatten der Bäume und Berge, der wolkenlose Himmel, die frische Abendluft, das Tosen des Wassers – alles vermittelt Wohlbehagen, ein Glücksgefühl. Alle sind heiter und fröhlich, es wird gescherzt und gelacht. Gorbatschow steigt zum Fluß hinunter, was nicht ganz ungefährlich ist. Unten angekommen, streckt er Kohl die Hand entgegen und fordert ihn auf, ihm zu folgen. Alle anderen bleiben oben stehen und schauen auf die beiden Männer hinab, die ein Bild großen Einvernehmens vermitteln, eines Einvernehmens auch mit der grandiosen Bergwelt und mit der Naturgewalt des reißenden Flußes. Kaum vorstellbar, daß wir noch schwierige politische Dinge zu diskutieren haben. Wieviel schöner wäre es, auf Forellenfang zu gehen oder einen der umliegenden Berge zu besteigen.

Wenige Meter vom Fluß entfernt steht eine aus Baumstämmen gefertigte Tischgruppe. Kohl, Gorbatschow und Genscher nehmen daran Platz. Ein launiger Wortwechsel hebt an, alle lachen, nicht immer ist der Dolmetscher zu verstehen. Aber jeder spürt die Fröhlichkeit, die Herzlichkeit des Umgangs miteinander. Fast ist es, als hätten sich Freunde hier oben getroffen, um gemeinsam ein paar Stunden in dieser wilden Naturlandschaft zu verbringen. Wir gehen zurück zum Haus. Das Abendessen ist gerichtet, die Bergluft hat uns hungrig gemacht.

Auch während des Abendessens bleibt die Atmosphäre gelöst. Gorbatschow erzählt, er habe einmal von einer Deutschen ein Gedicht gelernt: »O Tannenbaum«. Das Gespräch wechselt zwischen ernsthaften politischen Themen und lustigen Anekdoten hin und her.

Beim Wodka macht Gorbatschow sich selbst darüber lustig, daß er in seiner Anfangszeit als Generalsekretär den Fehler begangen habe, den Wodka verbieten zu wollen, und erzählt einen Witz: Nach seinem Verbot habe es nur noch wenige Läden in Moskau gegeben, wo legal Alkohol eingekauft werden durfte. Vor diesen Geschäften hätten sich immer sehr lange Schlangen gebildet. Einmal sei große Unruhe entstanden, weil sich ein Mann immer stärker erregte, daß er solange anstehen müsse: Das habe man nur Gorbatschow zu verdanken. Man sollte ihn dafür umbringen. Auch die Umstehenden empörten sich mehr und mehr und forderten den Mann auf, seinen Worten Taten folgen zu lassen. Darauf ging dieser zum Kreml, kehrte aber schon nach kurzer Zeit wieder zurück. Die noch immer Wartenden fragten voller Spannung, ob er Gorbatschow umgebracht habe. Das sei leider nicht möglich gewesen, antwortete der Mann: vor dem Kreml sei die Schlange noch länger.

Gorbatschow erläutert, daß die schwierigste Aufgabe für ihn darin bestehe, das Bewußtsein der Menschen zu verändern. Sie liefen jetzt vor der Freiheit fort, die sie zuerst selbst gefordert hätten. Man müsse sie aber dazu bringen, Verantwortung zu übernehmen. Ausführlich berichtet er vom KPdSU-Parteitag. Jeden Abend habe er mit Bauern, Parteisekretären der Grundorganisationen und Arbeitern bis Mitternacht diskutiert. Das sei härter als der Parteitag selbst gewesen. Damit habe er aber wohl den Umschwung bewirkt.

Raissa Gorbatschowa sitzt neben ihrem Mann. Sie beteiligt sich immer wieder an der Diskussion, wirkt dabei offen, direkt, sehr sympathisch und nie aufdringlich. Zwischen ihr und ihrem Mann scheint wirkliches Einverständnis zu herrschen.

Am Ende des Essens bittet Gorbatschow den Bundeskanzler und die Minister, sich noch einmal ohne Mitarbeiter zusammenzusetzen, um die morgigen Gespräche vorzubereiten. Abends um elf Uhr verabschieden sich Gorbatschow, Schewardnadse und Sitarjan. Anschließend sitzen Kohl, Genscher, Waigel, Klein und wir Mitarbeiter noch bis Mitternacht zusammen und trinken gemeinsam ein Bier, Büchsenbier von Löwenbräu aus München.

Auf dem Weg zurück zu meinem Zimmer genieße ich die nächtliche Kühle, den nachtblauen Himmel mit seinen Sternen, die schwarzen Silhouetten der Berge und das Rauschen des Wildbaches. Nur die Sicherheitsbeamten stören die nächtliche Idylle.

In meinem Zimmer angekommen bereite ich die Erklärung für die morgige Pressekonferenz des Bundeskanzlers vor. Auf dem Bett sitzend schreibe ich einen ersten Entwurf und hoffe, daß ich alle Themen so aufnehme, wie Kohl und Gorbatschow sie morgen abschließend regeln werden. Der Kanzler will den Entwurf noch vor dem Frühstück haben. Es ist kurz vor zwei Uhr, als ich das Licht lösche.

Montag, 16. Juli 1990

Am frühen Morgen kniee ich vor meinem Bett und schreibe in großen Druckbuchstaben den endgültigen Entwurf der Presseerklärung für den Kanzler. Eine Schreibmaschine steht nicht zur Verfügung. Es war uns nicht erlaubt worden, eine Sekretärin nach Archiz mitzunehmen. Anschließend eile ich zu Kohl, der auf dem Balkon sitzt und den prächtigen Morgen genießt. Er ist mit meinem Text einverstanden, der nach Abschluß der Gespräche ohnehin noch einmal überarbeitet werden muß.

An einem langen Tisch, an dem wir zunächst gemeinsam gefrühstückt haben, sitzen wir uns beim Delegationsgespräch gegenüber: Auf deutscher Seite der Kanzler, Genscher, Waigel, Klein, Botschafter Blech, Kastrup, Haller, Neuer, der Dolmetscher Weiß und ich. Auf sowjetischer Seite Gorbatschow, Schewardnadse, der stellvertretende Ministerpräsident Sitarjan, Kwizinskij, Botschafter Terechow, Sprecher Maslennikow und Dolmetscher Kurpakow.

Der Bundeskanzler spricht eingangs von dem langfristigen Vertrag zwischen dem geeinten Deutschland und der Sowjetunion; Gorbatschow bezeichnet es als völlig natürlich und in der Logik der Geschichte und der Realitäten liegend, daß sie beide einen solchen Vertrag anstrebten. Die Sowjetunion habe schon heute die umfangreichsten Beziehungen im Westen mit der Bundesrepublik. Beide sind sich einig, daß mit einem solchen Vertrag eine langfristige Perspektive für die deutsch-sowjetischen Beziehungen eröffnet werden sollte.

Anschließend spricht Kohl die Zwei-plus-Vier-Verhandlungen an, deren zentrales Ziel für ihn die volle Souveränität des wiedervereinigten Deutschland sei. Sehr rasch besteht Übereinstimmung, daß das Ergebnis der Zwei-plus-Vier-Gespräche ein völkerrechtlich verbindliches Dokument sein müsse. Das geeinte Deutschland werde die heutige Bundesrepublik, die DDR und Berlin umfassen. Gorbatschow wiederholt noch einmal die Bedingungen: Verzicht des geeinten Deutschland auf ABC-Waffen, die Nicht-Ausdehnung der militärischen Strukturen der NATO auf das Gebiet der heutigen DDR und den Abschluß eines separaten Vertrages über den Aufenthalt der sowjetischen Truppen auf dem Territorium der DDR.

Genscher weist darauf hin, daß das abschließende Dokument das Recht der Deutschen einschließen müsse, sich entsprechend der KSZE-Schlußakte einem Bündnis seiner Wahl anschließen zu können, wobei es klar sei, daß die Deutschen die volle Mitgliedschaft in der NATO wollten. Die Reaktion von Gorbatschow zeigt erfreuliche Konsequenz: Wenn Deutschland die volle Souveränität habe, sei das selbstverständlich. Man solle aber die NATO nicht ausdrücklich erwähnen. Als Kohl zusammenfaßt, daß die volle Souveränität des geeinten Deutschland das Recht zur Bündniszugehörigkeit enthalte und daß damit die NATO gemeint sei, was aber nicht ausdrücklich betont werden müsse, stimmt Gorbatschow kommentarlos zu.

Er bezeichnet die Frage des Aufenthalts sowjetischer Truppen auf dem Gebiet der DDR als einen der wichtigsten Punkte, der in einem zeitlich begrenzten separaten Vertrag geregelt werden und mit der Verpflichtung verbunden sein müsse, die NATO-Strukturen nicht auszudehnen. Die Souveränität des vereinigten Deutschland werde dadurch nicht in Frage gestellt. Jetzt faßt Genscher die Position zusammen und Gorbatschow stimmt zu. Das wiederholt sich von Punkt zu Punkt. Nach Abschluß jedes Themas erfolgt eine einvernehmliche Zusammenfassung.

Als nächstes spricht Gorbatschow die Verpflichtung Deutschlands an, die Strukturen der NATO nicht auf DDR-Gebiet zu erweitern, solange dort sowjetische Truppen stationiert seien. Dann sei es für ihn leichter, in der Sowjetunion Verständnis dafür zu finden, daß das vereinigte Deutschland das Recht habe, sein Bündnis zu wählen, und daß dies die NATO sei. Es sei klar, daß das vereinigte Deutschland in der NATO bleibe. Die vorgeschlagene Lösung sei mit der Wiederherstellung der Souveränität des vereinigten Deutschland verbunden.

Kohl und Genscher halten gemeinsam fest, daß diese Einschränkung nur für die Zeit der sowjetischen Präsenz gelte. Nach Abzug der sowjetischen Truppen sei es Sache des souveränen Deutschland, wie es sich entscheide. Beide Seiten seien sich jedoch darüber klar, daß die dann zu treffenden Maßnahmen auch die Ergebnisse der Wiener Abrüstungsverhandlungen berücksichtigen müßten. Deutschland werde jedoch in seiner Entscheidungsfreiheit nicht eingeschränkt sein. Gorbatschow stimmt dem zu, während Schewardnadse wünscht, daß auch nach Abzug der sowjetischen Truppen gegen den Willen der Sowjetunion die NATO-Strukturen sich nicht auf das Gebiet der heutigen DDR erstrecken dürften, was vor allem für die Stationierung nuklearer Systeme gelten solle.

Gorbatschow schlägt als Lösung vor, man solle von dem gemeinsamen Verständnis ausgehen, daß sowohl die Frage der NATO-Mitgliedschaft als auch die der Ausweitung des NATO-Gebietes nach Abzug der sowjetischen Truppen eine Angelegenheit allein des vollständig souveränen Deutschland sei, ohne daß das ausdrücklich niedergeschrieben werde. Die Sowjetunion gehe dabei davon aus, daß ihre Sicherheit nicht beeinträchtigt und Nuklearwaffen nicht stationiert würden. Es bestehe Einvernehmen darüber, daß eine gesamtdeutsche Bundeswehr auch auf dem ehemaligen Gebiet der DDR stationiert werden könne. Letzteres sei ebenfalls Ausdruck der vollen Souveränität Deutschlands.

Nächster Punkt ist der Aufenthalt der Streitkräfte der Vier Mächte in Berlin. Man einigt sich darauf, daß die Streitkräfte der Vier Mächte nach Herstellung der deutschen Souveränität auf der Grundlage bilateraler Vereinbarungen für die Dauer der Anwesenheit der sowjetischen Streitkräfte auf dem Gebiet der heutigen DDR in Berlin verbleiben. Truppenstärke, Ausrüstung und Bewaffnung sollen den heutigen Stand nicht überschreiten. Die deutschen Truppen auf dem Gebiet der heutigen DDR werden für diese Zeit nicht in die NATO integriert. Erneut stimmt Gorbatschow der Zusammenfassung zu und ergänzt, es müsse sichergestellt werden, daß in diesen Raum nicht die NATO mit nuklearen Waffen oder NATO-Stützpunkten einziehe.

Genscher stellt klar, daß es keine Zonen unterschiedlicher Sicherheit geben dürfe und daß das auch für das Gebiet der heutigen DDR gelten müsse. Deshalb werde sich die Schutzgarantie der NATO unabhängig von der Stationierung von NATO-Truppen auf ganz Deutschland erstrecken. Auch dem stimmt Gorbatschow zu. Ausdrücklich wird festgehalten, daß Artikel 5 und 6 des NATO-Vertrages mit der Wiederherstellung der Souveränität für ganz Deutschland gelten.

Der Bundeskanzler faßt erneut zusammen, daß für die

Dauer der Präsenz der sowjetischen Truppen Soldaten der Bundeswehr in der ehemaligen DDR stationiert, aber nicht in die NATO integriert sein dürfen und fügt hinzu, daß es auch in Berlin Bundeswehrverbände geben könne. Genscher bekräftigt noch einmal, daß vor dem Abzug sowjetischer Truppen nur nicht-integrierte Verbände der Bundeswehr auf dem Gebiet der heutigen DDR stationiert sein sollten. Danach könnten auch der NATO unterstellte Truppen dorthin verlegt werden. Gorbatschow bejaht dies, fügt jedoch hinzu, daß keine ausländischen Truppen und keine Nuklearwaffen dorthin verlegt werden dürften, was Kohl noch einmal bestätigt.

Die nächste Frage betrifft die voraussichtliche Dauer der Präsenz sowjetischer Truppen auf dem DDR-Territorium. Gorbatschow spricht von fünf bis sieben Jahren, während der Kanzler ihn an seine gestrige Aussage von drei bis vier Jahren erinnert. Das sei realistischer, sagt der Kanzler, und verspricht Unterstützung für die Umschulung und Unterbringung der Soldaten. Darüber äußert Gorbatschow sich befriedigt.

Das Gespräch wendet sich jetzt den Fragen der wirtschaftlichen Zusammenarbeit zu. Es geht vor allem um die Verpflichtungen der DDR gegenüber der UdSSR. Sitarjan weist auf das Problem des Unterhalts der sowjetischen Streitkräfte in der DDR hin. Der Sowjetunion koste das den Gegenwert von sechs Millionen Tonnen Erdöl pro Jahr. Diese Kosten würden sich nach der Einigung noch erhöhen. Gorbatschow drängt auf eine Lösung, damit bei den Soldaten keine Unruhe entstehe, die sich auf die ganze Armee auswirken könne. Waigel verweist auf die Zusage der Bundesregierung, Vertrauensschutz für die RGW-Länder zu gewähren.

Gorbatschow zeigt die großen wirtschaftlichen Chancen für die Bundesrepublik in der Sowjetunion auf. Die Sowjetunion habe keine Angst vor einer Abhängigkeit von Deutschland. Dieses dürfe umgekehrt auch keine solchen Ängste hegen. Kohl bekräftigt, daß die Sowjetunion der wichtigste Partner der Deutschen im Osten sei. Mit dem umfassenden Vertrag solle eine neue Qualität der Beziehungen eingeleitet werden, um aus dem Teufelskreis der jüngsten Geschichte herauszutreten. Er unterstreicht noch einmal das Interesse an dem Erfolg Gorbatschows und seiner Reformen. Er selbst werde sich, wie zuletzt in Dublin und in Houston, weiter um eine

Unterstützung der Reformpolitik im Westen bemühen, da Deutschland allein damit überfordert sei.

Gorbatschow faßt nun seinerseits das Ergebnis zusammen. Ministerpräsident Ryschkow werde einen Brief an den Bundeskanzler über die Verträge von DDR-Unternehmen mit sowjetischen Partnern schreiben. Als weiteren Punkt spricht er die sowjetischen Liegenschaften in der DDR an. Auch hier sei eine Regelung erforderlich. Kohl erklärt sich zu Verhandlungen bereit.

Als der Kanzler auf die Frage der Dauer des Aufenthalts sowjetischer Truppen auf dem heutigen DDR-Territorium zurückkommt, einigen sich beide auf einen Zeitraum von drei bis vier Jahren. Zwei Verträge sollen geschlossen werden, einer über die Präsenz der sowjetischen Truppen und ein Überleitungsvertrag über deren Abzug.

Der nächste Punkt ist die Frage der zukünftigen Obergrenze der gesamtdeutschen Streitkräfte. Schewardnadse nennt die Zahl 350 000. Genscher erläutert die deutsche Position: Die Bundesregierung sei bereit, in Wien eine Erklärung abzugeben, daß innerhalb eines Zeitraums von vier Jahren die Streitkräfte auf 370 000 reduziert werden sollten, beginnend mit Inkrafttreten des VKSE-Vertrages. In den Folgeverhandlungen (VKSE Ia) sollten sich alle 23 Staaten der NATO und des Warschauer Paktes verpflichten, über nationale Höchststärken zu verhandeln und gleichzeitig zusichern, bis dahin die bestehenden Truppen nicht zu verstärken. Die Bundesregierung sei bereit, in Wien ihre Reduzierung völkerrechtlich verbindlich zu erklären. Die Zahl 370 000 enthalte auch die Seestreitkräfte. Der Kanzler ergänzt, daß die Reduzierung der Bundeswehr an den Abzug der sowjetischen Truppen aus Deutschland gekoppelt sei. Innerhalb dieses Zeitraums werde die Bundeswehr auf 370 000 Mann reduziert.

Kohl hatte mir gestern abend noch gesagt, daß Gorbatschow ihn, als sie auf dem Flug von Moskau nach Stavropol allein zusammengesessen hätten, gefragt habe, wie weit er die Bundeswehr reduzieren wolle. Er habe daraufhin die Zahl 370 000 genannt und von Gorbatschow zur Antwort bekommen, daß er eine größere Reduzierung erwartet habe. Als er dem Präsidenten die Gründe dargelegt habe, warum er nicht unter 370 000 gehen könne und wolle, habe dieser nicht weiter darauf bestanden. Auch heute erklärt sich Gorbatschow einverstanden.

Genscher spricht die Grenzregelung mit Polen an. Polen erwarte, daß die deutsche Souveränität erst dann hergestellt werde, wenn der Grenzvertrag zwischen Deutschland und Polen abgeschlossen sei. Damit könne die Bundesregierung nicht einverstanden sein. Das gleiche gelte auch für die Forderung Polens, daß die Bundesrepublik innerstaatliches Recht ändern müsse, da es hier um souveränes Recht der Deutschen gehe. Ebensowenig sei die polnische Forderung annehmbar, daß die Grenzen zwischen dem vereinigten Deutschland und Polen grundsätzlicher Bestandteil einer Friedensregelung für Europa würden. Auf die Frage Genschers, ob man sich in der Sache einig sei, stimmt Schewardnadse zu.

Zum Schluß erklärt sich Gorbatschow auf eine entsprechende Bitte Kohls bereit, die Lage der Sowjetdeutschen zu regeln. Die Gespräche darüber sollen fortgesetzt werden.

Abschließend verständigt man sich darüber, was anschließend der Presse gesagt werden soll. Der Kanzler faßt das Gesamtergebnis anhand der von mir vorbereiteten Presseerklärung zusammen. Gorbatschow ist einverstanden.

Helmut Kohl lädt das Ehepaar Gorbatschow zu einem Gegenbesuch in die Bundesrepublik und in seine Heimat Ludwigshafen ein. Gorbatschow nimmt diese Einladung an. Er erklärt befriedigt, sie hätten in den letzten zwei bis drei Monaten doch einen langen Weg zurückgelegt.

Nach vier Stunden endet ein Gespräch, dessen sensationelles Ergebnis lautet: Gorbatschow hat überraschenderweise zugestimmt, daß nach der Einigung Deutschlands sofort Verbände der Bundeswehr auf dem ehemaligen Territorium der DDR und in Berlin stationiert und diese nach Abzug der sowjetischen Truppen in die NATO integriert werden können. Außerdem gilt vom Tag der Einigung an die Beistandsverpflichtung der NATO für ganz Deutschland. Das bringt uns Positionen zurück, die beispielsweise in der Genscher/Stoltenberg-Erklärung vom Februar und in vielen Stellungnahmen anderer deutscher Politiker längst aufgegeben worden waren. Das große Ziel ist erreicht! Nach dem Durchbruch gestern in Moskau sind jetzt alle Fragen über den künftigen militärischen Status des geeinten Deutschland geklärt. Nun gibt es keinen

Zweifel mehr, daß Deutschland am Tag seiner Vereinigung die volle Souveränität nach innen und nach außen zurückerhalten wird. Es war Gorbatschow persönlich, assistiert von Schewardnadse, der die großen Entscheidungen getroffen hat.

Ein erfreulicher Aspekt war das Zusammenwirken zwischen Kohl und Genscher, das heute reibungslos ineinandergriff und keinerlei Differenzen erkennen ließ.

Ein leichter Erschöpfungszustand macht sich breit. Alle Fragen sind einvernehmlich gelöst. Welch' ein Erfolg!

Nach einer kurzen Pause wird das Mittagessen serviert. Es gibt den angekündigten und von Gorbatschow gerühmten kaukasischen Spieß. Gestern abend hatten er und Schewardnadse noch versprochen, daß unten am Fluß gemeinsam gegrillt werden sollte. Das vierstündige Delegationsgespräch hat diese Absicht jedoch vereitelt.

Ich habe mich zurückgezogen und überarbeite aufgrund der heutigen Ergebnisse die Presseerklärung des Kanzlers. Erfreulicherweise muß ich nur wenig ändern.

Anschließend fliegen wir nach Mineralnie Wodi (zu deutsch: Mineralwasser). Ich sitze wieder mit Genscher und Schewardnadse im Hubschrauber. Beide sprechen schon über die morgen in Paris beginnende dritte Runde der Zwei-plus-Vier-Gespräche. Genscher geht es vor allem darum, die Unterstützung Schewardnadses gegen Polen zu erreichen. Dieser zeigt sich sichtlich unlustig und will sich aus der Sache möglichst heraushalten.

Vom Flughafen Mineralnie Wodi fahren wir in die Stadt Gelesno Wogsk, wo uns eine riesige Menschenmenge erwartet. Wenige hundert Meter vor dem Sanatorium Shelesnowodsk, wo die gemeinsame Pressekonferenz stattfinden soll, hält die Kolonne an. Bad in der Menge: Diesmal ist die Begeisterung der Menschen wesentlich größer als in Stavropol.

Als die Pressekonferenz beginnt, ist der Saal überfüllt, die Luft stickig, es herrscht knisternde Spannung. Gorbatschow bezeichnet die Begegnung mit dem Bundeskanzler als Teil einer intensiven Suche nach Lösungen in einer Zeit, in der sich Europa und die Welt in einer entscheidenden Phase der Entwicklung befinden. Die Journalisten könnten hoffen, interessante Nachrichten zu erhalten, stellt er fest, und übergibt das Wort an den Kanzler.

Kohl charakterisiert die zweitägige Begegnung mit Gorbatschow als einen neuen Höhepunkt in der Geschichte der deutsch-sowjetischen Beziehungen. Das gelte für die Dichte und Intensität der Gespräche in Moskau, im Flugzeug und in der Heimat Gorbatschows. Die Einladung nach Archiz habe er als besondere Geste des Präsidenten verstanden. Das gegenseitige Vertrauen sei vertieft worden, die Gespräche von Offenheit, von gegenseitigem Verständnis und von persönlicher Sympathie geprägt gewesen. Die besondere Bedeutung des Zusammentreffens liege aber in den Ergebnissen selbst.

Kohl spricht von weitreichenden Fortschritten und von einem Durchbruch, der möglich geworden sei, weil beide Seiten sich der Verantwortung bewußt seien, die aus den historischen Veränderungen entstehe. Gorbatschow und er seien bereit, sich dieser geschichtlichen Herausforderung zu stellen und ihr gemeinsam gerecht zu werden. Sie hätten jetzt die große, vielleicht einmalige Chance, die Zukunft des Kontinents auf Dauer friedlich, sicher und frei zu gestalten. Die deutsch-sowjetischen Beziehungen seien für die Zukunft beider Völker und für das Schicksal Europas von zentraler Bedeutung.

Der Bundeskanzler gibt bekannt, daß er und Gorbatschow vereinbart hätten, unmittelbar nach der Einigung Deutschlands einen umfassenden und grundlegenden zweiseitigen Vertrag zu schließen, der die Beziehungen auf allen Gebieten dauerhaft und gutnachbarlich regeln werde, die so auf eine Basis von Stabilität, Berechenbarkeit, Vertrauen und gemeinsamer Zukunft gestellt würden.

Die Sensation ist perfekt, als Kohl das Ergebnis von Moskau und Archiz in acht Punkten bekanntgibt:
1. Die Einigung Deutschlands umfaßt die Bundesrepublik, die DDR und Berlin.
2. Nach Vollzug der Einigung werden die Viermächterechte und -verantwortlichkeiten vollständig abgelöst. Das geeinte Deutschland erhält zum Zeitpunkt seiner Vereinigung seine volle und uneingeschränkte Souveränität.
3. In Ausübung dieser uneingeschränkten Souveränität kann das geeinte Deutschland frei und selbst entscheiden, ob und welchem Bündnis es angehören will.

Der Kanzler ergänzt, er habe die Auffassung der Bundesregierung deutlich gemacht, daß das geeinte Deutschland Mitglied des Atlantischen Bündnisses sein möchte.
4. Das geeinte Deutschland wird mit der Sowjetunion einen zweiseitigen Vertrag zur Abwicklung des Truppenabzugs aus der DDR schließen, der innerhalb von drei bis vier Jahren beendet sein soll. Gleichzeitig wird ein Überleitungsvertrag über die Auswirkungen der Einführung der D-Mark in der DDR abgeschlossen werden.
5. Die NATO-Strukturen werden nicht auf das Territorium der ehemaligen DDR ausgedehnt, solange dort noch sowjetische Truppen stationiert sind. Die sofortige Anwendung von Artikel 5 und 6 des NATO-Vertrages bleibt davon von Anfang an unberührt. Nichtintegrierte Verbände der Bundeswehr können ab sofort nach der Einigung Deutschlands auf dem Gebiet der heutigen DDR und in Berlin stationiert werden.
6. Für die Dauer der Präsenz sowjetischer Truppen auf dem ehemaligen DDR-Territorium sollen die Truppen der drei Westmächte in Berlin verbleiben.
7. Die Bundesregierung wird in den laufenden Wiener Verhandlungen eine Verpflichtungserklärung abgeben, die Streitkräfte eines geeinten Deutschland innerhalb von drei bis vier Jahren auf eine Personalstärke von 370 000 Mann zu reduzieren. Damit soll mit Inkrafttreten des ersten Wiener Abkommens begonnen werden.
8. Ein geeintes Deutschland wird auf Herstellung, Besitz und Verfügung von ABC-Waffen verzichten und Mitglied des Nichtverbreitungsvertrages bleiben.

Mit jedem Punkt nimmt das Raunen der Journalisten vernehmlich zu. Die Überraschung ist riesengroß. Kohl fährt fort, diese gemeinsame Verabredung sei eine sehr gute Ausgangsposition, um die äußeren Aspekte der deutschen Einigung im Rahmen der Zwei-plus-Vier-Gespräche rechtzeitig und erfolgreich abschließen zu können. Abschließend bedankt er sich bei Gorbatschow und seiner Frau Raissa für die herzliche Gastfreundschaft. Das persönliche Vertrauen sei weiter gewachsen. Kohl spricht ausdrücklich Genscher und Schewardnadse Anerkennung für die erfolgreiche Vorarbeit aus.

Gorbatschow unterstreicht die Bedeutung der zahlreichen Gipfeltreffen während der vergangenen Monate für das jetzt erreichte Ergebnis. Er hebt besonders den NATO-Gipfel hervor, der ein historischer Wendepunkt und Voraussetzung dafür gewesen sei, das zu erreichen, worüber der Kanzler soeben berichtet habe. Die Ergebnisse des Treffens brächten die Positionen beider Seiten zusammen. Er bekräftigt noch einmal, daß das vereinigte Deutschland die volle Souveränität erhalten solle. Das schließe auch die Entscheidung darüber ein, welchen Bündnissen es angehören und welche Beziehungen es pflegen wolle. Das sei ein Kennzeichen der vollen Souveränität. Ob die Sowjetunion es wolle oder nicht, so werde doch einmal die Zeit kommen, in der das vereinigte Deutschland der NATO angehören werde, wenn seine Wahl so ausfalle.

Über die Aufenthaltsdauer und die Bedingungen für den Aufenthalt der sowjetischen Streitkräfte sei Klarheit erreicht worden. Man gehe davon aus, daß die NATO-Strukturen nicht auf das Gebiet der ehemaligen DDR ausgedehnt würden. Die sowjetischen Streitkräfte sollten planmäßig in einer vereinbarten Frist abgezogen werden. Es sei über drei bis vier Jahre gesprochen worden – danach sollten dort keine Atomwaffen und keine ausländischen Truppen stationiert werden.

Zusammenfassend erklärt Gorbatschow, daß das Erreichte konstruktiven Charakter habe und die Interessen beider Seiten und beider Völker wiederspiegele. Im Frage- und Antwortspiel mit den Journalisten spricht Gorbatschow von der Politik als der Kunst des Möglichen. Wer Widersprüche suche, werde sie auch finden. Die Sowjetunion könne dem deutschen Volk nicht bestreiten, was sie anderen zubillige. Deutschland habe aus der Geschichte gelernt. Das komme in der Erklärung des Bundeskanzlers zum Ausdruck, daß von deutschem Boden nie wieder Krieg ausgehen werde.

Nach der Pressekonferenz und zahlreichen Interviews geht es zurück zum Flughafen Mineralnie Wodi. Die Verabschiedung ist ungewöhnlich herzlich. Müde, doch überglücklich besteigen wir das Flugzeug.

Dienstag, 17. Juli 1990

Die Stimmung in Bonn ist glänzend. Aus dem In- und Ausland kommen telefonische Glückwünsche – Simon Wiesenthal und Prinz Louis Ferdinand von Preußen sind unter den Gratulanten, worüber sich Kohl besonders freut. Die Presse ist heute überwältigend: »Kohl im Glück« – »Kohls großer Erfolg« – »Der Besuch des Bundeskanzlers in der UdSSR hat historischen Rang«, »Der Durchbruch«.

Sichtlich beflügelt geht Helmut Kohl vor die Bundespressekonferenz. Deren Vorsitzender eröffnet sie in ungewöhnlicher Weise: »Herr Bundeskanzler, wir enthalten uns, wie Sie wissen, an dieser Stelle jeglicher Kritik und jeden Lobes. Aber das einhellige Echo in den Zeitungen legitimiert mich doch wahrscheinlich, Ihnen herzliche Glückwünsche zu dem Erfolg Ihrer Reise auszusprechen.« Erstmals spenden alle Journalisten im überfüllten Saal Beifall und klopfen mit ihren Bleistiften auf die Schreibpulte.

Der Bundeskanzler faßt das Ergebnis von Archiz zusammen. Im Gegensatz zur Pressekonferenz mit Gorbatschow sind es heute nicht acht, sondern zehn Punkte, weil wir die Gespräche von Moskau und Archiz noch einmal systematisiert haben. Der Zufall will, daß es erneut zehn Punkte geworden sind. Kohl gibt außerdem erstmals öffentlich bekannt, daß er davon ausgeht, daß am ersten Sonntag im Dezember die gesamtdeutschen Wahlen stattfinden werden.

Nachmittags telefoniert der Bundeskanzler mit Präsident Bush und unterrichtet ihn über seine Gespräche mit Gorbatschow. Bush zeigt sich sehr beeindruckt und gratuliert ihm zu der hervorragenden »leadership«, dem ausgezeichneten Ergebnis, das allen Auftrieb gebe. Kohl könne stolz auf seine Leistung sein.

In einem Telegramm übermittelt auch Margaret Thatcher dem Kanzler ihre herzlichsten Glückwünsche. Die Zustimmung Gorbatschows zur NATO-Mitgliedschaft eines geeinten Deutschland sei ein gewaltiger Schritt nach vorne im Interesse Europas und des ganzen Westens.

Kohl unterrichtet in ausführlichen Briefen Mitterrand, Thatcher und Andreotti über die Gesprächsergebnisse in der Sowjetunion.

In Paris findet gleichzeitig das dritte Außenministertreffen im Rahmen der Zwei-plus-Vier-Gespräche unter zeitweiliger Beteiligung des polnischen Außenministers statt. Genscher hat die Gelegenheit, die drei westlichen Kollegen über die Ergebnisse von Moskau und Archiz zu informieren. Alle Teilnehmer des Treffens gehen davon aus, daß die Kernfragen gelöst sind. Deshalb sollen die Gespräche am 12. September 1990 in Moskau abgeschlossen werden. Man ist zuversichtlich, daß die Zwei-plus-Vier-Gespräche noch vor dem KSZE-Gipfel im November in Paris beendet sind und das abschließende Dokument unterzeichnet werden kann, das die deutsche Vereinigung und die volle Souveränität für das vereinigte Deutschland ermöglicht.

Mittwoch, 18. Juli 1990

Eduard Ackermann ist begeistert vom Erfolg der gestrigen Pressekonferenz; dem Bundeskanzler wird bestätigt, daß er ohne Triumphgefühle und Triumphgebärde souverän und gelassen aufgetreten sei.

Im Kabinett stellt der Kanzler fest, daß der Bundesrepublik international eine neue Qualität zugewachsen sei. Das geeinte Deutschland entstehe ohne Gewalt und mit Zustimmung aller Nachbarn. Europa habe jetzt eine große Chance für eine friedliche Zukunft.

Genscher berichtet in der anschließenden Sitzung des Kabinettsausschusses Deutsche Einheit, daß bei den Verhandlungen in Paris eine Einigung mit Polen erreicht worden sei. Drei polnische Forderungen hätten auf dem Tisch gelegen: Deutschland solle erst nach Ratifizierung des Grenzvertrages die volle Souveränität erhalten, die Grenzregelung müsse als »Bestandteil einer europäischen Friedensregelung« bezeichnet werden und die Bundesregierung habe innerdeutsche Gesetze zu ändern. Alle drei Forderungen seien mit dem Hinweis ausgeräumt worden, daß mit der abschließenden völkerrechtlichen Regelung im Zwei-plus-Vier-Dokument auch die endgültige Anerkennung der polnischen Westgrenze verbunden sei. Einigkeit bestehe auch darüber, daß es für die Bundeswehr auf dem Territorium der ehemaligen DDR weder hinsichtlich der Zahlen noch der Ausrüstung Einschränkungen geben werde. Die Vernunft gebiete es jedoch, keine große Wanderung von West nach Ost zu vollziehen.

Donnerstag, 19. Juli 1990

Auch die sowjetische Presse ist positiv. Sie stellt fest, daß die prinzipiellen Fragen, die die äußeren Aspekte der deutschen Vereinigung betreffen, praktisch gelöst seien. Die *Iswestija* schreibt, daß Moskau den einzig möglichen und vernünftigen Schritt in der gegebenen Situation getan habe. Es habe schließlich das Recht der Völker auf Selbstbestimmung anerkannt. Im Rahmen der zwischen beiden Staatsmännern erzielten Vereinbarungen habe die Sowjetunion reale Sicherheit und Partner gewonnen, die zu wirtschaftlicher Unterstützung bereit seien. Es gehe nicht länger darum, wer Gewinner oder Verlierer sei: Der Osten und der Westen hätten den »Kriegspfad« verlassen und den Weg des Vertrauens und der Zusammenarbeit eingeschlagen.

Nach langer Zeit sitzen wir abends wieder einmal in kleiner Runde auf der Terrasse des Kanzler-Bungalows. Helmut Kohl ist völlig entspannt. Große Ereignisse liegen hinter uns, und morgen beginnt der Urlaub.

Diplomatisches Nachspiel

Montag, 13. August 1990

Ende der Ferien. In den zurückliegenden Wochen sind zwei entscheidende Entwicklungen eingetreten. Die Verhandlungen zum Einigungsvertrag laufen planmäßig. Gleichzeitig verschlechtert sich die wirtschaftliche Lage in der DDR weiterhin dramatisch. Der *Spiegel* kündigte am 8. August den Zusammenbruch der DDR an.

Das zweite, bedrohliche Ereignis: die militärische Intervention Iraks am 2. August in Kuwait. Ein neuer Konflikt beherrscht die internationale Szene. Die sofortige Reaktion der USA und ihr energisches Engagement verdeutlichen, wie froh wir sein können, daß die wichtigsten außenpolitischen Fragen im Zusammenhang mit der deutschen Einigung geklärt sind. In der ersten Hälfte des Jahres waren die Energien der Weltmächte praktisch ausschließlich auf Deutschland konzentriert. Unser Glück war, daß kein anderes entscheidendes Ereignis die Aufmerksamkeit unseres amerikanischen Partners ablenkte. Ich frage mich, ob es uns gelungen wäre, die notwendigen Entscheidungen im Rahmen des amerikanisch-sowjetischen Gipfels, des Sondergipfels der NATO und des Weltwirtschaftsgipfels so reibungslos durchzusetzen, wenn etwa der Golf-Konflikt zwei Monate früher begonnen hätte.

Für uns gilt es jetzt, die Vereinbarungen von Moskau und Archiz mit der Sowjetunion vertraglich umzusetzen. Die Federführung für den Generalvertrag und für den Vertrag über den Abzug der sowjetischen Truppen sowie für die Verträge mit den drei Westmächten über die Stationierung von Streitkräften in Berlin liegt beim Auswärtigen Amt, die Federführung für den Überleitungsvertrag beim Finanzminister.

Der Bundeskanzler hat bereits zugestimmt, daß alle diese Verträge mit der Sowjetunion bilateral ausgehandelt werden sollen. Die DDR-Regierung wird über das Ergebnis rechtzeitig unterrichtet werden, um sich anschließen zu können. Trilateral sollen dagegen die Fragen verhandelt werden, die die Zusammenarbeit der Unternehmen in der DDR mit sowjetischen Betrieben betreffen.

Mittags telefoniere ich mit Ministerpräsident de Maizière, der bestätigt, daß die Lage in der DDR sich zuspitzt. Er sei froh, wenn alles bald vorüber sei. Ich versuche, ihm Mut zuzusprechen: er habe eine historische Aufgabe zu meistern. Fast resigniert antwortet er, es habe wohl einer ganz oben gewollt, daß er sich an diesem Platz befinde. Ich bin betroffen, wie niedergeschlagen de Maizière ist. Offensichtlich fühlt er sich von den gewaltigen Aufgaben fast überfordert – was nur zu verständlich ist.

Die Debatte über die Finanzierung der Einheit hält an. Theo Waigel stellt in einem Interview im ZDF noch einmal fest, daß man sich entscheiden müsse, ob man die Einheit durch Sonderopfer, Sonderabgaben, neue Steuern oder mit Hilfe einer wachsenden Volkswirtschaft finanzieren wolle. Der zweite Weg sei der richtige. Schützenhilfe erhält er vom SPD-Bundestagsabgeordneten Herbert Ehrenberg, der Berater der Ministerin für Arbeit und Soziales der DDR ist und öffentlich äußert, daß es höchstwahrscheinlich ohne Steuererhöhungen gehe.

Dienstag, 14. August 1990

Mittags treffe ich zu einem zweistündigen Gespräch mit Ivan Milas, einem Abgeordneten des kroatischen Parlaments und persönlichen Vertrauten des Präsidenten Franjo Tudjman im Hotel Steigenberger zusammen. Ich führe das Gespräch außerhalb des Bundeskanzleramtes und ohne Wissen des Auswärtigen Amtes. Als ich früher einmal die Aufnahme politischer Kontakte auf Länderebene zu Litauen empfohlen habe, habe ich von dort nur Ablehnung erfahren. Doch ich will mir auch heute die Möglichkeit nicht nehmen lassen, Gespräche dieser Art zu führen. Das Treffen ist als privat deklariert, doch halte ich dieses Gespräch, zu dem die Initiative von kroatischer Seite ausging, für wichtig. Die Entwicklung in Jugoslawien ist besorgniserregend, und die möglichen Auswirkungen auf die ganze Region dürfen auch wir nicht unterschätzen.

Milas übermittelt den Wunsch des Präsidenten nach enger Zusammenarbeit mit der Bundesrepublik. Die Kroaten richteten sich ausschließlich auf Deutschland aus. Ihr Wunsch sei es, daß die Bundesrepublik ihre Souveränität anerkenne, die sie in eine neue jugoslawische Konföderation einbringen wollten. Wir vereinbaren, in Kontakt zu bleiben.

Mittwoch, 15. August 1990

Immer mehr drängt in der Öffentlichkeit der Golf-Konflikt das Thema deutsche Einheit in den Hintergrund. Bundeskanzleramt, Auswärtiges Amt, Verteidigungs- sowie Wirtschafts- und Finanzministerium sind jetzt intensiv dabei, die vielfältigen Verträge und Vereinbarungen mit den Vier Mächten rechtzeitig unter Dach und Fach zu bringen. Parallel dazu laufen die Verhandlungen mit der DDR über den Einigungsvertrag. So unterrichtet mich heute Dieter Kastrup über seine zweitägigen Gespräche mit Julij Kwizinskij in Moskau zur Vorbereitung der bilateralen Verträge und zum Stand der Zwei-plus-Vier-Verhandlungen. Die Sowjetunion strebe zwei Verträge über Stationierung beziehungsweise Abzug an, einen, der die sowjetischen Truppen in der heutigen DDR betreffe, einen anderen für Berlin, berichtet Kastrup. Während Genscher bereit ist, diesem sowjetischen Wunsch zu entsprechen, erhebe ich Bedenken, da eine solche Trennung bisher nicht dem Verständnis Moskaus entsprochen habe.

Im Hinblick auf die Zwei-plus-Vier-Gespräche sei es noch offen, ob die Sowjetunion einer vorzeitigen Suspendierung der Rechte und Verantwortlichkeiten der Vier Mächte am Tag der Einheit zustimmen werde, obwohl das gemeinsame Abschlußdokument erst später, nach Ratifikation durch alle Teilnehmer, in Kraft treten werde. Die drei Westmächte hätten dem bereits grundsätzlich zugestimmt.

Nachmittags sprechen wir mit Rudolf Seiters zum ersten Mal darüber, wie der Tag der deutschen Einheit gestaltet werden soll. Ich rege ein riesiges Volksfest in Berlin an und schlage vor, die Staats- und Regierungschefs aller Vier Mächte einzuladen.

Samstag, 18. August 1990

Gestern sind die zweitägigen Gespräche Genschers in Moskau zu Ende gegangen. Er äußert sich zuversichtlich, daß für alle Seiten akzeptable Ergebnisse hinsichtlich des Schlußdokuments der Zwei-plus-Vier-Verhandlungen gefunden werden können. Zur Sache selbst gebe es keine grundsätzlichen Meinungsverschiedenheiten mehr. Auch die sofortige Suspension der Viermächterechte habe Schewardnadse nicht ausgeschlossen.

Beide Seiten haben außerdem Entwürfe eines Vertrages über Partnerschaft, gute Nachbarschaft und Zusammenarbeit ausgetauscht und bereiten Entwürfe zum Vertrag über Abzug und Aufenthalt sowjetischer Truppen vor. Die sowjetische Seite hat erneut ihren Vorschlag vom 13. August zu einem Vertrag über umfassende Zusammenarbeit in Wirtschaft, Industrie, Wissenschaft und Technik zur Sprache gebracht. Die Bundesregierung ist grundsätzlich zu einem solchen Vertrag bereit; Wirtschaftsminister Haussmann wird die Verhandlungen führen. Über diese Verträge wie auch den Überleitungsvertrag über finanzielle Fragen soll bis zum 12. September, dem Tag des Abschlusses der Zwei-plus-Vier-Verhandlungen, Einvernehmen erzielt werden.

Montag, 20. August 1990

Der Bundeskanzler ist aus dem Urlaub zurück. Er telefoniert als erstes mit EG-Kommissionspräsident Jacques Delors. Kohl betont erneut, daß die deutsche Einheit unter keinen Umständen in Zusammenhang mit einer Erhöhung der EG-Mittel für Deutschland gebracht werden dürfe. Sein Interesse war von Anfang an, anderen EG-Staaten nicht den Vorwand zu bieten, über eine solche Diskussion den Einigungsprozeß zu erschweren. Daran hält er kompromißlos fest.

Delors sagt zu, er werde morgen vor der Presse deutlich machen: Die deutsche Einheit wird vollzogen, ohne daß Geldmittel der Gemeinschaft erhöht und die vorgesehenen Mittel vor allem für Griechenland, Italien und Portugal geschmälert werden.

Nachmittags berichtet Genscher dem Kanzler von seinen Gesprächen in Moskau. Er unterstützt den sowjetischen Wunsch, zwei getrennte Verträge zur Frage des Abzugs sowjetischer Truppen aus der DDR und aus Berlin abzuschließen. Meine Bedenken, daß dies aus Gründen der politischen Optik den drei Westmächten, die wir ausdrücklich um Verbleiben in Berlin gebeten hätten, schwer zu vermitteln sei, weist er zurück. Kohl schließt sich der Position Genschers an.

Mittwoch, 22. August 1990

Nachmittags telefoniert der Bundeskanzler mit Präsident Bush. Wie sehr hat sich doch die Lage verändert: Mit keinem Wort ist mehr von deutschen Fragen die Rede! Es geht ausschließlich um die Lage im Golf. Kohl berichtet, daß sich gestern die Außenminister im Rahmen der WEU und der EPZ (Europäische Politische Zusammenarbeit) getroffen hätten. Er habe Genscher gebeten, in beiden Sitzungen deutlich zu machen, daß die USA in dieser Lage mit der vollen Unterstützung und Solidarität der Bundesrepublik rechnen könnten. Er selber habe Gespräche über eine Änderung des Grundgesetzes aufgenommen, weil dies bisher kein militärisches Engagement der Bundeswehr außerhalb des NATO-Gebietes zulasse. Für eine Grundgesetzänderung sei allerdings eine Zweidrittel-Mehrheit erforderlich, die angesichts der Haltung der Opposition im Bundestag nur sehr schwer zu erreichen sein werde. Sein Ziel sei es, das Grundgesetz dahingehend zu ändern, daß die Bundeswehr künftig im Rahmen entsprechender Beschlüsse der UNO tätig werden könne. Ihm gehe es darum, öffentlich deutlich zu machen, daß Solidarität keine Einbahnstraße sein dürfe.

Donnerstag, 23. August 1990

Der Kanzler spricht im Bundestag zur »Beitrittserklärung der Volkskammer der DDR«. Heute nacht ist in Ost-Berlin mit einer Mehrheit von mehr als achtzig Prozent der abgegebenen Stimmen der Beitritt der DDR zum Geltungsbereich des Grundgesetzes gemäß Artikel 23 GG mit Wirkung vom 3. Oktober 1990 beschlossen worden. Kohl begrüßt, daß endlich

Klarheit darüber geschaffen worden sei, wann die Einheit Deutschlands vollendet sein werde. Was jetzt vor sich gehe, sei in der neueren Geschichte Europas ohne Beispiel. Es geschehe ohne Krieg, ohne blutige Revolution und Gewalt und in vollem Einvernehmen mit den Freunden, Partnern und Nachbarn in West und Ost.

Gleichzeitig verweist er auf die außergewöhnlichen Herausforderungen, die jetzt auf Deutschland zukämen. Vierzig Jahre Herrschaft des realen Sozialismus könnten nicht in wenigen Wochen überwunden werden. Der Wiederaufbau der DDR sei nicht eine Frage von Tagen und Monaten, sondern von Jahren.

Freitag, 24. August 1990

In Ost-Berlin spricht Helmut Kohl vor der CDU-Volkskammerfraktion: Für ihn erfülle sich ein Traum, wenn er an dieser Stelle zu seinen Freunden sprechen dürfe. Er sei gekommen, um allen Abgeordneten seinen Dank und seinen besonderen Respekt für das auszusprechen, was sie getan hätten. Das gelte vor allem für de Maizière und Krause. Aus seiner Bekanntschaft mit beiden sei Freundschaft entstanden.

Kohl scheint von dem Augenblick überwältigt zu sein. Seine Sätze kommen abgehackt, er springt von einem Gedanken zum anderen.

Ausführlich geht er auf die wirtschaftlichen Probleme ein: Er habe immer gesagt, daß es ganz große Schwierigkeiten geben werde. Ohne Opfer sei die Einheit nicht möglich. Diejenigen, die ihn ständig aufforderten, öffentlich zu Opfern aufzurufen, gehörten häufig zu denjenigen, die selbst am wenigsten dazu bereit seien. Es gebe in der Bundesrepublik viel Heuchelei. Er bleibe jedoch bei seiner Behauptung, daß es gelingen werde, die neuen Bundesländer in wenigen Jahren zu blühenden Landschaften zu entwickeln. Man müsse den Menschen nur die Chance dazu geben. Es reiche nicht, Solidarität zu beschwören. Sie müsse praktisch erbracht werden. Die Bundesrepublik habe die höchsten Zuwachsraten im Bruttosozialprodukt. Wann, wenn nicht jetzt, könne die deutsche Einheit finanziert werden?

Der Kanzler fordert die Abgeordneten auf, Kurs zu halten. Die CDU dürfe keine Politik betreiben, den Finger naß zu machen und in den Wind zu halten. Sein alter Ziehvater in der Politik habe ihm einmal gesagt, wer Hahn auf dem Kirchturm sein wolle, müsse jeden Wind ertragen.

Montag, 27. August 1990

Genscher erhält einen Brief von Schewardnadse, der sich dafür bedankt, daß die Verhandlungen über die in Archiz vereinbarten Verträge so schnell begonnen hätten. Es dürfe keine Zeit verlorengehen, damit das Dokument der »Sechs« beim bevorstehenden Treffen am 12. September in Moskau unterzeichnet werden könne. Schewardnadse spricht dann einige sowjetische Besorgnisse aus. Die Militärs seien der Meinung, daß der Abzug ihrer Truppen aus der DDR technisch nicht innerhalb von drei bis vier Jahren, sondern frühestens in fünf bis sieben Jahren abgeschlossen sein könne. Das sei eine besonders brisante Frage. Er erinnert außerdem daran, daß Gorbatschow in Archiz den Abzug der Truppen an den Umfang der materiellen und finanziellen Unterstützung der deutschen Seite gekoppelt habe. Die deutschen Vorschläge dazu seien jedoch noch völlig unzureichend. Wenn keine Lösungen gefunden werden könnten, müßten die Termine für den Truppenabzug geändert werden.

Ein zweites Problem sei der Generalvertrag. Mit den Formulierungsvorschlägen für die Artikel zur Sicherheit und zu den neuen Bedingungen für wirtschaftliche und wissenschaftlich-technische Zusammenarbeit seien sie unzufrieden; die bloße Wiederholung früher benutzter Formulierungen reiche nicht aus.

Als letzten Punkt spricht Schewardnadse das Zwei-plus-Vier-Abschlußdokument an. Er fordert Genscher auf, eine Reihe weitergehender Festlegungen Deutschlands in Sicherheitsfragen zu akzeptieren. Das seien Investitionen in die Zukunft und stelle keine Beeinträchtigung der deutschen Souveränität dar.

Dienstag, 28. August 1990

Abends treffe ich zu einem mehr als einstündigen Gespräch mit dem stellvertretenden sowjetischen Außenminister Julij

Kwizinskij im Bundeskanzleramt zusammen. Er berichtet mir, daß Schewardnadse ihn beauftragt habe, dieses Gespräch mit mir zu führen; er komme aufgrund ernster Besorgnis. Die Lage in der Sowjetunion spitze sich zu. Angesichts der Beratungen über den zukünftigen Unionsvertrag und über die grundlegende Wirtschaftsreform wolle Schewardnadse darauf aufmerksam machen, daß sich die sowjetische Führung in einer kritischen Situation befinde. Vor diesem Hintergrund bereite ihnen der Stand der Verhandlungen über den Abzugsvertrag besondere Sorge. Die Haltung der sowjetischen Militärs sei sehr kritisch. Wenn es keine Mittel für Transportkosten, für neue Wohnungen und für den Aufenthalt sowjetischer Truppen in der DDR gebe, könne man einen Aufstand in der Sowjetarmee nicht ausschließen. Auch Kwizinskij spricht von einer Frist bis zu sechs Jahren für den Abzug.

In Bezug auf den bilateralen politischen Vertrag unterstreicht Kwizinskij das sowjetische Interesse, die neue Qualität der Beziehungen stärker hervorzuheben. Besonderes Gewicht solle auf Sicherheit, Gewaltverzicht und Nichtangriff und auf wirtschaftliche, technologische und wissenschaftliche Zusammenarbeit gelegt werden. Der Sowjetunion gehe es um eine weitreichende Zusammenarbeit. Sie wolle sich auf Deutschland »abstützen«: Die privilegierte Zusammenarbeit müsse deutlicher werden.

Als ziemlich erfolgreich bezeichnet Kwizinskij die Gespräche mit Kastrup über das Abschlußdokument zu den Zwei-plus-Vier-Gesprächen. Ein besonderes Anliegen von Schewardnadse sei die Aussage, daß von deutschem Boden zukünftig nur noch Frieden ausgehe. Der Oberste Sowjet müsse den Eindruck gewinnen können, daß das geeinte Deutschland die »Inkarnation der Friedensliebe« sei.

Kwizinskij meint, es wäre für die sowjetische Führung äußerst hilfreich, wenn der Generalvertrag noch vor dem 3. Oktober von der Bundesregierung, der DDR-Regierung und der sowjetischen Regierung paraphiert und unmittelbar nach Vollzug der Einigung Deutschlands unterschrieben würde. Das wäre auch deshalb von Vorteil, weil Frankreich über einen vergleichbaren Vertrag mit der Sowjetunion verhandele, der noch im Oktober beim Besuch von Gorbatschow in Paris unterschrieben werden solle.

Das Gespräch hinterläßt den Eindruck, daß die sowjetische Seite versucht nachzubessern.

Mittwoch, 29. August 1990

Aufgrund meines gestrigen Gespräches mit Kwizinskij trifft sich der Bundeskanzler heute mittag mit Genscher, Waigel und Haussmann, um über die sowjetischen Klagen zu sprechen. Sie einigen sich, daß der Generalvertrag mit der Sowjetunion am 12. September paraphiert und Gorbatschow noch im Herbst zur Unterschrift nach Bonn eingeladen werden soll. Eine längere Diskussion entsteht über die Frage, in welcher Größenordnung die Bundesregierung Mittel für den Wohnungsbau für die zurückkehrenden sowjetischen Soldaten zur Verfügung stellen solle. Genscher weist darauf hin, daß Moskau in dieser Frage ebenfalls eine Entscheidung vor dem 12. September erwarte. Kohl entscheidet, daß die Bundesregierung in der Frage des Wohnungsbaus großzügig verfahren, in der Frage der Stationierungskosten dagegen hart bleiben solle.

Donnerstag, 30. August 1990

Erneut ruft Präsident Bush an, um den Kanzler über die jüngsten Entwicklungen am Golf zu unterrichten. Er weist vor allem auf die hohen Kosten hin, die den USA durch das Embargo und die Truppenverlegungen entstünden. Die steigenden Ölpreise und die allgemeine Verschlechterung der wirtschaftlichen Lage bringe vor allem die Türkei, Ägypten, Jordanien, einige Länder Osteuropas, Pakistan, Indien, Marokko und die Philippinen in eine Notlage.

Bush bittet Kohl, in der nächsten Woche Baker zu empfangen, der amerikanische Überlegungen zur wirtschaftlichen und finanziellen Unterstützung überbringen werde. Er zeigt Verständnis dafür, daß Deutschland durch die Wiedervereinigung bereits hoch belastet sei. Die Kostenfragen müßten dennoch gemeinsam gelöst werden, um den Druck auf den Irak aufrechtzuerhalten.

Abends kommt der sowjetische Botschafter Terechow zu mir, dem ich im Auftrag des Kanzlers ein Memorandum von Landwirtschaftsminister Kiechle über eine neue Nahrungsmittelaktion für die Sowjetunion übergebe. Es enthält ein umfassendes Lieferprogramm von landwirtschaftlichen Produkten aus der DDR im Wert von rund einer Milliarde D-Mark an die Sowjetunion. Mit dieser Aktion helfen wir gleichzeitig der Landwirtschaft in der DDR und den Menschen in der Sowjetunion.

Genscher gibt heute vor dem VKSE-Plenum in Wien in Absprache mit der Regierung der DDR eine bindende Erklärung der Bundesregierung ab, in der sie sich verpflichtet, die Streitkräfte des vereinten Deutschland innerhalb von drei bis vier Jahren auf eine Gesamtstärke von 370 000 Mann zu reduzieren. Diese Verringerung soll mit dem Inkrafttreten des ersten VKSE-Vertrages beginnen. Genscher erläutert, daß die Bundesregierung in dieser Verpflichtung einen bedeutsamen deutschen Beitrag zur Reduzierung der konventionellen Streitkräfte in Europa sehe. Sie gehe davon aus, daß in Folgeverhandlungen auch die anderen Verhandlungsteilnehmer ihren Beitrag zur Festigung von Sicherheit und Stabilität in Europa durch Maßnahmen zur Begrenzung der Personalstärken leisten werden.

Mit dieser Verpflichtung werden die Streitkräfte des künftigen vereinten Deutschland, legt man die bisherige Friedens-Sollstärke von Bundeswehr und NVA zugrunde, um fast die Hälfte vermindert.

Freitag, 31. August 1990

Einziger Tagesordnungspunkt der heutigen Kabinettssitzung ist der »Vertrag über die Herstellung der Einheit Deutschlands – Einigungsvertrag«. Heute nacht sind die Verhandlungen darüber zum Abschluß gekommen. Der Bundeskanzler bedankt sich bei allen Mitwirkenden; sie hätten phantastische Arbeit geleistet.

Mittags unterzeichnen Wolfgang Schäuble und Günther Krause in Anwesenheit von Lothar de Maizière in Ost-Berlin den Einigungsvertrag. Damit ist die Rechtsgrundlage für ein geeintes Deutschland nach dem Beitritt am 3. Oktober geschaffen worden, und es sind die Voraussetzungen gegeben, die Phase zwischen dem Tag der Einheit am 3. Oktober und den gesamtdeutschen Wahlen am 2. Dezember zu überbrücken.

Montag, 3. September 1990

Mittags telefoniere ich mit Jacques Attali. Ich schlage ihm für den bevorstehenden deutsch-französischen Gipfel eine gemeinsame politische Erklärung des Bundeskanzlers und des Präsidenten vor. Eine solche Demonstration der Gemeinsamkeit wäre gerade jetzt im Zusammenhang mit der bevorstehenden Einigung Deutschlands ein wichtiges außenpolitisches Signal. Jacques bezeichnet meinen Vorschlag als eine glänzende Idee. Er geht – wie immer – davon aus, daß wir ihm einen Entwurf zuleiten. Wir arbeiten bereits daran.

Wie sehr die Golfkrise jetzt in den Tagesablauf des Bundeskanzlers eingreift, zeigen zwei Besuche von heute. Mittags empfängt er den israelischen Verteidigungsminister Moshe Arens. Am Nachmittag trifft er mit König Hussein von Jordanien zusammen.

Dienstag, 4. September 1990

Am späten Vormittag ruft mich der Kanzler zu einem Gespräch mit Genscher hinzu, der nach wie vor dafür eintritt, den Generalvertrag mit der Sowjetunion am 12. September anläßlich des letzten Zwei-plus-Vier-Ministergespräches in Moskau zu paraphieren. Dagegen hat der Kanzler Bedenken erhoben, weil er eine neuerliche polnische Verstimmung befürchtet, wenn die Bundesregierung jetzt bereit wäre, noch vor der Einigung einen Vertrag mit der Sowjetunion zu paraphieren, was sie im Falle Polens ja strikt abgelehnt hat. Genscher teilt diese Befürchtung nicht, weil der Vertrag mit der Sowjetunion etwas anderes sei als der Grenzvertrag mit Polen. Außerdem werde der Vertrag mit der Sowjetunion von der DDR-Regierung nicht mitparaphiert werden. Genscher schlägt außerdem vor, daß der Generalvertrag mit der Sowjetunion noch im Oktober von Kohl und Gorbatschow unterzeichnet werden solle. Damit solle erreicht werden, daß er noch vor dem französisch-sowjetischen Vertrag unterschrieben werde.

Ich verweise noch einmal auf die mögliche negative Reaktion der Polen, wenn wir mit der Sowjetunion einen Vertrag paraphierten, während die polnische Regierung von uns noch nicht erfahren konnte, wann wir bereit seien, die Verhandlungen aufzunehmen. Deshalb rege ich an, Mazowiecki sofort einen Brief zu schreiben und die Bereitschaft anzukündigen, Verhandlungen aufzunehmen. Kohl und Genscher stimmen dem zu.

Später schickt mir der Bundeskanzler den Durchschlag eines Briefes an Genscher, in dem er sich einverstanden erklärt, daß der Generalvertrag eine Aussage über Nicht-Unterstützung eines Angreifers enthalte, wie sie von sowjetischer Seite gewünscht werde. Die Formulierung müsse jedoch so ausfallen, daß jede Nähe zum Hitler-Stalin-Pakt oder zu den Verträgen, die die DDR mit der Sowjetunion abgeschlossen habe, unmißverständlich vermieden werde.

Mittwoch, 5. September 1990

Mittags unterrichtet Präsident Bush den Bundeskanzler über seine Ziele beim Gipfeltreffen mit Gorbatschow am kommenden Sonntag in Helsinki. Er will sich vor allem der weiteren sowjetischen Unterstützung für internationale Anstrengungen gegen Saddam Hussein versichern; die sowjetische Politik sei bisher außerordentlich hilfreich gewesen.

Außerdem wolle er dieses Treffen auch für einen neuen Vorstoß bei den Abrüstungsverhandlungen – insbesondere in Wien – nutzen und einige regionale Fragen ansprechen. Bush teilt mit, er wolle auch noch einmal bekräftigen, daß die Zwei-plus-Vier-Ministergespräche am 12. September in Moskau zum Abschluß kommen müßten. Seine besondere Sorge sei, daß die Sowjetunion weitere Begrenzungen bezüglich der deutschen NATO-Mitgliedschaft über das bereits Vereinbarte hinaus fordern könnte. Er will den Kanzler nach dem Gipfel selbst über die Ergebnisse unterrichten.

Nachmittags treffe ich im Auftrag des Bundeskanzlers erneut mit Terechow zusammen. Wir sind uns einig, daß derzeit die umfassendsten, dichtesten und vielfältigsten Verhandlungen zwischen der Sowjetunion und der Bundesrepublik stattfinden, die es je gegeben habe. Allerdings stünden sie unter einem enormen Zeitdruck, der jedoch am Ende hilfreich sein werde. Das gelte für die Zwei-plus-Vier-Verhandlungen ebenso wie für jene über die vier bilateralen Verträge. Hinzu komme das Abkommen über die Lieferungen landwirtschaftlicher Produkte, das Kiechle vorgeschlagen habe.

Das Abkommen über die wirtschaftliche Zusammenarbeit werfe keine Probleme auf. Schwieriger sei der Überleitungsvertrag. Es gebe Übereinstimmung über die Themen; über die Inhalte selber sei jedoch noch keine Einigung erreicht. Terechow spricht davon, daß Moskau für die Stationierungskosten während der vier Jahre 3,5 Milliarden D-Mark erwarte, außerdem Transportkosten in Höhe von drei Milliarden, 11,5 Milliarden für den Bau von 72 000 Wohnungen sowie der notwendigen Infrastruktur wie Kindergärten, Geschäften, Apotheken, 500 Millionen für das Aus- und Fortbildungsprogramm, 17 bis 17,5 Milliarden D-Mark für die sowjetischen Liegenschaften in der DDR.

Ich erwidere, daß der Bundeskanzler die finanziellen Leistungen der Bundesregierung auf den Wohnungsbau konzentrieren wolle und dafür bereit sei, sechs Milliarden D-Mark zur Verfügung zu stellen, womit alle Forderungen abgegolten sein sollten. Darüber wolle Kohl aber selbst noch mit Gorbatschow telefonieren.

Donnerstag, 6. September 1990

Nachmittags telefoniert der Kanzler mit Präsident Bush und unterrichtet ihn, daß er für das Gespräch mit Jim Baker bei sich zu Hause ein Hilfsangebot für die USA, für Ägypten, Jordanien und für die Türkei vorbereitet habe. Er fügt hinzu, daß es ihn persönlich sehr belaste, daß die Bundesrepublik nach so viel Solidarität, die sie von den USA erfahren habe, jetzt nicht mehr tun könne.

Danach unterrichtet Kohl Bush über den Stand der Verhandlungen mit der Sowjetunion. Er bittet in diesem Zusammenhang den Präsidenten, wie schon im Mai, alles zu tun, damit der Gipfel in Helsinki auch für Gorbatschow erfolgreich verlaufe.

Heute schreibt der Bundeskanzler den mit Genscher verabredeten Brief an Ministerpräsident Mazowiecki. Er bietet ihm einen Gesprächstermin für den 8. November zu einem nichtprotokollarischen Treffen in der Nähe der deutsch-polnischen Grenze an. Dann seien die Landtagswahlen in der DDR vorüber, und sie hätten die Möglichkeit, sowohl über die beiden Verträge zur Grenzfrage als auch über die umfassende Ausgestaltung der Beziehungen zu sprechen.

Mit diesem Terminvorschlag versucht Kohl, gegenüber Polen Zeit zu gewinnen. Er will verhindern, daß die Verhandlungen über die beiden Verträge vor der Bundestagswahl aufgenommen werden, um keine unnötigen Diskussionen der Vertriebenen vor der Wahl zu provozieren.

Wirtschaftsminister Haussmann teilt dem Kanzler heute schriftlich mit, daß er die Verhandlungen mit dem stellvertretenden Ministerpräsidenten Sitarjan über einen umfassenden Wirtschaftsvertrag einvernehmlich abgeschlossen habe. Es liege ein paraphierungsfähiger Text vor. Der erste von den vier bilateralen Verträgen mit der Sowjetunion ist also unter Dach und Fach.

Freitag, 7. September 1990

Der Bundeskanzler telefoniert mit Gorbatschow, der einleitend feststellt, daß das Leben für ihn – wie für den Bundeskanzler – nicht einfach sei, wenn es gelte, Überzeugungen zu ändern. Es ist der erste direkte Kontakt nach dem Gespräch in Archiz, an das Kohl sofort anknüpft: es sei für ihn vor allem auch wegen der menschlichen Beziehung, die sich zwischen ihnen beiden entwickelt hätte, ein besonders wichtiges Treffen gewesen. Gorbatschow bestätigt das: für ihn sei es das gewaltigste Gespräch gewesen, das sie beide je geführt hätten. Sie hätten jetzt viele Aufgaben zu lösen, an die sie beide mit großer Verantwortung herangehen müßten. Er hoffe aber, daß sie noch einmal die Zeit finden würden, in großer Ruhe gemeinsam in den Bergen zu wandern.

Beide stimmen darin überein, daß die Verhandlungen über den Generalvertrag zufriedenstellend verlaufen und sie ihn bald nach der Einigung Deutschlands unterzeichnen sollten.

Schwierigkeiten hätten sich jedoch beim Überleitungs- sowie beim Abzugsvertrag ergeben.

Der Bundeskanzler unterbreitet Gorbatschow ein finanzielles Gesamtangebot in einer Größenordnung von acht Milliarden D-Mark und empfiehlt, den Schwerpunkt auf den Wohnungsbau zu legen. Gorbatschow reagiert sehr hart: diese Zahl führe in eine Sackgasse. Nach sowjetischen Berechnungen müsse man für den Wohnungsbau mit dazugehöriger Infrastruktur allein elf Milliarden veranschlagen. Wenn man die Transportkosten und die Aufenthaltskosten für die Truppen dazurechne, sei die Summe noch beträchtlich höher. Darüber müsse man offen miteinander reden, weil alles organisch miteinander verbunden sei und dieser Zusammenhang für die sowjetische Seite unauflöslich bleibe. Es ist offensichtlich, daß Gorbatschow dem Kanzler deutlich machen will, daß das Abschlußdokument der Zwei-plus-Vier-Verhandlungen ohne Ergebnis der bilateralen Verträge und ohne Lösung der finanziellen Fragen gefährdet sein könnte.

Kohl antwortet, daß bei gutem Willen auf beiden Seiten ein Weg gefunden werden könne. Gorbatschow bezeichnet die Situation als sehr alarmierend. Es sei jetzt wichtig, den Knoten zu zerschlagen. Der Kanzler bekräftigt seine Absicht, sich darum zu bemühen. Um seinen guten Willen zu unterstreichen, verweist er auf die gegenwärtig in Moskau stattfindenden Verhandlungen über die Lieferung von Nahrungsmitteln und Konsumgütern im Wert von rund einer Milliarde D-Mark. Beide wollen das Wochenende nutzen, um noch einmal über die aufgetretenen Schwierigkeiten nachzudenken und vereinbaren, am Montag erneut miteinander zu telefonieren.

Dieses Telefongespräch war wirklich dramatisch. Gorbatschow versuchte überraschend hart, Druck auszuüben, um den Kanzler zu weiteren finanziellen Zugeständnissen zu bewegen. Über das Angebot von acht Milliarden D-Mark war er sichtlich enttäuscht. Damit ist aber auch deutlich geworden, daß das finanzielle Paket für Gorbatschow ein zentraler Bestandteil des Gesamtergebnisses ist, das er zu Hause vorweisen will und vermutlich auch muß. Ich bin mir sicher, daß unser Angebot nicht das letzte Wort sein kann.

In Ost-Berlin geht heute die letzte Beamtenrunde der Zweiplus-Vier-Gespräche zu Ende. Bis auf zwei Punkte ist das Abschlußdokument fertig. Die Sowjets wollen unter Berufung auf eine angebliche Absprache mit dem Bundeskanzler durchsetzen, daß nicht nur keine ABC-Waffen, sondern auch keine doppelt verwendbaren Trägersysteme auf heutigem DDR-Gebiet zugelassen werden. Das würde die Stationierung von Flugzeugen und großrohriger Artillerie ausschließen. Der zweite Punkte ist die Frage, ob alliierte Truppen, die nicht in der DDR stationiert sind, dort Manöver abhalten dürfen.

Der Bundeskanzler bleibt dabei, daß er mit Gorbatschow nur vereinbart habe, daß konventionelle Streitkräfte auf dem heutigen Gebiet der DDR stationiert werden dürften, ABC-Waffen jedoch nicht. Etwas anderes sei nicht verabredet worden. Andererseits sei er aber auch nicht bereit, die amerikanischen Wünsche zu akzeptieren. Es sei vereinbart, daß auf dem heutigen Gebiet der DDR keine ausländischen Truppen stationiert werden dürfen. Deshalb könnten dort auch keine Manöver alliierter Truppen stattfinden. Außerdem gebe es genügend militärische Übungsplätze in der Bundesrepublik.

In Moskau werden die Verhandlungen über das umfassende Paket von Nahrungsmittellieferungen aus dem Gebiet der DDR in die UdSSR zum Abschluß gebracht. Es geht vor allem um die Lieferung von 255 000 Tonnen Fleisch sowie 60 000 Tonnen Butter. Die Lieferungen sollen noch in diesem Jahr erfolgen. Der Kanzler hofft, daß diese Hilfsaktion sich positiv auf das Klima auswirken wird.

Montag, 10. September 1990

Mittags telefoniert der Kanzler erneut mit Gorbatschow. Er gratuliert ihm zunächst zu den Ergebnissen von Helsinki. Dann steht wieder das Finanzpaket im Mittelpunkt. Der Bundeskanzler versichert Gorbatschow, er wolle ihm helfen, weil er wisse, daß auch dieser ihn unterstützen wolle. Sitarjan habe gegenüber Waigel einen Gesamtbetrag von 16 bis 18 Milliarden D-Mark genannt. Diese sowjetischen Berechnungen seien außerordentlich hoch angesetzt. Er schlage deshalb einen Betrag in Höhe von elf bis zwölf Milliarden D-Mark vor.

Gorbatschow bedankt sich für das Verständnis des Kanzlers. Alle seine Mitarbeiter hätten ihm jedoch versichert, daß die sowjetischen Vorstellungen nicht übertrieben seien. Er wolle nicht den Eindruck entstehen lassen, daß die Sowjetunion auf Profite aus sei. Wegen der Wirtschaftsreformen befinde er sich jetzt in einer schwierigen Situation, wolle aber dennoch nicht mit dem Bundeskanzler feilschen. Er hoffe jedoch, daß dieser eine Summe von 15 bis 16 Milliarden aufbringen könne. Schließlich gehe es darum, einen großen Mechanismus zu bewegen, um die Vereinigung Deutschlands zu erreichen.

Der Kanzler erklärt ebenfalls, nicht feilschen zu wollen, zumal sein Angebot nur als erster Schritt zu verstehen sei, dem am Ende des Jahres ein zweiter folgen könnte, wenn der Westen eine Gemeinschaftsleistung für die Sowjetunion beschließen werde.

Gorbatschow erwidert, offengestanden gehe es ja weniger um die Hilfe für die Sowjetunion als um den Einigungsprozeß. Der Bundeskanzler helfe mit seinen Leistungen am Ende sich selbst und der Sowjetunion. Er habe viele Kämpfe mit der Regierung, mit den Militär- und Finanzfachleuten ausgefochten. Das Ergebnis seien die von ihm genannten 15 Milliarden D-Mark; da er aber jetzt sehe, daß dieses Ziel nicht zu erreichen sei, müsse nun praktisch alles noch einmal von Anfang an erörtert werden.

Jetzt sieht der Kanzler, der vorher noch einmal um Verständnis für sein Angebot geworben hatte, den Zeitpunkt gekommen, zusätzlich zu den zwölf Milliarden D-Mark einen zinslosen Kredit in Höhe von drei Milliarden D-Mark anzubieten. Noch morgen könnten Mitarbeiter in Moskau darüber verhandeln.

Gorbatschow ist spürbar erleichtert: So könne das Problem gelöst werden; die deutschen Experten sollten morgen nach Moskau kommen. Das sei eine gute Sache. Er glaube, daß damit die komplizierte Etappe erfolgreich abgeschlossen werden könne. Er drücke dem Bundeskanzler die Hand.

Damit endet ein sehr schwieriges Gespräch, das nur durch die Erhöhung des finanziellen Angebots am Ende erfolgreich war. Erfreulicherweise hatte das Finanzministerium diesen zusätzlichen Vorschlag vorbereitet und dem Bundeskanzler rechtzeitig übermittelt. Der zuständige Staatssekretär Horst Köhler ist nicht nur ein hervorragender Experte, sondern auch ein politisch denkender Spitzenbeamter.

Am späten Nachmittag ruft mich aus Moskau Julij Kwizinskij an und teilt mir mit, daß Gorbatschow die Weisung erteilt habe, daß auf der Grundlage des Gesprächs mit dem Kanzler morgen die Verhandlungen über den Überleitungsvertrag abgeschlossen werden können. Auch hier also endlich der Durchbruch!

Dienstag, 11. September 1990

In einem Telefongespräch mit dem Bundeskanzler bezeichnet Präsident Bush das Ergebnis des Treffens mit Gorbatschow am Samstag in Helsinki als befriedigend. Es sei positiver verlaufen, als er erwartet habe. Im Grunde habe er jetzt in der Zusammenarbeit gegenüber dem Irak alles erreicht, was notwendig sei.

Daß der deutsche Einigungsprozeß dem Abschluß nahe ist, beweist die Tatsache, daß bei dem Gipfelgespräch die Lösung der Golfkrise, die Idee einer internationalen Nahost-Konferenz und das Problem Kambodscha im Mittelpunkt der Gespräche gestanden haben. Der Golfkonflikt hat die deutsche Frage verdrängt. Sie hat aber dazu beigetragen, daß jetzt eine so enge Kooperation zwischen den USA und der Sowjetunion auf anderen Feldern der internationalen Politik möglich ist.

Mittwoch, 12. September 1990

In Moskau enden die Zwei-plus-Vier-Außenministergespräche, die am 5. Mai aufgenommen wurden. Die sechs Außenminister unterzeichnen den »Vertrag über die abschließende Regelung in Bezug auf Deutschland«. Innerhalb von vier Monaten konnte diese Vereinbarung erreicht werden. Sie regelt die äußeren Aspekte der deutschen Einheit, mit deren Herstellung die Rechte und Verantwortlichkeiten der Vier Mächte in Bezug auf Berlin und Deutschland als Ganzes enden. Die Außenminister vereinbaren, daß die alliierten Vorbehaltsrechte für Berlin und Deutschland am 3. Oktober, dem Tag der deutschen Einheit, ausgesetzt werden. Das vereinte Deutschland erhält die volle Souveränität über seine inneren und äußeren Angelegenheiten. Deutschland bleibt Mitglied im Atlantischen Bündnis.

Nach der Unterzeichnung des Einigungsvertrages vor drei Wochen sind damit jetzt alle vertraglichen Voraussetzungen für die Vollendung der Einheit Deutschlands geschaffen!

In der Kabinettssitzung unterstreicht der Kanzler die Tatsache, daß die deutsche Einheit sich 1990 im Einvernehmen mit allen Europäern vollziehe. Dies sage er mit besonderem Blick auf Polen. Es sei dies die erste Einigung eines Landes in der modernen Geschichte, die ohne Krieg, ohne Leid und ohne Auseinandersetzungen erfolge.

Er kündigt an, daß Genscher morgen den »Vertrag über gute Nachbarschaft, Partnerschaft und Zusammenarbeit« mit der Sowjetunion paraphieren werde. Dieser Vertrag werde den deutsch-sowjetischen Beziehungen eine neue Qualität verleihen. Er sei in dem gemeinsamen Wunsch geschlossen worden, mit der Vergangenheit endgültig abzuschließen und durch Verständigung und Versöhnung einen wichtigen Beitrag zur Überwindung der Trennung Europas zu leisten.

Auch die anderen drei bilateralen Verträge zwischen der Bundesrepublik Deutschland und der Sowjetunion sind fertiggestellt oder stehen vor ihrem Abschluß. Es sind: der »Vertrag über die Entwicklung einer umfassenden Zusammenarbeit auf dem Gebiet der Wirtschaft, Industrie, Wissenschaft und Technik«, der »Vertrag über einige überleitende Maßnahmen« und der »Vertrag über die Bedingungen des befristeten Aufenhalts und die Modalitäten des planmäßigen Abzugs sowjetischer Truppen«. Alle Verträge werden unmittelbar nach dem 3. Oktober durch die gesamtdeutsche Regierung unterzeichnet und dem gesamtdeutschen Parlament zur Ratifizierung vorgelegt werden. Das Tor für eine Zukunft der guten Nachbarschaft, der neuen Partnerschaft und der umfassenden Zusammenarbeit mit der Sowjetunion sei weit geöffnet, stellt der Kanzler befriedigt fest.

Donnerstag, 13. September 1990

Bei der Paraphierung des Vertrags über gute Nachbarschaft zusammen mit Genscher in Moskau spricht Schewardnadse von einem Schlußstrich unter die Ergebnisse des Zweiten Weltkrieges. Eine neue Zeitrechnung habe begonnen. Sieben Monate seien seit der Übereinkunft von Ottawa über die Schaffung des Zwei-plus-Vier-Verhandlungsmechanismus vergangen. Niemand habe damals geglaubt, daß schon im September die Zielgerade erreicht werden könne. Der entscheidende Durchbruch sei bei den Verhandlungen im Juli zwischen Gorbatschow und Kohl erzielt worden, als sie in Moskau und Stavropol Lösungen für die komplizierten militärpolitischen Fragen gefunden hätten. Schewardnadse bezeichnet das vorliegende Schlußdokument als ausgewogen. Der neue Vertrag trete an die Stelle der Rechte und Verantwortlichkeiten der Vier Mächte. Zu den Realitäten gehöre, daß es die Sowjetunion mit einem neuen Deutschland zu tun haben werde, das Lehren aus seiner Geschichte gezogen habe. Es gebe in der sowjetischen Öffentlichkeit keinerlei Grund zur Besorgnis. Schewardnadse beendet seine Bewertung mit der Aussage, daß spätere Generationen einmal sagen werden, daß hier klug und verantwortungsvoll gehandelt worden ist.

Ein Schreiben von Präsident Bush an den Bundeskanzler trifft ein. Es erläutert noch einmal die Absprachen zwischen ihm und Präsident Gorbatschow über Lage und Zusammenarbeit im Golfkonflikt. Er bittet Kohl, daß Deutschland seinen gerechten Anteil an der Verantwortung für die Bemühungen um eine Beilegung der Golfkrise übernehme. Er habe Verständnis dafür, daß der Kanzler mit den Kosten der Vereinigung und der Stabilität in Europa alle Hände voll zu tun habe. Die Art und Weise, wie Deutschland auf die Krise im Golf reagiere, werde aber sowohl in den USA als auch in der Golfregion große Auswirkung haben. Bush fordert also mehr oder weniger offen die Solidarität von Deutschland ein, die er selbst im zurückliegenden Jahr uns gegenüber bewiesen hat.

Freitag, 14. September 1990

In der Morgenlage beim Bundeskanzler sprechen wir sehr ausführlich über das positive Echo in den Medien auf die Paraphierung des deutsch-sowjetischen Generalvertrages. Die Initiative zu diesem Vertrag ist vom Bundeskanzler ausgegangen und zu einem Schlüssel für die Lösung der Zwei-plus-Vier-Probleme geworden. Innerhalb von nur zwei Jahren haben wir mit der Sowjetunion 22 Verträge und Abkommen unterzeichnet. Es gibt keinen Bereich in den Beziehungen, der vertraglich nicht geregelt ist. Jetzt wird es darauf ankommen, diese Verträge und Abkommen mit Leben zu erfüllen.

Mittags treffe ich mit dem sowjetischen Geschäftsträger Ussytschenko zusammen, der auf Anweisung von Schewardnadse sehr dringend um dieses Gespräch gebeten hat. Die Sowjets bitten darum, daß der zinslose Kredit in Höhe von drei Milliarden D-Mark noch im September ausgezahlt wird. Ich übermittle im Auftrag des Kanzlers Terminvorschläge für den Besuch Gorbatschows in Bonn. Im November solle gemeinsam der Generalvertrag unterzeichnet werden. Helmut Kohl schlägt darüber hinaus eine Begegnung in seiner Heimatstadt Ludwigshafen in der Pfalz vor.

Am frühen Nachmittag übergibt mir der amerikanische Botschafter Walters im Auftrag von Außenminister Baker eine Liste mit amerikanischen Vorschlägen für die deutschen Beiträge zu den Kosten der amerikanischen Streitkräfte im Golf und für die Frontstaaten Ägypten, Türkei und Jordanien.

Samstag, 15. September 1990

Nachmittags fliege ich mit Baker und Walters vom Hotel Petersberg nach Mannheim, von wo wir zum Privathaus Helmut Kohls in Ludwigshafen/Oggersheim fahren. Dort erläutert Kohl detailliert die Leistungen der Bundesrepublik Deutschland gegenüber den USA, Ägypten, Jordanien, der Türkei und Israel sowie die Leistungen im Rahmen der EG in einer Gesamtgrößenordnung von 3,3 Milliarden D-Mark. Baker ist mit dem Angebot sehr zufrieden: es sei mehr, als sie erbeten hätten. Er sei darüber besonders froh, weil die Bundesregierung damit deutlich mache, daß sie nicht hinter Japan zurückbleiben wolle und mit ihrem Angebot dem amerikanischen Kongreß den Wind aus den Segeln nehme.

Montag, 17. September 1990

Nachmittags fliegen wir zu den deutsch-französischen Konsultationen nach München. Zuerst trifft der Bundeskanzler zu einem Vier-Augen-Gespräch mit Mitterrand zusammen, der bester Laune ist. Beide einigen sich rasch über die gemeinsame politische Erklärung, die als Ergebnis morgen veröffentlicht werden soll. Mitterrand unterstreicht noch einmal seinen Wunsch, daß französische Truppen in Deutschland verbleiben können. Er sei deshalb sehr dankbar für die Aussage des Kanzlers, daß französische Truppen in Deutschland willkommen seien.

Kohl schlägt Mitterrand eine gemeinsame Initiative zur Vorbereitung der beiden Regierungskonferenzen im Dezember zur Wirtschafts- und Währungsunion und zur Politischen Union vor. Mitterrand stimmt zu. Nachdem wir uns im April nur über das Verfahren geeinigt hatten, soll jetzt eine inhaltliche Abstimmung versucht werden.

Beide sprechen über Unterstützungsmaßnahmen für Präsident Gorbatschow. Mitterrand erklärt unumwunden, daß sie sich gegenseitig beglückwünschen könnten: Gorbatschow brauche sie und sie bräuchten ihn.

Abends hat die bayerische Landesregierung zum Besuch eines Aktes der Oper »Die Hochzeit des Figaro« in das Cuvilliés-Theater eingeladen. Anschließend findet im Antiquarium der Residenz ein gemeinsames Abendessen statt. In seiner frei gehaltenen Tischrede spricht Mitterrand von einem Rekord an Begegnungen zwischen ihm und Kohl. Es sind inzwischen an die achtzig, ein einsamer Weltrekord. In diesem langen Zeitraum, in dem sie sich kennenlernen konnten, hätten sie immer wieder über das Herzstück Europa gesprochen. Gemeinsam seien sie den Weg der Gründer Europas nach dem Zweiten Weltkrieg gegangen und inzwischen weit darüber hinaus gekommen. Die Franzosen hätten das Gefühl, mit dem Bundeskanzler den Weg zur Einheit gemeinsam gegangen zu sein und viele Hindernisse ausgeräumt zu haben, weil man die gleiche Vision habe.

Mitterrand betont, daß das große Ereignis der Einheit nicht möglich geworden wäre, wenn die Franzosen Mißtrauen gegenüber Deutschland gehabt hätten. Deutschland sei eine große Macht. Sie blickten aber mit großer Freude und ohne Komplexe auf den großen Nachbarn. Ihre Perspektive sei der Bau Europas. Die Geschichte werde nicht allein von der Zahl der Menschen, der territorialen Größe, der Größe der Armee oder von wirtschaftlicher Kraft bestimmt. Das habe die Vergangenheit gezeigt. Gemeinsame Aufgabe sei es, die europäischen Ziele bis zum Januar 1993 zu verwirklichen. Es gehe dabei um die Weiterentwicklung der Demokratie in der Gemeinschaft und der Institutionen. Mit diesem Erfolg werde Europa wieder die Stelle in der Welt einnehmen, die es nie hätte verlieren dürfen.

Mitterrand bekräftigt die Freundschaft mit den USA. Sie bleibe wichtig, aber Europa müsse sein Schicksal selbst in die Hand nehmen. Wenn die deutsche Einheit jetzt bald erreicht sei, so hoffe er, daß damit auch das gemeinsame Ziel Europa näher komme. Der Bundeskanzler könne von Stolz erfüllt sein; die Rolle Frankreichs sei es, ihm die gebührende Wertschätzung zuteil werden zu lassen. Die Welt entwickele sich jedoch weiter. Sie müßten alle Probleme zukünftig gemeinsam lösen, weil in anderen Teilen der Welt der Frieden gefährdet bleibe. Später führt Kohl Mitterrand noch in den »Franziskaner«, wo sie Weißbier trinken und Weißwurst essen.

Dienstag, 18. September 1990

Am Vormittag werden die Konsultationen zwischen Kohl und Mitterrand sowie den beiden Delegationen fortgesetzt. Mittags treten Kohl und Mitterrand im Max-Joseph-Saal der Residenz gemeinsam vor die Presse. Mitterrand erklärt, das Wichtigste sei, daß sie sich am Vorabend der deutschen Einheit befänden. Das sei ein sehr wichtiges Datum für Deutschland, für Europa und die Welt. Er habe bereits am 3. November 1989, sechs Tages vor dem Fall der Mauer, gesagt, daß Frankreich gegenüber der deutschen Einheit keinen Vorbehalt habe.

Mitterrand legt besonderen Wert darauf, deutlich zu machen, daß Frankreich sich klar und ohne Einschränkungen hinter das Ziel der deutschen Einheit gestellt habe, die eine unausweichliche Entwicklung gewesen sei. Jetzt kämen neue Aufgaben auf Deutschland zu, auch im Hinblick auf die weitere Entwicklung in der Europäischen Gemeinschaft.

Die Gemeinsame Erklärung von Kohl und Mitterrand unterstreicht, daß das Verhältnis zwischen Deutschland und Frankreich zum einzigartigen Vorbild für freundschaftliche und vertrauensvolle Beziehungen zwischen zwei benachbarten Staaten und Völkern geworden ist. Der Freundschaftsvertrag sei Ausdruck der Schicksalsgemeinschaft und ein Friedenswerk von außergewöhnlichem Rang, das Eckstein der gemeinsamen Politik bleibe. Besonders wichtig ist Mitterrands Feststellung, daß beide Seiten gemeinsam alles daran setzen wollen, das Zusammenwachsen ihrer Länder weiter zu verstärken. Beide seien entschlossen, auch in Zukunft Motor des europäischen Einigungswerkes zu bleiben. Ziel sei die Europäische Union als festes Fundament der Einigung ganz Europas.

Es ist uns gelungen, die Entwicklung einer gemeinsamen Außenpolitik aufzunehmen. Das ist ein Vorschlag, den der Kanzler bereits vor zwei Jahren öffentlich in Paris gemacht hat, ohne daß die französische Regierung darauf reagiert hätte. Auf deutsche Initiative hin ist auch das gemeinsame Ziel aufgenommen worden, die Zusammenarbeit mit den Staaten Nordafrikas und des östlichen Mittelmeerraums im europäischen Rahmen zu verstärken und eine gemeinsame Mittelmeerpolitik zu entwickeln. Die Zeit dafür scheint angesichts der Krisenlage überreif.

Bekräftigt wird die enge Abstimmung in Fragen der Verteidigung und Sicherheit und die Weiterentwicklung gemeinsamer Strukturen für die Zusammenarbeit zwischen den französischen Streitkräften und der Bundeswehr. Insgesamt sind wir mit dem Ergebnis der Erklärung sehr zufrieden. Die Frage wird sein, was davon am Ende konkretisiert werden kann. Uns ging es darum, Frankreich das Signal zu geben, daß sich an dem priviligierten Verhältnis zwischen beiden Ländern nichts verändern wird.

Freitag, 21. September 1990

Gestern haben Bundestag und Volkskammer mit großer Mehrheit den Einigungsvertrag verabschiedet. Die Regierungserklärungen von Schäuble und Genscher zum Einigungsvertrag sowie zum »Vertrag über die abschließende Regelung in Bezug auf Deutschland« haben in der Presse ein positives Echo gefunden. Die Zustimmung von rund neunzig Prozent der Abgeordneten unterstreicht den überparteilichen Konsens.

Montag, 24. September 1990

Schewardnadse hält im Komitee des Obersten Sowjet der UdSSR für Auswärtige Angelegenheiten eine bemerkenswerte Rede zum Zwei-plus-Vier-Vertrag und zu den deutsch-sowjetischen Verträgen. Die Teilung der Deutschen sei kein natürlicher Zustand gewesen, erklärt er. Die Verträge lösten für die sowjetische Politik zwei strategisch wichtige Fragen: Sie begründeten die Stellung des neuen Deutschland in Europa unter gebührender Berücksichtigung der Interessen aller Staaten, auch der der Sowjetunion, und öffneten den Weg für eine besonders aktive Zusammenarbeit zwischen der Sowjetunion und Deutschland als führender europäischer Macht.

Schewardnadse behauptet, daß die Sowjetunion seit Herbst 1989 entschlossen die Position vertreten habe, den Deutschen das Recht auf eigene Wahl ihres Weges zuzugestehen. Das sei die einzig richtige und weitsichtige Entscheidung gewesen. Zu Recht weist Schewardnadse darauf hin, daß die deutsche Frage und ihre endgültige Lösung das zentrale Problem der Weltpolitik gewesen seien. Das habe zu sehr zugespitzten Situationen geführt, die die Welt an den Rand eines Krieges gebracht hätten. Dies konnte und durfte nicht ewig so weitergehen. Diese Gefahr sei real gewesen, solange Deutschland geteilt gewesen sei und im Zentrum Europas eine massive militärische Konfrontation bestanden habe. Diese Bedrohung existiere seit dem 12. September nicht mehr. An diesem Tag habe Moskau einen Strich unter den Zweiten Weltkrieg gezogen und die äußeren Aspekte der deutschen Einheit endgültig gelöst.

Ausführlich stellt Schewardnadse die Ergebnisse dar. Er unterstreicht, daß die unterzeichneten Dokumente in vollem Maße den Interessen der Sowjetunion, aller Völker und aller Republiken entsprächen.

Schewardnadse erläutert die veränderte Sicherheitslage der Sowjetunion. Das neue Deutschland entstehe bereits in einem anderen europäischen politischen und militärischen Koordinatensystem. Es wäre schwierig gewesen, die Mitgliedschaft Deutschlands in der NATO zu akzeptieren, wenn es nicht zu einem neuen Verhältnis zwischen der NATO und dem Warschauer Pakt gekommen wäre. Er stellt langfristig eine Auflösung der NATO und des Warschauer Vertrages in gesamteuropäischen Sicherheitsstrukturen in Aussicht.

Schewardnadse bestätigt den Deutschen, daß sie sich geändert hätten: Sie verdienten es, daß man ihnen gegenüber eine andere Einstellung und Vertrauen zeige. Auch wenn es Kritik geben werde, sei er davon überzeugt, daß die Sowjetunion ein optimales Ergebnis erzielt habe. Der Vertrag über gute Nachbarschaft, Partnerschaft und Zusammenarbeit zwischen der Sowjetunion und dem vereinigten Deutschland schaffe ein qualitativ neues Niveau der Beziehungen und des Zusammenwirkens. Er bezeichnet Deutschland als den nach der UdSSR zweitgrößten und zweitwichtigsten europäischen Staat. Die Sowjetunion trete in eine Periode wahrhaft neuer Beziehungen zu Deutschland ein. Es habe schwarze Seiten in der Geschichte gegeben. Jetzt sei aber die Zeit gekommen, sich den belebenden und starken Quellen der Traditionen des friedlichen gegenseitigen Zusammenwirkens zuzuwenden.

Diese Rede Schewardnadses ist eine außerordentlich erfreuliche Begründung der Ergebnisse der Verhandlungen im Zusammenhang mit der deutschen Einigung. Man kann ihr nur Beifall zollen.

Dienstag, 25. September 1990

In der Kabinettssitzung verweist der Bundeskanzler auf den ungeheueren Erwartungsdruck in der DDR für die Zeit nach dem 3. Oktober. Die Bundesregierung werde alle Kräfte mobilisieren müssen, um diesen Erwartungen gerecht zu werden.

Das Kabinett beschließt den »Vertrag zwischen der Bundesrepublik Deutschland und der UdSSR über die Bedingungen des befristeten Aufenthalts und die Modalitäten des planmäßigen Abzugs der sowjetischen Truppen aus dem Gebiet der Bundesrepublik Deutschland«.

Mittwoch, 26. September 1990

Nachmittags überbringt mir der sowjetische Botschafter Terechow ein Schreiben von Gorbatschow an den Kanzler. Der Inhalt ist außerordentlich überraschend. Gorbatschow äußert seine Sorge, daß damit begonnen werde, mit Mitgliedern der SED wegen ihres Verhaltens und ihrer Politik in der DDR abzurechnen: Sie sollten gezwungen werden, den bitteren Kelch bis zur Neige zu leeren. Er fordert Kohl auf, den Eifer derjenigen zu dämpfen, die den Kalten Krieg an der inneren Front verlängern wollten. Mit dem Hinweis auf die zu erwartenden Reaktionen der sowjetischen Öffentlichkeit und des Obersten Sowjet, in dem die Ratifizierung des Zwei-plus-Vier-Vertrages noch bevorsteht, versucht Gorbatschow seinen Forderungen Nachdruck zu verleihen.

Ton und Inhalt dieses Briefes lassen darauf schließen, daß die »Betonköpfe« im Zentralkomitee den Entwurf erarbeitet haben. Anders ist diese Einmischung in die inneren Angelegenheiten nur schwer zu verstehen. Der Kanzler ist sehr verärgert und will bei nächster Gelegenheit mit Gorbatschow selbst über diesen Brief sprechen.

Auf dem *Forum Européen 90* in Paris spricht Mitterrand über die deutsche Einheit. Er stellt die französische Deutschlandpolitik seit dem November 1989 dar und geht auch auf gewisse Umwege ein. Seine Reisen im Dezember nach Ost-Berlin und Kiew begründet er mit der Absicht, den Vereinigungsprozeß Deutschlands voranzubringen. Er berichtet, daß er vor seinen Treffen mit Modrow in Ost-Berlin und mit Gorbatschow in Kiew jeweils mit dem Bundeskanzler telefoniert habe. Diese Ausführungen machen deutlich, daß Mitterrand noch immer mit der Kritik an seiner Deutschlandpolitik während der letzten zehn Monate beschäftigt ist, die ja auch bei uns immer wieder Fragen ausgelöst hatte.

Freitag, 28. September 1990

In einem Interview im Rheinischen Merkur erklärt Helmut Kohl, daß sich mit der Einheit für die Deutschen eine außergewöhnliche Herausforderung verbinde. Dabei gehe es nicht nur um die wirtschaftliche Leistungsfähigkeit, sondern vor allem auch um die geistige und moralische Kraft der Menschen. Die Deutschen müßten beweisen, daß sie zur Solidarität fähig seien. Verständnis und Toleranz seien erforderlich. Die Deutschen müßten die Kraft zur inneren Aussöhnung aufbringen.

Montag, 1. Oktober 1990

Heute ist Helmut Kohl acht Jahre Bundeskanzler. Wir alle gratulieren ihm. Die Aussicht auf das Zusammengehen der CDU, auf die Einigung Deutschlands und auf einen nach den Umfragen zu erwartenden deutlichen Wahlsieg läßt bei ihm und den Mitarbeitern die Stimmung steigen.

Mittags eröffnet Helmut Kohl den 38. Parteitag der CDU. Die fast 1000 Teilnehmer erheben sich und überschütten ihn mit Beifall. Anschließend treten Vertreter der CDU-Landesverbände Brandenburg, Mecklenburg-Vorpommern, Sachsen, Sachsen-Anhalt, Thüringen und Berlin (Ost) ans Mikrophon und geben sehr persönlich geprägte und bewegende Erklärungen zum Beitritt zur CDU Deutschlands ab. Einigen ist die innere Erschütterung deutlich anzumerken; viele kämpfen mit den Tränen. In diesem Augenblick ist es ein glücklicher Parteitag, einer der Harmonie und inneren Übereinstimmung.

Als dreizehnter Punkt steht die Wahl des Bundesvorsitzenden auf der Tagesordnung. 98,5 Prozent der Delegierten stimmen für Helmut Kohl. Nur vierzehn Delegierte haben mit Nein gestimmt. Ein Traumergebnis! Der verdiente Lohn für eine erfolgreiche Politik der Einigung. Niemand hat so instinktsicher wie er die geschichtliche Chance genutzt und unbeirrt verfolgt.

Dienstag, 2. Oktober 1990

Nach Ende des Parteitages fliegen wir mit einer Bundeswehrmaschine direkt nach Berlin-Tempelhof. Ein Jungfernflug. Obwohl die deutsche Einheit erst morgen erreicht sein wird, fliegt schon heute ein deutscher Bundeskanzler zum ersten Mal seit 1949 mit einer deutschen Maschine direkt nach Berlin.

In seiner Fernsehansprache zum Tag der deutschen Einheit spricht Helmut Kohl von einem Traum, der in wenigen Stunden Wirklichkeit werde. Für ihn sei dieser Augenblick der Vereinigung einer der glücklichsten Momente seines ganzen Lebens. Er gedenkt der Opfer des vierzigjährigen DDR-Unrechtsregimes und dankt den Menschen in der DDR, die die Veränderungen möglich gemacht haben.

Auch den Vereinigten Staaten von Amerika, allen voran Präsident Bush und den Freunden in Frankreich und Großbritannien, die in schwierigen Zeiten zu den Deutschen gehalten hätten, spricht er seinen Dank aus sowie den Reformern in Mittel-, Ost- und Südosteuropa, den Ungarn, den Polen und der Tschechoslowakei und auch Gorbatschow, ohne den dieser Tag der deutschen Einheit nicht möglich geworden wäre.

Abends um neun beginnt ein Festkonzert im Schauspielhaus in Ost-Berlin. Das Gewandhaus-Orchester Leipzig unter Kurt Masur spielt die Neunte Symphonie Ludwig van Beethovens. Ministerpräsident Lothar de Maizière hält eine eindrucksvolle Ansprache.

Nach dem Konzert fährt ein riesiger Konvoi zum Reichstag. Dort haben sich bereits Hunderttausende versammelt, am Ende wird die Zahl der Menschen auf zwei Millionen geschätzt. Die Atmosphäre ist unbeschreiblich. Leuchtkugeln und Raketen steigen in den wolkenlosen Himmel, der von Scheinwerfern durchbrochen wird.

Kurz vor Mitternacht treten Richard von Weizsäcker, Helmut Kohl, Hans-Dietrich Genscher, Willy Brandt, Oskar Lafontaine und andere auf die Freitreppe hinaus. Fahnen werden geschwenkt, Helmut-Rufe durchdringen die Nacht. Feierlichkeit liegt über dem Platz. Ein Chor singt, geht aber im Lärm der Menschen unter. Auch die Freiheitsglocke ist kaum mehr zu hören. Die Stimmung steigert sich noch, als um Mitternacht die Bundesflagge aufgezogen wird. Wir singen das Deutschlandlied.

Der Jubel der Menschen ist unbeschreiblich. Sie durchbrechen die Absperrungen. Chaos scheint auszubrechen: aber das verhindern gleichermaßen die Polizeikräfte und die Vernunft der Menschen. Der Bundeskanzler schüttelt Hunderten von Menschen die Hand.

Was für ein Jahr! 328 Tage, die uns so oft den Atem stocken ließen. Es kommt mir ganz unwirklich vor, daß die Einheit erreicht sein soll. Tag für Tag, an fast allen Wochenenden haben wir dafür gearbeitet. Häufig sind wir den Ereignissen hinterhergelaufen, die sich überschlugen. Der Bundeskanzler hat eine historische Chance rechtzeitig erkannt, sie entschlossen genutzt und im richtigen Moment die richtigen Entscheidungen getroffen.

Es ist halb zwei Uhr morgens. Helmut Kohl und Lothar de Maizière sitzen noch im Reichstag zusammen. Hannelore Kohl ist dabei und Ilse de Maizière sowie eine ihrer Töchter, dazu Eduard Ackermann, Wolfgang Bergsdorf, Juliane Weber, Johannes Ludewig, Norbert Prill und einige Freunde de Maizières. Draußen stehen noch immer Zehntausende von Menschen. Ihre Helmut-Helmut-Rufe ebben nicht ab. Immer wieder tritt der Kanzler ans Fenster und winkt den Menschen zu, und jedesmal fordert er de Maizière auf, mitzukommen. Doch dieser zögert: Er wirkt müde, fast apathisch.

Wolfgang Bergsdorf fragt die Tochter de Maizières, was sie jetzt empfinde. Sie reagiert unsicher. Sie sei in der DDR geboren, und diese sei Teil ihres Lebens gewesen.

Um zwei Uhr früh gehen wir zu Fuß in Richtung unseres Hotels. Überall liegen Scherben herum.

Deutschland ist geeint.

Register

Ackermann, Eduard 15, 25, 40, 49, 52, 54, 58, 102, 143, 209, 318, 344, 375
Adam-Schwaetzer, Irmgard 157
Adenauer, Konrad 13, 16, 83
Andreotti, Giulio 63, 66, 80, 119, 211, 281, 343
Andropow, Jurij Wladimirowitsch 89
Antall, Josef 85, 261
Arens, Moshe 150, 356
Arnold, Karl-Heinz 91
Attali, Jacques 36, 47, 60, 118, 150, 176, 179, 191, 195, 250, 356
Augstein, Rudolf 40, 177

Bacher, Gerd 110, 191
Baker, James III. (Jim) 47f., 68, 77f., 81, 105, 123, 127-129, 135, 137, 141, 146, 149, 158-162, 175, 194, 214, 217f., 221f., 241-243, 249, 251, 255, 257, 259f., 262, 285, 288, 300, 302, 354, 358, 366
Balcerowicz, Leszek 283
Berghofer, Wolfgang 79
Bergsdorf, Wolfgang 25, 49, 102, 375
Bianco, Jean-Louis 96, 175
Binder, Heinz-Georg 78
Bismarck, Otto von 318f.
Blackwill, Bob 127, 159, 181, 288
Blech, Klaus 31, 81, 86, 137, 327, 333

Blüm, Norbert 152
Blumenwitz, Dieter 167
Böhme, Ibrahim 118
Boidevaix, Serge 58, 75, 312
Bok, Derek 260
Bondarenko, Alexander 212
Bötsch, Wolfgang 267f.
Brandt, Willy 17, 19, 36, 46, 53, 108, 118, 374
Breit, Ernst 154
Breschnew, Leonid 89
Brunner, Georg 110
Bush, Barbara 158f., 161
Bush, George 16, 21, 23, 32f., 36, 47-49, 51f., 54, 57, 62-67, 75, 77f., 80, 86, 94, 117, 119, 123, 128, 134f., 146, 158-162, 165, 170f., 176, 179, 181, 183, 189f., 194, 196, 203, 205, 210, 214f., 217f., 236-239, 242, 245, 249-257, 260, 262, 264, 274, 277, 279, 281f., 287, 289, 298-300, 303-310, 322, 343, 350, 354, 357f., 363, 365, 374

Ceausescu, Nicolae 96
Chévènement, Jean Pierre 59
Chruschtschow, Nikita Sergejewitsch 83
Czaja, Herbert 270, 272

Delors, Jacques 101f., 111, 144, 172, 181f., 211, 313, 349
Dewitz, Gerhard 271
Dienstbier, Jiri 201
Diestel, Peter-Michael 196, 246
Domes, Jürgen 110

Dregger, Alfred 225, 270f.
Dubinin, Jurij 105
Duisberg, Carl J. 50, 79
Dumas, Roland 26, 31, 47, 75f., 98, 125, 134, 164f., 278, 285, 302

Eagleburger, Lawrence (Larry) 117, 119
Ebeling, Hans-Wilhelm 113, 118, 124, 154
Ehrenberg, Herbert 347
Eisel, Stephan 49
Engelhard, Hans A. 152
Eppelmann, Rainer 74, 259

Fabius, Laurent 31
Falin, Valentin 42f., 113, 141f., 212, 297f.
Fischer, Oskar 89, 100

Gates, Robert (Bob) 117, 119, 250-252
Genscher, Hans-Dietrich 16, 19f., 47f., 57f., 61, 68, 70, 73, 80, 94, 105, 116-119, 123, 127-129, 135, 137f., 141-143, 146-149, 151f., 163f., 166f., 172f., 175, 181-184, 186, 190, 222, 224-226, 236, 239, 243, 247-249, 251, 257, 259, 264, 267f., 272f., 276, 278f., 285, 294f., 301-304, 311f., 317, 328, 330f., 332-339, 341, 344, 348-350, 352, 354-357, 359, 364, 369, 374
Gerassimow, Gennadij 25
Geremek, Bronislaw 11-13
Gerlach, Manfred 95
Gibowski, Wolfgang 49
Gonzalez, Felipe 29, 38

Gorbatschow, Michail 16, 19-23, 25, 27-29, 31, 33, 34, 36f., 43-45, 47-49, 54f., 57f., 61-64, 67-71, 73, 75-77, 80, 83-86, 99-102, 106f., 109f., 112f., 115f., 119-121, 127f., 133-135, 137-146, 149, 155f., 158, 161f., 165, 168, 170, 180, 184f., 187, 189f., 193f., 201, 205f., 209, 212, 219-221, 225, 227f., 232-234, 237-239, 242-245, 247-250, 252-267, 269f., 275f., 278f., 281f., 284, 290, 294, 298f., 304, 306f., 309-311, 313-343, 352-354, 356-363, 365-367, 372
Gorbatschowa, Raissa 329f., 332, 341
Graham, Katharine 110
Gratschow, Andrej 55
Grewe, Wilhelm 110
Gromyko, Andrej 212
Grotewohl, Otto 124
Guigou, Elisabeth 150, 176
Gysi, Gregor 109

Hacke, Christian 110
Haller, Gert 330, 333
Hanf, Theodor 110
Hartmann, Peter 50, 184, 310
Haughey, Charles 200, 212
Haussmann, Helmut 279, 349, 354, 359
Havel, Vaclav 174, 245
Herrhausen, Alfred 59, 69, 84
Herrhausen, Traudl 59
Herzog, Roman 104
Honecker, Erich 24, 39, 64, 72
Horn, Guyla 39, 82, 84, 201
Hornhues, Karl-Heinz 79
Horvath, Istvan 34, 39, 201
Hurd, Douglas 33, 153, 235, 249, 285, 302
Hussein el-Takriti, Saddam 357

Hussein II Ibn Tala 356

Isensee, Josef 167

Jaruzelski, Wojciech 13, 17f., 167, 171, 175
Jasow, Dimitri 276

Kaas, Rüdiger 50
Kabel, Rudolf 188
Kaestner, Uwe 50, 142f., 159f.
Kaifu, Toshiki 103
Kastrup, Dieter 184, 190, 272-274, 278, 288, 294f., 327f., 330, 333, 348
Kennan, George F. 114
Kiechle, Ignaz 100, 114, 355, 358
Kielmannsegg, Peter Graf 110
Kimura, Keizo 290
Kirchner, Martin 74
Kissinger, Henry 63
Klein, Hans (Johnny) 22, 25, 49, 52, 330, 332f.
Klein, Hans-Hugo 167
Kögler, Brigitta 74
Kohl, Hannelore 161, 375
Kohl, Walter 191
Köhler, Horst 363
Kopper, Hilmar 221, 226f., 230, 232, 234, 243, 254
Kotschemassow, Wjatscheslaw 33, 75, 79, 198, 200
Krack, Erhard 90
Krause, Günter 196, 199, 240, 267, 270, 351, 355
Krenz, Egon 12, 21, 24, 26f., 30, 40, 44-46, 64, 69
Kurpakow, Iwan 333
Kwizinskij, Julij 19, 27, 57f., 67, 86, 100-102, 108, 122, 124, 170, 179-181, 205-207, 212, 216, 218f., 226f., 230, 232, 234f., 304, 318, 327f., 333, 348, 352-354, 363

Lafontaine, Oskar 53, 67, 117, 209, 246, 374
Lambsdorff, Otto Graf 67, 104, 130, 132, 166, 240
Landsbergis, Vytautas 209
Lenin, Wladimir Iljitsch Uljanow 327
Ligatschow, Jegor Kusmitsch 133, 311, 316
Lindenberg, Klaus 46
Louis Ferdinand, Prinz von Preußen 343
Lubbers, Rudolphus (Ruud) 38, 63, 66
Ludewig, Johannes 375
Lugar, Richard G. 172

Maizière, Ilse de 198, 375
Maizière, Lothar de 31, 38-40, 105, 124, 128, 136, 154, 177, 182, 188, 196-200, 202, 214, 218, 236, 241, 250, 253, 259, 261, 267, 274, 287, 347, 351, 355, 374f.
Mallaby, Christopher 58, 75, 116, 266, 312
Marshall, George 260
Martens, Wilfried 38, 63
Maslennikow, Arkadij Afrikanowitsch 333
Masur, Kurt 375
Matthäus-Maier, Ingrid 125
Mayer-Vorfelder, Gerhard 129
Mazowiecki, Tadeusz 11f., 14f., 17f., 112, 160, 163, 167f., 171, 174-176, 179, 181, 183, 192, 197, 245, 261, 282, 292, 296, 311, 315, 357, 359
Meckel, Markus 196, 198, 245f., 274, 285, 287, 311

Meissner, Boris 110, 192
Mertes, Michael 49f.
Michelis, Gianni de 59
Milas, Ivan 347f.
Mischnick, Wolfgang 69, 132
Mittag, Günter 64
Mitterrand, François 16, 26, 31, 37f., 46f., 54, 57, 59-61, 64, 68f., 71f., 76, 80, 86, 94-102, 111, 119, 128, 150f., 164, 167, 171, 174-176, 179, 195, 200, 203, 207-211, 245, 247f., 250, 287f., 298f., 302f., 307-309, 343, 367-369, 372
Modrow, Hans 30, 35f., 40f., 43-46, 49, 67-69, 73, 78-80, 83, 87-91, 94-96, 100, 104-107, 109-111, 113, 115, 117, 120-124, 126, 128-131, 133, 136, 144f., 149, 153, 262, 279-281, 283f., 372
Möllemann, Jürgen 295, 317
Momper, Walter 17, 19f.
Moskowski, Juri Sergejewitsch 230, 232
Mulroney, Brian 307

Naumann, Klaus 190, 258, 288, 294f.
Nemeth, Erzsbet 84
Nemeth, Miklos 34, 39f., 44, 82-84
Neuer, Walter 62, 142f., 150, 159, 318, 333
Nunn, Sam 60

Pfeffer, Franz 98
Pöhl, Karl Otto 95, 130-133, 136, 182, 204, 240
Portugalow, Nikolai 42-44, 46, 49, 114, 185-187, 193, 212
Powell, Charles 134
Prill, Norbert 25, 49f., 375

Reckers, Johannes 196
Reichenbach, Klaus 199, 241
Reinelt, Joachim 93
Riedmiller, Josef 144, 156
Rocard, Michel 26, 171, 207
Röller, Wolfgang 221, 226f., 230, 232, 234, 243, 254
Romberg, Walter 235, 241
Rosenzweig, Luc 61
Roth, Wolfgang 125
Rovan, Joseph 110
Rühe, Volker 30f., 79, 270
Ryschkow, Nikolai 39, 221, 226f., 230-232, 235, 325, 337

Sagladin, Wadim Walentinowitsch 76, 112, 141f., 212
Santer, Jean Jacques 38, 63
Schabowski, Günter 12
Schalck-Golodkowski, Alexander 21, 64
Schäuble, Wolfgang 21f., 30, 79, 102f., 167, 179, 261, 270, 355, 369
Schewardnadse, Akakij 267, 272, 288
Schewardnadse, Eduard 31, 45, 59, 68, 70, 92f., 100f., 112, 127, 133, 137, 141f., 148, 151, 153, 156-158, 163, 167, 170, 178, 181, 183f., 194f., 201, 207, 212, 216, 218-228, 230, 235, 239, 242f., 247-249, 252, 255, 259, 267f., 272-274, 276-278, 285f., 297, 300, 312, 314, 318f., 327f., 332f., 335, 337-339, 341, 349, 352f., 364-366, 370f.
Schlüter, Poul 211
Schmitz, Hans 110
Schnur, Wolfgang 74, 93, 124, 154, 173
Scholz, Rupert 79, 167

Schulz, Sylvia 197
Schulze, Franz Joseph 110
Schwarz, Hans-Peter 110
Scowcroft, Brent 23, 62, 117, 126f., 159, 161, 165, 236, 243, 250-252, 288, 291, 307
Seeber, Eckart (Ecki) 330
Seiters, Rudolf 11f., 21f., 25, 27, 30, 45f., 49f., 53, 57, 67-69, 78f., 85, 88, 94, 100-102, 111, 114f., 130, 152, 167, 190, 261, 267, 270, 293f., 348
Shamir, Yitzhak 34, 35, 150
Silajew, Ivan 58
Sitarjan, Stepan 230, 232, 235, 332f., 336, 359, 361
Skubizewski, Krzysztof 132, 184, 201, 296
Späth, Lothar 129f., 136
Stavenhagen, Lutz 25
Stern, Klaus 167
Sterzinsky, Georg 93
Stoltenberg, Gerhard 69, 119, 148f., 151f., 172, 190, 236, 251, 293f., 338
Straßmeir, Günter 18
Sudhoff, Jürgen 79
Sununu, John 62
Süssmuth, Rita 31

Terechow, Wladislaw Petrowitsch 265f., 269, 275, 296, 333, 354, 357f., 372
Thatcher, Margaret 16, 21, 34, 38, 51, 57, 66, 72, 75, 115f., 119, 128, 134, 148, 161, 169, 171, 188-190, 195f., 203, 210, 245, 263, 266, 276, 281, 288, 298, 300f., 306, 343
Tiessler, Frank 246
Tietmeyer, Hans 203
Tisch, Harry 64

Tschernajew, Anatolij Sergejewitsch 138, 185, 319
Tschernenko, Konstantin 89
Tschitscherin, Georgij Wassiljewitsch 319
Tudjman, Franjo 347

Ulbricht, Walter 124
Ullmann, Wolfgang 118, 267
Ussytschenko, Leonid Grigorjewitsch 243f., 366

Vedrine, Hubert 26
Vogel, Bernhard 191
Vogel, Hans-Jochen 144, 157
Voigt, Karsten 57

Wagner, Baldur 25, 49
Waigel, Theo 22, 125f., 130f., 182, 240f., 279, 303, 316, 330, 332f., 336, 347, 354, 361
Walesa, Lech 11-14, 16
Walters, Vernon A. 18, 32f., 58, 75, 114, 128, 312, 366
Warnke, Jürgen 112f.
Weber, Juliane 25, 49, 102, 143, 228, 318, 375
Weidenfeld, Werner 79, 110
Weiß, Andreas 333
Weizsäcker, Richard von 53, 157, 374
Wettig, Gerhard 110
Wiesenthal, Simon 343
Wilms, Dorothee 22, 79
Wohlrabe, Jürgen 18f.
Wörner, Manfred 170, 239, 268, 281, 288, 298, 300f., 303f., 312f., 319

Zapewalow, Valentin 76

Karl Schlögel
Jenseits des großen Oktober
Petersburg 1909-1921

544 Seiten mit 53 Abbildungen, Leinen

»Im Osten nichts Neues« – das hat lange gegolten. Nun aber ist die Sowjetunion wieder in Bewegung geraten, unerwartet fast, rasant und mit offenem Ausgang. Im Aufbruch in die Zukunft wird auch der Kontinent der Geschichte neu entdeckt. Das kann nicht ohne Folgen bleiben auch für unsere Wahrnehmung und unser Verständnis dieses großen Landes.

Hinter der derzeitigen »Welthauptstadt Moskau« liegt eine andere, die vor ihrer Wiederentdeckung steht: Petersburg. Anders als Wien und Berlin, die längst als Orte der europäischen Moderne und ihrer Tragödie entdeckt sind, ist Petersburg, das dritte große Experimentierfeld und Entscheidungszentrum am Beginn dieses Jahrhunderts, weithin zu einem weißen Fleck im Gedankenhorizont der Europäer geworden. Doch Petersburg ist nicht bloß eine Museumsstadt, nicht bloß eine Touristenattraktion. Petersburg ist der Ort, an dem einer der eindrucksvollsten wie fatalsten Modernisierungsschübe unseres Jahrhunderts studiert werden kann.

»Karl Schlögel ist der Schatzsucher unter den Historikern und Slawisten. Er komponiert, ja inszeniert sein Material zu kühnen Gedankengebäuden.

Sein dramatischer Gestus mag Vertretern kühler Wissenschaftlichkeit nicht seriös erscheinen; der schillernden Geschichte jener Jahre, als ein ganzes Zeitalter von der historischen Bühne abtrat und ein anderes seine ersten Auftritte probte, wird Schlögels theatralischer Entwurf eher gerecht als eine nüchterne Chronologie der Ereignisse.«

Deutschlandfunk

Siedler

André Glucksmann
Am Ende des Tunnels
*Das falsche Denken ging dem
katastrophalen Handeln voraus*

272 Seiten, Leinen

André Glucksmann nennt sein Buch eine Bilanz des 20. Jahrhunderts. Er deckt darin die geistigen Haltungen auf, welche den Weltkriegen, den totalitären Verwüstungen durch Faschismus und Stalinismus, aber auch dem Durchbruch des »westlichen Denkens« in den Regionen und Einflußsphären des zusammenbrechenden sowjetischen Imperiums zugrunde lagen.

Am Anfang steht der Schock des Ersten Weltkrieges, als die westlichen Zivilisationen, die sich ihrer verbindlichen Werte und ihrer Zukunft so gewiß waren, in die große Krise geraten. Utopische und apokalyptische Visionen bestimmen die Szenerie; das manichäische Denken, das die Welt säuberlich aufteilt in Gut und Böse, wird in beiden Diktaturen mächtig.

Glucksmann zeigt, daß der Zusammenbruch der totalitären Systeme nicht schon bedeutet, daß Europa von nun an vor fundamentalistischen Versuchungen gefeit ist. Glucksmanns These: Die Idee der Freiheit, wie sie bereits im klassischen Athen aufkam, ist anstrengend, weil sie die »saubere« Trennung zwischen Gut und Böse durcheinanderbringt – weshalb denn auch die fundamentalistische Versuchung, als Flucht vor der Freiheit, immer naheliegt.

Nicht das Streben nach einem vermeintlich vollkommenen Guten, in dessen Namen so viel Unheil angerichtet wurde, sondern, so Glucksmann, das kluge Vermeiden und Vermindern des jeweils schlimmeren Übels bewahrt eine Menschlichkeit mit Freiheit.

Siedler

Die Deutsche Bibliothek-CIP-Einheitsaufnahme

Teltschik, Horst:
329 Tage: Innenansichten der Einigung
Horst Teltschik. – Berlin: Siedler, 1991
ISBN 3-88680-424-0
NE: Teltschik, Horst: Dreihundertneunundzwanzig Tage

© 1991 by Wolf Jobst Siedler Verlag GmbH, Berlin

Der Siedler Verlag ist ein gemeinsames Unternehmen der
Verlagsgruppe Bertelsmann und von Wolf Jobst Siedler

Alle Rechte vorbehalten,
auch das der fotomechanischen Wiedergabe
Lektorat: Dirk Rumberg
Schutzumschlag: Venus & Klein, Berlin
Satz: Bongé + Partner, Berlin
Druck und Buchbinder: Mohndruck, Gütersloh
Printed in Germany 1991
ISBN 3-88680-424-0